To my dear readers in Korea,

I am happy for the opportunity to share my story with you.
I hope it will inspire you to believe in your strengths and to never give
up on your biggest dreams.
Thank you for supporting me and my Real Madrid team.

Sending best greetings from Madrid,

Your Luka Modrić

한국의 독자 여러분들께

저의 이야기를 여러분과 함께 나눌 수 있어 기쁩니다.
이 책에 담긴 저의 이야기가 여러분들이 꿈을 향해 나아가는 데 영감이 되기를,
그리고 결코 포기하지 않는 힘이 될 수 있기를 희망합니다.

저와 저의 팀 레알 마드리드를 응원해주시는
모든 분들께 감사합니다.

마드리드에서
루카 모드리치

# LUKA **MODRIĆ**
## 루카 모드리치 자서전

# LUKA MODRIĆ

루카 모드리치, 로베르트 마테오니 지음

알렉스 퍼거슨 감독 서문

이성모, 한만성 옮김

## 루카 모드리치 자서전

한스미디어

축구공과 함께 처음 사진을 찍은 모드리치의 모습. 1986년.

모드리치가 자주 시간을 보낸 할머니, 할아버지의 집 앞에서.

어머니 라도이카, 그의
여동생 야스미나와 함
께 포즈를 취한 모드리
치(왼쪽). 배경에는 그
가 처음 운전을 해본
빨간색 자동차.

옐라 할머니와 함께 크
바르티리치의 집 앞에서.

동물들과 함께 놀고 있
는 모드리치. 왼쪽부터
사촌 미리야나, 여동생
야스미나, 그리고 모드
리치.

할아버지와 함께 사냥
을 하고 있는 모드리치.
모드리치의 이름 루카
는 할아버지로부터 물
려받은 이름이다.

Modrić Luka III d

Domaći rad 15.2.1995.

Pripovjedanje doživljaja

Iako sam još mali doživio sam puno strahova. Strah od rata i granatiranja već pomalo zaboravljam. Događaj i tuga koji nikad neću zaboraviti dogodio se prije četiri godine kada su četnici ubili moga djeda, kojega sam puno volio. Svi su plakali, a ja nikako nisam mogao shvatiti da moga dragog i dobrog djeda više nema. Pitao sam se mogu li biti ljudi oni koji su to učinili, i zbog kojih moramo bježati od ku

모드리치가 3학년 시절 숙제로 낸 글.

1995년 5월 28일, 첫영성체를 하고 있는 모드리치.

전쟁을 피해 살던 시절 콜
로바레 호텔 앞에서 축구
를 하고 있는 모습.

첫번째로 받은 트로피.
1997년 베르가마 인근의
알잔에서 열린 국제대회
에서 최우수선수상에 선
정됐다.

1996년, 11살의 모드리치와 12살의 크란차르.

1998년, 여동생 디오라와 함께

오브로바치에서 살고 있는 만다 할머니와 함께

자다르 시절 뛰었던 바시치 감독의 유소년 팀. 왼쪽부터 그루오비치, 오른쪽에서 두번째가 오스트리치. 모드리치는 아랫줄 왼쪽에서 네번째. 앉아 있는 선수들 중 오른쪽에서 두번째가 쿠시티치.

첫번째 임대. 디나모에서 즈린스키로.

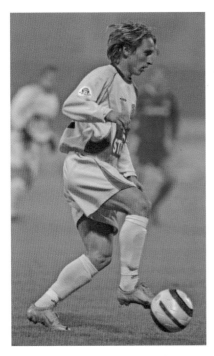

두번째 임대팀 자프레시치의 유니폼을 입고.

슬라벤 빌리치 감독에게 발탁되어 U21 대표팀에 선발된
모드리치. 그는 이후 팀의 주장이 됐다.

디나모에서의 7년 동안 그는 3번의 리그 우승과 2번의 크로아티아컵 대회 우승을 차지했다.

모드리치에게 작별인사를 보내고 있는 디나모 팬들.

축구 스승 토미슬라프 바시치와 함께 오스트리아 카펜베르크에서, 2007년.

군복무를 하던 시절, 군복을 입고 아버지, 삼촌과 함께 포즈를 취한 모드리치.

2007년 잉글랜드 웸블리 스타디움에서 경기를 갖고 있는 모드리치.

국가대표팀 빌리치 감독과 함께. 2008년 유로 도중의 모습.

처음에는 대표팀의 주장이었고 후에는 감독이 된 니코 코바치와 함께.

바냐 모드리치 "그녀를 19살에 만나지 않았다면, 나와 그녀가 오늘 자랑스럽게 여기는 이 모든 일들을 결코 이룰 수 없었을 것이다."

치그웰 집 앞에서, 루카와 바냐 모드리치.

2009년 치그웰에서 보낸 크리스마스 중. "바냐가 편하게 느끼는지 아닌지가 중요했다" 왼쪽부터 아버지 스티페, 큰아버지 젤리코, 야스미나, 디오라, 어머니 라도이카, 바냐, 그리고 그녀의 엄마인 베스나.

"가장 좋아하는 동료 중 한 명" 베드란 콜루카와 함께

모드리치가 주장직을 물려받은 다리오 스르나와 함께. 두 사람은 아주 가까운 친구 사이다.

토트넘에서의 첫 번째 시즌, 자신의 친정팀 디나모를 상대로 출전하는 모드리치. 2008년 11월 6일 UEFA컵.

운명적인 만남. 루카와 바냐의 결혼식 사진.

대표팀 친구, 동료들과
함께 : 쿠시티치, 토미치,
모드리치, 브르도라치,
프라이모라치.

평생 친구들. 친구 오
스트리치와 함께 좋아
하는 카드 게임을 하고
있는 모드리치.

친구들과 함께 아드리
아해 크루즈선을 타
고. 일리야나, 칼레, 예
레나, 부르하트, 모드
리치, 바냐.

친구 오스트리치, 츠르
냐크와 함께.

친구들과 함께 휴가지
에서 : 부르하트, 칼레,
모드리치, 코바시치.

레알 마드리드와 계약서에 사인하는 날. 플로렌티노 페레스 회장과 함께. 2012년 8월 27일.

계약에 서명하는 날 부모님과 함께 레알 마드리드의 전용기를 타고.

산티아고 베르나베우의 잔디를 처음 밟은 날 바냐, 이바노와 함께

2012년 11월 3일, 레알 사라고사를 상대로 레알 마드리드에서 첫 골을 기록한 날.

레알 마드리드 홈팬들과 함께 기뻐하고 있는 모드리치. 그는 레알 마드리드 입단 초기에는 등번호 19번을 사용했다.

2014년, 레알 마드리드 대 아틀레티코 마드리드의 챔피언스리그 결승전을 가슴 졸이며 지켜보고 있는 모드리치의 아버지.

'라 데시마' 축하 파티 중의 모습과 동료들에게 약속한 대로 머리를 짧게 자른 모드리치의 모습. 모드리치의 첫 번째 챔피언스리그 우승.

카디프에서의 챔피언스리그 우승 확정 후 즐거워하고 있는 선수들. 레알 마드리드의 12번째 챔스 우승.

2014년 국왕컵 우승 후의 모습.

모드리치, 벤제마, 라모스. 말라가전을 끝낸 후 2017년 리그 우승을 기념하고 있는 세 선수.

카를로 안첼로티 감독과 함께.

무리뉴 감독의 레알 마드리드에서의 마지막 경기가 끝
난 후.

지네딘 지단 감독과 함께.

레알 마드리드 주장 세
르히오 라모스와 함께.

모드리치와 코바시치.
레알 마드리드에서도,
국가대표팀에서도 떼어
놓을 수 없는 두 선수.

가레스 베일, 코바시치,
토니 크로스와 함께.

6년의 최전성기를 함께
한 크리스티아누 호날두
와 함께.

2017년, 3번째 챔스 우
승을 차지한 후 베일과
함께.

루카와 바냐,
마르셀루와 그
의 아내 클라
리세 알베스.

모드리치의 우
상 중 한 명이
었던 프란체스
코 토티와 함께.

국가대표팀 경
기 중 안드레
스 이니에스타
와 함께.

막내딸 소피아의 탄생 후, 드디어 완성된 모드리치의 가족.

2018 러시아 월드컵에 참가하기 전 모드리치의 등번호 10번 유니폼을 입은 그의 자녀들.

"나는 경기장에서 국가를 들을 때마다 가슴이 벅차오른다"(모드리치)

아르헨티나전 골을 기록한 후 세리머니를 하고 있는 모드리치.

12년간 함께한 동료 만주키치와 함께.

리오넬 메시와 모
드리치. 크로아티아
VS 아르헨티나.

달리치 감독과의 감격적인 순간.

가족과 함께한 결승전.

크로아티아의 결승전
라인업. 로브렌, 스트
리니치, 만주키치, 레
비치, 수바시치, 페리
시치, 브로조비치, 비
다, 라키티치, 브르살
코, 그리고 주장 모드
리치.

월드컵 준우승을 축
하하는 크로아티아
선수단.

이 책의 첫 장에서
이야기한 월드컵 골
든볼 트로피를 들
고 있는 모습. 최고
의 상을 받고도 슬
픈 표정의 그의 모습
이 읽힌다.

월드컵 준우승 메달
을 뽐내고 있는 크로
아티아 선수단.

휴식을 취하고 있는 크로아티아 대표팀 주장의 모습.

자그레브에 모인 팬들과 함께 축제를 즐기고 있는 모드리치와 동료들.

야스미나와 디오라와 함께 자다르에서 준우승을 기념하고
있는 모드리치.

그의 고향 자다르에 모인 팬들과 함께 찍은 셀피.

2017-18시즌 UEFA 올해의 선수상 시상식에서.

FIFA의 더베스트 시상식에서, 1998년 월드컵 3위를 차지했던 당시의 스타 보반과 함께.

발롱도르 트로피에 입을 맞추고 있는 모드리치!

루카와 바냐 커플, 그리고 미야토비치와 그의 아내 아네타와 함께 발롱 도르 시상식에서.

자신의 에이전트 다보르 추르코비치 와 함께.

시상식이 끝난 후 가족과 함께.

시상식 도중 지단, 마르셀루, 바란과 함께.

모드리치의 발롱도르 수상 후 산티아고 베르나베우에서 함께 기념하고 있는 레알 마드리드 동료들.

친구, 동료들과 파티를 갖고 있는 모드리치.

모드리치가 2018년에 받은 트로피들.

Contents

# 서문 1 _ 알렉스 퍼거슨

루카 모드리치는 지난 20년간 가장 위대한 미드필더로 활약했던 사비, 이니에스타 그리고 스콜스 등과 동일한 경지에 오른 환상적인 재능을 가진 선수다. 그는 2018 FIFA 월드컵의 최우수 선수로 선정될 자격이 충분했으며, 분명 그 월드컵에서 가장 훌륭한 활약을 펼친 선수였다.

2008년 모드리치가 토트넘으로 이적했던 것은 당시 맨체스터 유나이티드의 모든 이들에게도 아주 놀라운 일이었다. 당시 우리도 그를 노리고 있었기 때문이다. 맨유 구단 스카우트 중 한 명이 이미 1년 전부터 그를 눈여겨보고 있었다. 그러나 그때 우리에게는 스콜스와 캐릭 등이 있었다. 그가 토트넘에 입단한 후 우리 팀과 경기를 치를 때마다 그의 작은 체구가 프리미어리그에서 활약하는 데 아무런 문제가 되지 않는다는 사실을 확인할 수 있었다. 축구계에는 부정할 수 없는 재능을 가진 선수들이 있다. 내가 본 모드리치가 바로 그런 선수였다. 그는 빠른 속도로 성장을 거듭하고 있었기 때문에 2011년에는 그를 영입할 계획을 세웠다. 하지만 토트넘은 이미 캐릭과 베르바토프를 영입했던 맨유에 모드리치마저 내줄 의사가 없었다.

나는 2011년 올해의 선수 투표에서도 모드리치를 선택했고 그것은 전혀 어려운 결정이 아니었다. 이후 그는 레알 마드리드로 이적했고, 그곳에서 레알 역사상 최고 팀의 일원이 됐다. 내가 맨유에서 마지막으로 챔피언스리그 우승을 노렸던 2013년 3월, 우리는 올드 트래포드Old Trafford에서 열린 레알 마드리드와의 경기에서 1-0으로 리드하며 경기를 지배하고 있던 상황에서 주심이 나니Nani에게 퇴장을 선언하는 수치스러운 판정 때문에 승리를 도둑맞고 말았다. 당시 레알 마드리드를 이끌던 무리뉴 감독은 나니가 퇴장당하자 곧바로 모드리치를 교체 투입했고, 이후 경기의 흐름이 바뀌었다. 결국, 모드리치의 활약이 우리에게 치명타를 가했다.

모드리치가 성장한 과정과 그의 커리어를 자세히 들여다보면, 축구에는 체격보다 재능이 더 중요하다는 사실을 확인할 수 있다. 그는 수많은 어린 선수들에게 이 사실을 알린 중요한 존재라는 점을 깨닫게 된다. 단 13세의 나이에 맨유에 입단한 스콜스 또한 당시 키가 160센티미터에 불과했다. 몇몇 사람들은 그가 지나치게 작은 게 아니냐는 의심의 눈초리를 보냈고, 나 역시 마찬가지였다. 그러나 스콜스는 얼마 지나지 않아 경기장에서 그의 재능을 펼쳐 보이며 모든 이들의 시선을 바꿔놓았다. 선수의 능력을 평가하는 가장 좋은 기준은 그가 경기장에서 보여주는 경기력이다.

모드리치는 키, 체격 그리고 힘만이 중요하지 않다는 걸 모든 어린 선수들에게 보여준 빛나는 한 명의 본보기다. 순수한 축구 재능을 통해서 체격과 피지컬의 중요성만을 강조하는 사람들을 납작하게 만들어준 그에게 깊은 경의를 표한다.

이 책은 크로아티아 자톤 오브로바츠키Zaton Obrovački 인근의 작은 마을에서 태어난 한 겸손한 축구 천재의 이야기를 담고 있다. 서문을 맡게 된 이후 어떤 말을 쓸지 고민하는 사이에 이 책의 공동 저자이자 오랜 친구인 로베르트 마테오니Robert Matteoni가 내게 모드리치에 대한 색다른 시선을 제시해달라고 부탁했다. 로베르트는 나에게 축구 전술적 관점에서 모드리치를 묘사해줄 것을 요청했다.

내가 그 부탁을 잘 들어줄 수 있을지는 모르겠다. 그러나 어쩌면 그것은 별로 중요한 일이 아닐지도 모른다. 중요한 것은 나를 비롯한 모든 축구 팬들이 루카 모드리치라는 선수를 지켜볼 수 있었다는 사실이다.

모드리치와 그의 축구는 아주 단순하면서도 특별하고, 독특한 다른 차원의 축구를 보여준다.

그가 선보이는 편안하고 조화로우면서 부드러운 축구, 침착하며 역동적인 축구는 아무리 글로 표현하려고 해도 정확하거나 완벽하게 표현할 수 없는 경지에 이른 축구다.

그가 지닌 축구의 품격, 혹은 어떤 상황에서도 쉽게 해답을 찾는 능력은 그가 축구계에서 가장 추앙받는 포지션인 '10번' 역할을 소화하면서 발전했고 성숙했다. 그런 관점에서 볼 때 그가 세계 최정상급 무대에서 전형적인 10번 포지션에서 뛴 적이 없다는 사실은 역설적이다. 그러나 모드리치는 10번이 되기 위해 태어난 것처럼 진정한 10번에 어울리는 선수이자, 늘 10번이었던 선수였다. 누구도 모드리치를 '4번'이나 '8번' 역할을 수행하는 선수라고 말할 수 없을 것이다. 또 누구도 모드리치가 어느 순간부터 더는 10번이 아닌 선수가 됐다고 말할 수 없을 것이다. 한 가지 확실한 것은 그가 이 모든 능력을 전부 보유한 선수라는 사실이다. 그는 소속 팀과 대표팀에서 뛰는 동안 늘 이러한 능력을 동시에 선보이는 믿을 수 없는 재능을 보여줌으로써 그 사실을 증명했다. 그는 이처럼 모든 것을 가진 선수다.

축구 경기의 흐름을 좌우하는 공간은 비좁은 곳에서 모든 것이 빠르게 변화하는 미드필드다. 모드리치는 바로 이 가장 어려운 공간에서 늘 창의력을 발휘해왔다. 그는 센터서클 부근에 위치한 이 공간에서 자기만의 방식으로 경기를 해석한다. 그는 늘 스스로에게 이런 질문을 건네며 뛰는 것 같다. "90분간 진행되는 경기에서 내게 공이 있든 없든 매 순간 어떻게 뛰어야 팀에 가장 큰 도움을 줄 수 있을까?"

어쩌면 이 질문은 어렵게 들릴 수도 있지만, 그에게는 매우 단순한 질문이다. 그는 실제 경기를 셀 수 없이 많이 겪으며 그 상황 속에서 늘 그에 대한 해답을 찾고 또 보여줬다.

모드리치는 늘 헌신하는 자세로 '나' 대신 '우리'에 집중했다. 그것이 위대함을 달성할 수 있는 유일한 방법이라는 것을 알고 있는 것처럼 말이다. 심지어 그는 그것을 아주 쉽게 해냈다. 그것도 놀라울 정도로 쉽게. 그는 팀 전술의 변화에 따라 자기 자신을 그에 맞추는 과정에서 때로는 자신이 가진 '10번'으로서의 재능을 발휘할 수 없는 상황에서도 오히려 그런 상황이 스스로에게 유리하게 작용할 수 있도록 만들었고, 그 과정에서 더욱 성장했다. 자기 자신을 포기해서 더 훌륭한 '모드리치'가 돼야 했던 순간마다 그는 정체성을 잃지 않으면서도 자신에게 주어진 역할을 해내며 더 인정받는 선수가 됐다. 그것이 바로 모드리치가 거둔 가장 큰 성과이자 업적이다. 그 덕분에 그는 오늘의 모드리치가 될 수 있었다.

물론, 모드리치와 같은 선수가 되기 위해서는 특출 난 성품, 자기 자신을 향한 강한 믿음, 열정적인 헌신이 필요하다. 나는 거칠고 척박한 환경에서 가난에 시달리며 자란 모드리치의 어린 시절과 어려웠던 그의 가정이 궁극적으로 그가 자신만의 가치를 성립하는 데 큰 영향을 미쳤다는 점을 믿어 의심치 않는다.

모드리치는 매일 살아오면서 그날그날의 훈련과 자신이 출전한 매 경기를 소화하며 축구에서 이룰 수 있는 가장 위대한 승리를 위한 무대를 만들었다. 팀과 개인 둘 모두의 승리 말이다. 그는 그 모든 것을 다 해냈다. 그러므로 그에게는 그것을 누릴 자격이 있다.

우리는 지난 몇 년간 점점 더 성숙해지는 모드리치의 플레이를 보며 위대한 10번의 탄생 과정을 확인할 수 있었다. 지금 그는 찬란하게 빛나는 한 명의 완성된 축구 선수다.

모드리치를 동시대 최고의 미드필더들과 비교하자면, 그는 어쩌면 한 가지 장점이 아주 특출 난 선수는 아닐지도 모른다. 실제로 모드리치는 사비 같은 플레이메이커도 아니고, 이니에스타처럼 부드러운 터치를 보유한 선수도 아니며, 피를로처럼 경기를 설계하는 능력을 가진 선수는 아닐지도 모른다. 그러나 그는 자신만의 방식으로 이 모든 능력을 다 갖춘 선수라고 할 수 있다. 모드리치는 패스를 공급하는 리듬과 경기 중에 지그재그 형태로 움직이는 동작, 곧 펼쳐질 상황에 대비한 빠르고 간단한 해답을 찾아내는 능력을 지닌 유일한 존재로 거듭났다.

앞서 언급한 세 명의 위대한 선수도 공수 모두에 걸쳐 팀 동료를 더 좋은 선수로 만드는 능력에 있어서는 모드리치보다 뛰어나다고 할 수 없을 것이다.

모드리치는 한 명의 인간으로서도 늘 스스로에게 솔직한 모습으로 많은 이에게 영감을 준다. 그는 늘 축구를 바라보는 자기만의 비전을 고집한다. 이 비전은 곧 자기보다 팀을 먼저 생각하는 시야를 뜻한다. 그리고 그는 그렇게 자신만의 리더십을 가질 수 있게 됐다.

모드리치는 타고난 리더는 아니었다. 그러나 그는 경기에 임하는 자세를 통해 다른 선수들 앞에서 모범을 보이며 리더 역할을 해낸다. 그의 팀 동료와 디나모 자그레브, 레알 마드리드 그리고 크로아티아 대표팀 팬들은 늘 저절로 모드리치를 따랐다. 그의 이런 점을 단적으로 보여주는 두 가지 사례가 있다.

2018 브라질 월드컵에서 보여준 개인적인 활약과 팀의 경기력은 그가 가진 주장으로서의 강력한 이미지를 전 세계에 각인시켰다. 연장전 종료가 몇 초 남지 않은 순간, 센터서클에서부터 러시아의 견고한 수비진을 뚫고 페널티 지역까지 진입한 그의 질주는 지친 몸을 이끌고 모든 것을 다 바치는 리더의 모습을 생생하게 보여줬다. 그 모습을 통해 그는 올바른 태도가 곧 팀을 승리로 이끈다는 가치 있는 메시지를 전달했다.

두 번째는 그가 유벤투스Juventus를 상대한 UEFA 챔피언스리그 결승 후반전에 보여준 압도적인 경기력이다. 그는 이날 자신의 의지와 기술을 총동원해 골라인까지 질주한 뒤, 호날두의 결정적인 골을 돕는 크로스를 올렸다.

그 두 가지 장면은 모드리치가 어떤 사람인지 세계의 축구 팬 앞에서 아주 잘 보여준 메시지 그 자체였다.

모드리치의 인간적인 모습에 대해 말하자면, 그는 어린 시절부터 많은 걱정과 두려움을 안고 자란 탓에 필요 이상으로, 또 필연적으로 빨리 성숙해진 사람이다. 어릴 때부터 갖은 고생을 겪어야 했던 그는 기꺼이 그 길을 걸었고, 그 덕분에 선수로서는 물론 인간으로서도 더 강하면서 좋은 존재가 될 수 있었다.

모드리치에게 보내는 이 편지를 마치며 이 서문의 첫머리에 쓴 표현을 다시 한번 쓰고 싶다. '겸손한 축구 천재.' 아마도 이것이 세상에서 가장 아름다운 스포츠인 축구를 사랑하는 우리 모두에게 모드리치라는 선수를 가장 잘 설명해주는 수식어일 것이다.

내가 모드리치의 롤모델이었다는 사실은 오히려 나 자신에게 큰 영광이다. 나의 아들은 수년간 잠을 자기 전에 루카의 유니폼을 입었다. 그의 유니폼을 입고 잠자리에 드는 내 아들의 모습은 이 훌륭한 선수이자 소중한 사람에게 나와 나의 가족이 경의를 표하는 방식이었다. 이 시대의 위대한 '10번'에게 경의를 표한다.

Chapter 1

# 골든 보이

나는 시상대 위에서 2018 FIFA 월드컵 최우수 선수상을 손에 쥐고 있었다. 어린 시절, 이 자리까지 오는 것이 얼마나 어려운지 전혀 몰랐던 그 시절, 나는 늘 세계 최고의 선수가 되는 순간을 꿈꿨다. 그러나 내 손에 월드컵 골든볼 트로피가 주어지며 그 꿈이 현실이 된 순간, 내가 느낀 감정은 슬픔뿐이었다. 그 순간은 내가 선수 생활을 하면서 경험한 가장 행복한 시간이어야 했지만, 현실은 그렇지 않았다. 우리는 월드컵 결승전에서 패했고, 경기의 흥분이 여전히 다 사라지지 않은 그 순간 내 머릿속에 드는 생각은 단 하나뿐이었다.

"다 끝났다."

운동장에 서서 장내 아나운서가 나를 시상대로 부르기 전, 옆에 놓여 있던 또 다른 트로피를 끝까지 쳐다보지 않으려고 했다. 그러나 그럴 수 없었다. 내 시선은 이미 그곳에 고정되어 있었다. 그것은 월드컵 챔피언에게 주어지는 트로피였다. 우리는 진심으로 그 트로피를 크로아티아로 가져갈 수 있을 거라고 생각했다. 모스크바에 폭우가 쏟아졌던 그날, 내가 느낀 실망감은 그 정도를 잴 수 없을 만큼 컸다. 우리는 월드컵 우승을 눈앞에 두고 있었고 온갖 역경을 이겨 내며 끊임없이 헌신했으나 끝내 트로피의 주인이 될 수는 없었다. 순간적으로 장내 아나운서가 내 이름을 부르며 월드컵 우승 트로피를 내 손에 쥐어준다면 어떨까 생각하기도 했다. 나와 내 동료들이 그 트로피를 높이 들어 올리면서 팬들과 함께 "가자, 크로아티아로!"라고 외칠 수 있다면? 그렇게 할 수만 있었다면 정말 행복했을 텐데….

그러나 장내 아나운서가 내 이름을 부르고, 관중의 함성이 커지는 순간 나는 그 꿈에서 깨어났다. 그 이후 벌어진 모든 일은 내게는 형식적인 것들이었다. 주심이 경기 종료를 알리는 휘슬을 불고 프랑스 선수들이 기뻐하는 와중에 FIFA 관계자가 내게 다가온 순간 느낀 감정이 그랬다. 그 관계자는 나를 시상대로 안내하면서 내가 월드컵 최우수 선수로 선정됐다는 사실을 알려줬다. 그는 정중하게 축하인사를 건넨 후 시상식이 어떻게 진행되는지 설명해줬다. 그러나 지금 다시 생각해도 그때 내가 어떤 말을 들었는지 자세히 기억이 나지 않는다. 나는 그저 운동장 위에서 동료들과 함께 마지못해 걸어 다니며 숨어서 눈물을 훔칠 만한 곳을 찾고 싶은 심정이었다. 관중석을 올려다보니 체크무늬 유니폼(크로아티아의 유명한 체크무늬 패턴의 유니폼 – 옮긴이)을 입은 사람들이 모자를 쓰고, 스카프를 두르고, 깃발을 흔들며 여전히 우리를 응원하고 있었다. 그들은 전 세계 곳곳에서 긴 여정을 보내고 이곳까지 와서 우리를 응원하기 위해 티켓을 구한 사람들이었다. 나는 그 순간 크로아티아의 시내 광장과 술집, 아파트 등에서 시선을 TV에 고정한 채 두려움과 희망이 교차하는 감정으로 우리의 승리를 응원해준 수백, 수천 명의 사람들을 떠올렸다. 그 당시 나는 우리가 그들을 실망시켰다는 생각에 사로잡혀 있었다. 그러나 다행히도 그런 생각은 내 머릿속에서 오래 남아 있지 않았다. 우리를 그 슬픔에서 구원해준 것은 다름 아닌 그날 그 경기장에 모여 있던 우리의 팬들이었다. 그들은 끝까지 그 자리에 남아 응원 구호를 외치고 응원가를 부르며, 그들이 우리를 얼마나 자랑스러워하고 있는지 생생하게 보여주었다. 그래서 내게는 더더욱 그 순간이 더 힘들었다. 나는 그들에게, 그리고 우리 스스로에게 세계 챔피언이 되는 마지막 관문을 통과하는 경험을 선사하지 못했다는 깊은 실망감에 빠졌다. (그 순간 나는 다음 날 크로아티아에 도착한 우리를 위해 자그레브 거리에 무려 50만 명의 인파가 몰려드는 장관은 상상조차 하지 못하고 있었다.)

나는 운동장을 한 바퀴 돌면서 그날의 그 분위기를 최대한 내 안에 담기 위해 노력했다. 그 순간이 평생 기억에 남게 될 거라는 사실을 잘 알고 있었기 때문이다. 그러나 동시에 악몽 같은 생각 또한 자꾸 머릿속에 교차하면서 마치 무언가 목에 걸리기라도 한 것 같은 느낌을 받았다. 그런 상태에서 나를 꺼내준 것은 마리오 만주키치 Mario Mandžukić였다. 건장한 체구에 강인한 성격까지 겸비한 그는 안 좋은 기억을 절대 잊는 법이 없는 악동 기질이 있는 친구다. 그런데 그때 그가 눈물을 흘리며 내게 다가와 말했다.

"힘들다는 거 알아. 나도 힘들거든. 그런데 지금은 울지 말자. 우리는 할 수 있는 모든 걸 다 했어. 우리는 나름 큰일을 해냈다고. 자부심을 느껴야 해."

마리오는 12년 동안 승리의 희열과 패배의 좌절을 나와 함께 경험한 형제나 다름없었다. 그는 자부심과 의지가 매우 강하고, 물러설 줄 모르는 친구다. 그런 면에서 그와 나는 닮은 점도 있지만, 그가 나보다는 감정을 숨기는 데 더 능숙했다. 내가 가장 사랑하는 동료이자 친구인 베드란 콜루카 Vedran Ćorluka도 내게 다가와 같은 말을 건넸다. 우리는 그 순간 모두가 같은 감정을 느끼고 있었기에 서로를 위로해줄 수 있었다. 동료들 덕분에 나는 쓰러지거나 좌절하지 않을 수 있었다. 그 대신 나는 친구이자 동료 그리고 팬들과 아픔을 공유하며 감정을 다스렸다. 이후 나는 팀 동료와 프랑스 선수들의 박수를 받으며 시상대 위로 걸어 올라갔다. 지아니 인판티노Gianni Infantino FIFA 회장, 블라디미르 푸틴Vladimir Putin 러시아 대통령, 에마뉘엘 마크롱Emmanuel Macron 프랑스 대통령, 콜린다 그라바르-키타로비치 Kolinda Grabar-Kitarović 크로아티아 대통령과 관계자들이 나를 반겼다. 나는 최대한 그 상황에 집중했다. 전 세계가 그 순간을 지켜보고 있다는 사실을 스스로에게 되뇌며 나 자신과 동료, 나의 나라를 창피하게 만들 만한 모습을 보여서는 안 된다고 다짐했다. 나는 월드컵 트로피가 놓여 있는 곳은 쳐다보지도 않은 채 지나갔다. 아마도 그것이 바로 내가 우리의 아름다운 여정이 끝난 그 순간, 사실 세상에는 완벽함이 존재하지 않는다는 현실과 마주한 방식이었는지도 모른다.

그 순간 FIFA 회장, 러시아, 프랑스 그리고 크로아티아 대통령이 내게 건넨 말들은 전혀 기억이 나지 않는다. 순간순간이 부분적으로 기억날 뿐이다. 내가 기억하는 것은 그들이 월드컵 결승전에서 진 내게 동정심을 느끼며 위로의 말을 건넸다는 사실뿐이다. 인판티노 회장은 나를 축하해주면서 크로아티아가 패해서 유감이라고 말했다. 푸틴 대통령은 내게 최우수 선수상 트로피를 건넨 후 영어로 축하한다고 말하며, "브라보"라고 외쳤다. 마크롱 프랑스 대통령은 우리가 환상적인 월드컵 캠페인을 보여줬다고 말했던 것 같다. 콜린다 그라바르 키타로비치 크로아티아 대통령은 결승전에서 패한 우리와 슬픔을 공유하면서도 최고의 무대까지 오른 우리가 자랑스럽다고 말했다.

조금 안정을 되찾은 나는 오직 나를 위해 마련된 시상대 위에 홀로 섰다. 그 순간은 분명 내 생애 최고의 경지에 오른 순간이었지만, 나는 슬펐다. 트로피를 손에 쥐고, 사진 기자들 앞에 서 있었지만, 내 마음은 쓰러진 상태였다. 그 순간 내 동료들이 나를 향해 환호성을 지르는 소리가 들렸고, 경기장 전체에 함성이 터지면서 그제야 내가 월드컵 최우수 선수가 됐다는 사실이 실감나기 시작했다. 그리고 온몸에 전율이 돋았다. 나는 관중석을 향해 손을 흔들었고, 그때부터 조금씩 마음이 풀리기 시작했다. 나의 팀, 크로아티아가 대단한 일을 해냈다는 사실을 깨달은 것도 바로 그때였다. 나는 엄청난 자부심을 느끼면서 내 아내와 아이들, 부모님, 두 여동생, 친구들이 있는 관중석을 바라봤다.

월드컵 영플레이어상을 수상한 킬리안 음바페Kylian Mbappé가 곧 시상대 위로 올라와 내 옆에 섰다. 아직 21세밖에 되지 않은 그는 이미 치열한 경기의 흐름을 바꿀 수 있는 훌륭한 선수였다. 그가 조금만 더 경험을 쌓고, 자기만의 플레이를 만들어간다면 한계 없는 선수로 성장할 것이다.

음바페는 내게도 "축하해요! 당신이 이 상을 받게 돼서 정말 기뻐요!"라고 말했다. 나도 어린 나이에 월드컵 우승을 차지한 그에게 축하의 말을 건넸다. 당시 음바페는 많은 관심과 거센 압박을 받으면서도 겸손함을 잃지 않는 선수 같았다. 이미 압도적인 기량의 소유자인 그는 이대로만 성장하면 더 대단한 일을 해낼 수 있을 것이다.

그리고 그 시상대에서 내려오기 전 나는 루카Luka 할아버지를 떠올렸다. 그는 내가 겨우 여섯 살이었을 때 집 문 앞에서 체트니크

Chetniks 독립군(제2차 세계대전 중 세르비아 건설을 위해 조직된 군사조직 -옮긴이)에 의해 살해됐다. 할아버지는 나와 아주 짧은 시간을 함께 했지만 내게 가족을 위한 사랑과 헌신, 충성심을 가르쳐주신 분이었다.

Chapter 2

# 질풍노도의 시절

LUKA **MODRIĆ**

크로아티아 크바르티리치Kvartirić. 벨레비트Velebit 산맥으로 이어지는 도로 끝자락에 자리한 작은 돌로 만들어진 집. 자톤 오브로바츠키에 있는 부모님의 집으로부터 약 6.5킬로미터 떨어진 곳. 그 집은 내가 살던 작은 세상의 중심이었다. 적어도 우리가 피난 가야 했던 1991년까지는 말이다. 그곳은 나의 아버지의 부모님, 할아버지 루카와 할머니 옐라Jela의 집이기도 했다. 도로 보수공이었던 할아버지는 크로아티아의 바다와 산을 넘나드는 남서부 지방 달마티아Dalmatia와 중부 지방 리카Lika를 연결하는 주립 도로를 관리하셨고, 할머니는 성실하고 검소한 가정주부셨다. 우리가 살던 집은 도로 정비소가 소유한 건물이었다. 그러나 어린 시절 나는 그 집을 할아버지와 할머니가 소유한 집으로 알았고 나와 아버지, 어머니는 그 집을 '윗집'이라고 불렀다.

외할아버지 페타르Petar와는 실제로 만난 적이 없다. 그는 내가 태어나기 전에 돌아가셨다. 그러나 외할머니 만다Manda는 여전히 오브로바치Obrovac에서 살고 계신다.

나의 부모님은 집에서 4킬로미터 떨어진 오브로바치 시에 위치한 한 의류 공장에서 일하셨다. 어머니와 아버지가 처음 만난 곳도 그 공장이었다. 어머니 라도이카Radojka는 재봉사, 아버지 스티페Stipe

는 공장에서 기계를 관리하는 정비공으로 일하셨다. 어머니는 1년간 출산 휴가를 마친 후 복직한 뒤 나를 오브로바치의 한 유치원으로 보냈다. 그러나 나의 유치원 생활은 오래 가지 못했다. 어느 날 어머니는 직장 동료로부터 내가 다니던 유치원에 하루 종일 울기만 하는 아이가 한 명 있다는 얘기를 들었다고 한다. 어머니는 그 아이가 어떤 옷을 입고 있었는지 물었고, 곧 그 아이가 나라는 사실을 알게 됐다. 이후 어머니와 아버지는 나를 유치원에 보내지 않기로 하셨다. 당시 나는 새로운 환경에 적응하는 데 어려움을 겪었을 뿐만 아니라 건강 상태도 좋지 않았다. 나는 늘 감기에 시달리며 콧물을 흘리고 다녔고, 기관지염을 앓기도 했다. 나는 울음을 멈추지 않았다. 울고, 또 울었다. 그래서 우리 부모님은 어쩔 수 없이 나를 다시 집으로 데리고 와야 했다. 물론 그때가 잘 기억나지는 않지만, 종종 부모님과 그때 이야기를 할 때면 집에 오고 싶어서 울었었다고 농담하곤 한다.

부모님은 나를 유치원으로 보내지 않는 대신 할머니, 할아버지 댁으로 보냈다. 우리 집에서 그곳까지 가는 데는 약 15분밖에 걸리지 않았다. 나는 그곳에서 지내는 게 좋았고, 그 덕분에 부모님도 매일 아침 걱정 없이 공장으로 갈 수 있었다. 특히 할아버지가 나를 지극히 아껴주셨고, 부모님은 그 덕분에 더욱 안도할 수 있었다. 나는 할아버지의 첫 손주였고, 아버지는 늘 내게 할아버지가 나를 정말 예뻐하신다고 강조하곤 하셨다. 루카 할아버지는 항상 나를 부드럽고 다정하게 대하셨다. 할아버지가 나를 대하는 모습을 본 모든 사람이 할 말을 잃을 정도였다고 하는데, 사실 할아버지가 얼마나 강한 분인지 잘 아는 아버지는 말할 것도 없었다. 어릴 때는 느끼기 쉽지 않은 감정이긴 하지만, 나는 할아버지와 함께 놀고 대화하면서 늘 마음속에 그의 따뜻함을 느낄 수 있었다. 할아버지는 늘 인자하게 나를 가르치셨다. 그는 나의 장난을 늘 다정하게 받아주셨고, 밤에는 내가 잠이 들 때까지 침대 옆을 떠나지 않으셨다. 나는 매일 벨레비트 산맥 밑에 놓인 그 '윗집'에 계신 할아버지에게 가고 싶어 안달이 나 있었다. 그만큼 나와 할아버지는 특별한 관계를 맺고 있었다. 나는 오늘날이 돼서야 그 당시 내가 느낀 감정을 이렇게 전부 표현할 수 있게 됐다.

나는 여섯 살이었던 그 시절의 많은 추억을 여전히 간직하고 있다. 그러나 곧 나와 우리 가족은 아주 심각하고 충격적인 변화를 겪어야 했다. 솔직히 말하자면 그 시절의 기억은 특정 상황이나 장소 등으로 내 뇌리에 매우 짤막하게 남아 있다. 예를 들면 지금도 나는 휴가가 되면 여전히 그 지역에 사는 친인척을 만나러 가는데, 어린 시절 나와 함께한 사람들과 마주칠 때마다 그때 기억이 하나씩 되살아나곤 한다. 그곳에 우리 부모님이 새로 지은 집이나 크바르티리치의 작은 돌로 만들어진 그 집으로 돌아갈 때면 특히 더 그렇다. 할아버지와 할머니가 계셨던 '윗집'은 이제 불에 타 사라지고 돌로 만들어진 벽만 남아 있지만, 내 인생에 큰 영향을 준 그곳을 볼 때마다 지금도 나는 늘 감정이 북받친다. 그곳에 가면 내가 가족과 함께 안전하게 있다는 느낌이 강하게 들기 때문이다. 인생이란 그런 것 같다. 사람은 시간이 지날수록 가장 가까운 사람들에게 의지하게 된다. 그러면서 가정을 꾸리고, 아이들의 미래를 꿈꾸고, 아이들을 기르며 그들이 자라는 모습을 지켜보는 낙으로 사는 것이다. 나는 가족이 내가 추구하는 모든 것의 초석이 돼야 한다는 것을 가르쳐주신 부모님에게 감사함을 느낀다. 이제는 나도 아버지가 됐다. 나는 지금 과거 내 부모님과는 전혀 다른 삶을 살고 있다. 그러나 내가 아이들을 가르치는 방식에는 어린 시절 부모님에게서 느낀 그 경험과 감정이 그대로 묻어 있다.

나의 아버지는 강하면서도 분명한 신념의 소유자다. 아버지를 처음 보는 사람은 그가 그저 강하기만 한 사람이라고 생각할 수도 있지만 사실 아버지는 감성이 매우 풍부하신 분이다. 그는 오래전에 내가 태어나던 순간에 대해 말씀해주신 적이 있다. 그때 그는 기쁨의 눈물을 흘리며 나를 안아주었다고 한다. 그때가 그의 인생에서 가장 특별한 순간이었다. 아버지는 당시 스물네 살이었고, 그때부터 종종 자신의 강한 감정을 드러내며 다른 사람들에게 '강한 남자'처럼 보이도록 노력해야 했다.

나의 어머니는 모두에게 라다Rada라는 애칭으로 불린다. 어머니는 인정이 많은 분이지만, 감정을 다스릴 줄도 아신다. 어머니는 우리를 조건 없이 사랑해주셨고 동시에 나와 여동생을 엄격하게 대해야 할 때는 아주 확고하셨다. 시간이 지난 지금 생각해보면 그처럼 엄격하면서도 감수성이 있었던 우리 집의 환경이 우리 가족이 조화롭게 살 수 있는 바탕이 되어줬던 것 같다.

나는 우리 가족의 장남이다. 어머니는 1985년 9월 8일 밤 11시 즈음 출산 기미를 느낀 후 병원으로 향하셨다. 모든 가족이 다 그렇겠지만, 임부가 병원으로 가는 순간에는 모든 가족이 긴장하기 마련이다. 그래서 아이를 넷이나 낳은 경험이 있는 친할머니가 어머니와 함께 병원으로 가셨다고 한다. 아버지가 두 분을 데리고 자다르Zadar 병원으로 향했다. 어머니의 상태를 확인한 의료진은 아직은 출산 시점을 예측하기가 쉽지 않다며, 아버지는 집으로 돌아가 소식을 기다리는 게 좋겠다고 권유했다. 규칙을 잘 따르는 편인 아버지는 이후 곧바로 집으로 돌아와 내가 태어나기만을 기다리셨다. 당시 우리 가족은 어머니가 딸을 낳을 줄 알았다고 한다. 어머니는 1남 5녀, 아버지는 2남 2녀 가정에서 자랐기 때문이다. 그래서 우리 가족은 어머니가 딸을 낳을 확률이 8 대 2 정도로 더 높다고 생각했다고 한다. 그러나 2시 10분 즈음에 나는 아들로 태어났다! 출산 과정은 아무 문제없이 순조로웠다고 한다. 내가 아들이라는 소식을 가장 먼저 전해 들은 것은 큰아버지 젤리코Željko였다. 당시 우리 집에는 전화가 없어서 호텔에서 일하시던 큰아버지가 병원으로 전화를 걸어 소식을 접한 후 이를 아버지에게 직접 전달해야 했다. 그 후 아버지는 바로 차(자스타바 850)를 몰고 병원으로 향했다. 처음으로 나를 두 팔로 안은 아버지는 눈물을 멈추지 못하셨고 축하 파티를 시작한 우리 가족 모두가 한동안 행복해하면서 기쁨의 눈물을 흘렸다고 한다. 특히 아버지가 아주 행복해하셨다는 후문이다.

그러나 내가 태어난 날에 대한 최고의 후일담을 알고 있는 사람은 친할머니였다. 당시 호텔에서 일하셨던 할머니는 아버지와 함께 내가 태어난 날을 기념하기 위해 머리를 살짝 풀고는 술을 몇 잔 들이켜신 모양이다. 낮부터 술을 들이켠 할머니는 어지럼증을 느끼기 시작했고, 결국 병원에 입원하게 됐다! 할머니는 지나치게 흥분한 상태로 술을 마신 나머지 탈수 상태에 빠져 내가 태어난 자다르 병원에 입원하셨다. 우리는 지금도 할머니를 떠올릴 때면 그날 벌어진 일을 얘기하곤 한다. 병원에 입원한 할머니는 숙취와 함께 잠에서 깨어나셨다!

어머니는 나를 낳기 위해 출산 휴가를 낸 1년을 인생에서 가장 아름다운 시간으로 기억하고 계신다. 어머니는 그녀의 집에서 나와 우리 집과 가족을 돌보면서 그녀의 인생이 완성됐다는 느낌을 받았다고 한다. 갓난아기였던 나는 별 문제없이 성장했다. 그러나 생후 5개월이 된 시점부터 어머니가 모유를 끊자 나 또한 변하기 시작했다. 당시 나는 아무리 젖병을 물려줘도 이를 다시 뱉어냈다고 한다. 또 새벽에 뜬금없이 일어나기 일쑤였다. 심지어 나는 한두 살을 먹은 후에도 잘 먹지 않았다. 고기를 좋아하지도 않았고, 수프와 샐러드는 아예 거들떠보지도 않았다. 내가 먹은 음식은 오로지 우유, 치즈 그리고 베이컨이었다. 다행히 루카 할아버지의 집에는 우유, 치즈 그리고 베이컨이 많았다. 할아버지는 크바르티리치의 집 옆에 마련된 목장에서 무려 150마리의 양과 염소를 사육하고 계셨다. 그곳에는 칠면조, 산토끼, 닭도 있었다. 그 목장에서 그렇게 많은 동물을 기르기 위해 나를 포함한 온 가족이 종종 일손을 보태기도 했다. 나 또한 어린 시절에 할아버지의 목장 일을 돕곤 했다. 나는 아버지, 할아버지와 함께 집 근처 언덕의 초원으로 양을 몰고 가곤 했다. 사실 내게 그 모든 것은 일이 아닌 놀이에 더 가까웠다. 그 영향 때문인지 나는 말썽쟁이가 됐다. 나는 늘 염소의 꼬리를 손으로 꽉 잡고 늘어뜨리며 깔깔 웃어댔다. 나는 그렇게 어린 시절부터 동물과 친하게 지냈다. 동물을 전혀 두려워하지 않았고, 산 주변을 떠돌아다니는 무서운 늑대에 대해 들었던 이야기에도 전혀 동요하지 않았다. 다만, 내가 유일하게 무서워한 동물은 뱀이었다. 소를 몰고 초원으로 갈 때면 부모님은 늘 내게 위험한 뱀이나 뿔뱀이 산골짜기에 숨어 있을 수 있으니 너무 먼 곳으로는 가지 말라고 경고하셨다. 하루는 초원을 다녀온 아버지가 뿔뱀을 잡아 큰 병에 넣어 집으로 가지고 오신 적이 있다. 그때부터 내게는 뱀을 피해 다니는 습관이 생겼다. 심지어 나는 아버지가 집에 장식용으로 놔둔 뿔뱀이 들어 있는 유리병까지 피해 다녔다. 나는 요즘도 뱀을 무서워한다. 뱀을 볼 때마다 온몸에 불편함이 느껴진다.

　나는 어린 시절부터 자연 속에서 노는 것을 좋아했다. 할아버지와 아버지가 소를 칠 때, 나는 사촌 미르야나Mirjana, 센카Senka와 장난을 치며 놀았다. 하루는 미르야나와 내가 할아버지와 함께 어린 송아지에게 줄 풀을 베러 갔다. 할아버지는 우리를 빨간 승합차(자스타바 430)에 태우고 산속으로 들어갔다. 나는 할아버지가 모는 승합차에 관심이 생겼다. 이 차는 아버지가 모는 흰색 자스타바 850의 큰 버전이었기 때문이다. 할아버지가 풀을 베러 가신 사이, 우리는 차 안에서 놀기로 했다. 나와 미르야나는 승합차를 운전하는 흉내를 내며 놀다가 누가 어떻게 했는지도 모르는 사이에 핸드브레이크를 내려버렸다. 우리는 핸드브레이크를 내리면 차가 어떻게 되는지 전혀 모르고 있었다. 브레이크가 풀린 할아버지의 승합차는 점점 내리막길로 곤두박질쳤다. 우리는 겁에 질렸지만 차를 멈추는 방법을 알지 못했다! 얼마 가지 않아 다행히 돌벽이 승합차를 막아줬지만, 만약 그렇지 않았다면 우리는 어떻게 됐을까?! 그러나 할아버지와 우리 부모님은 그날 일에 대해 우리를 나무라지 않으셨다. 오히려 우리가 다치지 않았다는 데 안심하셨다. 할아버지의 승합차는 군데군데 조금씩 찌그러지는 흠집이 났고, 겁에 질린 우리는 이후 다시는 차 안에서 놀 생각을 하지 않았다!

　어린 시절 내가 부모님을 겁먹게 만들었던 것은 그때뿐만이 아니었다. 세 살 무렵에는 낮에 어머니와 할머니가 콩을 따고 계신 틈에 문제를 일으켰다. 아무래도 그때 나는 정말 심심했던 모양이다. 어머니와 할머니가 콩을 담아놓은 통 하나를 가져온 나는 뚜껑을 열고 콩을 꺼내 양쪽 콧구멍에 하나씩 집어넣기 시작했다. 처음에는 모든 게 다 웃기만 했다. 그 와중에 나를 본 어머니는 뭔가 크게 잘못됐다는 것을 금세 알아차렸다. 내가 숨을 쉬지 못하고 있었기 때문이다. 콧구멍으로 집어넣은 콩이 내 숨통을 막아버렸던 것이다! 어머니는 아버지를 불러 내 콧구멍 속에 박힌 콩을 꺼내기 위해 온 힘을 기울였다. 어머니와 아버지가 최선을 다해 내 콧속에서 콩을 꺼내는 동안에도 나는 계속 웃음을 터뜨렸다. 아버지는 족집게로 내 한쪽 콧구멍에 들어간 콩을 빼내는 데 성공했다. 그러나 다른 한쪽 콧구멍에 집어넣은 콩은 도무지 빠져나올 기미를 보이지 않았다. 결국, 우리는 병원에 가야 했다. 부모님은 얼굴이 파랗게 질린 채 눈의 초점을 잃어가는 나를 보며 두려움에 떨기 시작했다. 다행히도 큰 문제는 생기지 않았다고 한다.

어머니는 내가 활발했지만, 예의 바르고 착한 아이였다고 늘 말씀하신다. 나는 어머니와 생일파티 모임에 갔을 때도 늘 조용했다. 어른들이 공놀이 '보체bocce'를 즐길 때도 어머니의 무릎 위에 앉아 그들을 지켜보기만 했다. 그 사이 어머니는 내 머리카락을 쓰다듬어주셨다. 그러나 어머니가 무슨 이유로 나를 화나게 할 때면 화분에 꽂힌 꽃을 하나씩 꺾었다. 일부러 어머니를 화나게 하기 위한 행동이었다. 그뿐 아니라 나는 우리 집이나 할아버지, 할머니 댁에서도 몰래 숨는 것을 즐겼다. 하루는 어머니가 숨바꼭질을 한다며 숨어버린 나를 찾지 못해 겁에 질렸던 적이 있다. 패닉 상태에 빠진 어머니는 내 이름을 불러댔다. 그러나 나는 오히려 어머니가 찾지 못할 정도로 잘 숨었다는 사실을 흐뭇해하며 모습을 드러내지 않았다. 나는 작은 옷장 안에 숨어서 나를 부르는 어머니의 목소리를 들으며 즐거움을 느꼈다. 결국, 승리의 환호성을 지르며 옷장에서 나온 나의 웃음은 오래가지 못했다. 어머니는 화가 머리끝까지 난 상태였다. 그날만큼은 어머니의 이해심이 발동되지 않았던 것 같다.

나는 할아버지 집에 갈 때면 목소리가 평소보다 더 커졌다. 내가 첫 걸음마를 뗀 곳도 할아버지 집이었다. 그때 나는 태어난 지 9개월밖에 되지 않았다. 나는 할아버지 집에서 많은 시간을 보냈고, 부모님이 계신 집보다 더 크고 편안한 그곳이 더 내 집 같다고 생각했다. 할아버지 집 위층에는 화장실이 하나 있었고, 아래층에는 방 하나와 부엌이 있었다. 집 옆에는 주차장이 있었다. 부모님은 할아버지 집에 있던 내 침대에 나무 울타리를 붙여주셨다. 내가 똑같은 자세로 아침까지 잠을 잔 적이 거의 없었기 때문에 새벽에 침대 밖으로 떨어질 수 있다고 걱정하셨기 때문이다. 할아버지 집에는 전기가 들어오지 않았다. 그래서 우리는 석유램프에 불을 켜야 했다. 이후 아버지가 발전기를 마련해서 할아버지 집에서도 전기를 쓸 수 있었다. 그러나 할아버지 집에 수도장치가 없었던 탓에 우리는 우물에서 물을 길러와야 했다. 또 TV로 축구를 봐야 하는 날에는 '아랫집'으로 가야 했다.

여느 어린아이와 마찬가지로 나도 어린 시절 장난감이 많았고, 선물 받는 것을 좋아했으며 친구들과 노는 것을 좋아했다. 그러나 내가 어린 시절 이야기를 하는 이유는 벨레비트 언덕 마을에서 자란 환경이 얼마나 험난했는지 설명하기 위해서다. 어린 시절 나의 삶은 더 큰 도시에 살던 또래 아이들과는 전혀 달랐다. 어린 시절의 험한 환경과 그 속에서도 사랑과 관심을 받으며 자랐던 모든 일들이 오늘의 나라는 사람을 만들었다. 내가 늘 산동네에서 염소를 몰고 다니며 언덕 위를 뛰는 것은 아니었다. 뿔뱀을 피해 도망만 다니며 하루하루를 보낸 것은 더더욱 아니었다. 송아지 꼬리를 잡아당기거나 산토끼를 쫓는 게 내 인생의 전부라고 할 수는 없었다. '윗집' 할아버지 집에 가면 전기도, 물도 없긴 했지만 우리 부모님이 사는 '아랫집'에는 현대적인 집에서 흔하게 볼 수 있는 세련된 시설도 충분했다. 내 방이 따로 있었고 푸른 식물이 가득한 마당도 있었다. 근처에 친척이 살았던 덕분에 내게는 늘 함께 뛰놀 아이들이 있었다. 우리는 숨바꼭질을 하거나 장난감 자동차를 가지고 놀았고, 동네에 차가 많지 않아서 늘 바깥에서 마음껏 뛰어다녔다.

부모님 말씀에 따르면 나는 다른 아이들과 달리 유독 한 가지 장난감에 집착하는 모습을 보였다고 한다. 동그란 그 장난감 말이다! 부모님은 내게 장난감 자동차도 많이 사줬고, 생일이 되면 많은 사람들로부터 여러 가지 선물을 받기도 했다. 그러나 나는 장난감 하나를 오래 가지고 노는 편이 아니었다. 하지만 축구공만은 예외였다! 첫 번째 생일날 찍은 사진 속의 나는 축구공 위에 앉아 포즈를 취하고 있다. 나머지 어릴 적 사진은 모두가 축구공을 몰고 뛰어다니는 내 모습을 담고 있다. 조금씩 성장하면서 부모님의 허락을 받고 바깥으로 나가 놀만 한 나이가 된 순간부터는 축구공이 나와 가장 친한 친구가 됐다. 나는 아랫집 부근의 거리에서 사촌들과 함께 공을 가지고 놀며 여러 가지 기술을 연마했다. 할아버지 집에서는 주차장 문에 축구공을 튕기며 놀곤 했다. 아버지는 내가 서너 살 때부터 특별한 축구 재능을 보이기 시작했다고 했다. 또한 아버지는 내가 새로운 것을 보면 이를 매우 빨리 배우는 재능이 탁월했다고도 했다. 아버지는 내게 공을 받는 방법과 차는 동작만 가르쳤고, 그 외에는 아무것도 따로 알려줄 필요가 없었다. 나는 아버지에게 배운 동작을 계속 반복하면서 몸에 익혔고, 시간이 지날수록 축구 기술을 발전시켰다. 한때 아버지도 축구 선수였다. 그는 크로아티아 하부 리그 팀 루다르 오브로바치Rudar Obrovac에서 오른쪽 측면 공격수로 활약했다. 아버지의 선수 시절을 직접 본 사람들은 그가 빠르고 힘이 넘치는 선수였으며 절대 멈춰 있는 법이 없었다고 말했다. 불행하게도 아버지는 경기에서 뛰다가 무릎 십자인대가 파열되면서 선수 생활을 마감해야 했다. 그의 무릎은 지금까지도 상태가 썩 좋지 않다. 할아버지 루카도 축구 선수였다. 사람들은 할아버지가 풋살에 특출난 재능을 선보였으며 농구 실력도 뛰어났다고 말했다. 나 또한 공을 가지고 하는 대다수 스포츠에 빼어난 재능이 있었다. 아무래도 할아버지를 닮았기 때문인 것 같다.

아, 할아버지….

## 루카 할아버지

우리 가족은 내가 태어나기 한참 전에 내 이름을 미리 지어놓았다고 한다. 아버지 스티페는 그의 할아버지로부터 이름을 그대로 물려받았다. 아들이 태어나면 할아버지의 이름을 물려받는 것이 우리 가족의 전통이었다. 그래서 나 또한 할아버지의 이름인 루카를 그대로 물려받았다. 그러나 할아버지가 유독 나를 사랑한 이유는 꼭 그와 나의 이름이 같았기 때문만은 아니었다.

부모님이 출근하기 전에 할아버지께 나를 맡기면, 할아버지는 나를 하루종일 돌봐주셨다. 그러나 그게 다는 아니었다. 나는 어린 시절 늘 그와 함께 놀았다. 걸음마를 떼고 난 뒤로는 할아버지가 가는 모든 곳을 따라다녔다. 할아버지는 겨울에 길거리에 쌓인 눈을 치우거나 풀 베기를 할 때, 초원으로 소를 몰고 가거나 원자재를 구할 때는 물론 정비공으로 일하며 수리를 하러 다닐 때 늘 나를 데리고 다니셨다. 나는 할아버지가 밖에서 일을 할 때나 집안일을 할 때면 늘 그의 도우미 역할을 자처했다. 할아버지의 작은 승합차를 타고 다니거나 그와 함께 친척을 만나러 가는 일이 특히 더 즐거웠다. 할아버지와 산토끼나 새 사냥을 하는 것은 매우 흥분되는 일이었다. 할아버지는 내가 그의 소총을 들고 포즈를 취하고 있는 사진도 찍어주셨다. 우리는 늘 서로 대화를 나누며 장난을 쳤고, 할아버지는 내게 많은 것을 가르쳐주셨다. 할아버지와 함께하는 매일매일 나는 새로운 무언가를 아주 많이 배웠다. 할아버지와 함께 지내는 일은 곧 내게 새로운 모험에 나서는 것이나 마찬가지였다.

할아버지는 키가 크고 훤칠한 미남이셨다. 그는 늘 머리를 깔끔하게 올백으로 넘겼다. 할아버지에게서는 늘 자신감과 확신이 느껴졌다. 시간이 지난 지금은 할아버지를 '터프가이'였다고 표현하곤 하지만, 어린 시절에는 그를 그렇게 느낀 적이 없었다. 다만, 그때도 할아버지 곁에 있으면 늘 내가 안전하다고 느꼈다. 나에게 있어 할아버지와 함께하는 것은 즐거움 그 자체였고, 나는 그가 무엇을 하는지 항상 궁금해했다. 그는 그만큼 내게 특별한 존재였다. 나는 할아버지를 진심으로 사랑했다. 할아버지가 집안의 가장으로서 내게 늘 머리를 짧게 잘라야 한다고 따끔하게 말씀하실 때도 나는 여전히 그를 사랑했다. 반대로 어머니는 내가 머리를 길게 기르기를 바라셨다. 그러나 할아버지는 내 머리가 너무 길다고 생각하면 나와 어머니에게 물어보지도 않고 가위를 가져와 직접 길게 자란 내 머리카락을 싹둑 잘라버리곤 하셨다. 그 때문에 나와 어머니는 눈물을 흘리며 머리를 자르지 말라고 할아버지에게 빌기도 했지만, 그는 우리 말을 듣지 않았다. 할아버지는 무언가를 해야겠다고 마음을 먹으면 절대 생각을 바꾸지 않는 분이었다.

우리 가족에게 처음으로 새 식구가 생긴 것은 내가 네 살이 됐을 때였다. 여동생 야스미나Jasmina가 그때 태어났다. 동생을 만나는 일은 대단한 경험이었다. 내가 내심 남동생을 바랐는지, 여동생을 선호했는지는 잘 기억이 나지 않는다. 어머니가 야스미나를 임신했을 때 우리 가족이 동생을 어떻게 기다렸는지도 잘 기억나지 않는다. 내게 남은 유일한 기억은 야스미나가 태어난 후 처음 집에 온 그 순간이다. 나는 처음 만난 동생을 조심스럽게 만진 후 뽀뽀를 해줬다. 이후 야스미나는 내 인생의 일부가 됐고, 우리는 함께 자라며 서로를 알아갔다. 우리는 그렇게 끈끈한 오빠와 동생의 인연을 만들어갔다.

야스미나가 태어난 후 온 가족의 관심이 예전과 달리 내가 아닌 나와 야스미나 둘에게 나뉘었지만, 그렇다고 내 삶에 큰 변화가 생겼다고 느끼지는 않았다. 오히려 나는 온 가족이 모여 시간을 보내는 게 즐거웠다. 우리 집에 온 가족이 모이거나 집안 심부름을 하는 일, 사촌을 만나러 가는 일 등이 내게는 모두 즐거운 일이었다. 시간이 흘러 부모님이 내게 해주신 말씀 덕분에 내가 여섯 살이 될 때까지 어떻게 어린 시절을 보냈는지 더 잘 깨달을 수 있었다. 어린 시절 내게는 두려움이 없었다고 한다. 나는 늘 활발했고, 발랄했으며 장난기가 많았다는 게 부모님의 말씀이다. 우리 부모님은 내가 그러면서도 선을 지킬 줄도 아는 아이였다고 말씀하셨다. 장난을 치며 놀다가도 부모님이 말하시면, 하던 장난을 멈추고 부모님 말씀에 귀를 기울였다고 한다. 또 부모님이 내게 흥분을 가라앉히고 차분하게 행동하라고 말씀하시면, 그 말을 그대로 따랐다고 한다. 그렇게 다정다감하면서도 사람에 대한 존중을 중요하게 여긴 우리 집안의 환경은 내가 자라면서 갖게 된 인격에도 매우 큰 영향을 미쳤다고 생각한다. 벨레비트 산맥 밑에서 자란 내 어린 시절은 아름답고 걱정 없는 시간이었지만, 아주 교육적이기도 했다. 나는 그런 환경 속에서 자라며 차츰 자립심을 키웠고, 집을 떠날 날을 대비해 나만의 길을 개척하는 방법을 터득해갔다. 그 당시에는 스마트폰도, 컴퓨터도, 태블릿도, 인터넷도 없었다. 나는 자연 속에서 시간을 보내며 아름다운 것들을 발견하며 성장했지만, 규율을 지키는 문화를 동시에 배웠다. 모든 게 다 순조로운 시간이었다. 앞으로 더 좋은 날만 있을 것 같았다. 그러나 나의 운명은 내 생각과는 다른 길을 가기 시작했다.

정확히 무슨 일이 일어나고 있는지 알 수는 없었지만, 언젠가부터 나는 무언가 변하고 있다는 느낌을 받기 시작했다. 내 주변을 감싸고 있던 모든 좋은 일들이 다 멈추는 것만 같은 기분이었다. 부모님도 더 이상 오브로바치로 출근하지 않았다.

부모님은 서로 대화를 나눌 때 평소와는 달리 조용하고, 진지했다. 할아버지 집의 분위기도 더는 예전 같지 않았다. 할아버지와 할머니는 내 앞에서는 어머니, 아버지처럼 평소대로 행동하는 척하셨다. 그러나 그마저도 그리 오래가지 못했다.

끔찍하고, 또 무시무시했던 그날. 지금까지도 내 뇌리에 남아 있는 그날의 가장 강한 기억은 당시 아버지의 모습에서 느낀 불안감이었다. 밖으로 나간 할아버지가 집으로 돌아오지 않으셨다. 그래서 부모님은 할아버지를 찾으러 밖으로 나갔다. 부모님이 할아버지를 집으로 모시고 돌아왔을 때도 나는 무슨 일이 생겼는지 전혀 알지 못하고 있었다. 내가 느낀 유일한 감정은 깊은 슬픔뿐이었다. 아버지는 한쪽 팔로 내 어깨를 감싸고는 방 안에 놓여 있는 관 앞으로 나를 데리고 갔다. 아버지는 "아들아, 할아버지께 인사해야지"라고 말씀하셨다. 그 순간이 내가 할아버지와 마주보는 마지막 시간이라는 사실을 받아들일 수 없었다. 부모님은 나를 방 밖으로 데리고 나오셨다. 그들은 내가 그 끔찍한 비극에서 거리를 두기를 바라셨다.

오브로바치에서 장례식이 열렸다. 루카 할아버지는 많은 사람의 존경을 받은 멋진 분이셨다. 아버지도 할아버지를 진심으로 사랑했다. 그를 잃은 아버지의 기분이 어떨지 상상도 하기 어려웠다. 수년이 지난 뒤에야 아버지는 내게 피투성이의 시신으로 발견된 할아버지를 찾은 끔찍한 순간에 대해 알려줬다. 할아버지는 집에서 약 500미터 떨어진 목초지에서 발견됐다. 그곳은 할아버지가 염소를 몰고 풀을 먹이는 장소였다. 1991년 12월, 전쟁이 발발했다. 우리 할아버지는 두려워하는 게 없는 분이지만, 당시 사태가 얼마나 심각했는지에 대해서는 잘 알지 못하셨던 모양이다. 옐라 할머니는 그날 집 근처에서 군인들을 태운 자동차 몇 대를 보셨다고 한다. 할머니는 문을 잠그고 집 안에 숨었다. 할아버지와 할머니가 걱정된 아버지는 아침부터 그들을 살피기 위해 윗집으로 향했다. 그러나 아버지는 할아버지 없이 집으로 돌아온 염소들을 보고는 무언가 끔찍한 일이 발생했다는 것을 직감했다.

　루카 할아버지는 기관총 총탄에 맞고 살해됐다. 그것도 아주 가까운 거리에서 쏜 총탄에 의해서. 그는 66세였다. 지금도 그렇게 돌아가신 할아버지를 생각하면 가슴이 미어진다. 그는 말 그대로 집 문 앞에서 목숨을 잃었다. 도대체 어떤 사람들이 무고한 할아버지의 인생을 그렇게 앗아갔을까? 나는 10살이 됐을 무렵부터 그런 질문을 하기 시작했다. 당시 3학년이었던 나는 선생님으로부터 가장 슬펐거나 무서웠을 때에 대한 이야기를 적어보라는 과제를 받은 후 이런 글을 썼다.

> 나는 아직 어리지만, 인생을 살면서 두려운 순간을 많이 경험했다. 나는 총성과 포탄이 울리는 상황에 대한 두려움에서 이제 막 천천히 벗어나고 있다.
> 내가 절대 잊지 못할 두려움을 느낀 순간은 4년 전, 체트니크가 우리 할아버지를 죽였던 그 날이다. 나는 할아버지를 아주 많이 사랑했다. 우리 가족 모두가 울었다. 나는 사랑하는 할아버지를 더는 볼 수 없다는 사실을 이해할 수 없었다.
> 이런 일을 벌인, 우리 가족을 집에서 도망치게 만든 사람들을 과연 사람이라고 부를 수 있을까?

　그날 이후 나는 공개적으로 할아버지에 대한 이야기를 한 적이 거의 없다. 그 사건 이후 우리 가족의 삶은 하루아침에 달라졌고 우리의 머릿속에는 거대한 트라우마가 생겼다. 아버지는 매일 전쟁터로 나가셨다. 아버지는 우리와 함께할 수 있는 시간에는 나와 내 동생을 지켜주셨다. 그는 우리에게 곧 모든 게 괜찮아진다고 말씀해주셨다. 할아버지를 잃은 비극과 아버지와 더 많은 시간을 함께 보낼 수 없다는 생각이 계속 나를 괴롭혔다. 그러나 그 와중에도 아버지는 복수심을 품지 않으셨다. 시간이 지나고 내가 성장한 후 당시 전쟁에 대해 더 많은 것을 알게 된 다음, 나는 아버지가 고통을 느끼면서도 인간으로서의 존엄을 얼마나 훌륭하게 잃지 않으셨는지 깨달았다. 아버지가 그렇게 할 수 있었던 것은 원래부터 그의 마음씨가 착해서이기도 하지만, 나와 동생에 대한 책임감이 그만큼 강했기 때문이기도 했다. 아버지는 늘 우리가 어디서 왔는지, 무엇을 가졌는지, 무엇을 가지지 못했는지는 중요하지 않다고 말씀하셨다. 그는 가장 중요한 것은 좋은 사람이 되는 것이라고 우리를 가르치셨다. 당시 우리 가족에게 일어난 일은 끔찍했고, 비극적이었다. 그러나 그런 환경 속에서도 아버지는 어머니와 함께 우리에게 타인을 존중하고 사랑해야 한다고 가르치셨다. 아버지와 어머니는 우리가 무엇이 옳고 그른지 분별할 수 있는 좋은 사람이 돼야 한다고 강조하셨다.

그때의 가르침은 오늘날 내가 세상을 보는 시선에 아주 큰 영향을 미쳤다. 그래서 나는 늘 부모님께 감사한 마음을 가지고 있다. 물론 우리가 살던 곳을 떠나야만 했던 냉혹한 현실, 폭탄이 떨어지는 순간의 끔찍한 기분, 사랑하는 주변 사람들이 두려움에 떠는 모습, 전쟁의 대가를 치르며 새로운 현실에 적응해야 했던 혼돈의 시기 또한 오늘날의 나를 만든 밑거름이다. 그런 환경에서는 한순간의 잘못된 생각이나 세상을 바라보는 비틀어진 시선이 인생을 망치는 선택으로 이어질 수 있다. 그러나 나의 부모님은 늘 나를 옳은 길로 인도하셨고, 훗날 나는 축구 선수가 돼서도 그들이 나를 이끌어준 길을 걸어야 한다는 것을 확신할 수 있었다.

돌아가신 할아버지는 아버지가 인생을 대하는 자세에도 지대한 영향을 주셨다. 운명이 할아버지와 나의 인연을 짧게 끊어버렸지만, 그는 이미 내게도 훌륭한 영향을 미친 존재였다. 나는 여전히 자주 할아버지에 대해 생각한다. 아마 할아버지에 대해 이렇게 길게 얘기한 것은 이번이 처음인 것 같다. 할아버지가 그립다. 내가 축구 선수로 거둔 성공을 할아버지와 함께할 수 있었다면 정말 행복했을 것이다. 할아버지가 늘 가족을 자랑스럽게 여기셨듯이, 그는 축구 선수가 된 나를 매우 자랑스러워하셨을 것이다. 할아버지는 늘 우리에게 가족이 가장 우선이라고 가르치셨다. 오늘날까지 우리 가족이 서로 끈끈한 인연을 맺고 있는 것 또한 그 덕분이다. 나는 고향으로 돌아갈 때마다 어릴 적 할아버지와 같이 간 곳을 다시 찾는다. 그럴 때마다 추억이 떠오르고, 감정이 북받친다. 나는 어릴 적 나와는 전혀 다른 삶을 살고 있는 우리 아이들도 그곳으로 데려가 아빠가 어떤 삶을 살았는지 볼 수 있게 해주고 있다. 오래전에 무너진 할아버지 집은 이제 잡초에 묻혀 없어졌다. 대신 그 자리에 걸려 있는 '위험구역'이라고 적힌 표지판은 수십 년 전 그곳에서 비극적인 사건이 벌어졌다는 사실을 우리에게 상기시켜주고 있다. 잔재만 남은 그 집의 소유주는 크로아티아 정부다. 만약 그 땅이 우리 소유였다면, 나는 그곳을 할아버지와 할머니 그리고 우리 가족을 위해 더 의미 있는 장소로 만들었을 것이다. 1991년 12월 할아버지가 숨진 채 발견된 그 자리에는 작은 묘비가 세워져 있다. 아버지가 그 묘비를 만드셨다. 나는 그곳을 방문할 때마다 할아버지가 얼마나 생기 넘치는 분이었는지, 그와 함께한 시간이 얼마나 즐거웠는지를 다시 한번 깨닫는다. 아마 그곳에 할아버지가 지금까지 살아 계셨다면, 그는 나를 보자마자 내가 거둔 성공을 축하한다고 말씀하신 후 가위를 들고 내게 다가와 "루카, 네가 정말 자랑스럽다. 그런데 너 그 머리는 좀 잘라야겠다. 이리 와라" 하고 말씀하셨을 것이다.

## 망명

할아버지가 돌아가신 뒤, 아버지는 우리 가족이 더 안전한 곳으로 이주해야 한다는 사실을 깨달으셨다. 나는 그때 상황을 모두 이해하기에는 아직 너무 어렸지만, 부모님은 우리 가족이 난민 생활을 하게 된 후에도 최대한 편하게 살 수 있도록 온 힘을 다하셨다. 그러나 나는 여전히 무언가 달라졌다는 느낌을 지울 수 없었다. 특히 자톤 오브로바츠키에서 걱정 없이 살던 어린 시절과 이후 우리가 놓인 현실을 비교하면 더욱 그랬다. 우선 우리는 큰아버지 젤리코가 웨이터로 일하던 마카르스카Makarska로 떠났다. 큰아버지는 내게 두 번째 아버지나 다름없었다. 단지 그와 우리 아버지가 쌍둥이 형제였기 때문만은 아니었다. 큰아버지는 늘 나와 여동생 둘을 친절하게 대해주셨고, 우리를 보호해주셨다. 큰아버지에게는 친자식이 없었지만, 그는 마치 우리를 친아들과 친딸처럼 대해주셨다. 그는 우리가 언제나 의지할 수 있는 버팀목 같은 사람이었다.

어린이에게는 부모가 세상의 모든 것이다. 그래서 부모님 외에 다른 누군가와 특별한 인연을 맺게 되면, 그 사람 또한 매우 소중한 존재가 될 수밖에 없다. 나는 아버지와 큰아버지가 무조건적인 사랑을 바탕으로 한 형제로서의 우애를 맺고 있다는 것을 쉽게 느낄 수 있었다. 지금도 같이 있는 그들을 볼 때면 쉽게 알 수 있다. 그들은 하루에도 여러 차례 통화를 주고받는다. 한 분이 어디론가 여행 중이면, 15분에 한 번씩 통화를 한다. 흥미로운 것은 큰아버지가 우리 아버지보다 15분 더 일찍 태어난 쌍둥이 형제의 '형'이라는 사실이다! 나의 아버지는 큰아버지보다 조금 더 내성적이면서도 더 쉽게 흥분하는 편이다. 반대로 큰아버지는 더 사회성이 있고, 차분하다. 그는 장난을 치거나 누군가를 골탕 먹이는 것을 매우 좋아했다. 아무래도 그와 같은 차이점이 아버지와 큰아버지가 잘 어울릴 수 있는 이유 같기도 하다. 나는 아버지와 큰아버지가 다투는 것을 한 번도 본 적이 없다.

마카르스카에 도착한 우리는 망명자들을 받아주는 한 마을에 자리를 잡았다. 우리 가족은 그곳에 약 4개월간 머문 뒤, 1992년 4월 자다르Zadar로 떠났다. 나는 가을부터는 자다르에서 학교를 다녀야 했다. 자다르의 호텔 콜로바레Hotel Kolovare에 삶의 터전을 마련한 우리에게 처음 주어진 공간은 1층의 작은 방이었다. 그곳에서 아버지, 어머니, 여동생과 나에게 주어진 침대는 단 하나였다. 그 작은 공간 안에는 변기도 있었고, 구석에 가스레인지가 놓인 작은 테이블이 마련되어 있었다. 이후 우리는 방 두 칸이 있는 3층으로 옮겼다. 여동생 야스미나와 내가 한 방을 차지했고, 나머지 방 하나는 부모님의 침실이자 거실로 활용했다. 그것이 우리의 새로운 현실이었다. 척박한 환경 같아 보일 수 있겠지만, 우리는 꽤 빨리 적응해나갔다. 우리 가족은 망명을 하기 전부터 검소한 삶을 추구했고, 부모님 또한 그러한 환경에 대해 불평하지 않으셨다. 물론 부모님은 나와 야스미나를 걱정하셨고, 아버지는 곧 자진해서 군 입대를 하신 후 최전선으로 나가셨다. 그 와중에 어머니는 우리의 미래를 위해 직장을 찾으셨다. 어머니는 오브로바치 공장에서 일할 때 만난 직장 동료가 옷 수선집을 차린 덕분에 그곳에서 일할 수 있게 됐다. 어머니가 이렇게라도 일을 할 수 있게 된 것은 천만다행이었다. 우리 가족의 수입이 늘어났을 뿐만 아니라, 일터로 가신 어머니가 매일매일 일할 때만큼은 잠시나마 현실의 고통으로부터 자유로워질 수 있었기 때문이다.

당시 우리가 머무른 호텔에는 내 또래 아이들이 많았다. 우리는 호텔 앞 놀이터에서 어울리며 시간을 보냈다. 우리는 축구, 피구, 숨바꼭질 등을 하고 놀면서 새로운 친구를 사귀었다. 가끔씩 폭탄이 날아오면 다시 호텔 안으로 들어가야 했지만, 당시 그곳 아이들의 생활은 꽤 괜찮은 편이었다. 호텔 콜로바레는 우리처럼 생존을 위해 집을 떠나온 사람들로 가득했다. 그중 상당수는 우리와 친척이었다. 아버지의 누나 마리아의 가족도 그곳으로 이주했다. 폭탄은 갈수록 자주 떨어졌고, 가끔은 호텔을 강타하기도 했다. 그 때문에 마리아의 남편 밀레가 다친 적도 있었다. 폭탄이 그들의 방 근처로 떨어졌기 때문이다. 그러나 당시 큰 두려움을 느꼈던 것이나, 파편이 튀었던 것을 제외하면 다행히도 심각한 사건은 발생하지 않았다.

이렇게 말하면 이상하게 들릴 수도 있지만, 머지않아 나는 사이렌 소리가 들리면 바로 호텔 안으로 몸을 피하는 생활에 익숙해졌다. 처음에는 폭탄이 떨어지면 겁에 질렸지만, 시간이 지나며 그 불안감마저 점점 익숙해졌다. 나를 가장 두렵게 했던 것은 미사일 소리였다. 끔찍한 휘파람 소리가 이어진 후 폭발하는 그 소리 말이다. 폭발음이 들릴 때면 매번 똑같은 곳으로 피신할 수도 없었다. 어디에서 폭탄이 터졌는지에 따라 사이렌 소리가 들리는 곳으로 피신해야 했다. 그러나 어디로 피신해도 그곳에는 이미 수많은 어린아이들이 있었다. 그곳에 모인 우리는 늘 편을 나눠 게임을 했다. 그래야 시간이 더 빨리 지나갔기 때문이다. 그럴 때마다 나는 온 가족이 모두 함께 있어야 안전하다고 느낄 수 있었다. 그러나 우리는 군 입대를 자처한 아버지가 최전선으로 가게 된 후 늘 두려움에 떨면서 하루하루를 살아갔다. 두려움이라는 감정이 늘 우리 삶의 한켠에 자리하고 있었던 셈이다. 그러나 우리는 곧 두려움을 안고 사는 방법을 터득했고, 차츰 난민 생활에 익숙해졌다. 적어도 내가 학교에 가기 전까지는 말이다.

## 학교 종

자다르의 아르바나시Arbanasi라는 마을에 자리한 크루노 크리스티치 Kruno Krstić 초등학교는 우리 가족이 머물던 호텔로부터 약 1킬로미터 떨어진 곳이었다. 등교 첫날에는 당연히 어머니와 함께 학교까지 갔지만, 다음 날부터는 부모님 없이 혼자 걸어갔다. 사실 나 또한 부모님 없는 등굣길이 좋았다. 그렇게 하면 호텔 콜로바레에서 만난 내 친구 마르코 오스트리치Marko Oštrić, 안테 츠르냐크Ante Crnjak와 장난을 치며 학교까지 갈 수 있었기 때문이다. 우리는 떼어놓을 수 없을 정도로 가까운 친구였다. 프리드라가Pridraga에서 온 마르코는 나와 만난 첫날부터 절친한 친구가 됐다. 우리는 등굣길부터 함께 걸었고 학교에서도 늘 옆에 앉았으며, 자다르에서 함께 축구도 했다. 우리는 평생을 함께하는 친구가 됐다. 서로의 결혼식에서는 들러리를 섰다. 마르코와 나는 가족끼리도 가깝게 지낸다. 무엇보다 나는 변하지 않는 마르코의 모습을 가장 사랑한다. 그는 전쟁을 겪은 어린 시절부터 나와 가장 친한 친구였다. 지금도 그는 우리가 처음 만난 여섯 살 때와 다르지 않다. 마르코에게도 나는 '축구 선수 모드리치'가 아닌 늘 그가 예전부터 알고 지낸 '루카'일 뿐이다. 나는 그래서 마르코를 좋아한다.

솔직히 말하면 나는 좋은 학생은 아니었다. 대충 평범한 학생이었다고 해두자. 나는 역사와 체육 시간을 좋아했고, 그 두 과목에서는 늘 좋은 성적을 받았다. 그러나 과학이나 수학에는 소질이 없었다. 가장 큰 이유는 내가 늘 몰아치기로 공부를 했기 때문이다. 나는 매일 밤낮을 가리지 않고 축구팀 훈련을 가느라 바빴고, 주말에는 경기에 출전해야 했다. 나는 시간이 주어진 저녁 시간에만 차분하게 앉아서 공부할 수 있었고, 평균적인 성적을 받는 데 만족했다. 다행인 점은 내가 깔끔한 학생이었다는 사실이다. 이것은 오늘날까지 내가 중요하게 여기는 부분이다. 나는 모든 것이 정리정돈되어 있는 상황이 좋다. 내 물건이 모두 정리되어 있고, 굳이 찾지 않아도 어디에 뭐가 있는지 알고 있는 기분이 좋다. 밖에 나갔다가 집으로 돌아왔을 때, 내 물건이 하나라도 원래 있던 자리에 없거나 조금이라도 옮겨져 있으면 나는 그것을 바로 알아챘다.

우리 부모님도 나의 학교 성적이 들쑥날쑥한 점을 이해해주셨다. 그저 내가 최선을 다하기를 바라는 게 우리 부모님의 마음이었다. 당시 우리가 놓여 있던 환경을 고려하면, 부모님의 마음에는 내가 발전하는 모습을 보이는 것만으로도 충분했기 때문이다. 내가 학교를 좋아한 이유는 친구들 때문이었다. 순수했던 우리는 늘 서로에게 장난을 치며 놀았다. 나는 크게 말썽을 부린 적은 없지만, 순간순간 자잘한 문제를 일으키긴 했다! 이 모든 게 우리가 성장하는 과정이었다. 그 시절은 언제 누가 목숨을 잃을지 모르는 위험하고, 힘든 시기였지만 정작 우리의 일상은 학교를 다니는 다른 도시의 여느 어린 아이들과 크게 다르지 않았다. 체육 시간을 가장 즐긴 나는 체육선생님 알베르트 라도프니코비치Albert Radovniković를 가장 좋아했다. 그러나 난민 가족의 상황을 누구보다 잘 이해해준 우리 담임선생님 마야 그르비치Maja Grbić도 매우 좋아했다. 당시에는 폭탄이 떨어져서 학교 수업이 취소된 날도 있었다. 어려운 생활을 이어가던 이 시기에도 학교에 가면 평화를 되찾을 수 있었지만, 그때 우리가 안고 살던 두려움을 지우개로 지울 수 있는 것은 아니었다. 그래서 선생님들은 우리를 위해 더 인내하고, 이해심을 발휘해야만 했다.

그 와중에도 나는 기회가 날 때마다 축구를 했다. 우리는 학교 건물 뒤편의 콘크리트 바닥에서 축구를 했고, 호텔로 돌아와서는 주차장에서 경기를 이어갔다. 주차장 옆쪽에는 작은 잔디밭 위에 심어진 나무가 있었다. 그 나무 한그루와 큰 바위가 우리의 골포스트였다. 우리는 지쳐 쓰러질 때까지 계속 축구를 했다. 나는 가끔씩 골키퍼로도 뛰었지만, 드리블과 슈팅을 할 때가 가장 좋았다. 우리 아버지도 드리블 돌파를 하며 슈팅하는 나를 보며 내가 축구에 재능이 있다는 것을 알아채셨다.

아버지는 전쟁터에 나가지 않는 날에는 아르바나시 근교의 축구장으로 나를 데리고 가 공을 컨트롤하는 방법을 가르쳐줬다. 나는 아버지에게 공을 받아서 패스로 연결하는 방법을 배웠다. 정말 즐거운 시간이었다. 아버지와 함께 공을 가지고 놀면서 축구를 할 때는 마치 아무 걱정이 없던 어린 시절로 돌아간 기분이 들었다.

그러나 집 주변 공간이 넓었던 자톤 오브로바츠키에 살던 시절과는 달리, 호텔 콜로바레 근처에는 늘 차가 많았다. 이 때문에 늘 축구를 하면 공이 날아가 차를 강타하는 일이 벌어지곤 했다. 공이 차를 때리면 어김없이 듣기 싫은 땡 소리가 났다. 가끔은 차 유리를 깨기도 했다!

한번은 더 심각한 일이 벌어졌다. 우리가 축구를 하던 중 날아간 공이 주차된 차 한 대의 바퀴를 강타했다. 그러자 나이가 들어 보이는 아저씨 한 분이 나타났다. 화가 머리끝까지 난 그는 공을 집어 들더니 우리 앞에서 공을 터뜨려버렸다! 공을 터뜨린 그는 나와 마르코에게 꺼지라며 소리를 질렀다. 처음에는 그의 행동에 충격을 받았지만, 서서히 그 감정이 분노로 변했다. 방으로 돌아간 나는 가죽으로 만들어진 축구공을 잃었다는 데에 너무 상심한 나머지 눈물을 흘리기 시작했다. 그 아저씨가 터뜨린 공은 내가 가진 유일한 축구공이었기 때문이다. 아버지는 내게 무슨 일이 있었느냐고 물었다. 나는 아버지에게 밖에서 있었던 일을 그대로 알려줬다. 그러자 아버지는 즉시 밖으로 나가서 내 가죽 축구공을 터뜨린 아저씨를 찾아내서 어떻게 된 일인지 물었다. 그 아저씨는 여전히 내 공을 터뜨린 스크루드라이버를 손에 쥐고 있었다.

아버지는 "우선 그 스크루드라이버부터 치우시죠. 그리고 왜 아이들 공을 터뜨린 거죠?"라고 그에게 물었다.

그러자 그는 "그 공이 내 차에 맞았으니까요!"라고 답했다.

아버지는 그게 공을 터뜨릴 만한 이유는 될 수 없다며 더군다나 어린아이들을 그렇게 대하는 것은 옳지 않다고 그를 몰아세웠다. 아버지는 그에게 사과를 요구했다. 결국, 그 아저씨는 미안하다고 말했다. 이후 그는 우리를 가게로 데리고 가서 새 축구공을 사줬다. 아버지의 그런 모습을 본 것은 그때가 처음이었다! 당연히 나는 아버

지가 자랑스러웠다. 그리고 곧 나는 아버지 덕분에 다시 행복해질
수 있었다.

Chapter 3

# 인정받기 위한 길

어느 날, 아버지가 집에 오시더니 나를 자다르 축구 아카데미에 등록시켰다고 말씀하셨다. 내가 학교에 다니기 시작한 지 얼마 지나지 않은 1992년 가을의 일이었다. 나는 자다르 축구 아카데미에 가기도 전에 첫 팀 훈련이 너무 기대가 됐다. 내 친구 마르코도 등록을 마친 상태였다. 아버지는 첫날 우리 둘을 그곳까지 차로 데려다주셨다. 우리는 매우 흥분한 상태였다! 팀 훈련은 과거 군부대로 사용된 바니네Banine라는 곳에서 진행됐다.

바니네는 아주 컸다. 지금은 스포츠센터로 바뀌었지만, 당시만 해도 그곳에는 라커룸도 없었기 때문에 우리는 관중석에서 옷을 갈아입어야 했다. 나는 여전히 내가 신은 첫 번째 축구화를 기억하고 있다. 아버지가 내게 사주신 로또Lotto 스포츠 축구화는 밝은 녹색이었다. 그때는 그 축구화가 세상에서 가장 아름다운 물건 같았다! 부모님은 내가 필요하다면 무엇이든 해주기 위해 엄청난 희생을 하셨다. 아버지는 내가 좋은 축구 선수가 될 수 있다는 확신을 갖고 계셨다. 아버지 또한 부상만 아니었다면 더 좋은 선수가 됐을 수도 있겠지만, 그에게는 그런 기회가 주어지지 않았다. 아버지는 어머니에게도 내가 축구에 소질이 있다며 이 재능을 살려주기 위해 기회를 줘야한다고 말씀하셨다. 그것은 아버지 본인에게는 주어지지 않았던 기회였다.

나를 정식으로 가르친 첫 번째 지도자는 젤리코 지프코비치Željko Živković 감독이었다. 잠시 나를 지켜본 그는 훈련 첫날부터 나보다 나이 많은 아이들과 함께 운동하게 했다. 나는 신체적으로는 약한 편이었지만, 누구도 두려워하지 않았다. 길거리에서, 주차장에서, 콘크리트 운동장에서, 호텔 콜로바레 앞 잔디밭에서 축구를 하며 자신감을 쌓았던 것 같다. 자다르 축구 아카데미에서는 나이가 중요하지 않았다. 더 나이가 많은 아이들과 공을 차려면 스스로를 지킬 줄 알아야 했다. 당시 나는 늘 걷어차인 탓에 정강이에 통증을 안고 축구를 해야 했다. 콘크리트 운동장 위에 넘어져 뒹굴다 피투성이가 되기도 했다. 그러나 나는 울지도 불평하지도 않고, 다시 일어나서 열심히 뛰었다. 아마 나보다 나이 많은 아이들도 그런 모습 때문에 나를 더 인정했고, 팀원을 뽑을 때마다 나를 먼저 골랐던 것 같다. 길거리에서 축구를 하며 기른 강인함은 훗날에도 내게 큰 도움이 됐다.

팀 훈련은 매주 세 번씩 진행됐다. 처음에는 아버지가 나를 훈련장까지 데려다주셨지만 아버지가 바빴던 탓에 나중에는 혼자 자전거를 타고 훈련장으로 향했다. 자전거를 타면 호텔 콜로바레에서 훈련장까지 20분 정도가 걸렸다. 부모님은 내가 자전거를 탈 때, 혹은 훈련장에서 운동을 할 때 사이렌이 울리면 어떻게 해야 할지 늘 걱정하셨다. 실제로 그런 일이 일어나면 코치들이 우리를 구단 건물 안으로 데리고 들어가 몸을 피하게 해줬다. 지금 아버지가 된 내가 어린 시절 또래 아이들이 축구를 할 때 그들의 부모님이 어떻게 행동했는지를 떠올려보면, 나의 아버지에게 더 감사한 마음이 들곤 한다. 아버지는 훈련하는 나를 보러 오실 때면 자신과 성격이 여러모로 비슷한 마르코의 아버지와 대화를 나누며 우리 감독님의 역할에 간섭하지 않으셨다. 아버지는 훈련장까지 찾아오더라도 나는 물론 다른 누구에게도 압력을 가하려고 하지 않았다. 그러나 당시 수많은 학부모들은 아버지와는 다르게 그런 행동을 했다. 내가 운동하는 모습을 보러 온 아버지가 감정적인 반응을 보인 적이 딱 한 번 있긴 했다. 한 학부모로부터 나를 보호해주기 위해 그렇게 행동하셨다. 그 학부모는 계속 소리치며 듣기 거북한 말을 내뱉고 있었고, 그러다가 나한테까지 화를 내기 시작했다. 경기장 옆에서 나를 지켜보던 아버지는 평정심을 잃었다. 그는 반대쪽에서 소리치는 그 학부모를 향해 운동장을 가로질러 달려가 아이들을 모함하는 행동을 멈추라고 다그쳤다. 아버지는 누군가 잘못된 행동을 하면 그 사람을 설득시키는 데 매우 뛰어난 능력을 가진 분이다! 그 후 그 학부모는 더는 우리에게 소리치지 않았다.

나는 훈련 시간을 좋아했다. 지프코비치 감독에 이어 나를 가르친 다보린 마토세비치Davorin Matošević 감독도 우리에게 기본기를 가르쳤다. 우리는 그에게 공을 받고 패스하는 방법과 경기를 풀어가는 다른 방법을 배웠다. 나는 팀 훈련이 없는 날에도 늘 축구를 했다. 우리는 항상 그랬듯 호텔 앞 주차장에 공간을 마련하고 그곳에서 공을 찼다. 양쪽에 바위를 두 개씩 놓고 골대를 만든 뒤, 바로 경기를 시작했다. 그곳에서의 축구는 매 경기가 전투나 다름없었다! 머릿수가 맞지 않은 적도 있었지만, 우리는 대부분 5 대 5 경기를 했다. 그렇게 축구를 할 때마다 내 머릿속에는 이겨야 한다는, 그리고 다른 아이들보다 잘해야겠다는 생각밖에 없었다.

당시 나는 축구를 너무 자주 한 나머지 그 대가를 치러야 했다. 어린 시절 내가 입은 모든 바지, 티셔츠 그리고 트레이닝복은 완전히 망가지거나 찢어졌다. 그 당시 내게는 옷이 많지도 않았다. 트레이닝복이 찢어졌다고 항상 새 옷을 살 수 있는 형편이 안 됐기 때문이다. 그래서 그때는 내게 주어진 물건을 최대한 아끼려고 했다. 그렇다고 내가 입은 옷이 비싼 것도 아니었다. 그러나 당시 내가 입고 다닌 흰색 트레이닝복은 내 전부나 다름없었다.

그래서 나는 트레이닝복에 구멍이 나면 이를 최대한 꿰매서 다시 입었다. 크로아티아는 1995년 독립전쟁 중 '폭풍 작전'을 구사한 덕분에 결정적인 전투에서 승리했고, 그 후 어느 정도 여유가 생긴 우리 아버지는 항공 정비사가 되기 위해 훈련을 받기 시작하셨다. 군복무를 하신 아버지가 제무니크Zemunik 공항으로 이직하며 우리 가족도 호텔 이즈Hotel Iž로 삶의 터전을 옮겼다. 호텔 콜로바레로부터 약 15분 정도 떨어진 호텔 이즈는 더 작고, 검소했다. 내 친구 마르코 오스트리치도 비슷한 시기에 가족과 함께 호텔 콜로바레를 떠나 호텔 자그레브Hotel Zagreb로 이사했다. 그러나 내게 생긴 가장 큰 변화는 전학을 하며 다른 학교에 다녀야 하는 것이었다. 나는 6학년을 마친 후 호텔 이즈에서 더 가까운 시메 부디니치Šime Budinić 초등학교에서 학업을 이어갔다.

새 학교는 좋아 보였고 실제로도 마음에 들었지만, 그곳의 선생님들은 조금 더 엄격했다. 그러나 나는 호텔 이즈에서 생활하는 데 적응했듯이 새로운 학교 환경에도 익숙해졌다. 우리가 생활한 호텔 이즈의 공간은 약 10평이 채 안 됐으며 거실로 활용한 큰 방, 주방 그리고 부모님이 쓰시는 안방으로 나뉘었다. 작은 화장실 옆 좁디좁은 공간에 나와 야스미나를 위한 간이침대가 겨우 들어갔다. 그러나 곧 식구가 한 명 더 늘었다. 1998년 6월, 여동생 디오라Diora가 태어났기 때문이다.

내게 1998년 여름이 소중한 시간으로 기억되는 또 다른 이유는 당시 프랑스 월드컵에서 크로아티아 대표팀이 환상적인 성적을 거뒀기 때문이다. 당시 거의 만 13세가 된 나는 크로아티아가 월드컵에서 이룬 업적이 얼마나 대단한지 충분히 이해할 수 있었다. 크로아티아는 월드컵 4강에서 패했으나 3위를 차지했다. 그러나 그것이 내가 태어나서 처음으로 본 월드컵은 아니었다. 나는 겨우 아홉 살이었던 1994년에 열린 미국 월드컵도 부분적으로 기억하고 있다. 특히 인상적이었던 선수는 호마리우Romário였다. 나는 호마리우의 드리블 돌파 능력 때문에 그를 매우 좋아했고, 베베투Bebeto의 요람 세리머니도 기억하고 있다. 그러나 그보다 당시 내 뇌리에 가장 강렬하게 남은 순간은 브라질과 이탈리아의 결승전이 승부차기로 이어지며 느꼈던 긴장감이다. 당시에는 월드컵 우승이 걸린 승부차기에 나서는 선수들을 짓누른 심리적 압박감을 다 이해할 수 없었다. 그로부터 약 20년이 지난 후에야 나는 그들의 심정을 누구보다 잘 이해하게 됐다.

1998 월드컵, 크로아티아가 경기를 하는 날이면 사람들은 호텔, 길거리, 시내 광장, 카페 그리고 술집에서 응원을 하며 대단히 뜨거운 분위기를 만들어냈다. 다 큰 어른들이 크로아티아의 놀라운 경기력에 열광하던 그 당시의 분위기는 정말 인상적이었다. 나도 당시 비슷한 감정을 느꼈다. 나는 그 시절 여느 남자아이와 마찬가지로 훗날 선수가 돼 월드컵에 출전하는 내 모습을 상상했다. 그때부터 나는 프로 선수, 대표팀 선수가 되면 내가 맡을 역할과 등번호를 일

찌감치 정해놓고 있었다. 크로아티아 주장 즈보니미르 보반Zvonimir Boban처럼 등번호 10번을 달고 싶었다. 보반은 나의 우상이었다. 나는 크로아티아 대표팀, 그리고 AC 밀란에서 활약한 그의 경기에 늘 주목했다. 내 어린 시절 세계 축구를 압도한 팀은 밀란이었고, 보반은 그들이 보유한 최고의 선수 중 한 명이었다. 우리나라 사람이 그런 위대한 팀의 중요한 선수라니! 내가 AC 밀란 팬이 된 것은 당연한 일이었다.

부모님은 내게 AC 밀란 로고가 그려진 트레이닝복을 사주셨고, 나는 내가 가장 좋아하는 밀란 선수의 스티커를 모았다. 그때까지만 해도 내가 훗날 월드컵에서 내 우상이 건네는 최우수 선수상을 받는 순간은 꿈도 꾸지 못했다.

## 자다르에 남다

그 시절 그 후로 펼쳐질 내 인생에 거대한 영향을 미친 사건이 발생했다. 크로아티아는 전쟁을 마친 후 재건을 시작했고, 사람들도 차츰 고향으로 돌아가고 있었다. 주변 사람들은 모두 우리 부모님도 곧 자톤 오브로바츠키로 돌아갈 줄 알고 있었다. 그러나 부모님은 그때 자다르에 남겠다는 중대한 결정을 내리셨다. 고향으로 돌아가는 수많은 사람들은 우리 부모님을 설득하고 나섰다. 그러나 우리 가족이 자다르에 남기로 한 결정적인 이유는 내가 제대로 된 교육을 받으며 축구 선수로 성장할 기회를 누려야 한다고 믿은 부모님의 판단 덕분이었다. 앞서도 이야기했듯이 나의 아버지는 내가 훌륭한 축구 선수가 될 수 있다고 확신하고 있었다. 누구도 아버지의 생각을 바꿀 수 없었다. 물론 아버지는 어머니의 동의를 구해야 했다. 그 후 어머니마저도 내가 자다르에 남아서 학업과 축구를 병행하는 게 낫다고 판단하셨다. 결국, 우리 가족은 내가 큰일을 할 만한 기회를 잡을 수 있도록 나를 돕기로 했다. 성인이 된 오늘날 나는 당시 우리 부모님이 그 결정을 내리는 데 얼마나 많은 용기가 필요했는지 깨달을 수 있게 됐다.

부모님은 내가 일곱 살 때 첫 팀 훈련에 참여한 순간부터 큰 경제적 비용을 감당하셔야 했다. 아버지와 어머니가 모두 일을 하신 덕분에 가족을 부양할 수는 있었지만, 그것은 어디까지나 우리 부모님이 동전 한 푼까지 아꼈기 때문에 가능했던 일이다. 그런데도 아버지는 늘 "나한테는 주어지지 않은 기회가 루카에게는 주어져야 돼. 무슨 수를 써서라도"라고 말씀하셨다. 그리고 아버지는 그 말을 그대로 실천에 옮기셨다. 부모님은 내게 필요했던 모든 장비를 마련해주셨고, 구단에 지급하는 선수 등록비, 전지훈련 비용 등을 모두 부담하셨다. 부모님이 그렇게 나를 지원해주지 않고, 내가 축구 선수로 성공할 수 있다는 확신을 심어주지 않았다면 내게는 실력을 증명할 기회조차 주어지지 않았을 것이다. 큰아버지도 우리에게 경제적, 도덕적, 정신적으로 큰 도움을 주셨다. 아버지께서도 만약 큰아버지의 도움이 없었더라면 그 당시 나를 지원하는 데 필요했던 비용을 절대로 부담할 수 없었을 거라고 말씀하셨다. 게다가 큰아버지는 우리에게 경제적 도움만 주신 게 아니었다. 큰아버지는 우리 가족이 필요로 하면 언제, 어디서든 우리에게 달려 오셨다.

나는 유소년 레벨에서 가파른 성장세를 보였다. 당시 나는 우리 팀에서 훌륭한 결과를 만들어낸 재능 있는 세대 선수들 중 한 명이었다. 심지어 언론도 우리 팀을 조명하기 시작했다. 당시 신문에 실린 우리 팀 사진은 여전히 나의 추억거리로 남아 있다. 어머니가 당시 신문에 실린 우리 팀 기사와 사진을 잘 정리해 스크랩하신 덕분에 이 모든 것들이 여전히 훌륭한 기념품으로 남아 있다. 어머니는 늘 유심히 뉴스를 챙겨보시면서 신문 기사와 사진 등을 모두 정리하셨다. 아버지는 좀 더 기술이 필요한 일들을 담당하시며 비디오카메라로 우리 팀 경기를 촬영하셨다. 아버지가 촬영한 비디오는 두 가지 역할을 했다. 첫째는 기념품을 남기기 위한 역할을 했고, 둘째는 아버지가 나와 경기 영상을 돌려보며 내 실수를 지적해주는 역할을 했다.

지금도 부모님이 그때 만드신 사진첩이나 경기 영상을 보면, 예전 생각이 새록새록 떠오른다. 축구뿐만이 아니라 그때 같이 지낸 친구들이 생각난다. 우리는 늘 함께 시간을 보내며 이곳저곳 여행을 다녔고, 말 그대로 함께 성장했다. 당시 우리는 크로아티아 전역은 물론 해외에서 열린 대회에도 자주 출전해야 했다. 정식 축구팀에서 운동을 하면 경기에 출전하고 이기는 게 전부가 아니다. 우리는 축구를 이유로 함께 여행을 다니는 생활을 즐겼다. 우리 모두가 한 팀의 일원이라는 소속감을 느낄 수 있었다. 우리는 아주 특별한 관계를 맺었다. 우리는 성공에 굶주려 있었지만, 경기에서 이겼을 때는 이를 함께 즐길 줄도 알았다. 어린 시절에는 아무 걱정이 없었고, 모든 게 즐거웠다. 마치 내가 이미 진짜 축구 선수가 됐고, 우리가 대단한 팀에서 뛰고 있는 것처럼 느껴졌다.

시간이 흘러 16세 이하, 그리고 18세 이하 팀 소속이 되고 인간적으로도 성숙해지면서 축구가 얼마나 많은 것을 요구하는 스포츠인지 깨닫게 된다. 물론 그렇다고 축구라는 스포츠의 낭만적인 면이나 팀을 중요시하는 정신까지 사라지는 것은 아니다. 그런 감정은 성인이 된 후에도 계속 이어진다. 그렇지 않다면 축구 선수의 삶에는 아무런 재미가 없을 것이다. 그러나 축구 선수로서의 커리어를 이어가면 이어갈수록, 절대로 보상받을 수 없는 것도 있다는 것을 알게 된다. 같은 또래 친구들과 비교하면 더 많은 희생을 해야만 축구 선수로 성장할 수 있기 때문이다. 예를 들면 친구들이 밖에 나가서 놀 때, 우리는 충분한 휴식을 취하기 위해 잠을 청해야 한다. 팀 훈련은 끊임없는 집중력을 요구한다. 단순히 체력만 소모하는 것이 아니라 그 속에서 기술, 전술 그리고 경쟁력의 완성도를 높이기 위해 적응력 또한 키워야 한다. 마음이 다른 곳에 가 있거나 평범한 친구들이 어떻게 지내고, 어디서 무엇을 하는지에 대해 지나친 호기심이 생긴다면, 축구 선수로 발전하는 것은 불가능하다. 물론 이는 같이 영화를 보러 가고 싶은 좋아하는 여자아이가 어디에 있는지 집착해서도 안 된다는 뜻이다!

나는 유소년 팀 시절 대회에서 차지한 팀의 우승 메달과 개인상을 여전히 간직하고 있다. 그 시절 내가 몸담았던 팀들은 모두 좋은 성적을 거뒀고, 나 또한 좋은 경기력을 선보였다. 그때 일어난 이야기를 이 책에 전부 다 담을 수는 없지만, 가장 기억에 남는 한 가지 추억은 청소년 대회에서 하이두크 스플리트Hajduk Split를 상대로 거둔 3연승이다. 이는 당시 1984년, 1985년생으로 구성된 우리 팀 선수들에게는 대단한 업적이었다. 하이두크 스플리트는 달마티아 지역 태생의 모든 사람들이 응원하는 팀이자 크로아티아의 모든 어린 선수들이 입단을 꿈꾸는 팀이다. 우리는 그런 위대한 팀을 이긴 것이다.

우리가 하이두크 스플리트를 꺾은 배경에는 사연이 있다. 나는 결승전 전날 밤 열 감기에 시달리기 시작했다. 침대에 누운 나는 이불을 꼭 덮었으나 여전히 나뭇잎처럼 떨고 있었다. 이미 열은 오를 만큼 오른 상태였지만, 누구도 내가 아프다는 사실을 알지 못했다. 내가 아무한테도 아프다는 사실을 말하지 않았기 때문이었다! 나는 그 사실을 단 한 명에게도 알리지 않았다. 만약 다마고이 바시치 Domagoj Bašić 감독이 내가 감기에 걸린 사실을 알았다면, 결승전에 나를 출전시키지 않았을 것이다. 결승전에 출전하지 못하는 것은 끔찍한 일이었다. 침대에 누운 나는 감기, 걱정 그리고 이전까지 이어진 경기에 출전하며 발생한 체력 고갈이 뒤섞여 괴로워하며 잠에 들었다. 그러나 정작 다음 날 아침에 일어나 보니 내 몸은 그 어느 때보다 멀쩡했다. 감기도, 아무런 통증도 느낄 수 없었다. 그렇게 전날 밤 일은 자연스럽게 없던 일이 됐다. 결승전에 출전한 나는 골까지 넣었다. 그것도 헤더로!

## 내가 가장 좋아한 감독님

나는 자다르 유소년 아카데미에서 뛴 10년간 많은 감독님을 만났다. 처음 만난 젤리코 지프코비치 감독을 시작으로 다보린 마토세비치, 미오드락 파우노비치 Miodrag Paunović 감독, 다마고이 바시치 감독 그리고 로베르트 보투나치 Robert Botunac 감독을 차례로 만났다. 그들은 모두 나와 함께한 시간이 길었거나 짧았거나 관계없이 내가 선수로서 성장하는 데 영향을 미쳤다. 나는 그 모든 감독님들께 여전히 감사한 마음을 가지고 있다. 그러나 그중에서도 내가 성장하는 데 가장 중요한 역할을 한 두 감독님이 있다. 그들은 내가 축구 선수뿐만 아니라 인간으로 성장할 수 있도록 도와줬다. 부자지간인 토미슬라프

Tomislav 그리고 다마고이 바시치가 바로 그들이다. 카리스마 넘치는 토모(토미슬라프의 애칭)는 자다르 축구의 레전드였다. 당시 그는 자다르 유소년 아카데미 총괄책임자였으며 아들 다마고이에게 12세 이하 팀 감독직을 맡겼다.

다마고이는 선수로서도 훌륭한 재능을 보여줬으나 일찌감치 현역 은퇴를 선언했다. 그는 훈련 첫날부터 내게 강렬한 인상을 남겼고, 시간이 지나며 내 인생에 더 큰 영향을 미쳤다. 나는 사춘기가 막 시작된 시점에 다마고이를 만났다. 그 정도 나이가 되면 주변 여자아이들에게 관심을 가지게 되고, 밖에 나가서 친구들과 어울려 놀며 어른 행세를 하고 싶어지는 욕구가 생기기 마련이다. 또 그 나이대에는 내가 다른 사람보다 똑똑하다는 생각도 하게 된다! 여러 가지 생각을 하면서 나보다 세상을 잘 아는 사람은 없다는 착각을 하게 되기 때문이다. 나와 내 동료들이 막 그런 시기를 지나기 시작할 때 다마고이를 만났다. 그는 사춘기를 맞은 우리와 함께했던 감독님인 셈이다. 시간이 지난 뒤로 나는 그 나이대 선수들을 지도하는 감독은 단지 제자를 축구 선수로만 바라봐서는 안 된다는 점을 잘 알게 되었다. 다마고이는 우리가 자란 환경에 관심을 보이며 축구 감독만이 아닌 교육자 역할까지 해줬다. 다마고이는 개성 있는 감독이었고, 그의 팀 훈련은 늘 재밌었다. 그는 우리에게 "뛰어!", "패스!", "안쪽으로 침투!", "슛!" 등을 외치며 지시만 내린 감독이 아니었다. 대신 그는 우리에게 부당한 상황을 감당하는 방법을 가르쳤다. 예를 들면, 다마고이는 우리를 두 팀으로 나눠 연습 경기를 진행하면서 자신은 주심을 맡았다. 당연히 우리는 그가 세운 규칙을 따라야 했다. 다마고이는 일부러 미리 골라놓은 선수 한 명에게 부당한 방식으로 파울을 선언한 뒤, 그가 어떻게 반응하는지 지켜봤다. 일부 아이들은 화를 냈고, 부당한 판정을 억울해하며 우는 아이들도 있었다. 연습 경기가 끝난 후 다마고이는 우리에게 축구를 하다 보면, 인생이 그렇듯 온갖 일을 다 겪게 될 수밖에 없다고 말해줬다. 부당한 일은 언제 어디서든 일어날 수밖에 없기 때문에, 선수는 그런 어려움을 이겨내는 방법을 배워야 한다는 게 다마고이의 조언이었다. 그는 우리에게 책임감의 중요성과 규칙을 존중해야 한다는 것도 가르쳤다. 그의 지도 철학은 단호했다.

다마고이 바시치 감독은 독서를 즐겼다. 그래서 그는 사춘기가 시작된 우리에게도 책을 읽으라고 지시했다! 처음에는 책읽기를 강요하는 그의 지시에 놀라기도 했다. 당연히 우리는 책을 읽어야 한다는 사실이 불만족스러웠다. 그러나 그는 엄격했다. 그는 우리에게 책 한 권을 일주일 안에 다 읽어야 한다고 말했다. 이후 그는 일주일이 지난 후 퀴즈를 내서 우리가 정말 책을 읽었는지 확인했다. 그는 우리를 동그랗게 세워놓고 한 명씩 지목하면서 책 내용에 대해 이것저것 질문했다. 우리는 각자 읽고 싶은 책을 고를 수 있었다. 그러나 다마고이는 우리가 읽어야 할 모든 책을 다 읽은 상태였다. 만약 누군가 책을 읽지 않고 읽은 척하면, 다마고이는 이를 쉽게 알아챘다. 그는 책을 안 읽은 선수는 바로 집으로 돌려보냈다. 나는《로빈슨 크루소》,《하이디》그리고 이제는 기억도 나지 않는 책을 차례로 읽었다. 나는 그 세 권의 책을 모두 다 읽었다. 다마고이는 이를 통해 우리에게 한 번 약속한 것은 지켜야 한다는 것을 가르친 것이다. 책을 읽는 게 좋든 싫든, 약속을 했으면 지켜야 한다는 게 다마고이의 지도 철학이었다. 그는 꾸준히 이런 지도 방식을 유지했다. 그의 지시에 따르지 않은 선수는 벌을 받았다. 예를 들면 매년 여름이 끝날 무렵에 열리는 자다르 축제에서는 수천 명의 현지인과 관광객이 어우러져 음악과 파티를 즐긴다. 그러나 다마고이는 우리에게 "새벽 한 시가 넘었는데도 그곳에서 노는 것을 나한테 들키면 더는 이 팀에서 운동할 수 없을 거야!"라고 경고하곤 했다.

다마고이는 한 번 뱉은 말을 무조건 지켰다. 우리는 그런 그를 사랑했다. 다마고이는 단호하고, 약속을 하면 절대 타협하는 법이 없었지만 동시에 우리를 보호해주는 존재였기 때문이다. 그와 함께 있으면 누구도 우리를 건드리지 못했다. 그는 늘 우리를 옹호했고, 지지했다. 그 덕분에 우리에게는 특별한 자신감이 있었다. 다마고이는 영리할 뿐만 아니라 자신만의 스타일도 확고했다. 키가 컸고, 잘생긴 데다 늘 레이밴Ray-Ban 선글라스를 쓰고 나타나 자신만의 기운을 뿜어냈다. 우리는 그가 전쟁터에서 싸운 적이 있는 사람이라는 사실을 알고 있었다.

팀 훈련은 대부분 오후에 진행됐다. 다섯 시에 시작한 훈련은 대개 여섯 시가 되면 마무리됐다. 그러나 가끔은 아침 10시에 훈련을 시작한 날도 있었다. 하루는 우리가 훈련장에 도착했는데도 다마고이가 나타나지 않았다. 처음에는 그가 늦게 오는 줄 알았지만, 뭔가 이상하다는 것을 알게 됐다. 다마고이는 그때까지 단 한 번도 늦게 온 적이 없었기 때문이다. 약 두 시간이 지난 후 구단 직원이 우리에게 무슨 일이 생겼는지 알려줬다. 다마고이가 세상을 떠났다는 소식이었다.

우리는 충격에 빠졌다. 그날 우리에게 다마고이의 죽음을 알려준 사람이 누구인지 지금까지도 기억나지 않는다. 시간이 지난 뒤, 우리는 다마고이가 예전부터 겪은 개인적인 문제로 세상을 떠나게 됐다는 사실을 알게 됐다. 그러나 그가 목숨을 잃은 원인은 내게 별로 중요하지 않았다. 내가 그토록 존경한 감독님이자 인간적으로도 사랑한 다마고이를 더는 볼 수 없다는 사실이 워낙 충격적이었기 때문이다. 나는 이미 루카 할아버지를 잃으며 사랑하는 사람과 헤어지는 경험을 한 차례 해본 상태였다. 그러나 당시 나는 어린 시절 고향을 떠나며 겪은 비극과 거리를 두고 살아가고 있었다. 부모님도 내가 할아버지를 잃은 충격으로부터 벗어날 수 있도록 최대한 나를 도왔다. 이후 시간이 내 아픔을 치유해줬고, 나는 갈수록 할아버지가 없는 현실에 익숙해졌다. 그러나 다마고이는 내가 감독님으로서, 그리고 선생님으로서 사랑한 사람이었다.

성장기를 겪는 민감한 시기에 사랑하는 사람을 잃는 고통은 매우 크다. 사랑하는 사람이 떠나면 마음속 한구석이 비어 있는 느낌이 들기 때문이다. 내가 다마고이가 세상을 떠난 직후 바로 어른이 됐다고 할 수는 없지만, 나는 그를 잃고 나서 더 빠른 속도로 성숙해졌다. 그가 우리에게 가르친 책임감, 규칙에 대한 존중, 헌신, 어려운 상황에서 찾아오는 부당함과 그에 대응하는 방식 등은 내게 새로운 눈을 뜰 수 있게 해줬다. 그의 말대로 내 인생에는 많은 어려움이 있었기 때문이다.

다마고이 바시치 감독 이후 우리를 지도한 인물은 로베르트 보투나치 감독이다. 그는 다마고이와는 다른 지도 방식을 추구했다. 그러나 나는 보투나치 감독과도 좋은 경험을 쌓았다. 보투나치 감독은 다마고이와 다른 감독들과 마찬가지로 나를 공격진 바로 뒤에 배치된 공격형 미드필더로 중용했다. 나는 팀 동료들과 비교하면 체구가 작고, 몸이 약했지만 움직임이 폭발적이라는 사실을 모두 잘 알고 있었다. 많은 사람들은 나의 훌륭한 기술, 빠른 주력과 순발력이 체구가 작은 약점을 상쇄할 수 있다고 말했다. 나는 드리블 돌파를 즐겼다. 때로는 드리블 돌파로 상대를 제치는 데 심취해 지나칠 정도로 발재간을 부릴 정도였다! 내가 오른발 바깥쪽으로 패스를 하기 시작한 시점도 이때 즈음이었다. 나보다 훨씬 더 힘이 센 상대 선수들보다 더 지능적인 플레이를 펼쳐 그들을 압도할 수 있다는 사실을 알게 되자 갈수록 자신감이 더 커졌다. 나는 크로아티아 최고의 팀들을 상대했던 보디체Vodice에서 열린 어느 한 대회에서 최우수 선수로 선정되며 그때의 자신감이 그저 자신감에 불과하지 않다는 사실을 증명했다. 심지어 그 대회에서 자다르는 결승 진출조차 하지 못했고 3위에 그쳤는데도 말이다.

그 시절 소중한 추억이 하나 더 있다. 당시 크로아티아 언론은 물론 나와 같은 어린 선수들이 하나같이 지켜본 공격형 미드필더가 있었다. 그는 나처럼 공격형 미드필더로 활약한 니코 크란차르Niko Kranjčar다. 디나모 자그레브의 레전드 즐라트코 크란차르Zlatko Kranjčar(치코 크란차르라고도 알려진 인물-옮긴이)의 아들 크란차르는 곧 1군 팀 데뷔를 앞둔 특급 유망주라는 평가를 받았다. 그가 뛰는 모습을 보니 터치 한두 번만으로도 그가 훌륭한 테크니션이라는 사실을 쉽게 알 수 있었다. 그의 움직임과 볼 컨트롤을 보는 것만으로도 즐거웠다. 나는 곧 그를 실제로 만날 수 있었다. 디나모 자그레브가 자다르와 친선경기를 하게 됐기 때문이다. 자다르로 원정 경기를 온 디나모 자그레브 선수들은 우리 팀 선수들의 집에 머물렀다. 바시치 감독은 니코가 호텔 콜로바레에서 우리 가족과 머무를 수 있게 미리

그의 숙소를 우리 집으로 배정했다. 우리는 이틀간 함께 지내며 어울렸고, 자다르 산책을 즐기며 많은 대화를 나눴다. 우리는 정말 즐거운 시간을 보냈다. 그때만 해도 나와 니코는 시간이 흘러 크로아티아 국가대표팀과 토트넘 홋스퍼Tottenham Hotspur에서 팀 동료로 다시 만날 줄은 상상조차 하지 못하고 있었다.

## 하이두크에서의 실망스러운 시간

나는 로베르트 보투나치 감독 체제에서 축구를 하던 시절 하이두크 스플리트에서 입단 테스트를 한 적이 있다. 훗날 내가 디나모 자그레브로 이적했을 때 라이벌 하이두크에서 입단 테스트를 했다는 사실에 대해 수많은 기사가 쏟아졌다. 내가 토트넘으로 이적한 후에도 레알 마드리드에서 가치를 증명했을 때도 하이두크 입단 테스트는 늘 회자된 일화다. 디나모와 하이두크는 크로아티아 축구를 대표하는 두 명문 구단이며 앙숙 관계이다. 두 구단 사이에는 불미스러운 일도 여러 차례 발생했다. 이 때문에 축구 선수로 성공한 내 커리어를 조명하는 언론들은 종종 과거 입단 테스트를 본 나의 재능을 못 알아본 하이두크의 당시 코칭스태프를 언급하곤 한다. 나 또한 다른 선수들의 과거에 대한 기사를 보며 비슷한 이야기를 접한 적이 많다. 크로아티아 역사상 최고의 선수로 꼽히는 요시프 스코블라르Josip Skoblar, 즈보니미르 보반도 훌륭한 성공을 거뒀다. 언론은 스코블라르와 보반의 커리어를 조명할 때마다 어린 시절 그들의 재능을 일찌감치 알아보지 못한 지도자들을 비판한다. 그러나 나의 하이두크 입단 테스트에 대해서는 여전히 잘못 알려진 정보가 많다. 예를 들면 크로아티아의 여러 신문은 내가 마리오 그르구로비치Mario Grgurović

와 함께 하이두크 입단 테스트를 봤고, 하이두크가 내가 아닌 그르구로비치를 택했다고 보도했다. 그러나 사실 당시 그르구로비치는 내가 입단 테스트를 보기 전부터 이미 하이두크와 계약을 맺은 상태였다. 나는 그르구로비치와 하이두크가 계약을 맺은 후 친구 마르코 오스트리치와 함께 스플리트에 도착해 입단 테스트를 치렀다.

나의 아버지는 오래 전부터 하이두크를 응원하셨다. 우리 가족 전부가 그랬다. 우리에게 하이두크는 축구 클럽이라기보다 권위 있는 하나의 기관에 더 가까웠다. 달마티아 지역의 어느 부모에게나 마찬가지로, 우리 아버지 입장에서는 내가 하이두크 선수가 됐다면 그것으로 곧 꿈이 이뤄지는 것이나 다름없었다. 어린 시절 나 또한 흰색 유니폼을 입었고, 스플리트를 대표하는 하이두크의 열렬한 팬이었다. 이후 내가 디나모 선수가 된 후에도 단 한 번도 이 사실을 숨기거나 부인한 적이 없다. 만약 그렇게 했다면, 그것은 어리석은 짓이자 정직하지 못한 행동이었을 것이다. 그러나 나는 결국 디나모의 푸른 유니폼을 입게 됐고, 그곳에서 위대한 경험을 쌓았다. 그러니 당연히 이제 내 마음속에 있는 팀은 디나모다. 동시에 나는 달마티아 지역의 모든 사람들과 마찬가지로 하이두크를 존중한다.

큰아버지가 에이전트를 통해 하이두크의 코칭스태프와 접촉했고, 이후 아버지가 나의 입단 테스트를 주선했다. 당시 자다르는 팀 훈련을 진행하지 않고 있었던 만큼 우리 아버지는 내가 하이두크 입단 테스트를 본다는 사실을 누구에게도 알릴 필요가 없다고 판단했다. 그래서 그는 카다르 유소년 아카데미의 토모 바시치 단장에게도 이 소식을 전하지 않았다. 그러나 아버지의 그 판단은 큰 실수였다. 아버지는 나와 마르코를 하이두크의 홈구장 스타디온 폴류드Stadion

Poljud에 내려주셨다. 우리는 하이두크 구단이 제공한 시설에 묵으며 입단 테스트를 치렀다. 당시 근처 연습 경기장에서 입단 테스트를 진행한 책임자는 마리오 추투크Mario Ćutuk 감독이었다. 나는 입단 테스트에서 보여준 경기력에 스스로 만족하고 있었다. 하이두크 코칭스태프와 스카우트들이 만족할 만한 실력을 보여줬다고 생각했다. 그러나 약속된 테스트 기간인 2주가 채 되기도 전에 하이두크 유소년 아카데미의 마린 코바시치Marin Kovačić 이사가 나를 찾아왔다. 나는 상황이 좋지 않다는 분위기를 직감했다. 코바시치 이사는 간단명료하게 상황을 설명했다. 그는 내가 하이두크에 입단하기는 아직 이르다고 말했다.

나는 절대 그 순간을 잊지 못할 것이다. 내 커리어에서 처음 겪는 실망스러운 순간이었기 때문이다. 나는 그들의 결정을 받아들일 수 없었다. 내가 입단 테스트를 통과하지 못했다는 소식을 그렇게 냉혹하게 통보한 방식은 더더욱 용납하기 어려웠다. 순간적으로 자다르의 누군가가 하이두크 구단과 접촉해 우리를 탈락시키고 집으로 돌려보내 달라고 말했을 수도 있다는 생각마저 들었다. 내가 그런 생각을 하게 된 이유는 나와 함께 입단 테스트를 본 마르코도 똑같은 통보를 받았기 때문이었다. 마르코 또한 입단 테스트에서 좋은 모습을 보여줬다. 나는 아버지에게 전화를 걸어 우리를 데리러 와달라고 부탁했다. 아버지는 갑작스러운 소식을 듣고는 언짢아 하셨다. 그에게는 늘 내가 최고의 선수였다. 아버지에게는 내가 어느 팀에서 뛰는지는 중요하지 않았다.

시간이 흘러 소속팀과 국가대표팀에서 능력을 증명한 나는 그 시절 '실력이 부족하다'는 통보를 받으며 느낀 씁쓸함을 잊을 수 있었다. 사실 나이 어린 선수의 능력이 합당한 평가를 받지 못하는 것은 이해할 수 있는 일이다. 게다가 수많은 아이들을 대상으로 평가가 이뤄지기 때문에 빠른 판단이 요구되는 환경에서는 특히 더 그럴 수 있다. 나도 그동안 어린 시절부터 경기장에서 훌륭한 재능을 선보인 선수들을 많이 봐왔고 그들이 훌륭한 선수로 성장할 수 있다고 자신했었다. 그러나 그중 대다수는 그렇게 되지 못했다.

수많은 어린 선수들이 어린 시절 보여준 신체적 능력을 성인이 되면서 더는 살리지 못했다. 몇몇은 끈기가 없었던 것 또한 사실이다. 그리고 일부 선수는 가능성을 인정받고, 충분한 지원을 받아야 할 때에 그런 여건이 주어지지 않는 불운을 겪으며 포기했다. 또 다른 아이들은 축구보다는 학업을 더 중요하게 여겼고, 축구 선수가 되기 위해 필요한 희생을 하지 않았다. 10세, 12세, 심지어 16세의 아이가 축구를 잘한다고 해서 누구도 그가 프로선수가 될 수 있다고 장담할 수는 없다. 오히려 상황이 반대로 흘러갈 수도 있다. 유소년 단계에서 이렇다 할 가능성을 보여주지 못한 선수가 정작 성인이 돼서는 특출난 자원으로 성장해 성공적인 커리어를 만들어갈 수도 있다. 나처럼 어린 시절에는 신체적 성장이 더뎠던 탓에 크게 눈에 띄지 못하다가 자라면서 성공하는 경우도 있다. 그래서 나는 하이두크가 어린 시절 나의 재능을 알아채지 못했다며 그들을 비판하는 전문가들이 어리석다고 생각한다.

하이두크 구단 관계자들은 나의 아버지에게 "아드님이 기대치에 미치지 못했네요. 체격이 너무 작습니다. 죄송합니다"라고 말했다. 아버지는 그들의 평가를 받아들이지 못했지만, 우리는 현실을 직시해야 했다. 나는 크게 낙심하지 않았다. 오히려 하이두크가 틀렸다는 사실을 증명하겠다는 오기가 생겼다. 내게는 경기장에서 누구를 상대해도 좋은 활약을 할 수 있다는 자신감이 있었다. 자신감은 아주 중요한 덕목이다. 나는 시간이 지난 후에야 자신감의 중요성을 깨달았다. 최정상급 무대에서 뛰는 선수라면 스스로 할 수 있는 것과 하지 못하는 것을 이미 잘 알고 있을 것이다. 팀 훈련이나 경기를 할 때면, 다른 선수들과 비교해서 자기 자신의 경쟁력이 어느 정도인지 짐작할 수 있기 때문이다. 내가 경기의 속도를 따라가고, 상대 선수를 드리블 돌파로 제치고, 경합 상황에서 싸우고, 수준급 패스를 공급할 수 있다면, 이는 내가 필요한 수준에 도달했으며 새로운 도전을 통해 발전해야 하는 단계에 접어든 선수가 됐다는 뜻이다. 나는 성장을 거듭하던 시절에 경기에 출전해 그런 느낌을 받을 때마다 다음 단계로 넘어갈 지점에 도달했다는 것을 느낄 수 있었다.

나는 하이두크에서 실망감을 안고 자다르로 돌아왔다. 그러나 이후에는 더 많은 문제와 실망이 나를 기다리고 있었다. 토모 바시치 감독이 우리가 하이두크에서 입단 테스트를 봤다는 사실을 알게 됐다. 그는 우리 아버지에게 단단히 화가 나 있었다. 그때까지만 해도 감독님과 아버지는 매우 좋은 관계를 맺고 있었고, 서로 자주 어울리기도 했었다.

토모 바시치 감독은 "어떻게 내게 알리지도 않고 이럴 수가 있죠?"라고 아버지를 질책했다. 그는 아버지가 나의 입단 테스트를 주선하면서도 자신에게 상의는커녕 통보조차 하지 않았다는 데 화가 나 있었다. 그러나 아버지 또한 토모의 감정적인 반응에 크게 놀랐고, 상처를 받았다. 감독님과 아버지의 다툼은 하이두크 입단 테스트에서 떨어져 돌아온 내게 며칠만에 찾아온 두 번째 충격이었다.

LUKA **MODRIĆ**

"하이두크에서 뛰기 부족한 선수라면, 자다르에서 뛸 자격도 없습니다! 루카를 앞으로 3개월간 팀 훈련에서 제외합니다!"

나는 아버지가 전해주신 그 소식을 믿을 수 없었다. 앞으로 펼쳐질 상황을 상상조차 할 수 없었다. 그렇게 오랜 시간 축구와 동료 그리고 친구들로부터 떨어져 있어야 한다는 것은 매우 힘든 일이다. 무려 3개월간 축구를 할 수 없다고 생각하자 속이 메스꺼울 정도였다. 어떻게 나한테 이런 일이 생길 수 있지? 축구를 할 수 없는 삶이라면, 내게 하루는 1년이나 다름없었다!

요즘도 아버지는 가끔씩 내게 당시 토모가 화를 낼 명분은 분명히 있었다고 말씀하시곤 한다. 다만, 아버지는 토모가 내게 내린 처벌의 수위를 받아들이지 못하셨다. 실제로 아버지와 토모는 격한 다툼을 벌였고, 이후 서로 다시 대화를 하기까지 오랜 시간이 걸렸다. 축구를 할 수 없게 된 나는 미칠 것만 같은 심정이었다. 그러나 아버지가 말씀하셨듯이, 내게는 선택권이 없었다. 우리는 모든 것을 재정립해야 했다. 토모는 내게 키가 크는 데 도움이 될 만한 스트레칭 동작을 알려줬다. 팀 훈련을 하지 못하는 동안 집에서 스트레칭을 하며 유연한 몸을 유지하라는 게 그의 지시였다. 나는 하루에 두 번씩 스트레칭 훈련을 했다. 나는 그 훈련에 집착하기 시작했다. 벽에 매달려 스트레칭을 하는 내 모습을 본 사람들은 아마 내가 미쳤다고 생각했을 것이다! 그러나 그때 내 머릿속에는 오직 한 가지 목표뿐이었다. 나는 키가 커야 했다.

스트레칭을 하지 않는 시간에는 친구들과 축구나 농구를 했다. 아버지는 퇴근 후 집으로 돌아오시면 집 근처 주차장이나 콘크리트 운동장에서 내 훈련을 도와주셨다. 나는 아버지와 훈련하며 기술을 연마했고, 슈팅 자세와 패스를 받을 때의 동작을 교정했다. 나는 여름에 가족과 바닷가로 떠나 친구들과 수영을 하며 즐거운 시간을 보내는 동안에도 스트레칭 훈련을 소홀히 하지 않았다. 여름이 끝날 무렵, 정말로 키가 조금 자란 나를 발견할 수 있었다! 키가 크는 데 스트레칭 훈련이 도움이 됐는지는 확신할 수 없다. 아마 어느 정도는 도움이 됐겠지만, 아마도 자연스럽게 키가 조금씩 커진 것 같다. 그사이 아버지와 토모는 화해했고, 다시 서로 대화하기 시작했다. 하루는 아버지와 토모가 커피를 마시며 대화를 나눴다. 결국, 토모는 아버지에게 "루카에게 다시 팀 훈련에 참석해도 좋다고 전해주세요"라며 다시 나를 불렀다.

## 다시 공을 차게 되다

나는 아버지에게 다시 팀 훈련에 합류할 수 있다는 통보를 받고는 흥분을 감추지 못했다! 결국 나는 3개월이 되기 전에 다시 팀 훈련에 돌아갈 수 있었다. 그렇게 할 수 있어서 정말 행복했다. 단, 나는 하이두크 입단 테스트를 보고 돌아온 내가 구단과 거리를 두게 한 토모의 결정을 이해했다. 토모는 물론 아버지 또한 구단에 어떤 통보도 없이 하이두크 입단 테스트를 진행한 것은 좋지 않은 일이라는 사실을 인정하고 있었다. 토모는 늘 내게 긍정심을 심어준 감독이었다. 토모는 지도자 경험이 풍부했고 그의 조언은 늘 나를 발전시켰다. 훗날 내가 프로 선수로 성장한 후 아버지는 "이제 와서 많은 사람들이 너의 성공이 자기 덕분이라고 말하지만, 네 재능을 일찌감치 알아보고 너를 믿어준 사람은 토모 바시치였어. 토모는 단 한 번도 네가 너무 작다고 얘기한 적이 없었지. 토모는 네가 어떤 선수가 될지 예전부터 명확한 비전을 가지고 있었어" 하고 말씀하셨다.

토모는 개성이 강한 감독님이었다. 그는 엄격했고, 선수들에게 요구하는 게 많았다. 이런 지도자를 축구 선수이자 인간으로 성장해가는 어린 시절 만나게 된다면 대개는 그의 권위에 사로잡히게 된다. 그러나 토모의 조언은 내게 정말 소중했다. 심지어 그의 규율과 처벌 방식도 마찬가지였다. 그는 팀 훈련을 진행하면서 자신을 만족시키지 못하는 선수가 보이면 바로 그를 집으로 돌려보냈다. 그는 그 정도로 엄격했다. 토모가 있는 한 훈련 중에 어수선한 분위기는 용납되지 않았다. 그는 축구에 대한 방대한 지식을 가진 감독이었고, 성실하게 훈련하지 않는 선수는 금방 알아챘다. 그래서 토모가 "루카, 너는 진짜야!"라고 말했을 때, 나는 곧 나의 순간이 올 것이라는 믿음을 가질 수 있었다. 내가 해낼 수 있다는 확신이 생긴 것이다.

건방진 말처럼 들릴 수도 있겠지만, 사실 나는 토모가 확신을 심어주기 전에도 내가 경기장 위에 서면 많은 것을 보여줄 수 있는 선수라는 자신감을 품고 있었다. 심지어 나는 어린 시절 바니네에서 친구들과 함께 공을 찰 때부터 그런 생각을 하곤 했다. 당시 그곳의 코치들은 아이들이 워낙 많았던 탓에 우리를 팀으로 나눴다. 나는 '허리케인스Hurricanes'라는 팀에서 뛰게 됐다. 이는 당시 유행하던 축구 만화(미국과 영국의 기획사가 공동 제작해서 1993년부터 1997년까지 방영된 TV 만화 시리즈－옮긴이)의 제목이었다. 우리의 상대 팀명은 미스트랄스Mistrals였다. 허리케인스의 주된 라이벌은 미스트랄스였지만, 우리는 우리보다 높은 나이대의 팀을 상대하기도 했다. 그러나 나는 어떤 상대를 만나도 내가 머릿속에 그린 장면을 경기장 안에서 그대로 구현할 수 있었다. 나는 공이 내 발밑으로만 들어오면 상대를 압도할 수 있었다. 내가 공을 빼앗기는 상황은 거의 없었다. 그래서 우리보다 나이대가 높은 팀 선수들도 곧 내 실력을 인정했다. 우리가 편을 나눠 경기할 때마다 그들은 나를 자기 팀에 먼저 데려가려고 하곤 했다.

물론 좋지 않은 기억도 있었다. 상대 선수들은 수없이 나를 발로 걸어찼다. 특히 내가 드리블을 할 때면 더욱 그랬다. 그러나 나는 상대 선수의 체격이 나보다 더 크더라도 경합 상황을 두려워하지 않았다. 훈련 첫날부터 내 작은 키에 대한 의구심을 나타내는 주변의 목소리도 있었지만, 나는 곧 그런 지적에 익숙해졌다. 내가 좋은 경기력을 보여줄 때마다 늘 똑같은 지적이 따라왔다.

"이 꼬마는 마법을 부릴 줄 아는데, 몸이 너무 작네!"

실제로 나보다 키가 더 크거나 힘이 더 세서 눈에 띄는 선수들도 있었다. 그들은 골도 많이 넣었다. 그러나 나이를 먹을수록 그들과 나 사이의 신체적 차이는 점점 좁혀졌고, 기술적으로 더 뛰어난 내가 우위를 점하기 시작했다.

나는 하이두크 입단 테스트에서 한번 실망을 경험한 후부터 누군가에게 의심을 받을 때마다 오히려 오기가 발동되는 습관이 생겼다. 어린 시절부터 자신감이 강했지만, 어쩌면 하이두크에서의 경험이 나의 투지와 자신감을 더 확고하게 만든 것일지도 모르겠다. 어쩌면 그런 끈기는 부모님으로부터 물려받은 덕목일 수도 있다. 우리 어머니는 매우 강인하신 데다 자존감이 높은 분이고 아버지는 말 그대로 포기라는 것을 모르시는 '전사'다.

나는 축구와 학업을 꾸준하게 병행했다. 초등학교 졸업 후에는 호텔관광학을 공부하는 학교로 진학해 트레이닝을 받으며 웨이터로 일했다. 축구 선수가 되지 않았다면 나는 아마 웨이터가 됐을 것이다! 나는 웨이터로도 일을 곧잘 했다. 당시 우리는 자다르의 한 레스토랑에서 트레이닝을 받았는데, 결혼식 서빙을 한 적도 있었다. 나는 음료를 제공하는 서버 역할을 훌륭하게 해냈다. 내가 하고 싶지 않았던 일은 설거지였다! 당시 트레이닝을 받는 학생들이었던 우리는 좋은 친구 사이가 됐고, 쉬는 시간이나 부엌에서 저녁 식사를 할 때는 함께 즐거운 시간을 보냈다. 그러나 나는 고등학교에서 첫 1년을 소화한 후 새로운 도전을 해야겠다고 결심했다. 그것은 내 인생을 좌우한 중대한 결정이었다.

\* \* \*

토모는 아들이 세상을 떠난 후 구단 일에서 잠시 손을 뗐다. 다마고이의 장례식 분위기는 매우 슬펐다. 다마고이의 부모님과 그의 형제 실비오는 침통함에 잠겼다. 이후 토모는 우울증에 빠졌고, 겨우 다시 힘을 내서 구단 일을 맡으며 나처럼 어린 선수들을 관리했다. 하루는 그가 나와 아버지를 초대했다. 그는 우리에게 "루카는 훌륭한 축구 선수가 될 만한 훌륭한 능력과 가능성을 가지고 있습니다. 이제 자다르는 루카에게 맞지 않는 옷이 됐어요. 루카가 한 단계 더 성장해야 할 시점이 왔다고 생각합니다. 루카가 가진 잠재력을 극대화하려면 더 경쟁력 있는 곳으로 가야 합니다"라고 말했다.

우리가 토모로부터 이 말을 들은 시점은 내가 하이두크 입단 테스트에서 떨어진 후 아마 1년 정도가 지났을 때였을 것이다. 그래서 토모의 말은 우리에게 더 큰 의미를 부여했다. 토모는 절대 다른 사람의 기분을 좋게 해주기 위해 '립서비스'를 하는 지도자가 아니었다. 그가 진심으로 내게 그런 말을 해준 것은 우리에게 큰 영광이었다.

나는 짧은 침묵에 이어서 "저 준비됐어요. 지금 당장 그렇게 할 준비가 됐어요!"라고 외쳤다.

아버지도 비슷한 생각을 하고 계셨다. 그러나 나는 아버지의 눈에서 망설임을 읽을 수 있었다. 다음 단계로 넘어가야 하는 것은 맞는데, 이제 어디서 어떻게 해야 하지? 하이두크와의 인연이 끊어진 아버지는 신중할 수밖에 없었다.

토모도 하이두크로 나를 보낼 수는 없다고 확고하게 얘기했다. 그가 하이두크와 원만한 관계를 맺고 있지 않다는 것은 명백했다.

토모는 "제게 다른 생각이 있습니다"라고 말했다.

그의 생각은 디나모였다.

Chapter 4

# 모든 것을 이겨내다

내게 가장 중요한 것은 선수로서 한 단계 더 성장하는 것이었다.
토모 감독의 말이 맞았다. 주어진 환경에서 더 발전할 수 없다면, 내
게 남은 선택지는 두 가지였다. 첫 번째는 현재 상황에 머물면서 안
정을 추구하는 것이다. 단, 안정을 택한다면 정체될 가능성이 크다.
두 번째 선택지는 새로운 도전을 받아들이고, 발전을 추구하는 것
이다. 당시 모든 사람들이 내가 이제 자다르를 떠나야 할 때라는 사
실에 동의하고 있었다. 토모는 곧 즈드라프코 마미치Zdravko Mamić에
게 연락을 취했다. 당시 마미치는 디나모 구단의 이사진 구성원이자
몇몇 어린 선수들을 관리하는 에이전시를 운영 중이었다. 그는 갈
수록 영향력을 키우면서 경쟁력 있는 에이전트라는 평판을 받고 있
었다. 나 또한 다른 사람들로부터 들은 이야기나 신문에서 읽은 기
사 등을 통해 이를 잘 알고 있었다. 토모는 내게 기회를 줬으면 좋겠
다며 마미치를 설득했다. 이후 우리는 자다르 구단 관계자들에게 나
를 디나모로 보내달라고 허락을 구해야 했다. 이 과정에서도 문제가
발생했다. 자다르 구단 관계자들은 이적 협상에서 더 유리한 위치를
점하기 위해 내게 새로운 계약서를 내밀었다. 그러나 아버지는 어떤
계약도 하지 않으려 했다. 오히려 아버지는 이적시장이 열리자마자
자다르 구단 측과 나의 계약을 해지해달라는 공문을 보냈다. 그 계

약 해지 합의서만 있다면, 나는 어떤 구단과도 계약을 맺을 수 있었다. 결국 자다르는 내가 미래에 새 팀으로 이적하면 일정 수준의 보상금을 받는 조건에 합의했다. 그 덕분에 자다르는 향후 내가 토트넘과 레알 마드리드로 이적하면서 발생한 이적료의 일부를 받을 수 있었다.

2001년 여름은 내 커리어의 전환점이었다. 내 커리어뿐만 아니라 인생의 전환점이라고 볼 수도 있다. 나는 그해 여름 자다르에서 남은 시간을 친구들과 놀면서 즐겁게 보냈고, 그 사이 부모님은 자그레브에서 내 계약 조건을 마무리하는 데 집중하셨다. 나는 여전히 열다섯 살밖에 되지 않은 미성년자였기에 부모님이 나 대신 마미치 스포츠 에이전시Mami éSports Agency와 계약했다. 부모님은 마미치 스포츠 에이전시가 고용한 직원 다미르 요지치Damir Jozić와 만났다. 부모님은 즈드라프코 마미치와의 만남을 통해서도 그로부터 좋은 인상을 받았다.

그 후 7년간 디나모 소속으로 활약하는 사이에 나는 즈린스키 모스타르Zrinjski Mostar와 인테르 자프레시치Inter Zaprešić로 두 차례 임대되어 뛰었다. 이 기간에 아버지는 마미치와 거의 연락을 주고받지 않았다. 아버지는 미성년자인 나를 위해 서류를 처리해야 하는 업무처럼 반드시 필요한 상황이 아니라면, 웬만해서는 내 커리어에 간섭하지 않으셨다.

아버지는 내가 더 어렸을 때 나를 직접 훈련장으로 데려다주셨고, 시간이 허락할 때면 축구를 가르쳐주기도 하셨다. 나를 위해 훈련 장비를 마련해주셨으며, 어머니와 함께 훌륭한 버팀목 역할을 해주기도 하셨다. 다른 좋은 부모님들과 마찬가지로 나의 아버지도 늘 나를 챙겨주셨다. 그러나 어느 시점부터 부모님은 내가 자립심을 기르기를 바라셨다. 그 덕분에 나 또한 운동장 밖에서도 스스로 내린 결정에 대해 스스로 책임지는 방법을 빨리 배울 수 있었다. 내게 벌어지는 일을 지켜보면서 아버지가 만족하지 못한 상황도 있었다. 특히 아버지는 내가 자프레시치로 두 번째 임대 이적을 하게 되자 불만(혹은 망설임)을 드러내셨다. 그러나 아버지는 늘 그랬듯이 마지막 결정은 내게 맡기셨다. 나는 신체적 강인함을 중시하는 보스니아 리그에 속한 즈린스키 모스타르로 첫 임대를 갔을 때만 해도 여전히 유소년 선수에 불과했다. 그곳으로 갈 때도 많은 사람들이 예전부터 그랬듯 똑같은 말을 했다. 몸싸움이 중요한 리그에서 뛰기에는 내가 너무 약하다는 게 그들의 지적이었다. 그러나 당시 아버지는 그런 점을 걱정하지 않았고, 즈린스키 모스타르로 가지 말라고 나를 설득하지도 않았다. 오히려 아버지는 의지에 가득찬 내게 "아들아, 그곳으로 가는 게 옳은 결정이라고 생각한다면 가서 사람들에게 그것을 증명하면 돼!"라고 말씀하셨다. 아버지에게는 오직 나의 행복이 가장 중요했다. 실제로 아버지는 그것말고는 필요하지 않다고 말씀하셨다.

나와 마미치 에이전시의 첫 번째 계약 조건은 숙소, 하루 한 끼 식사 제공과 월급 500마르크(한화 약 30만 원)였다. 그 중 80마르크는 내 학비로 사용됐다. 나는 자그레브로 이사했고 학교도 옮겨야 했다. 자그레브에서도 호텔관광학을 공부하며 자다르에서 다닌 학교와 똑같은 커리큘럼을 이수할 수 있었다. 아침과 낮에는 팀 훈련이나 개인 훈련을 하고, 저녁에는 학교를 다니는 일정을 병행했다. 어차피 하루 일과의 대부분을 훈련이나 경기 출전을 위해 이동하는 데 할애해야 했다. 나의 우선순위는 늘 축구였다. 축구를 우선순위로 두는 것이 바로 내가 크로아티아의 수도 자그레브로 간 이유였다.

자다르를 떠나는 날이 오기 직전까지는 대도시의 빅 클럽에서 뛰게 됐다는 사실에 대한 기대감을 잘 다스릴 수 있었다. 그러나 자다르를 떠나야 할 날이 다가올수록 감정이 북받쳤다. 내 인생이 송두리째 변하는 시점이 다가오고 있었기 때문이다. 그 시기에 나는 그때까지 쌓은 경험들에 대해 많은 생각을 했다. 자다르를 떠나기로 한 것은 어려운 결정이었다. 나는 자다르에서 10년간 살면서 그곳을 고향처럼 여겼다. 자다르는 내가 어린 시절 성장하며 학교를 다니고, 친구를 만나고, 첫 번째 짝사랑을 하고, 폭탄과 두려움에 떨면서도 축구를 했고, 또 많은 실망을 겪었던 곳이었다. 많은 생각들이 머릿속을 스쳐 지나갔다. 단 열여섯의 나이에 그 모든 것을 뒤로하고 떠나는 것에 불안감을 느끼기도 했다. 나는 자다르에서 의미 있는 시간을 보냈다. 사랑하는 부모님과 두 여동생, 절친한 친구 마르코 오스트리치, 친구들과 내 축구의 아버지 같은 존재였던 토모까지. 그들을 모두 그곳에 남겨둔 채 떠나야 했다. 나는 앞으로 대도시에서 혼자 살아가야 했다. 어떤 일이 벌어질지 전혀 예상할 수 없었다.

그러나 자다르를 떠나기 전날 밤, 나는 잠을 설치지 않았다. 오히려 앞으로 어떤 일이 벌어질지 생각하다 보니 흥분되기 시작했다. 두려움은 없었다. 내 커리어를 좌우할 시간이 다가오고 있었기 때문이다. 나는 앞으로 자립심이 강한 사람으로 성장해야 한다는 사실을 이미 알고 있었다. 그래야만 하는 상황이었다. 자그레브는 내가 축구 선수로 성공하는 데 큰 기회를 줄 곳이었다. 애초에 자다르에 남을 생각은 할 수도, 할 필요도 없었다.

당일 아침이 되자 불안이 밀려왔지만, 나는 떠날 준비가 됐다고 느꼈다. 짐도 많지 않았다. 스포츠 백 하나에 모든 짐을 다 정리했다. 떠나기 전 어려웠던 것은 딱 한 가지였다. 가족에게 작별 인사를 하는 것이었다. 아버지는 나를 자그레브로 데려다주셨다. 나는 자그레브로 가서 우선 크로아티아 17세 이하 대표팀에 합류한 뒤, 슬로베니아를 상대로 두 경기를 치러야 했다. 이후 나는 자그레브에 남아 디나모에서 팀 훈련을 시작하는 계획을 세우고 있었다. 나는 그날 아침 자다르와 작별했다. 그렇게 나의 어린 시절도 끝났고, 그 후로 다시는 전과 같은 삶을 살 수 없었다. 당시 내 나이는 15세 11개월에 불과했지만, 그날부터 나는 어른에게 필요한 책임감을 가지고 살아가야 했다. 앞에 놓인 장애물을 넘어 내가 설정해놓은 목표에 도달하기 위해서는 그렇게 하는 것이 유일한 방법이었기 때문이다. 가족과 헤어져 사는 대도시에서의 삶에 익숙해질 수 있는 유일한 방법은 그뿐이었다.

어머니는 내가 떠나는 순간에도 침착함을 잃지 않으셨다. 어머니는 늘 침착하셨지만, 그 순간만큼은 떠나는 내게 약한 모습을 보이지 않으려고 하시는 것을 느낄 수 있었다. 나는 어머니를 안아드렸다. 우리 모두에게 어머니는 단 한 분밖에 없으니까. 나는 울진 않았지만, 목이 메었다. 여동생 야스미나는 펑펑 울었다. 우리는 그 정도로 가까웠다. 야스미나는 어렸을 때부터 나와 늘 함께 있고 싶어했다. 심지어 야스미나는 내가 길거리에서 친구들과 축구를 할 때도 또래 여자아이들과 놀기보다는 나와 함께 있으려고 했다.

집에서 나와 자다르를 떠나기 위해 아버지의 차에 올라탄 뒤, 그 문을 닫는 일이 정말 힘들었다. 나는 몸을 돌려 어머니를 향해 손을 흔들었다. 운전석에 앉아 있던 아버지도 조용히 눈물을 흘리셨다. 차가 달리기 시작하면서 어머니, 두 여동생, 우리 동네의 모습이 점점 멀어지자 그제야 가슴이 무너지기 시작했다. 눈물이 뚝뚝 떨어졌지만, 나는 아무 소리도 내지 않고 조용히 앉아 있었다. 아버지도 똑같았다. 그렇게 나의 새로운 인생이 시작되고 있었다. 나는 아버지의 빨간색 자스타바 128을 타고 자그레브에 도착할 때까지 내가 지금까지 경험했던 일과 앞으로 펼쳐질 미래에 대해 생각했다. 자다르에서는 어려운 일도 슬픈 일도 많았지만, 행복과 즐거움으로 가득찬 날들도 셀 수 없이 많았다. 나는 그곳에서 가족의 사랑을 받으며 자랄 수 있었다. 검소한 삶을 살면서도 주어진 것에 만족하는 방법을 배웠다. 나는 그곳에서 사는 동안 내게 필요한 모든 것이 다 있다고 생각하며 살았다.

전쟁을 두려워하고, 난민의 인생을 살았고, 빈곤한 환경에서 자란 나의 과거에 대한 많은 이야기들이 언론을 통해 전해졌다는 사실을 잘 알고 있다. 나의 가족에게 가진 것이 별로 없었다는 것은 분명한 사실이다. 내가 오랜 기간 매일 폭탄이 떨어질지 모른다는 두려움 속에서 자란 것 또한 사실이다. 우리는 5, 6년간 난민으로 사는 동안 임시로 마련된 집에서 비슷한 상황에 놓인 사람들과 함께 살았다. 그렇지만 내가 나쁜 인생을 살았다거나 어렵게 성장했다고 말하는 것은 엄연히 틀린 말이다. 우리 부모님 그리고 내가 태어난 후 16년간 내 주변에 있었던 모든 사람들 덕분에 나는 오늘날에도 어린 시절의 추억을 긍정적인 마음으로 바라볼 수 있기 때문이다.

나의 어린 시절을 상징하는 하나의 이야기를 꼽아야 한다면, 당시에 내가 착용했던 정강이 보호대에 대한 이야기를 하고 싶다. 나는 부모님에게 많은 것을 바라는 아이가 아니었다. 오히려 정반대였다. 어린 시절 축구를 시작한 보통 아이들과 마찬가지로, 나에게도 나만의 영웅이 있었다. 내가 처음으로 좋아한 선수이자 가장 위대한 선수라고 여긴 축구 선수는 바로 '엘 페노메노El Fenómeno', 호나우두 루이스 나자리우 데 리마Ronaldo Luís Nazário de Lima였다. 우리는 그를 호나우두라고 불렀다. 나는 그가 드리블하는 모습, 상대 수비진 사이를 뚫고 가는 모습, 쉽게 골을 넣는 모습을 사랑했다. 아버지도 내가 호나우두를 얼마나 좋아하는지 잘 알고 계셨고, 그래서 내게 그의 사진이나 등번호가 담긴 물건을 선물해줘야겠다고 생각하신 모양이다. 아버지는 늘 그랬다. 내가 원하는 게 있다면, 아버지는 무슨 수를 써서라도 내 소원을 들어주셨다. 어머니도 그런 아버지의 뜻을 도우셨고, 큰아버지도 마찬가지였다.

그래서 나는 늘 부족함 없이 자랐다. 축구를 할 때나 원정 경기를 위해 이동해야 할 때, 학교를 다닐 때도 또래 다른 아이들과 비교해서 부족함을 느끼지 못했다. 축구화, 훈련복 등은 늘 있었고, 자전거와 가방, 유니폼, 축구공, 티셔츠 같은 필요한 모든 것들도 다 갖추고 있었다. 다른 아이들과 마찬가지로 정강이 보호대도 있었다. 유일하게 다른 점은 내 정강이 보호대에는 호나우두의 사진이 붙어 있었다는 것이다! 아버지가 그 정강이 보호대를 사오셨을 때 나는 정신을 차릴 수 없을 정도로 기뻤다. 나는 호나우두의 사진이 담긴 정강이 보호대를 보물처럼 아꼈다. 당시 우리가 너무 가난한 나머지 아버지가 나무를 깎아서 내 정강이 보호대를 직접 만들어야 했다는 얘기는 헛소문일 뿐이다.

## 대도시에서

자그레브에 도착한 나는 라프니체Ravnice라는 마을의 한 아파트에서 생활했다. 그곳에서 디나모의 훈련장과 홈구장까지는 걸어서 약 10분밖에 걸리지 않았다. 내 룸메이트는 마르코 치리아크Marko Čirjak였다. 그는 훌륭한 친구였다. 나는 이미 과거 자다르에서 열린 풋살 대회에 출전해 그를 만난 적이 있었다. 당시 우리는 풋살 대회 우승을 차지했다. 우리가 치로Čiro라는 별명으로 부른 그는 디나모 유소년 팀에서 성장했다. 당시 그는 미드필더로 눈에 띄는 재능을 보여 줬지만 아쉽게도 프로 선수로는 크게 성공하지 못했다. 이제 그는 세일즈 관련 일을 하지만 여전히 나와 가장 친한 친구 중 한 명이다.

내가 자그레브에서 살았던 첫 번째 아파트는 꽤 작았다. 방은 단하나였으며 부엌과 작은 발코니가 있었다. 그 전까지 그곳에 살던 사람은 배려심이 전혀 없었던 것 같다. 내가 도착했을 때 그 집은 쓰레기로 가득했다! 우리는 서둘러 집을 청소해야 했다. 다행히 치로는 나처럼 정리정돈된 생활을 선호했다. 우리는 바로 청소를 시작했고, 쓰레기를 모두 치웠다. 이후 우리는 휴식을 취하며 오랜 시간 대화를 나눴다. 피곤했던 나는 곧 잠이 들었다. 아마 그 다음 날 아침까지 움직이지 않았던 것 같다. 대도시에서 맞은 나의 첫째 날은 그렇게 끝났다.

내가 자그레브에 간 것은 그때가 처음은 아니었다. 자다르에서 축구를 하면서 자그레브를 몇 차례 방문한 적이 있었다. 과거 자그레브에 방문했을 때는 많은 것을 구경할 수 없었지만, 나는 그때부터 이미 이 도시가 마음에 들었다. 나는 자그레브로 이사한 후에도 상당 시간을 아파트와 경기장에서 보냈다. 우리는 매일 구단에서 팀 훈련을 했고, 가끔씩 테크닉이나 체력에 초점을 맞춘 개인 훈련도 했다. 에이전시에서는 이런 스케줄을 관리했다. 에이전시는 우리에게 점심 식사도 제공했다. 우리는 구단과 멀지 않은 곳에 있는 레스토랑 포드 미르님 크로봄Pod Mirnim Krovom에서 점심을 먹었고, 저녁은 각자 알아서 해결해야 했다. 아침은 대부분 샌드위치와 초콜릿 우유였다.

자그레브로 이사한 후 처음 몇 개월 동안은 향수병에 시달리기도 했다. 가족이 그리웠다. 자다르의 익숙한 분위기가 그리웠고, 하루 빨리 버스를 타고 그곳으로 돌아가고 싶었다. 그러나 늘 그랬듯 그때도 내게 힘이 된 존재는 부모님이었다. 부모님은 주말이 되면 자그레브에서 우리 팀 경기를 지켜본 후 내가 어떻게 지내는지 살피셨다. 아버지와 나는 그때도 내 경기력에 대해 많은 대화를 나눴다. 물론 모두 친근한 분위기 속에서 나눈 열린 대화였다. 과거 자다르에서는 아버지가 경기를 마치고 돌아온 나를 끊임없이 질타하신 시절도 있었다. 하루는 아버지가 계속 나를 질책하신 탓에 집에 돌아와 울음을 터뜨린 적도 있었다. 그러자 참다못한 어머니가 목소리를 높이며 아버지에게 내가 출전하는 경기를 더는 보러 가지 말라고 말씀하셨다. 어머니는 늘 나를 격려해주셨고, 내게 인내해야 한다고 가르치셨다. 어머니는 늘 그렇게 나를 관대하게 대하셨다. 그래도 아버지는 내가 뛰는 경기를 보지 않으면 견딜 수가 없었던 모양이다. 당시 아버지는 몰래 경기장에 가서 내가 뛰는 모습을 보셨다고 하는데, 나는 그가 관중석에 있었다는 사실을 전혀 몰랐다.

디나모에서 뛰던 시절에도 여름은 자다르에서 보냈다. 여름이 되면 예전처럼 온 가족이 자다르로 모였다. 어머니는 내가 자그레브로 떠난 날 호텔 이즈 앞에서 작별 인사를 건넬 때 끝까지 강한 모습을 보이셨지만, 아무래도 나와 떨어져 지낸 시간이 꽤 힘드셨던 모양이다. 아버지는 감성적인 면이 있었고 지금도 마찬가지다. 아버지는 요즘도 나와 헤어질 때는 순간 다른 곳을 응시하며 눈물을 훔치곤 하신다. 그러나 아버지는 늘 "루카만 행복할 수 있다면!"이라며 스스로를 위로하셨다. 아버지는 내가 조언을 구할 때도 자주 그렇게 말씀하신다. 아버지는 내게 필요한 조언을 건네신 후에는 늘 "아들아, 너는 옳은 결정을 할 거야. 너는 늘 그래왔으니까"라고 말씀하신다. 아버지는 축구를 사랑하신다. 그리고 아버지는 내가 축구하는 모습을 보며 행복해하신다. 경기 도중 어떤 일이 일어나도, 경기가 끝나면 아버지에게는 내가 최고다.

나는 자주 아버지께 "그래도 다르게 느끼신 부분은 없어요? 판정에 문제가 있다거나 제 판단이 틀렸다거나요" 하고 물었다. 그러나 아버지는 전혀 흔들림이 없었다.

어머니는 축구에 별 관심이 없으시다. 어머니가 축구를 보는 유일한 이유는 아들이 축구 선수이기 때문이다. 심지어 어머니는 내가 대학생이 된 후 취업하기를 바라셨다. 어머니는 내가 프로축구 선수로 진로를 설정한 후에도 늘 학업의 중요성을 강조하셨다. 내가 학업보다 축구를 우선시한 게 어머니에게는 늘 불만이었다.

자그레브로 이사한 뒤, 부모님은 매일 내게 전화를 거셨다.

동생 야스미나는 어머니가 내게 전화를 걸 때마다 "아, 엄마, 전화 좀 그만하세요. 루카는 이제 어린아이가 아니라니까요! 루카도 자기 앞가림은 할 줄 알아요"라고 말하곤 했다. 그러나 어머니는 전화를 멈추지 않았다. 어머니는 자신이 자식을 과잉보호하고 있다는 것을 알면서도 그러셨다.

어머니는 늘 내게 "밥은 먹고 있니? 먹을 것은 충분하고? 훈련은 어땠어? 피곤하진 않니?"라고 물어보셨다. 그러면서 감기 걸리면 안 되니까 옷은 꼭 따뜻하게 입으라고, 자그레브는 내륙 지방이라서 더 추우니까 밤에는 이불을 하나 더 덮고 자라고 말씀하셨다. 지금 나는 자녀 셋을 둔 34세의 가장이지만, 어머니는 여전히 내게 전화를 하실 때마다 똑같은 질문과 잔소리를 하신다. 아들을 걱정하는 어머니의 마음은 그때나 지금이나 다를 게 없는 모양이다.

막내 여동생 디오라는 너무 어렸던 탓에 그때 상황을 다 이해하지 못했지만, 당시 열세 살이었던 야스미나는 모든 것을 다 알고 있었다. 부모님은 내가 집을 떠나야 한다는 사실을 야스미나에게 알려줄 적절한 기회를 찾아야 했다. 그러나 야스미나는 예상보다 의연하게 현실을 받아들였다. 야스미나는 오빠가 더 행복한 인생을 살 기회를 잡게 됐다는 사실을 이해했고, 그게 가장 중요하다는 데 동의했다. 그런데도 야스미나는 정작 내가 떠날 시간이 다가올수록 힘들어했다. 나와 마찬가지로 야스미나도 우리가 함께했던 특별한 시간이 끝났다는 사실을 알았기 때문이다. 우리는 네 살 차이다. 나와 야스미나는 늘 가깝게 지냈고, 힘든 일을 함께 겪었다. 물론, 내가 친구들과 나가 놀려고 하는 순간 어머니가 "루카, 야스미나도 데려가거라. 동생이 울고 있는 거 안 보이니? 야스미나도 같이 놀고 싶어하잖아"라고 말씀하실 때는 종종 성가시기도 했다. 그때마다 나는 "야스미나도 여자애들이랑 놀면 되는 거 아닌가? 축구에 대해 아는 것도 없으면서!"라고 생각하곤 했다. 그러나 야스미나는 항상 나를 따라왔다. 야스미나와 디오라는 나를 좋아하는 동시에 나를 약하게 만드는 두 사람이다.

## 축구 아카데미

디나모의 훈련 수준과 강도는 시작부터 차원이 달랐다. 모든 게 프로다웠고, 훈련 환경도 내가 그때까지 한 번도 경험해본 적이 없는 수준이었다. 새로운 스케줄에 적응하는 데도 꽤 시간이 걸렸다. 나는 16세 이하 팀에서 미로슬라프 스티피치Miroslav Stipić감독을 제일 처음에 만났고, 이후 '스테프'라고 불린 스테판 데베리치Stjepan 'Štef'Deverić감독이 그의 뒤를 이었다.

훈련 외에도, 디나모의 선수가 된 후 다르게 느낀 점들은 또 있었다. 사실은 예전과 비교해 그 차이가 꽤 컸다. 자다르에서는 분위기가 더 느긋했고, 경기에서 져도 이를 심각하게 받아들이지 않았다. 그러나 디나모에서는 한 번의 패배가 곧 위기였다. 우리는 크로아티아 17세 이하 리그에서 시즌 초반 연승을 달렸으나 빈코프치Vinkovci에서 시발리아Cibalia에 첫 패배를 당했다. 우리 팀 코칭스태프는 화가 잔뜩 났고, 나는 그날 부진한 선수 중 한 명이었다. 그래서 나는 시베니크Šibenik를 상대로 막시마르Maksimir에서 열린 경기에서는 교체 선수로 벤치에 앉아 있어야 했다. 내 기억에 당시 나의 가장 큰 문제는 수비 가담에 대한 의지가 부족했다는 점이다. 자다르에서는 내게 마음껏 공격할 수 있는 더 자유로운 역할이 부여됐다. 그러나 디나모에서는 달랐다. 디나모에서 미드필더는 공수에 걸쳐 더 완성도 높은 경기력을 보여줘야만 했다. 즉, 나는 다른 유형의 축구를 해야 했으며 내게 요구된 방식대로 뛰지 않으면 성공할 수 없다는 사실을 곧 깨닫게 됐다. 우리는 시베니크전에서 뒤진 채 전반전을 마쳤다. 디나모 아카데미의 흐르보예 브라오비치Hrvoje Braović 이사는 내게 다가 와 "곧 네가 투입될 거야. 네 능력을 보여주고 경기 결과를 뒤집어 주 기를 기대한다. 지금까지 네가 보여준 모습으로는 즈드라프코 마미 치도 너를 지켜줄 수 없을 거야!"라고 말했다.

그날 나는 4-2-3-1 포메이션의 중앙 공격형 미드필더로 투입됐 고, 경기력은 나쁘지 않았다. 우리는 역전승을 거뒀고, 그때부터 나 의 경기력과 팀 내 입지에도 변화가 생겼다. 그러면서 나는 앞으로 는 더 많이 뛰면서 공수에 걸쳐 팀에 보탬이 되는 선수로 성장해야 한다는 사실을 깨달았다. 브라오비치 이사는 크바르네르스카 리비 에라Kvarnerska Rivijera에서 열린 큰 규모의 유소년 대회 도중 모든 동료 들이 듣는 가운데, 내 기량이 발전하고 있다고 말했다.

나는 디나모에서 친한 친구 세 명을 새롭게 사귀었다. 왼쪽 측면 수비수 흐르보에 찰레Hrvoje Čale는 신체적으로 강한 데다 이미 1군 데 뷔전을 치른 선수였다. 오른쪽 측면에서 뛴 마르코 신드리치Marko Cindrić는 총알처럼 빨라서 나는 그가 훌륭한 프로 선수가 될 수 있을 거라고 확신했다. 베드란 콜루카는 어떤 상황에서도 공을 능숙하게 다뤘으며, 중앙 수비수나 수비형 미드필더로 활약했다. 훗날 나는 콜루카와 크로아티아 대표팀은 물론 디나모 1군과 토트넘에서도 함 께 호흡을 맞췄다.

찰레도 나와 디나모에서 함께 뛰며 짧게나마 크로아티아 대표팀 생활을 했고, 찰레의 결혼식에 들러리를 섰을 정도로 절친한 친구 사이가 됐다. 찰레는 내 아들 이바노Ivano의 대부이며 그의 아내 일리 야나Ilijana는 내 딸 에마Ema의 대모다. 우리는 여전히 가족끼리 밀접 하게 교류하며 여름휴가도 함께 떠난다. 나는 디나모에서 첫 시즌을 마친 후 신드리치를 자다르로 초대했다. 그가 나와 나의 친구들과 함께 시간을 보내기를 바랐기 때문이다. 그는 자다르에서 우리와 즐거운 시간을 보냈다. 나는 휴가 중에도 꾸준히 운동했다. 조깅은 물론 축구, 농구, 수영을 했다. 다음 시즌을 준비하기 위해 더 강한 몸을 만들어야겠다는 목표를 세운 만큼 밖으로 많이 돌아다니지도 않았다. 디나모에서의 두 번째 시즌은 쉽지 않을 것이 분명했기 때문이다.

나는 두 번째 시즌부터 디나모 자그레브의 레전드 스테판 데베리치 감독이 이끈 17세 이하 팀에서 뛰었다. 그때는 나 역시 자그레브 생활에 완전히 적응한 상태였다. 드디어 자그레브가 익숙해졌다. 다만 신체적으로는 여전히 또래 선수들과 비교해 뒤처졌다. 그러나 시간이 갈수록 내 몸이 강해지고 있다는 느낌을 받을 수 있었다. 그 확신은 경기를 치르며 더 강해졌다. 내 경기력이 좋았기 때문이다. 내가 비슷한 나이대 선수 중 최고의 경기력을 갖춘 선수 가운데 한 명이라는 사실을 증명했다. 내가 마미치 스포츠 에이전시 소속 선수라는 게 팀 내 입지에 큰 영향을 미치진 않았다. 그 와중에 나보다 신체적으로 더 빠르게 성장했던 몇몇 선수들은 대표팀에 선발되어 뛰기도 했다.

그 선수들은 나보다 더 좋은 대우를 받았다. 찰레도 1군 합류를 눈앞에 두고 있었지만, 다른 선수들이 나보다 더 빠르게 성장한다는 사실로부터 스트레스를 받거나 하지는 않았다. 오히려 나는 찰레가 잘된 것이 기뻤다. 나는 쉽게 얻어지는 것은 아무것도 없다는 사실과 결국에는 스스로 능력을 증명해야 한다는 점을 잘 알고 있었다. 나는 늘 경기장에서 능력을 증명했고, 그것이 가장 강렬한 인상을 남기는 방법이었다.

나는 포드 미르닙 크로봄에서 룸메이트 마르코와 점심 식사를 하던 중 즈드라프코 마미치를 처음 만났다. 마미치는 내게 다가와 디나모에서 어떻게 지내고 있냐고, 팀 내 입지에 만족하냐고 물었다.

나는 그에게 "계속 경기에 출전하는 한 행복할 겁니다"라고 대답했다. 이후 우리는 몇 마디 말을 더 주고받았다. 그와 나의 만남은 그게 전부였다.

팀 내 입지에 대해 이야기하다 보니 두 번째 시즌에 겪은 한 가지 해프닝이 생각난다. 그 사건으로 데베리치 감독은 내가 축구 선수로 성장하는 데 거대한 영향을 미쳤다. 그는 경기 도중 자주 나를 질책했다. 데베리치 감독이 내 실수를 고쳐주고 있다고 생각했던 나 또한 그의 질책을 받아들였다. 그러나 하루는 그가 나를 과하게 몰아세운다고 생각했고, 더는 가만히 있을 수 없었다. 이후에도 그는 흥분한 상태로 나를 질책했고, 나는 두 팔을 들어올린 채 그를 노려봤다. 마치 나를 좀 가만히 놔두라는 메시지를 보내는 것처럼. 그것을 본 그는 화가 머리끝까지 치밀어 오른 모양이다. 그는 내게 광분하기 시작했다! 그는 "꼬맹아, 그래서 어쩌겠다는 거야? 네까짓 게 뭔데?"라고 소리쳤다. 그것은 내게 정말 창피한 순간이었고 그 후 나는 다시는 그런 행동을 하지 않았다. 데베리치 감독은 늘 나를 공정하게 대했고, 우리는 좋은 관계를 유지했다. 나 또한 그가 나를 선수로서 존중한다는 사실을 알고 있었다. 우리는 이후 내게 매우 중요했던 시기에 다시 선수와 감독으로 만났다. 데베리치 감독은 내가 처음으로 1군 선수로 활약한 즈린스키를 이끌었다.

그 무렵 디나모는 2군 팀을 만들면서 유소년 시스템을 확대했다.

팀 이름은 디나모II. 2군 팀 창단을 주도한 인물은 당시 축구계에서 능력자로 정평이 났던 전문가 일리야 론차레비치Ilija Lončarević 디나모 단장이었다. 디나모II는 16세와 18세 이하 단계에서 가장 눈에 띄는 재능을 보유한 선수들로 구성됐다. 나는 이 팀에서 찰레, 촐루카, 론차리치Lončarić, 사리치Šarić, 글라비나Glavina, 카르둠Kardum, 그리고 미쿨리치Mikulić와 함께 뛰었다.

당시 감독은 로메오 요자크Romeo Jozak였다. 우리에게는 특별 훈련 프로그램이 주어졌는데, 그 프로그램은 우리가 1군 선수가 될 수 있도록 준비시키기 위해 만들어진 것이었다. 그러던 중 나는 2003년 여름에 갑작스럽게 보스니아 프리미어리그 구단 즈린스키 모스타르로 임대 이적할 기회를 잡았다.

즈덴코 지디치Zdenko Džidić 즈린스키 부회장은 디나모 구단과 밀접한 관계를 맺고 있었고, 자신의 아들 이비차Ivica를 비롯해 다보르 란데카Davor Landeka, 레오나르도 바르냐크Leonardo Barnjak를 즈린스키로 임대 영입하는 데 합의한 상태였다. 이보(이비차의 애칭)와 다보르는 디나모에서 나와 함께 뛴 친구들이었고, 그들은 내게도 함께 즈린스키로 가자고 권유했다. 디나모도 즈린스키의 제안을 수락했고, 나와 아버지도 임대 이적에 합의했다!

그러나 나는 즈린스키에서 펼쳐질 앞날을 전혀 예상할 수 없었다. 당시 보스니아 리그는 살벌할 정도로 거칠다는 이미지로 각인되어 있었다. 특히 나이가 어리거나 체격이 왜소한 선수에게는 보스니아 리그가 더 가혹하다는 평가가 지배적이었다.

사람들은 내가 보스니아로 가면 강력한 상대 선수들이 나를 마치 아침 식사하듯 쉽게 요리할 것이라며 부정적인 전망을 내놓았다. 그러나 나는 두렵지 않았다. 오히려 나도 1군 무대를 경험할 준비가 됐다고 생각했다. 이제는 새로운 발걸음을 디딜 시기였다.

곧 상황이 복잡해졌다. 물론 내가 선수 생활을 하는 동안 주변 상황이 복잡해진 것은 그때가 처음이 아니었다! 나는 모스타르에 도착한 후에 디나모 구단으로부터 전화를 받았다. 구단에서는 내게 "갑자기 계획이 바뀌었어. 빨리 자그레브로 복귀해!"라고 통보했다. 한편으로는 다행이라는 생각도 들었다. 지금 디나모로 돌아가면 새로 만들어진 디나모II에서 친구들과 함께 뛸 수 있었기 때문이다. 그러나 약 30분이 지난 뒤, 내가 생각을 정리하기도 전에 다시 전화 벨이 울렸다. 구단은 내게 "그냥 모스타르에 남는 게 좋겠다!"라고 말했다. 결과적으로 이는 잘된 일이었다. 나는 모스타르에서 선수로서 한 단계 성장할 수 있었기 때문이다.

그렇게 나는 11년간의 유소년 선수 생활을 거쳐 1군 프로 무대에 데뷔했다. 앞서 자다르를 떠나 자그레브로 온 것은 옳은 결정이었다. 나는 자그레브로 온 뒤로 더 좋은 선수들과 훌륭한 시설에서 훈련했고, 지식이 풍부한 코칭스태프의 도움을 받으며 성장할 수 있었다. 디나모 축구 아카데미는 크로아티아 최고의 축구 학교다. 나는 디나모가 유럽에서 가장 좋은 유소년 시스템을 구축한 구단 중 하나라고 생각한다. 내 세대에서도 디나모 아카데미를 통해 많은 정상급 선수들이 배출됐다. 나는 2년간 디나모 아카데미를 거치며 자립심을 키웠고, 프로 선수가 되는 데 집중할 수 있었다.

## 첫 번째 임대 이적 - 즈린스키

모스타르에서는 첫날부터 모든 게 맞아떨어졌다. 나는 그것을 곧바로 느낄 수 있었다. 나는 비엘리 브리에그Bijeli Brijeg에 있는 홈구장 근처 아파트에 집을 마련했다. 그런데 그곳에서 경기장까지 가려면 계단 3~400개를 올라가야 했다. 그러나 그것에 어떤 불만도 없었다. 나는 곧 나와 절친한 친구 사이가 된 이비차 지디치의 집과 가까운 곳에서 룸메이트 다보르 란데카와 함께 생활했다. 모스타르가 고향이었던 이보는 내가 그곳에 잘 적응하는 데 큰 도움을 준 친구다.

훈련 첫날부터 구단 스태프는 물론 관중석에서 우리를 지켜보던 사람들이 나를 향해 보내는 시선이 느껴졌다. 그들은 분명히 "저 작고 마른 아이가 어떻게 여기서 축구를 할 수 있단 말이지?"라고 묻고 있었을 것이다. 나는 선수 생활을 하며 늘 그런 질문을 받아야 했다.

그때부터 나는 그런 평가에 무뎌졌고 그들의 그런 우려는 내게 어떤 영향도 주지 못했다. 당시 나는 처음으로 성인 무대를 경험하는 선수였다. 보스니아 리그는 매우 과격한 축구를 구사하는 곳으로 유명했다. 그러나 나는 스스로 준비가 됐다고 느꼈다. 우리는 쿠프레스Kupres에서 프리시즌을 소화했다. 나는 친선경기에 출전해 내가 많은 이들이 생각하는 어린이 같은 선수가 아니라는 사실을 증명했다. 하루빨리 공식 경기에 출전하고 싶었다. 나는 등번호 23번을 택했다. 우선 23번을 선택한 선수가 없기도 했지만, 그 번호는 내가 우상으로 여기는 두 선수의 등번호였다. 첫 번째는 그로부터 약 두 달 전 현역 은퇴를 선언한 환상적인 농구 선수 마이클 조던Michael Jordan이었다. 두 번째는 그해 여름 레알 마드리드로 이적해 등번호 23번을 선택한 데이비드 베컴David Beckham이었다. 베컴은 내가 운동선수로, 그리고 축구 선수로 가장 존경한 인물 중 한 명이다. 나는 프리시즌을 소화하면서 23번 등번호를 등에 달고 프로 무대에 데뷔한 내 모습을 상상했다. 그러나 그 팀의 감독님은 곧 나를 현실과 마주하게 만들었다.

시즌 개막을 앞두고 열린 마지막 팀 훈련이 끝난 뒤, 감독은 우리를 불러 모아 보라치 반야 루카Borac Banja Luka와의 첫 경기 출전 명단에 포함된 선수 이름을 하나씩 호명했다. 나는 그가 "모드리치"를 외치는 순간을 기다렸다. 그러나 그는 끝내 내 이름을 부르지 않았다. 불쾌함과 놀라움이 동시에 나를 강타했다. 그 자리에서 눈물을 흘릴 것만 같았다. 내 심정은 그 정도로 처참했다. 내가 왜 즈린스키에 왔는지 의문을 품을 수밖에 없었다.

그러나 그 자리에서 내가 불만을 내비치지 않은 것은 잘한 일이었다. 감독이 곧 다가와 내게 상황을 설명했다. 그는 "루카, 네가 명단에 포함되지 않은 이유는 아직 구단이 너를 공식적으로 등록하지 못했기 때문이야"라고 말했다. 나는 안도의 한숨을 내쉬었다. 내가 경기에 뛸 수 없었던 이유는 실력 때문이 아니라 서류에 문제가 있었기 때문이었다. 나는 선수 생활을 하며 이런 문제를 포함해 온갖 문제를 다 겪어야 했다.

나는 시로키 브리에그Široki Brijeg와의 다음 경기에 출전했지만, 그날에 대해 좋은 기억은 없다. 우리가 0-3 완패를 당했기 때문이다. 그러나 홈 개막전으로 열린 다음 경기는 여전히 내 기억에 강렬하게 남아 있다. 우리의 상대는 첼리크 제니차Čelik Zenica였고, 나는 좋은 경기력을 선보였다. 나는 근육 경련이 일어난 약 50분경에 교체됐다. 팬들은 교체돼 나오는 내게 기립박수를 보냈다. 그때부터 나와 즈린스키 팬들의 훌륭한 관계가 시작됐다. 그들은 시즌이 끝날 때까지, 내가 모스타르를 떠나는 순간까지 나를 사랑해줬다. 당시 우리는 워낙 어린 데다 경험까지 부족한 선수들로 팀을 구성한 탓에 훌륭한 성적을 거두지는 못했다. 즈린스키는 시즌 개막 후 약 5주가 지난 뒤, 디나모 18세 이하 팀에서 나를 지도한 스테판 데베리치 감독으로 사령탑을 교체했다. 즈린스키는 16팀으로 구성된 보스니아 리그에서 11위로 시즌을 마쳤다. 그러나 당시 우리가 다져놓은 초석이 바로 그다음 시즌 즈린스키가 역사적인 최초의 리그 우승을 차지하는 데 발판이 됐다. 게다가 즈린스키는 구단 창단 100주년이 되는 해에 사상 첫 우승을 차지하는 감격을 맛봤다. 물론 나는 즈린스키와 우승을 함께 경험하지는 못했으나 그들이 정상 등극을 확정했을 때 마치 내가 우승을 한 것처럼 기뻤다. 즈린스키는 나를 훌륭하게 대해줬고, 나는 그런 그들에게 평생 빚을 지고 있다. 나는 즈린스키를 위해 내 모든 것을 바쳤고, 즈린스키도 나의 그런 모습을 알아봐줬다. 나는 보스니아에서 활약한 한 시즌 동안 많은 칭찬을 받았고, 현지 신문은 나를 리그 내 최고 수준의 선수로 평가했다. 그때 특히 내게 가장 좋은 추억으로 남은 것은 내가 받은 피파Pipa상이었다. 피파상은 즈린스키 울트라스(서포터즈)가 선정한 한 시즌 최고의 선수에게 주어지는 영예다. 피파상은 내가 프로 선수로 데뷔한 후 받은 첫 번째 상이었기 때문에 내게 더욱 특별했다.

나는 보스니아 프리미어리그에서 뛰면서 소중한 경험을 쌓을 수 있었다. 나는 그곳에서 시즌 초반 오른쪽 측면 미드필더로 활약했지만, 데베리치 감독이 부임한 후에는 오른쪽 측면 공격수 자리에서 더 자유롭게 뛸 수 있었다. 그러면서 자연스럽게 나의 공격적인 재능을 선보일 수 있었다. 이전부터 내가 보스니아 리그에 대해 들은 얘기는 전부 사실이었다. 보스니아 리그는 매우 거칠었다. 원정경기는 특히 더 그랬다. 트레비네Trebinje 원정이 최악이었고, 반야 루카와 제니카도 그에 못지않았다. 주심이 원정 팀 선수들을 보호해주려고 하지도 않았다. 내 정강이와 다리는 늘 상대에게 두들겨 맞기 일쑤였다! 내가 어린 시절부터 아껴 착용하던 호나우두 사진이 담긴 정강이 보호대는 트레비네 원정 경기 도중 망가졌다. 상대 팀 선수가 두 발을 들고 태클을 했고, 그의 축구화 스터드가 내 플라스틱 정강이 보호대에 그대로 꽂히며 구멍을 냈다! 고맙게도 호나우두 덕분에 내가 심각한 부상을 당하지 않을 수 있었던 셈이다.

다행히도 나는 즈린스키에서 활약한 한 시즌을 부상 없이 마감할 수 있었다. 나는 경합 과정에서 빠져나가는 타이밍을 배웠고, 공을 받는 순간 바로 상대 선수를 벗겨내는 방법을 터득하며 패스 타이밍에도 속도를 더했다. 내가 민첩하다는 점이 큰 도움이 됐다. 나는 체력적으로는 애초에 아무런 문제가 없었다. 단, 잇따른 근육 경련이 내게 어려움을 줬다. 약 60분 정도가 지나면 종아리 근육이 올라왔다. 그러나 큰 걱정을 하지는 않았다. 근육 경련은 어린 나이에 격한 성인 무대에 적응하는 과정에서 겪어야 하는 시행착오라고 생각했다. 이를 해결하기 위해 나는 칼륨potassium 섭취를 최대한 늘렸고, 스트레칭 훈련을 자주하며 근력을 강화하는 데 집중했다.

보스니아 프리미어리그 경기에는 관중도 꽤 많이 찾아왔다. 특히 우리가 시로키 브리에그, 사라예보Sarajevo, 젤레즈니차르Željezničar를 상대로 더비 경기를 치를 때면 분위기가 정말 대단했다. 그러나 그런 열광적인 분위기 뒤에는 인종차별적인 행위가 공존했던 것도 사실이다. 나는 보스니아 프리미어리그 경기장의 열정적인 분위기가 좋았지만, 당시 보스니아는 여러모로 혼돈의 시기를 겪고 있었다.

그러나 그런 분위기가 두렵지는 않았다. 즈린스키 모스타르에서 지낸 날들은 늘 즐거웠다. 우리는 선수들끼리 가깝게 지내며 응집력이 뛰어난 팀으로 성장했고, 팬들도 나를 사랑해줬다. 도시 사람들도 매우 친절했다. 그곳에서 생활하는 것은 정말 즐거웠다. 리그의 거친 성향은 나를 더 강하게 만들어줬고, 나는 그 덕분에 더 단순하면서도 빠르고 즉흥적으로 플레이하는 선수로 성장했다. 나는 디나모 구단 측에 즈린스키와의 임대 계약을 1년 연장하고 싶다는 의사를 전달했다. 그만큼 즈린스키에서 내가 보낸 시간은 즐거웠다. 나는 한 시즌 만에 디나모로 돌아가면 많은 출전 기회를 잡을 수 없다는 사실을 알고 있었다. 그래서 모스타르에 남아 보스니아 리그에서 1년 더 뛰는 게 내게 가장 좋은 선택지라고 생각했다. 그러나 디나모가 세운 계획은 내 바람과는 달랐다.

## 두 번째 임대 이적 — 인테르 자프레시치

2004년 6월 중순, 파란색으로 물든 스타디온 막시미르Stadion Maksimir(디나모 자그레브의 홈구장 – 옮긴이)의 라운지를 가득 메운 트로피들 앞에서 나를 포함한 어린 선수 네 명이 디나모와 프로 계약을 체결했다. 이는 내가 생애 처음으로 맺은 프로 계약이었다. 정말 행복했다. 나는 디나모와 5년 계약을 맺으며 프로 선수가 되겠다는 오랜 목표를 달성했다. 이제 내 다음 목표는 우승 트로피를 차지하는 것이었다.

디나모는 새 계약을 맺은 나를 비롯해 찰레, 콜루카, 마르코 얀예토비치Marko Janjetović, 테오 카르둠Teo Kardum을 여름 이적시장을 통해 인테르 자프레시치로 임대 이적시켰다. 그해 인테르는 신구 조화를 골고루 이룬 훌륭한 팀을 구축하고 있었고, 이미 조직력 또한 수준급으로 다져놓은 상태였다. 나는 인테르에서 우리를 지도한 스레코 보그단Srećko Bogdan 감독에게 큰 빚을 졌다. 보그단 감독은 현역 시절 디나모와 독일 구단 칼스루에Karlsruher에서 활약했다. 그러나 우리가 인테르에 합류한 직후의 상황은 순조롭지 않았다. 보그단 감독은 내게 꾸준한 출전 기회를 부여하지 않았다. 나는 한 경기에 출전하면, 그 다음 경기에서는 벤치에 앉으며 기회를 띄엄띄엄 받았다. 그런 상황은 우리가 슬로베니아에서 열린 프리시즌 대회에 출전할 때까지 계속됐다. 나는 바르텍스Varteks와의 첫 번째 경기에 출전했으나 경기력이 좋지 않았다. 나는 다음 경기였던 올림피아 류블랴나 Olimpija Ljubljana전에서는 원래 벤치에 앉을 예정이었지만, 출전하려던 선수 중 한 명이 부상을 당하자 대신 선발 명단에 이름을 올렸다. 이날 나는 좋은 경기력을 선보였고, 득점까지 하며 사실상 주전 자리를 꿰찼다고 자신했다. 그러나 나는 우리 팀 코치 중 한 명으로부터 늘 들었던 그 지적을 다시 한번 들어야 했다. "쟤는 몸이 저래서 어떻게 뛰지?" 나는 비냐니Vinjani에서 열린 프리시즌 대회에 출전해 훌륭한 경기력을 선보이며 인테르가 전 소속팀 자다르를 상대로 4-1로 이긴 경기에서 득점을 했고 최우수 선수상까지 받았다. 시즌을 앞두고 보그단 감독은 내게 "루카, 팀 내 입지에 대해 걱정할 필요 없어. 너한테 실력을 증명할 기회로 10경기는 줄 계획이야"라고 말했다.

보그단 감독은 약속을 지켰다. 그는 나를 매우 신뢰했다. 감독의 신뢰는 어린 선수에게 큰 의미가 있다. 어린 나이에는 감독이 자신을 믿어줘야 자신감을 가질 수 있기 때문이다. 나는 시즌이 개막한 후 주로 중앙 미드필더, 혹은 왼쪽 측면으로 치우친 공격형 미드필더로 활약하며 전반기 18경기에 모두 출전해 네 골을 기록했다. 나는 19번째 생일이 9일 지난 후 열린 시즌 8라운드 경기에서 바르텍스를 상대로 크로아티아 1부 리그 데뷔골을 넣었다. 1주일 전 경기에서 시즌 첫 패배를 당한 상황에서 이날 3-2로 승리까지 차지했기에 데뷔골을 넣은 것이 더욱 기뻤다. 우리는 시즌 초반 여섯 경기에서 모두 승리하며 시작부터 무서운 상승세를 탔고, 곧 리그 1위 자리를 꿰찼다. 우리는 상승 궤도를 이어가며 15라운드를 치른 시점까지 선두를 달렸지만, 그 후 분위기가 한풀 꺾이며 리그 4위로 겨울 휴식기에 돌입했다. 디나모는 전반기를 마친 후 내게 임대 복귀를 지시했다. 인테르는 나를 떠나보내고도 플레이오프 진출에 성공했고, 결승전에서 하이두크와 만났다. 하지만 인테르는 아쉽게도 패했다. 리그 우승에 도전한 인테르의 플레이오프 경기까지 소화하지 못하고 디나모로 복귀한 것은 내게 여전히 아쉬움으로 남아 있다.

내가 자그레브로 일찍 돌아와야 했던 이유는 디나모와 니코 크란차르와의 갈등 때문이었다. 니코는 디나모의 주장이었고, 팀에서 가장 재능 있는 선수였으며 팬들이 사랑하는 존재였다. 그 때문에 그에 대해서는 늘 격한 논쟁이 일어났다. 이후 그가 디나모와 갈등을 겪은 뒤, 라이벌 하이두크로 이적하자 사태가 더 심각해졌다. 디나모는 시즌 내내 예상치 못한 상황을 반복적으로 겪어야 했다. 니코는 하이두크로 이적하자마자 리그 우승을 차지했고, 디나모는 크로아티아 1부 리그 출범 후 구단 역사상 최악의 성적을 기록하며 체면을 구겼다. 이는 분명히 망신이었다. 그러나 디나모는 그때 저지른 실수로부터 교훈을 얻었다. 이후 14년간 무려 13번이나 리그 우승을 차지했기 때문이다. 디나모가 크로아티아 축구의 절대강자로 군

림하는 사이 하이두크는 잇따른 어려움을 겪었다. 실제로 하이두크는 최근 15년 연속으로 리그 우승을 경험하지 못했다.

다만, 내가 디나모로 복귀한 첫 시즌의 봄은 구단 역사상 가장 슬픈 시기였다. 디나모는 크란차르가 떠나며 공격형 미드필더 자리를 메울 선수가 필요했고, 구단은 나를 그 적임자로 지목했다. 나는 한편으로는 인테르 자프레시치를 떠나는 게 슬펐다. 보그단 감독은 만약 내가 당시 시즌 끝까지 남았다면 인테르가 역사적인 사상 첫 리그 우승을 차지할 수 있었다고 말했다. 내가 남았다면 결과가 어떻게 달라졌을지 장담할 수는 없지만, 당시 전반기 인테르의 경기력을 생각해보면 보그단 감독의 말이 맞았을 수도 있다고 생각한다. 그러나 나는 또 다른 한편으로는 막시미르로 돌아가는 게 기뻤다. 디나모는 디나모였기 때문이다. 그러나 당시 디나모가 구단 역사상 최악의 시기를 맞았듯, 그 시절 나의 경기력도 프로 데뷔 후 가장 형편없었다. 심지어 나는 정규 시즌 마지막 네 경기 중 단 한 경기에 출전하는 데 그쳤다. 우리는 강등 플레이오프에서 카멘 인그라드Kamen Ingrad를 꺾고 가까스로 1부 리그에 잔류하는 데 성공했다. 디나모 선수로서 강등 플레이오프를 경험한 것은 내 커리어 전체를 통틀어 가장 고통스러운 순간이었다.

이후 구단은 체질 개선이 필요하다고 판단했다. 그에 따라 디나모는 일리야 론차레비치 감독을 즈베즈단 츠브예트코비치 감독으로 대체했다. 당시 팀 분위기는 끔찍할 정도였다. 팀 훈련에는 아무런 체계가 없었다. 팬들의 조롱을 받으면서 경기를 갖는 일도 고통스러웠다.

게다가 나는 부상까지 당했다. 발 부상을 당해 약 한 달간 결장해야 했다. 나는 네 경기 연속으로 출전할 수 없었고, 복귀한 후에도 세 경기 연속으로 교체 출전해야 했다. 시즌 마지막 경기는 막시미르에서 열린 자다르전이었다. 어려움의 연속이었던 시즌답게, 마지막 경기마저도 우리를 힘들게 했다. 경기는 디나모가 7-0으로 앞서 있던 62분 중단됐다. 자다르는 선수 네 명이 퇴장당한 데 이어 부상자가 잇따라 발생하며 뛸 수 있는 선수가 일곱 명도 되지 않았다. 규정에 따라 이런 상황에서는 경기가 중단돼야 했다. 개인적으로 인테르에서 환상적으로 출발한 시즌이 끔찍하게 마무리된 셈이었다. 그러나 경기장 안에서 희로애락의 연속이었던 2004-05 시즌이 진행되는 사이, 축구 외적으로는 내 인생에서 가장 행복한 순간을 경험했다. 내가 꿈에 그리던 여자를 만났기 때문이다.

## 사랑이 찾아오다

내가 인테르 자프레시치에서 디나모로 돌아오자 많은 사람들은 짧아진 내 머리를 바로 알아봤다! 모든 팬들이 내가 긴 머리를 선호한다는 것을 알고 있었다. 그러나 나는 당시 크로아티아 정부의 의무 사항이었던 군복무를 시작한 상태였다. 스포츠 선수는 군복무 기간이 1년으로 짧았지만, 나는 머리를 짧게 잘라야 했다. 내게 사랑이 찾아온 시점도 바로 그 무렵이었다.

그 전까지 자다르와 자그레브에서 누군가를 짝사랑하거나 짧게 만났던 적은 있지만, 내게는 늘 축구가 우선이었다. 게다가 파티를 즐기는 생활에는 관심이 없었던 탓에 내 마음에 쏙 드는 여자를 만날 기회가 없었다. 나는 여전히 어렸고, 여자 친구가 없다는 것은 별 문제가 되지 않았다. 언젠가는 연애를 할 수 있다고 생각했기 때문이다.

막시미르의 남쪽에 자리한 막시 펍Maxi Pub에서 한 여자가 눈에 들어왔다. 이후 모스타르에서 돌아온 후에도 같은 여자가 지나가는 모습을 몇 번 더 볼 수 있었다. 찰레와 콜루카가 그녀가 마미치 스포츠 에이전시에서 일한다는 사실을 알려줬다. 나는 에이전시 사무실을 찾아간 적이 많지 않았기 때문에 그곳에서 그녀를 본 기억은 없었다. 에이전시와 나는 서로 필요하면 주로 전화를 주고받았기 때문이다.

2004년 여름, 나는 그녀에게 점점 관심이 생겼다. 그러나 나는 갑자기 모르는 사람에게 다가가 나를 소개하기에는 수줍음이 많은 사람이었다. 내가 아는 것은 그녀의 이름이 바냐Vanja라는 사실뿐이었다. 바냐가 나보다 나이가 다섯 살이 더 많다는 것도 알았지만, 외모만 봐서는 절대 짐작할 수 없었다. 그녀는 어려 보였고, 아름다웠으며 당연히 다른 여자와 비교해도 뭔가 다른 느낌이 있었다. 적어도 내겐 그랬다.

인테르 자프레시치에서 시즌이 시작된 뒤, 나는 모든 초점을 축구에 맞췄다. 훈련과 경기를 하면서 겪는 어려움과 승리의 환희를 만끽하는 게 내 전부라고 생각했다. 당시 나는 혼자 살 아파트를 찾고 있던 중이었다. 에이전시에서 나를 위해 아파트를 구해주기로 한 상태였다. 그러던 중 나는 8월 슬라벤 빌리치Slaven Bilić 감독이 이끄는 크로아티아 21세 이하 대표팀에 발탁됐다. 빌리치 감독은 내 커리어에 매우 중요한 영향을 미친 인물 중 한 명이다. 21세 이하 대표팀은 날씨가 매우 더운 테르메 투헬리Terme Tuhelj에서 소집됐다. 이날 나는 아침부터 몸 상태가 좋지 않았다. 아무래도 배탈이 난 것 같았다. 호텔에서 휴식을 취하고 있던 중에 전화가 왔다. 바냐였다. 바냐는 에이전시에서 골라놓은 몇몇 아파트를 내가 둘러볼 수 있도록 약속을 잡기 위해 전화를 했던 것이다. 바냐의 전화를 받은 것은 흥분되는 일이었지만, 하필 그때 몸이 아팠다. 그녀에게 저녁 여덟 시에 다시 전화를 해달라고 부탁했다. 바냐는 알겠다고 한 후 전화를 끊었다. 그러나 그때부터 내 머릿속에는 온통 바냐에 대한 생각밖에 없었다. 드디어 그녀를 만날 기회를 잡았다고 생각했고, 이 기회를 절대 놓쳐선 안 된다고 마음을 먹었다. 다행히 시간이 지날수록 아팠던 몸도 차츰 괜찮아졌다.

더는 여덟 시까지 기다릴 수가 없을 정도로 바냐와의 대화를 기대하고 있었다. 드디어 그녀에게 전화가 왔을 때는 당연히 흥분을 주체할 수 없었다. 물론, 전화를 받은 후에는 내 감정을 숨겼다. 바냐는 전화를 받은 내게 간략하게 자기소개를 했다. 몇 마디를 주고받은 뒤, 나는 바냐에게 몇 번 지나가는 그녀를 본 적이 있다고 말했다. 그러자 바냐는 내게 21세 이하 대표팀 일정이 끝난 후 돌아오면 에이전시에서 봐둔 아파트를 둘러봤으면 한다고 말했다. 만약 내가 이날 그녀와 아파트 얘기만 했다면, 아마 통화는 짧게 끝났을 것이다. 그러나 나는 주제를 바꿔가며 그녀와의 대화를 이어갔다. 바냐와 더 오래 통화를 해보고 싶었기 때문이다. 우리는 이날 많은 것에 대해 대화를 나눴다. 우리는 그녀가 에이전시에서 어떤 일을 하는지, 내 동료들은 어떤 사람들인지, 디나모의 시즌은 어떤지, 내가 인테르 자프레시치에서 어떻게 지내고 있는지, 유소년 팀 그리고 자그레브에서의 생활에 대해 대화를 나눴다. 바냐는 나와 대화를 나누는 게 편해진 것 같았다. 우리는 그날 무려 세 시간이나 통화를 했다! 투헬리에서 나의 룸메이트였던 마리오 그르구로비치가 바냐와 그렇게 길게 대화하는 나를 보며 어떤 생각을 했는지 모르겠다. 그러나 나는 아주 들뜬 상태였다. 나는 마치 바냐와 오래 알고 지낸 사람처럼 그녀와 대화를 나눴다. 대화를 나눠 보니 바냐가 더 마음에 들었다. 그녀가 대화 중에 보이는 분위기가 내 마음에 쏙 들었다. 결국 우리는 내가 자그레브로 돌아가면 만나기로 약속했다. 물론 그녀와의 약속은 내가 살게 될 아파트를 둘러보기 위한 만남이었다. 그러나 나는 그녀를 만난다는 사실만으로도…. 나는 내심 그녀와 세 시간씩이나 대화를 나눈 데에 의미를 부여하고 있었다. 그녀와 진지한 만남을 가질 수 있다는 느낌을 받았다.

우리는 이후 몇 차례 통화를 더 나눈 후 아파트를 보기 위해 직접 만났다. 실제로 만나 가까이에서 본 바냐는 내가 상상했던 모습 그대로였다. 그녀는 아름다웠고, 깔끔하면서도 사람을 웃게 만들 줄 알았으며 모든 게 자연스러웠다. 나는 내 마음을 송두리째 그녀에게 빼앗겼다. 그녀를 향한 나의 마음을 말로 다 설명하기가 어려울 정도였다. 우리는 아파트를 몇 군데 살펴봤다. 나는 처음 자그레브에 왔을 때 살았던 라프니체에 있는 아파트를 선택했다. 더 중요한 사실은 그 아파트가 바냐의 아파트와도 가까웠다는 점이다. 그녀는 내가 고른 아파트에서 단 몇백 미터 떨어진 곳에 살고 있었다.

당시 나는 차는커녕 운전면허조차 없었다. 그래서 나는 자연스럽게 바냐에게 이사를 도와달라고 부탁했다. 그러자 바냐는 "걱정 마"라며 나의 제안을 수락했다. 이후 그녀는 약속한 날 시간에 딱 맞춰 큰 차를 몰고 우리 집 앞에 도착했다. 그러나 내 짐은 달랑 가방 두 개가 전부였다. 그녀는 다른 짐을 차 안에 실을 수 있도록 도와주겠다고 말했다.

나는 "다른 것은 아무것도 없어. 이 가방 두 개가 다야"라고 태연하게 말했다. 그러자 바냐는 깜짝 놀랐다. 그녀는 "이렇게 검소하게 살았다고? 그럴 줄 알았으면 이렇게 큰 차를 가져오지도 않았을 텐데. 나는 짐을 많이 실을 줄 알고 있었거든"이라고 말했다.

곧 우리 둘 다 웃음이 터졌다. 나는 물질적인 것에 큰 관심이 없는 사람이다. 나는 아파트에서 월세 생활을 하며 내게 꼭 필요한 물건만 가지고 있었다. 식사도 밖에서 했고, 옷도 가려 입는 편이 아니었다. 나는 늘 새 옷 입는 것을 좋아하는 사람도 아니다. 그래서 내게 필요한 모든 생활용품은 가방 두 개에 전부 다 들어갔다.

예전 집에서 새 집으로 이동하는 데는 1분도 채 걸리지 않았다. 나는 새 집에 짐을 푼 뒤, 바냐에게 감사의 의미에서 커피 한잔 하자고 제안했다. 그녀와 함께 있으면 시간은 빛의 속도로 흘렀다. 그녀와 있으면 늘 시간이 부족하다는 느낌이 들 정도였다. 이후에도 우리는 몇 번 더 만나 커피를 마셨다. 가끔은 내가 근처에 살고 있는 그녀의 집으로 갔다. 우리는 그렇게 서로 삶에 대해 편하게 대화하는 친구가 됐다. 바냐는 나와는 다른, 더 풍족한 환경에서 자라긴 했으나 그렇다고 해서 그녀 역시 쉬운 인생을 살아온 것은 절대 아니었다. 특히 그녀는 감정적으로 많은 어려움을 겪었다. 바냐는 바라즈딘Varaždin에서 태어났다. 바냐의 어머니 베스나 유라이치Vesna Jurać는 그녀를 임신했을 때 건강에 문제가 생겨 무려 3개월 동안 병원에 입원하셔야 했다. 어렵게 태어난 바냐는 자그레브에서 약 80킬로미터 떨어진 쿠티나Kutina에서 자랐다. 바냐의 아버지 밀란 보스니치 Milan Bosnić는 농구 선수로 활약하며 레스토랑을 운영하셨다. 그녀의 어머니는 대학 시절 비즈니스를 전공하셨다고 한다. 바냐의 외할아버지 밀란 유라이치Milan Juraić는 명망 있는 사업가로 페트로케미야Petrokemija 화학 회사를 운영하셨다. 바냐는 잘사는 집에서 자랐고 그녀의 부모님은 여행을 자주 다니셨다고 한다. 바냐의 가족은 여름과 겨울에는 꼭 한 차례씩 휴가를 떠났고, 1984년에는 사라예보에서 열린 동계올림픽도 볼 수 있었다고 한다.

그러나 바냐는 11세가 됐을 때부터 더는 그런 삶을 살 수 없었다. 바냐의 부모님이 이혼하신 탓에, 그녀는 어머니와 함께 자그레브로 떠나야 했다. 할아버지 밀란, 할머니 도브릴라가 자그레브에 살고 계셨기 때문이다. 바냐와 그녀의 어머니는 그들과 함께 라프니체의 아파트에서 살다가 곧 따로 집을 마련했다. 고등학교 선생님이었던 바냐의 어머니는 이혼 후 6개월간 쿠티나로 통근하셨고, 이후 자그레브에 새로운 직장을 마련했다. 바냐와 그녀의 어머니 또한 당시 라프니체에 살았다. 바냐의 어머니는 혼자 힘으로 딸을 키우며 생계를 유지하는 데 어려움을 겪었지만, 할아버지와 할머니의 도움을 받을 수 있었다. 바냐는 이혼한 부모님의 틀어진 관계를 이해하는 데 어려움을 겪었지만, 시간이 지나며 예전처럼 온 가족이 함께할 수 없다는 사실을 이해했다. 그녀는 아버지를 많이 그리워했다.

## 여기까지

바냐에게는 두 이모 야스나Jasna와 헬레나Helena가 있다. 또 그녀에게는 막스Maks와 에바Eva라는 두 사촌이 있다. 이모 두 분은 아버지와 헤어진 바냐가 외로워하지 않도록 그녀에게 충분한 사랑과 관심을 줬다. 자그레브에 사는 건축가 야스나, 디자이너 헬레나는 서로 자매처럼 지내며 함께 성장했다.

바냐는 12살 때부터 어머니를 돕기 위해 더 많은 책임감을 짊어졌다. 바냐의 또래 친구들이 걱정 없는 삶을 살던 어린 시절, 그녀는 집에서 요리를 하거나 청소, 빨래, 다리미질을 하는 시간이 더 많았다. 바냐의 어머니는 1~2년간 돈을 모은 뒤, 가족이 소유한 땅을 조금 팔아서 라프니체에 아파트를 살 수 있었다.

어머니가 디나모에 취직하셨을 때, 바냐는 이미 고등학생이었다. 그녀의 어머니는 디나모에서 무려 14년이나 일하셨다. 바냐의 온 가족은 대학을 다녔다. 바냐도 당연히 대학에 가야 했다. 바냐는 경영학을 공부하는 우수한 학생이었다. 바냐는 21세가 되던 해 어머니에게 '깜짝 선물'을 받았다. 그녀의 어머니가 딸을 위해 살던 집에서 단 두 블럭 떨어진 곳에 작은 아파트를 구입한 뒤 독립을 권한 것이다. 바냐의 어머니는 "바냐, 이제는 너도 너만의 집이 생겼어. 키는 여기 있다. 나와 가까운 곳에 살게 될 테니 필요한 게 있으면 언제든 오면 돼. 네 스스로 앞가림하며 독립적인 삶을 살았으면 한다"고 말씀하셨다.

이는 바냐에게 전혀 익숙하지 않은 새로운 상황이었다. 그러나 바냐는 어머니가 자신을 위해 이런 결정을 내렸다는 사실을 잘 알고 있었다. 아버지와는 연락이 전혀 닿지 않았던 바냐는 말 그대로 홀로서기를 해야 했던 셈이다. 그녀는 그렇게 더 강해졌다. 바냐는 홀로서기에 나선 후 학교를 다니는 동안 취직까지 했다. 마미치 스포츠 에이전트의 한 직원이 출산 휴가를 떠났고, 바냐가 그 자리를 메운 것이다. 바냐는 에이전시에서 약 2년간 선수들의 행정 업무를 담당했고, 그 덕분에 나도 그녀와 만날 수 있었다.

바냐의 과거에 대해 알게 된 나는 그녀에게 더 큰 매력을 느꼈다. 그녀는 훌륭한 사람이었다! 바냐는 어린 시절 누구나 부러워할 만한 삶을 살았지만, 부모님이 이혼하신 후에는 누구보다 책임감 있게 생활하며 성장했다. 훗날 내가 만난 바냐의 어머니도 훌륭한 분이셨다. 미래의 장모님을 만난 후 비로소 어떻게 바냐가 경제적, 감정적으로 큰 어려움을 겪고도 이처럼 바르게 자랄 수 있었는지 더 정확히 알 수 있었다. 그러면서도 바냐가 아버지에 대해 얘기할 때는 나 또한 슬픔에 잠기기도 했다.

바냐는 13세였을 때 아버지와 연락을 끊었다. 아버지가 자신을 사랑하지 않는다는 사실을 알게 됐기 때문이다. 이후 그녀는 무려 10년간 아버지와 아무런 연락도 하지 않았다. 이는 나로서는 이해하기 어려운 가족 관계였다. 나 또한 어린 시절 끔찍한 일을 많이 겪었지만 가족만큼은 늘 내 옆을 지켜줬다. 나와 바냐는 전혀 다른 환경에서 자랐지만, 막상 대화를 나눌수록 서로 세상을 바라보는 관점이 비슷하다는 사실을 깨달을 수 있었다. 살면서 중요한 게 무엇인지, 가족이 어떤 존재인지.

바냐에게 처음 정식으로 데이트를 신청했을 때, 나는 이미 그녀와 사랑에 빠져 있었다. 2004년 12월 1일이 바로 그날이다. 그날 저녁 나는 바냐의 아파트에서 그녀를 만났고, 우리는 첫 키스를 했다. 그때만큼 행복한 순간이 있었는지 모르겠다. 마치 나비가 내 안에서 날아다니는 것처럼 가슴이 요동쳤다. 그녀를 위해서라면 무엇이든 할 수 있을 것만 같았다.

결국, 우리는 커플이 됐다! 처음에는 사람들에게 우리가 사귄다는 사실을 비밀로 했다. 우리는 남들의 가십거리가 되고 싶지 않았다. 언론에 우리의 관계가 알려지는 것도 원치 않았다. 그 무렵부터 크로아티아 언론이 내게 관심을 보이기 시작했기 때문이다. 그러나 상황은 그리 간단하지 않았다. 특히 친구 찰레와 콜루카 앞에서는 내 감정을 숨길 수 없었다. 차츰 소문이 돌기 시작하자 사람들은 찰레와 콜루카에게 나와 바냐의 관계에 대해 묻기 시작했다. 나는 행복한 나날을 보내고 있었다. 바냐는 진심 어리면서도 섬세하고, 검소하며 온화했다. 내가 디나모와 프로 계약을 맺은 프로 선수라는 것은 그녀의 관심사가 아니었다. 내가 그것 말고는 가진 게 아무것도 없는 사람이라는 사실도 그녀에게는 아무 의미 없었다. 바냐는 야간 학교를 다닌 게 최종 학력인 나에게 자신이 경영학을 전공한 대학 졸업생이라는 것도 말한 적이 없었다. 바냐와의 만남을 이야기하는 게 특히 행복한 이유는 그녀에게 나는 루카라는 사람일 뿐이었고, 그녀는 그런 나를 사랑해줬기 때문이다. 그녀에게 나는 디나모의 축구 선수가 아니었다. 나는 더 고민할 게 없었고, 누구의 조언조차 구할 필요가 없었다. 그게 전부였다. 나는 바냐와 만난 지 두 달 만에 내 남은 인생을 그녀와 보내야겠다는 확신이 섰다. 그래서 나는 곧 그녀에게도 내 생각을 전달했다.

나는 바냐의 집에서 많은 시간을 보냈다. 우리는 함께 시간을 보내며 우리만의 공간에서 대화하고, 영화 보는 것을 즐겼다. 하루는 누군가 대낮에 비어 있는 내 아파트에 침입해 물건을 훔쳐갔다. 중요한 물건은 거의 없었지만 도둑을 맞은 물건 중 금목걸이는 내게 특별한 의미가 있었다. 이 일이 생긴 후로 집에서 지내는 게 편하지 않았다. 이로부터 약 한 달 뒤, 바냐는 내게 "루카, 어차피 너네 집보다 우리 집에 있는 시간이 더 많잖아. 아예 여기로 이사 오면 안 돼?"

라고 물었다.

두말하면 잔소리였다! 나는 바로 아파트 임대 계약을 해지하고 바냐의 집으로 이사했다. 우리는 만난 지 6개월 만에 함께 살기 시작했다! 바냐는 그 순간부터 재능 말고는 아무것도 없는 축구 선수였던 나와 우리 가족을 위해 완전히 헌신했다. 바냐의 행동 하나하나에 그녀의 강인함과 특별함이 동시에 묻어났다. 만약 내가 열아홉 살 때 바냐를 만나지 못했다면, 나는 오늘날 내가 스스로 자랑스러워하는 일들 중 어떤 것도 이루지 못했을 것이다.

## 챔피언의 귀환

나는 디나모에서의 참혹한 첫 시즌을 마친 뒤, 잠시 일상과 거리를 둬야겠다고 판단했다. 나는 두 팀을 오가는 혼란스러운 시즌을 치른 탓에 몸과 마음이 지쳐 있었다. 그저 바냐와 함께 새로운 삶을 살게 된 것이 그 시절 나의 유일한 낙이었다.

디나모에도 변화가 생겼다. 요시프 쿠제Josip Kuže 감독이 새롭게 부임했다. 이어 구단은 선수단 물갈이를 시작했고, 나는 다음 시즌에도 주전 경쟁을 이겨내겠다고 다짐했다. 언론은 프리시즌이 시작되기 전부터 디나모가 나를 중심으로 팀을 새롭게 구성할 계획이라고 연일 보도했다. 또한 구단은 에딘 무이치Edin Mujč가 마지막 경기를 치른 후 디나모를 떠난 2005년 7월 16일, 내가 가장 좋아하는 등번호인 10번을 내게 배정해줬다. 우리는 프리시즌 마지막 연습 경기에서 젤레즈니차르 사라예보Željezničar Sarajevo를 상대했다. 훌륭한 선수였던 에딘은 이날 경기 초반 10분을 소화한 후 교체됐다. 에딘은 자신을 대신해 교체 투입된 내게 등번호 10번이 달린 유니폼을 전해주며 내 커리어에 행운이 따르길 빈다고 말했다.

우리는 시즌 초반부터 연승 행진을 이어갔고, 11라운드가 진행된 시점에는 승점 4점 차로 리그 선두 자리를 차지했다. 그러나 10월, 우리는 크로아티아 컵대회에서 4부 리그 팀 나프타스 이바니치 Naftaš Ivanić에 패하며 탈락했다. 하부 리그 팀에 당한 패배는 우리에게 큰 충격이었고, 자만해선 안 된다는 사실을 다시 한번 깨닫게 해줬다. 덕분에 우리는 리그에서 압도적인 존재로 거듭날 수 있었다. 우리는 훌륭한 경기 내용을 선보이며 전기 리그 우승을 차지했다. 우리는 우승할 자격이 있는 팀이었다. 디나모가 경기력을 회복하자 이전 시즌 부진한 탓에 등을 돌렸던 팬들도 다시 경기장으로 돌아왔다. 우리는 매 경기 2~3만 명의 관중 앞에서 뛰었다. 우울했던 지난 시즌을 뒤로한 막시미르의 분위기는 장관이었다. 우리는 단 6개월 만에 팀을 둘러싼 침체된 분위기를 돌려놓았다. 우리를 응원해주는 팬 앞에서 경기에 나서는 것은 선수가 누릴 수 있는 최고의 순간이다. 선수로서 그 순간보다 더 의미가 큰 것은 없다. 선수에게 힘을 주고, 앞에 놓인 걸림돌을 뛰어넘어야 한다는 동기부여, 매일 팀 훈련에서 헌신할 수 있는 의지를 만들어주는 존재가 바로 팬이기 때문이다. 팬이 보는 경기는 그 순간까지 선수들이 투자한 노력이 만들어낸 특별한 축제가 되어야 한다. 선수와 팬이 한마음으로 뭉쳐야만 경기장에서 그런 분위기를 연출할 수 있다.

디나모는 특별한 팀이었고, 훌륭한 감독의 지도를 받았다. 쿠제 감독은 강렬한 개성의 소유자였다. 변호사 출신의 축구 선수였던 그는 매우 독특한 방법으로 선수들과 의사소통했다. 쿠제 감독은 말을 참 재밌게 하는 사람이었다! 유머 감각도 뛰어났지만, 팀 분위기를 좋게 만드는 영리한 감독이기도 했다. 학구파였던 그는 참신한 지도 방식을 갖고 있었다. 쿠제 감독은 개인 기량이 훌륭한 선수들을 다수 보유하고도 그들의 재능에만 의존하지 않았다. 그는 우리에게 한 동작이나 움직임이 자연스럽게 느껴질 정도로 익숙해질 때까지 반복적인 훈련을 하게 했다. 그는 다양한 공격 조합을 만드는 데도 탁월한 능력을 과시했다. 그처럼 훌륭한 감독은 많지 않다. 나 또한 쿠제 감독의 지도를 받으며 매우 중요한 시기에 괄목할 만한 성장을 이룰 수 있었다. 그 덕분에 나의 경기력과 축구를 대하는 방식이 한 걸음 더 앞으로 나아갈 수 있었다. 나는 디나모의 성공적인 시즌을 함께할 당시에 크로아티아 성인 대표팀 데뷔전을 치르기까지 했다. 나는 여전히 우리가 스위스 바젤에서 메시가 활약한 아르헨티나를 3-2로 꺾고 디나모로 돌아왔을 때 반겨준 쿠제 감독의 모습을 기억하고 있다.

"잘 했어 루카. 브라보! 그런데 이제 더 열심히, 더 많은 에너지를 쏟아야 해. 사람들은 이제부터 대표팀에 다녀온 너를 예전과 다르게 볼 테니까."

나는 쿠제 감독의 조언을 그대로 받아들여 더 열심히 운동했다. 이제는 내 커리어에 더 많은 게 걸려 있었기 때문이다. 나는 성인 대표팀에서 환상적인 경험을 하고 돌아온 후에도 집중력을 잃고 싶지 않았다. 쿠제 감독은 나를 향한 주변의 기대치가 높아진 만큼 앞으로는 비판을 받을 여지도 커질 수밖에 없다는 점을 분명하게 강조했다. 쿠제 감독은 늘 솔직했다. 그와 대화를 할 때면 나는 늘 나 자신을 그대로 표현하고, 내가 무엇을 원하는지 알려줄 수 있었다.

그래서 나는 승리의 기쁨을 만끽하기 위해 찰레와 콜루카를 대신해 쿠제 감독에게 물었다.

"감독님, 오늘은 나가 놀고 싶습니다. 저희는 열심히 훈련하고 있고, 경기력도 좋습니다. 나가서 놀면서 긴장을 풀어줄 자격이 있다고 생각합니다. 감독님도 아시다시피 저희는 젊잖아요."

그러자 쿠제 감독은 "그래 그러렴. 단, 자정이 되기 전에는 돌아와야 한다"고 대답했다.

나는 그 기회를 최대한 이용해야겠다고 생각했다.

"감독님, 조금 더 오래 놀면 안 될까요? 요즘 젊은 사람들은 자정 전에는 집에 돌아가지 않는데…."

그러나 쿠제 감독은 내가 말을 마치기도 전에 목소리를 높이며 단호하게 말했다.

"나랑 흥정하자는 거야? 자정까지는 들어오라고!"

쿠제 감독의 메시지는 단호했다. 허락을 구할 때는 넘지 말아야 할 선이 있다는 게 그의 메시지였다. 우리가 어떤 훌륭한 결과나 경기력을 만들고, 그와 얼마나 친하게 지내는지는 중요하지 않았다.

어찌 됐든, 이후에 우승을 자축할 때는 정말 실컷 놀 수 있었다. 나처럼 어린 선수에게 우승은 대단한 경험이었다. 우리는 디나모 팬들에게 특별한 날인 5월 13일에 경기를 치렀다. 특히 디나모의 열성 팬인 '배드 블루 보이스Bad Blue Boys'에게 이날은 매우 의미 있는 날이다. 디나모가 세르비아 명문 구단 레드스타 베오그라드Red Star Belgrade와의 경기를 앞둔 1990년 5월 13일에 일어난 사건 때문이다. 경기를 앞두고 폭동이 일어났고, 경기는 취소됐다. 당시 나는 네 살에 불과했고, 워낙 어렸던 탓에 이런 사건이 일으킬 여파를 제대로 이해하지 못했다. 그러나 그날의 사건은 디나모뿐만 아니라 크로아티아 전체에 지대한 영향을 미쳤다.

많은 사람들은 자존심이 센 배드 블루 보이스가 용기를 내서 레드스타 팬들과 대립한 이날이 세르비아가 크로아티아를 적대시하기 시작한 시점이라고 말한다. 수많은 디나모 팬들은 전쟁이 발발했을 때, 크로아티아의 독립을 위해 인생을 바쳐 싸웠다. 그래서 디나모 팬들에게는 매년 5월 13일 막시미르 밖에 세워진 기념비 앞에 모여 자신들의 희생을 추모하는 전통이 있다.

또 5월 13일은 1990년 당시 디나모 주장 즈보니미르 보반을 지지하는 날이기도 하다. 보반은 이날 폭력을 행사한 경찰로부터 디나모 팬들을 보호하기 위해 폭동 현장에서 몸싸움을 벌이다가 구타를 당했고, 그 과정에서 경찰관 한 명을 발로 걷어찼다. 이날 보반의 팀 동료 베코슬라프 스크리니아르Vjekoslav Škrinjar도 곤봉으로 두들겨 맞았다. 당시 디나모를 이끈 감독 역시 선수들과 팬들을 지키기 위해 희생을 마다하지 않았다. 그게 바로 쿠제 감독이었다. 이후 쿠제 감독은 16년 만에 디나모로 돌아와 우리 팀을 역대 최고의 전력을 자랑하는 팀으로 변모시켜 리그 우승으로 이끈 것이다. 그래서 2006년 5월 13일은 내가 세 시즌 반 동안 디나모에서 활약하며 경험한 가장 행복한 하루였다. 이날은 모든 게 완벽했다!

우리는 불과 바로 전 시즌 부진을 거듭하며 망신을 당한 팀이었지만, 이를 딛고 리그 우승을 차지했다. 시즌 최종전은 크로아티아에서 가장 큰 더비인 하이두크 스플리트와의 경기였다. 나는 더비 경기의 달아오른 관중석 분위기를 정말 좋아한다. 나는 2월 폴류드Poljud전에서도 결승골을 기록했다. 하이두크를 상대한 시즌 최종전에서도 11분에 직접 득점하며 디나모의 우승을 자축했다. 그 순간은 한 시즌 내내 좋은 경기력을 선보였던 나 자신의 하이라이트이기도 했다. 디나모는 수월하게 리그를 압도했다. 우리는 리예카Rijeka를 승점 11점 차, 하이두크를 무려 승점 36점 차로 제치고 우승을 차지했다.

우리는 경기장에 모인 3만 명이 넘는 팬들과 우승을 자축했다. 이후에는 오픈탑 버스에 올라탄 뒤 자그레브 시내를 누비며 팬들과 함께 도시 전체에서 장관을 연출했다. 시내 광장으로 향하는 우리를 위해 대규모 인파가 몰렸다. 마치 도시 전체에 불이 붙은 것만 같았다. 이전 시즌에 수치를 경험한 우리에게는 그날, 그 순간이 꼭 필요했다. 이렇게 우승을 자축해본 것은 그때가 처음이었다. 나는 다음 날 아침에 일어나 앞으로 살면서 그런 경험을 다시는 하지 못할 수도 있다고 생각했다. 그때 나는 그 시기 디나모에서 경험한 우승의 환희가 내게는 시작에 불과했다는 것을 전혀 모르고 있었다.

Chapter 5

# 디나모 르네상스

2006년은 내게 특별한 해였다. 드디어 크로아티아 성인 대표팀에 데뷔한 것이다. 대표팀에 데뷔한 시절의 이야기만으로도 책 두 권은 쉽게 쓸 수 있을 것 같다! 크로아티아를 위해 뛸 때는 매 경기가 특별하다. 내 나라를 위해 뛰며 쌓은 추억과 그 과정에서 느낀 여러 가지 감정을 한두 챕터 안에 모두 설명하는 것은 어려운 일이다. 그래서 2018 러시아 월드컵까지를 기준으로 크로아티아 대표팀과 함께한 여정 중 가장 특별했던 몇몇 순간에 집중해서 이야기해보고자 한다.

독일에서 월드컵이 열린 2006년, 크로아티아 언론은 즐라트코 크란차르Zlatko Kranjčar 감독이 나를 발탁할지 말지에 대해 온갖 소문을 쏟아냈다. 우리는 그해 월드컵을 앞둔 3월에 스위스 바젤Basel에서 아르헨티나와 평가전을 치렀다. 당시 대표팀 명단이 발표되기 전, 내부 정보를 아는 몇몇 기자들은 크란차르 감독이 나를 발탁할 것이라 확신했다. 이후 디나모 구단으로부터 내가 대표팀에 뽑혔다는 연락을 받은 나는 기쁨을 감출 수 없었다. 심장이 너무 요동을 친 나머지 터질 것만 같았다! 꿈이 현실이 되어가고 있었다. 나는 1998 프랑스 월드컵에서 3위에 오른 크로아티아 대표팀을 본 순간부터 언젠가 나도 국가대표가 되고 싶다는 꿈을 품고 있었다. 그 꿈이 현실이 된 순간이었다. 게다가 내게는 그 기쁨을 함께 나눌 바냐가 옆에 있였다. 이후 바냐는 마치 어린아이처럼 기대에 부풀어 있는 나를 대표팀 미팅이 열린 쉐라톤 호텔Hotel Sheraton까지 데려다줬다.

크로아티아 대표팀 선수들은 처음 온 나를 마치 늘 함께했던 동료처럼 반겨줬다. 친한 친구인 마리안 불랴트Marijan Buljat, 팀에서 가장 웃긴 선수인 다리오 스르나Darijo Srna, 다정다감한 마르코 바비치Marko Babić 등이 모두 연령별 단계를 거쳐 성인 대표팀 선수로 성장하며 마침내 '빅보이'가 된 내가 적응하는 데 많은 도움을 줬다. 크란차르도 내게 큰 힘이 됐다. 사실 많은 사람들이 나와 니코 사이를 갈라놓으려고 했다. 특히 니코가 디나모를 떠나 라이벌 하이두크로 이적하고, 임대 이적했던 내가 디나모로 복귀하자 그런 분위기는 더욱 과열됐다. 게다가 우리는 포지션까지 비슷했다. 디나모가 나보다 니코를 더 선호했다는 소문이 떠돌았고, 그가 팀을 떠난 게 내게는 신이 내린 선물이라는 말까지 나오기 시작했다. 그러나 그런 소문은 전부 사실이 아니었다. 사람들은 대표팀에 대해서도 비슷한 말을 했다. 그들은 니코의 아버지가 대표팀 감독을 맡은 덕분에 그가 주전으로 뛸 기회를 잡고 있다고 주장했고, 그 때문에 내가 팀에 적응하는 데 필요한 충분한 기회를 잡지 못한다고 말했다. 그러나 시간이 지나고 대표팀과 토트넘에서 나와 니코가 함께 뛰면서 이와 같은 갈등설이 전혀 사실이 아니라는 것을 증명했다. 적어도 내가 볼 때 니코는 그가 하이두크로 이적하기 전까지 디나모 최고의 선수였으며 그가 대표팀 주전 자리를 꿰찬 이유는 그만큼 실력이 출중했기 때문이었다. 사실 나와 니코는 오래 전 그가 호텔 콜로바레의 우리 집에 짧게 머문 그 시절부터 늘 사이가 좋았다. 우리는 항상 서로를 존중하는 사이였다.

바젤에 도착한 나는 흥분을 가라앉힐 수 없었다. 월드컵을 앞두고 열린 평가전에서 감독님은 내게 선발 출전을 주문했다! 로베르트 코바치Robert Kovač가 부상을 당하자 이고르 투도르Igor Tudor가 중앙 수비수로 포지션을 옮기면서, 미드필드에 내가 들어갈 자리가 생긴 덕분이었다. 나는 1분 1초라도 더 빨리 가족에게 내가 국가대표 경기에 선발 출전한다는 소식을 전하고 싶었다. 결국 나는 경기가 열리기 두 시간 전에 바냐에게 전화를 걸었다. 소식을 전해들은 바냐도 충격을 받은 것 같았다.

그러나 전혀 예상치 못한 일이 발생했다. 갑자기 발꿈치 피부가 벗겨진 것이다. 그래서 나는 통증을 최소화하고 발꿈치가 더 긁히는 상황을 방지하기 위해 축구화에 구멍을 냈다. 나는 그 상태로 상처가 안 보이도록 발꿈치에 반창고를 붙인 후 구멍을 낸 축구화를 신고 성인 대표팀 데뷔전을 치렀다!

아르헨티나에는 화려한 스타 선수들이 많았다. 메시Messi, 리켈메Riquelme, 테베스Tévez, 크레스포Crespo 등등. 그러나 나는 그들이 두렵지 않았다. 오히려 그들 덕분에 아드레날린이 더 빠르게 솟구치는 느낌을 받았다. 나는 경기를 즐겼다. 감독님은 동료들이 최대한 나에게 많은 패스를 줄 수 있도록 움직이라고 주문했고, 내가 패스를 할 때는 안전하게 공을 돌리며 소유권을 빼앗겨선 안 된다고 말했다. 나는 경기 종료 1분 정도를 남겨두고 교체됐는데, 감독님은 내 경기력이 좋았다며 격려의 말을 건넸다. 거기다 우리가 3-2로 승리까지 하며 그날 밤 내가 느낀 기쁨은 두 배가 됐다. 내게 이날 경기는 국가대표 데뷔전이라는 의미 외에도 메시의 존재 때문에 더 기억에 남았다. 메시는 아르헨티나의 첫 골을 득점했고, 스피드와 공을 다루는 능력이 환상적이었다. 민첩성이 대단한 메시는 갑작스럽게 방향을 바꾸는 능력이 탁월했고, 나는 그때 그가 스타가 될 거라는 것을 일찌감치 직감했다.

그로부터 100일 후 독일에서 월드컵이 열렸고, 나는 모든 준비를 마친 상태였다. 우리는 베를린에서 브라질을 상대로 첫 경기를 치렀다. 나는 호나우두, 카카Kaká, 호나우지뉴Ronaldinho, 호베르투 카를로스Roberto Carlos, 카푸Cafú, 디다Dida 등 브라질 선수들을 보고 있는 것만으로도 흥분할 수밖에 없었다. 베를린 올림픽 경기장의 분위기는 엄청났다. 전 세계에서 우리를 보러온 크로아티아 팬들 사이에는 내 가족도 있었다. 그들은 우리를 응원하며 브라질 팬들을 향해 조용히 하라고 소리치고 있었다. 나는 경기를 앞두고 우리 팬들이 크로아티아 국가를 다 같이 합창하는 모습을 여전히 잊을 수가 없다. 아직도 그때를 생각하면 소름이 돋는다. 아쉽게도 우리는 카카에게 결승골을 허용하며 0-1로 패했다. 나는 그날 경기에 출전하지 못했다. 경기가 끝난 후 바로 호나우두와 유니폼을 교환하고 싶었지만, 드레싱룸으로 갈 때까지 기다려야 했다. 어찌 됐든 내가 가장 우러러보던 호나우두의 유니폼을 받을 수 있어서 정말 기뻤다. 그러나 곧 스테판 토마스Stjepan Tomas가 내게 다가와 동생 보리스Boris에게 호나우두의 유니폼을 받아주기로 약속했다며 내게 양보할 수 없는지 부탁했다. 보리스와 나는 즈린스키 시절부터 알고 지냈다. 나는 그가 얼마나 호나우두의 유니폼을 원하는지도 알고 있었다. 그래서 나는 스테판에게 호나우두의 유니폼을 줬고, 대신 그는 내게 카카가 벗어준 유니폼을 줬다.

내게 월드컵은 모든 축구 선수 커리어의 정점이다. 그러나 독일 월드컵에서 소화한 출전 시간이 합계 30분밖에 되지 않은 것이 조금 실망스러웠다. 당시 나는 좋은 경기력을 유지하고 있었고, 여전히 내게 더 많은 출전 기회가 주어졌어야 한다고 생각한다. 일본을 만난 조별 리그 두 번째 경기에서는 더운 날씨 속에서 워밍업을 하느라 몸이 과열된 상태였지만, 막판에 교체 투입됐다.

그러나 우리는 실망스럽게도 0-0으로 비겼다. 궁극적으로는 그날의 무승부가 16강 진출을 노린 우리의 발목을 잡았다. 우리는 마지막 경기에서 어떻게 해서든 호주를 꺾어야 했다. 나는 여전히 우리가 호주와 2-2 동점을 이루고 있던 순간 관중석에서 벤치에 앉아 있던 나의 이름을 연호하던 팬들의 외침을 기억하고 있다. 결국 나는 74분 교체 투입됐지만 경기 결과를 바꾸지는 못했다. 우리는 그렇게 월드컵을 마치고 집으로 돌아가야 했다. 내게는 실망스러운 결과였지만, 월드컵 출전은 내게 훌륭한 경험이었다. 감독님에게도 화가 났던 것은 아니다. 오히려 즐라트코 크란차르 감독에게 고마웠다. 그는 나를 성인 대표팀 선수로 발탁하고, 세계 최고의 무대에 설수 있게 해줬다.

## 디나모에서의 비상과 추락

디나모가 우승을 차지한 2005-06 시즌을 앞두고 나는 즈드라프코 마미치와 거의 연락을 하지 않고 있었다. 당시 마미치는 디나모 자그레브에서 가장 중요한 관계자 중 한 명으로 꼽혔다. 내가 쿠제 감독 체제에서 좋은 경기력을 선보이자 마미치가 나를 대하는 태도가 달라졌다는 것을 느낄 수 있었다. 그는 내게 더 신경을 쓰기 시작했다. 이후 마미치는 가끔씩 팀 훈련장까지 찾아와 내가 운동하는 모습을 지켜봤다. 하루는 메디무레Medimurje와의 경기를 앞두고 홈구장 막시미르 본 경기장에서 팀 훈련이 진행됐고, 이를 지켜보던 마미치는 내가 헤딩을 못한다며 농담조로 나를 놀렸다. 그는 농담반 진담반으로 내게 "네가 헤더로는 골을 절대 못 넣는다는 데 5,000유로를 걸게!"라고 외쳤다.

나는 그와의 내기를 받아들였다. 나는 메디무레전에서 경기 시작 4분 만에 선제골을 넣으며 디나모에 1-0 리드를 안겼다. 다름 아닌 헤더로 말이다! 내가 마미치와 내기를 했다는 사실을 알고 있던 동료들은 나와 함께 골을 자축하며 일제히 마미치가 앉아 있는 관중석을 향해 다섯 손가락을 쫙 펴보였다. 이로부터 얼마 지나지 않아 원정길에 오른 우리 팀 버스에 올라탄 마미치는 내게 5,000유로가 담긴 봉투를 건넸다. 그러더니 그는 "올 시즌이 끝날 때까지 헤더로 골을 넣을 때마다 줄게"라고 말했다.

불행하게도, 나는 시즌이 끝날 때까지 다시 헤더로 골을 넣지 못했다! 그러나 나는 디나모에서 팀 내 입지를 확고하게 다지며 인상된 조건으로 재계약을 체결했다. 나는 인테르 자프레시치로 임대 이적할 때까지 연봉이 1만 2,000유로에 불과했다. 디나모는 내가 복귀한 후 3년간 크로아티아 리그 우승 3회, 컵대회 우승 2회, 그리고 슈퍼컵 우승까지 차지했다. 그 덕분에 나는 세 차례에 걸쳐 더 좋은 조건으로 연장 계약을 맺을 수 있었다. 잇따른 재계약은 성장을 거듭하는 내게 구단이 보상해주는 방법이었다. 나 또한 고민할 것도 없이 디나모와 10년 재계약을 맺으며 팀의 상황과 구단이 추진하는 프로젝트에 만족하고 있다는 뜻을 보여줬다.

디나모에서 맞은 두 번째 시즌이 되자 우리는 크로아티아 리그를

계속 압도하면서 유럽클럽대항전에서도 좋은 결과를 내겠다는 야
망을 품었다. 그러나 2006년 여름에 열린 챔피언스리그 예선 대진
추첨에서 우리는 불운을 겪어야 했다. 우리의 상대가 아스널Arsenal
이었기 때문이다. 우리는 아스널을 상대로 분전했지만 그들은 우리
보다 강했다. 예선을 통과해 챔피언스리그 본선에 오른 것은 결국
아스널이었다. 챔피언스리그 본선 진출에 실패한 우리는 UEFA컵
에서 이를 만회하고자 했지만, 오제르Auxerre에 1, 2차전을 내리 패했
다. 시즌 초반부터 챔피언스리그, UEFA컵에서 연달아 탈락한 대가
는 혹독했다. 구단은 요시프 쿠제 감독에 대한 신뢰를 잃었다. 게다
가 구단은 우리가 크로아티아 컵대회에서도 일찌감치 하부 리그 팀
에 패해 탈락한 데 불만을 품고 있었다. 우리는 이전 시즌보다 경기
력이 좋지 않았다. 경기력은 들쑥날쑥했지만, 원인을 파악하기 쉽
지 않았다. 앞선 시즌과 똑같이 훈련하며 경기에 나섰기 때문이다.
결국 쿠제 감독이 희생양이 됐다. 우리가 HNK 시베니크HNK Šibenik에
예상치 못한 패배를 당한 13라운드가 쿠제 감독이 우리 팀 벤치에
앉은 마지막 경기였다. 그는 불과 한 시즌 전 우리를 막강한 팀으로
변모시켜 우승을 이끌고도 경질을 피할 수 없었다. 나는 쿠제 감독
과 훌륭한 관계를 맺고 있었기에 그에게 미안한 마음이 컸다. 나는
그와 함께한 18개월간 매우 빠른 속도로 성장했다.

쿠제 감독의 대체자는 브란코 이반코비치Branko Ivanković 감독이었
다. 그는 부임 후 팀에 안정감을 불어넣었다. 곧 우리의 경기력도 발
전했다. 우리는 하이두크를 무려 승점 20점 차로 제치고 리그 우승
을 차지했다. 이어 우리는 컵대회까지 우승했고 그다음 우리의 목표
는 유럽, 즉 챔피언스리그였다. 이반코비치 감독은 베르더 브레멘과

의 경기를 앞두고 팀 분위기를 잘 끌어올렸다. 그는 우리 팀의 가능성에 강한 신뢰를 보여줬다. 우리는 자신감이 넘쳤고, 브레멘과의 1차전부터 이를 증명했다. 우리는 좋은 경기력을 선보이며 보스코 발라반Boško Balaban의 선제골에 힘입어 앞서갔지만, 아쉽게도 브레멘에 1-2 역전패를 당했다. 1차전 원정 경기에서 승리할 기회를 놓치긴 했지만, 2차전 홈경기에서 그들을 꺾고 본선으로 갈 수 있다는 자신감은 잃지 않았다. 베르더 브레멘이 보유한 최고의 선수는 디에고Diego였다. 디에고는 브라질 대표팀 선수로 잘 알려진 선수였지만, 이반코비치 감독은 아무런 망설임도 없이 공개석상에서 내가 그보다 더 좋은 선수라고 말했다.

언론은 이반코비치 감독의 발언에 저마다 다른 반응을 보였지만, 사실 감독이 나를 향해 이처럼 공개적으로 강한 신뢰를 보낸 것은 그가 처음이 아니었다. 크로아티아 21세 이하 대표팀을 이끈 슬라벤 빌리치 감독도 나를 팀의 리더로 여겼다. 그는 19번째 생일을 이틀 앞두고 열린 스웨덴과의 유럽축구연맹(UEFA) 21세 이하 선수권대회 예선 경기 전에 나를 불렀다. 그는 내 어깨를 팔로 감싸며 "루카, 이제부터는 네가 주장이야!"라고 말했다.

주장직은 당연히 영광스러웠지만, 평정심을 유지하려고 노력했다. 나는 빌리치 감독이 나를 매우 높게 평가한다는 사실을 알고 있었다. 그는 나에 대해 매우 후한 평가를 하기도 했다. 당시는 바르셀로나에서 안드레스 이니에스타Andrés Iniesta가 축구계의 주목을 받던 시절이었다.

"루카, 잘 들어. 이니에스타는 대단한 선수야. 그런데 네가 이해해야 할 게 있어. 너도 이니에스타처럼 될 만한 가능성이 있는 선수야.

나는 네가 이니에스타와 동급이 될 수 있다고 확신해."

빌리치 감독과 알로사 아사노비치Aljoša Asanović 수석코치는 현역 시절 1998 프랑스 월드컵 3위를 차지한 크로아티아 대표팀의 일원이었다. 쉽게 말해 우리에게 그들은 '레전드'였다. 우리는 그들이 전하는 지식을 그대로 흡수했고, 그들의 조언이라면 전적으로 믿었다. 그들은 언제나 우리를 돕기 위해 헌신적으로 노력했다. 그들은 강력한 카리스마를 지녔지만, 어린 선수들에게 긍정적인 힘을 심어주는 능력도 탁월했다. 스웨덴과의 예선 경기를 앞두고 벌어진 일이 좋은 사례가 될 수 있을 것 같다. 당시 우리에게 산책을 즐길 수 있는 휴식 시간이 주어졌다. 나는 찰레, 그르구로비치와 작은 마을의 중심부에서 산책을 하던 중 빌리치 감독과 그의 스태프를 만났다.

빌리치 감독은 "너희들 산책 중이구나?"라고 말한 뒤, 멋쩍어하는 우리를 쳐다보며 주머니에서 지갑을 꺼냈다. 그러더니 그는 "쇼핑 좀 해"라고 하면서 우리에게 용돈을 주고는 등을 두드려주고 떠났다. 당시 19세에 불과했던 우리에게 그는 감독일 뿐 아니라 우상 그 자체였다. 그래서 그의 행동은 우리에게 더 신선한 충격으로 다가왔다. 단순히 그가 우리에게 용돈을 줬기 때문이 아니다. 나는 그가 우리를 대하는 자세에서 더 큰 감동을 받았다. 나는 이후 8년간 빌리치 감독이 이끈 21세 이하 대표팀과 성인 대표팀에서 활약하며 그와 훌륭한 관계를 유지했다. 그의 조언들은 내게 금과옥조처럼 소중했다.

그 사이 디나모에서는 브란코 이반코비치 감독이 브레멘과의 2차전 경기를 앞둔 우리를 훌륭하게 준비시키고 있었다. 우리의 사기는 하늘을 찔렀다. 관중석은 3만 5,000명이 넘는 팬들이 가득 메우고 있었다. 그런데도 우리는 베르더에 2-3으로 패했고, 챔피언스리그 본선행을 노린 우리의 꿈은 그렇게 물거품이 됐다. 단, 우리는 전 시즌처럼 힘없이 무너지지는 않았다. 이후 우리는 UEFA컵 예선에서 대진 추첨 결과 아약스를 만나게 됐으나 고개를 떨구지 않고 실력을 증명해야 한다며 의지를 불태웠다. 물론 객관적인 전력을 고려할 때, 아약스가 우리보다 유리했다. 아약스는 스탐Stam, 훈텔라르Huntelaar, 엠마누엘손Emanuelson, 수아레스Suárez, 데니스 롬메달Dennis Rommedahl을 보유한 훌륭한 팀이었다. 자그레브에서 열린 1차전 경기에서 승리한 팀은 아약스였다. 그들은 3만 명에 달하는 디나모 팬들이 지켜보는 앞에서 우리를 꺾었다. 모두 디나모가 그렇게 탈락할 줄 알았을 것이다. 심지어 2차전은 열성 팬 4만 5,000명의 응원을 등에 업은 아약스의 홈구장에서 열렸다. 그러나 우리는 2차전에서 그들을 일찌감치 침묵에 빠뜨렸고, 디나모 팬들의 얼굴에 미소를 되찾아줬다. 만주키치가 파울을 유도하며 34분경 페널티킥을 얻어냈고, 내가 키커로 나섰다. 나는 페널티킥을 득점으로 연결하며 승부를 원점으로 돌렸고, 결국 경기는 연장전에 돌입했다. 우리는 용감하게 아약스에 맞서며 자신감을 키워갔다. 결국, 만주키치가 연장전 초반 6분 만에 두 골을 뽑아내며 아약스를 무너뜨렸다. 아약스는 그렇게 탈락했다. 그들이 세 골을 넣고 승부를 뒤집을 가능성은 없었다. 우리 모두에게 정말 대단한 밤이었다. 처음으로 우리가 유럽 정상급 팀과 경쟁할 만한 실력이 있다는 사실을 확인했기 때문이다. 자그레브로 돌아온 우리는 공항에서 영웅 대접을 받았다. 우리가 도착하자 어디선가 음악이 흘러나왔고, 사람들은 노래를 불렀다. 정말 행복했다. 그러나 셔츠를 찢은 후 팬티만 입고 춤을 추는 마미치의 모습을 보게 될 줄은 아무도 몰랐을 것이다! 마미치가 승리의 기쁨을 만끽할 줄 아는 사람이라는 사실은 이미 알고 있었지만, 그날 그는 넘지 말아야 할 선을 넘고 말았다. 우리가 거둔 위대한 승리는 팬티만 입고 춤을 추는 마미치의 그림자에 가려졌다. 다음 날 신문에 일제히 실린 내용도 마미치 이야기뿐이었다.

우리는 UEFA컵 조별 리그에서 네 팀을 상대로 홈앤드어웨이가 아닌 단일 리그를 치렀다. 이는 홈에서 두 번, 원정에서 두 번 경기를 치르는 방식이었다. 우리는 바젤, 렌Rennes과 비겼고, 함부르크Hamburg와 브란Brann에 패했다. 또다시 디나모는 37년을 기다리고도 대회가 본격적으로 진행되는 봄까지 유럽 대회에서 살아남는 데 실패했다.

## 르네상스

디나모가 리그와 컵대회 우승을 모두 차지한 2007-08 시즌은 크로아티아가 돌풍을 일으킨 유로 2008 예선과 동시에 진행됐다. 독일 월드컵에서 실패한 뒤, 크로아티아 국민들은 대표팀 선수 구성의 변화를 요구했다. 그들은 젊은 선수 위주로 대표팀이 재구성되기를 바랐다. 그러면서 슬라벤 빌리치 감독이 21세 이하 대표팀에서 성인 대표팀 사령탑으로 올라섰다. 빌리치 감독은 이탈리아 리보르노에서 세계 챔피언을 상대로 치른 데뷔전부터 새로운 얼굴을 발탁했다. 그는 에두아르도 다 실바Eduardo da Silva와 나를 선발로 기용했고, 후반에는 콜루카를 교체 투입했다. 우리는 좋은 경기력을 선보이며 2-0으로 승리했다. 나와 에두아르도가 한 골씩 기록했다. 크로아티아는 그렇게 이탈리아를 꺾으며 유로 2008 예선 라운드를 멋지게 시작했다. 이어 우리는 모스크바에서 열린 러시아 원정에서 아쉽게 승리를 놓치며 비겼다. 10월에는 안도라를 상대로 7-0 대승을 거뒀다. 이후 우리는 단 나흘 뒤, 자그레브에서 크로아티아 축구 역사상 최초로 잉글랜드를 꺾었다! 그날 막시미르의 분위기는 대단했다. 경기장은 3만 8,000명에 달하는 관중으로 가득 찼다. 잉글랜드 대표팀 선수 개개인의 면모는 누가 봐도 감탄할 정도로 엄청났다. 램파드, 루니, 테리, 퍼디낸드, 콜, 네빌, 캐릭, 크라우치. 그런데도 우리는 그들을 상대할 준비를 마친 상태였다. 잉글랜드 축구 애호가인 빌리치 감독은 우리가 이길 수 있다며 선수들에게 자신감을 심어줬다. 우리는 4-4-2 포메이션으로 잉글랜드를 상대했다. 플레티코사가 골문을 지켰다. 콜루카Corluka, 로베르트 코바치Robert Kovač, 시미치Šimić, 시뮤니치Šimunić는 수비 라인을 구성했다. 니코 코바치Niko Kovač와 내가 중원에 포진했고, 라파이치Rapaić와 크란차르Kranjčar가 각각 좌우 측면에 배치됐다. 전방에서는 페트리치Petrić와 에두아르도가 공격 조합을 이뤘다.

나는 평생 그날 경기를 잊을 수 없을 것이다. 우리는 상대의 공격에 맞불을 놓으며 잉글랜드에 맞섰다. 경기장을 가득 메운 팬들이 우리를 이끌어줬다. 드디어 후반전, 에두아르도가 훌륭한 골을 터뜨리며 우리의 압도적인 경기력에 방점을 찍었다. 이후 8분이 지난 69분에는 잉글랜드에게 불운한 자책골까지 나왔다. 잉글랜드 골키퍼 폴 로빈슨은 게리 네빌이 건넨 리턴 패스를 받지 못했고, 공은 그대로 그물 안으로 굴러들어갔다! 우리는 크로아티아 대표팀 역사상 가장 위대한 승리를 거뒀다.

우리는 2007년 마지막 대표팀 경기에서 에두아르도의 해트트릭과 스르나의 추가골에 힘입어 이스라엘을 4-3으로 제압했다. 이스라엘전 승리는 우리가 유로 2008 본선에 진출하는 분수령이 됐다. 이때부터 '맹렬한 자들'이라는 애칭으로 불린 우리는 온 나라를 열광케 했다. 빌리치 감독은 크로아티아에서 가장 유명한 사람이 됐다. 선수들이 봐도 크로아티아 언론은 마치 빌리치 감독을 대통령처럼 대하고 있었다! 온 나라가 무아지경에 빠진 상태였다. 결국 우리는 무난하게 본선 진출에 성공했다. 아이러니하게도 우리는 예선 라운드에서 유일한 패배를 당한 마케도니아 원정을 마친 후 본선 진출을 확정했다.

원래는 마케도니아 원정 후에도 한 경기가 더 남아 있었다. 우리는 마케도니아전 전반전을 마친 후 경기장 상태가 진흙탕이나 다름없었던 탓에 유니폼에서 흙을 털어내던 와중에 러시아가 이스라엘에 패했다는 소식을 들었다. 즉, 우리의 본선 진출이 확정된 것이다! 우리는 드레싱룸에서 안도하면서 짧지만 큰 소리로 자축했다. 날씨가 추웠던 이날 진흙탕이 된 운동장에서 의지를 불태운 마케도니아 선수들에게는 이길 자격이 있었다. 결과적으로 그날은 그들도, 우리도 행복했다.

이후 우리는 스코페Skopje에서 런던으로 날아갔다. 나흘 뒤, 전설적인 경기장 웸블리Wembley에서 잉글랜드와의 경기가 남아 있었기 때문이다. 사실 당시 상황상 우리는 그 경기를 부담 없이 즐길 수도 있었다. 그러나 빌리치 감독은 마케도니아에서 패한 뒤, "이런 진흙탕에서도 경기를 했으니 웸블리의 완벽한 잔디에서는 날아다니며 잉글랜드를 초토화시켜야 해!"라며 선수들의 사기를 북돋았다.

잉글랜드에게 우리와의 경기는 매우 중요했다. 잉글랜드는 우리와 최소 무승부를 거둬야 러시아를 제치고 자력으로 본선 진출을 확정할 수 있었다. 우리는 이미 본선행이 확정된 상태였지만, 축구의 성지 웸블리에서 강력한 잉글랜드를 상대로 능력을 보여주겠다는 동기부여가 확실했다. 모든 사람들은 잉글랜드가 우리를 이길 줄 알았을 것이다. 더군다나 잉글랜드가 홈에서 우리를 상대로 승점 1점을 보태지 못해 본선 진출을 하지 못하리라고는 아무도 예상하지 못했을 것이다. 게다가 이날 잉글랜드 대표팀 전력에는 제라드Gerrard까지 가세한 상태였다. 후반전에는 베컴Beckham이 투입됐다. 제라드와 베컴은 자그레브에서 열린 우리와의 경기에서는 출전하지 않았다. 반대로 우리는 스르나가 라파이치를, 올리치는 페트리치를 대신해 출전했다.

그날 웸블리의 관중수는 무려 9만 명에 가까웠다. 정말 마법 같은 분위기가 연출됐다. 웸블리는 성지라고 불릴 만한 장소였다. 그곳의 분위기는 정말 웅장했고, 선수의 가슴을 설레게 했다. 북쪽 스탠드에 앉은 우리 팬들은 가슴이 터질 것 같은 모습으로 우리를 열렬히 응원하고 있었다. 우리는 경기 시작 14분 만에 크란차르, 올리치가 연속골을 터뜨리며 2-0 리드를 잡았다. 잉글랜드 선수들은 충격을 받은 모습이었다. 우리는 하늘을 나는 듯 플레이하고 있었다. 전반전은 그렇게 우리의 압도적인 우세로 끝났다. 잉글랜드 선수들은 정신무장을 새롭게 한 후 후반전에 임했다. 곧 베컴과 데포가 교체 투입됐다. 데포는 훗날 토트넘에서 내 팀 동료가 된 선수다. 베컴과 데포가 투입된 잉글랜드는 활력을 되찾았다. 우리가 데포에게 범한 파울로 헌납한 페널티킥을 램파드가 만회골로 연결했고, 베컴이 65분 띄워준 크로스를 크라우치가 헤더로 골망을 흔들며 승부를 원점으로 돌렸다. 우리가 전반전 14분 만에 두 골을 넣었듯이, 후반전에는 잉글랜드가 단 9분 만에 두 골을 넣었다. 그러나 여전히 경기 종료까지는 약 25분이 남아 있었다. 만약 2-2 무승부로 경기가 끝났다면, 크로아티아와 잉글랜드는 러시아를 제치고 나란히 오스트리아와 스위스가 개최하는 유로 2008 본선에 진출할 수 있었다.

그러나 빌리치 감독은 69분 에두아르도를 빼고 페트리치를 투입했다. 8분 뒤, 프라니치Pranjić의 훌륭한 단독 돌파에 이어 페트리치가 약 20미터 거리에서 시도한 슛이 그대로 골망을 갈랐다! 크로아티아가 또 이긴 것이다. 우리는 다시 한번 역사에 남을 만한 승리를 거뒀다. 그날의 또 다른 승자는 잉글랜드가 패한 덕분에 본선에 진출한 러시아였다. 나는 시간이 지난 후 이날 잉글랜드와의 경기가 내가 크로아티아를 떠나 해외 진출을 하는 데 매우 중요한 역할을 했다는 사실을 알게 됐다.

그날 나의 머릿속에 강렬한 인상을 남긴 게 하나 더 있었다. 잉글랜드의 독특한 투지 혹은 축구 정신이었다. 물론 이날 잉글랜드는 패했고, 본선 진출에 실패했다. 당연히 그들은 절망에 빠졌을 것이다. 그러나 그들은 경기에서 승리한 우리에게 축하를 건넸다. 그들은 곧 자신들을 향해 쏟아질 비판을 품격 있게 받아들였다. 전 세계에 빅클럽이나 유명한 선수들은 많다. 그러나 그들 중에는 경기에서 패했을 때 이날 잉글랜드와 달리 상대에 대한 존중을 표현하지 않는 선수들도 많다. 축구를 대하는 잉글랜드인들의 자세는 독특하다. 나는 유로 2008에 출전한 뒤, 4년간 그런 잉글랜드의 축구 문화를 경험했다. 그러나 내가 경험한 잉글랜드인들의 이런 자세에도 딱 한 번 예외가 있었다.

우리는 2010 남아공 월드컵 유럽 예선에서 잉글랜드와 재대결을 펼쳤다. 잉글랜드는 우리에게 가혹한 설욕전을 펼쳤다. 파비오 카펠로Fabio Capello 감독이 이끈 잉글랜드는 나의 23번째 생일 다음 날 자그레브에서 우리를 박살내며 4-1로 승리했다. 크로아티아가 홈에서 열린 공식전에서 패한 것은 그때가 최초였다! 이후 잉글랜드 원정 경기는 우리에게 가혹하다 못해 참혹한 수준이었다. 나의 24번째 생일에 열린 이 경기에서 램파드와 제라드는 각각 두 골씩 기록했고, 루니가 한 골을 보태며 우리에게 5-1 참패를 선물했다. 나는 벨라루스와 잉글랜드전을 위한 대표팀 소집을 하루 앞두고 오른쪽 정강이뼈가 골절되는 부상을 당해 3개월 결장 판정을 받은 상태였다. 즉, 나는 웸블리 원정에 출전할 수 없었다. 그러나 나는 우리에게 설욕하겠다고 마음먹은 잉글랜드의 의욕을 느낄 수 있었다. 그날만큼은 운명이 우리에게 등을 돌린 것 같았다. 잉글랜드는 우크라이나전을 제외한 모든 경기에서 승리했다. 우크라이나는 잉글랜드, 안도라를 상대로 승리한 덕분에 승점 1점 차로 우리를 제치고 조 2위를 차지하며 플레이오프에 진출했다. 짧은 역사라고 하더라도, 그 순간은 크로아티아가 역사상 최초로 월드컵 본선 진출에 실패하는 순간이었다.

## 유러피언 사이렌 송

2006-07 시즌이 진행되는 중에 디나모와 크로아티아 대표팀에서 활약하던 몇몇 선수들의 유럽 빅클럽 진출 가능성이 제기됐다. 나 또한 내가 그들의 레이더에 포착됐다는 것을 체감하고 있었다. 언론을 통해 온갖 소문이 돌기 시작했다. 그중에는 바이에른 뮌헨이 나를 지켜보고 있다는 소문도 있었다. 그러나 그것은 어디까지나 언론

의 추측에 불과했다. 게다가 나는 이적에 대해서는 생각도 하지 않고 있었다. 아직 해외 이적을 생각할 때가 아니라고 판단했기 때문이다. 나는 어느덧 21세가 됐지만, 꾸준한 성장을 이어가기 위해서는 해외 진출에 인내심이 필요하다는 것을 알 만한 경험을 쌓은 상태였다. 모든 게 편안했던 디나모에서 좋은 경기력을 보여준 나는 우리가 유럽클럽대항전에서 실력을 증명할 기회를 잡았다고 생각했다. 디나모 구단 운영진도 핵심 선수들을 전부 잔류시키며 새 시즌을 준비하겠다고 선언했다. 이어 구단은 2006-07 시즌을 앞두고 이번에는 반드시 유럽 무대에서 성과를 내겠다는 의지를 나타내며 내게 주장직을 부여했다.

우리의 목표는 챔피언스리그 본선 진출과 16강이 열리는 봄까지 '유럽 축구'를 하는 것이었다. 나는 우리가 그 목표를 이룰 수 있다고 자신했다. 그러나 카펜베르크Kapfenberg에서 열린 프리시즌 캠프 도중 상황이 변하기 시작했다. 에두아르도가 아스널로 이적했다는 소식이 들려왔다. 디나모에서 가장 중요한 선수 중 한 명이자 소속팀과 대표팀을 가리지 않고 훌륭한 경기력을 선보인 골잡이 에두아르도는 결국 2007년 여름 우리 팀을 떠났다. 나는 디나모를 훌륭한 팀으로 만들겠다는 구단의 이야기는 말 그대로 지어낸 이야기에 불과했다는 것을 깨달았다. 그런 현실이 나를 괴롭혔다. 나는 구단 운영진에 불만을 전달했다. 에두아르도가 오스트리아에 캠프를 차린 우리 팀을 떠난 뒤, 즈드라프코 마미치가 나를 찾아왔다. 그는 "루카, 샤흐타르 도네츠크Shakhtar Donetsk가 훌륭한 영입 제안을 했어. 갈래?"라고 물었다.

나는 "아니요!"라고 대답했다. 나는 투덜대는 말투로 샤흐타르 이적에 대해 의논조차 하고 싶지 않다는 뜻을 분명히 했다. 샤흐타르는 거액의 제안을 했다. 그들이 2,000만 유로 수준의 이적료를 제시했다고 들었다. 그러나 내가 해외로 진출하는 데 돈은 고려사항이 아니었다. 나는 샤흐타르를 존중했지만, 내가 생각하는 해외 진출의 목적지는 그곳이 아니었다. 그래서 샤흐타르 이적 가능성에 대해서는 더는 생각도 하지 않았다. 나는 구단이 나를 이적시킬 수 있다는 말을 들었다는 디나모 동료들에게도 팀에 남겠다고 말했다.

이후 디나모는 새로운 선수를 영입했다. 마리오 만주키치가 NK 자그레브에서 합류했고, 한 달 뒤에는 보스코 발라반Boško Balaban이 벨기에에서 돌아왔다. 그러나 에두아르도를 잃었다는 실망감에서 벗어나려던 찰나에 또 한 가지 안 좋은 소식이 전해졌다. 디나모가 콜루카를 맨체스터 시티Manchester City로 이적시킨 것이다. 그것 또한 내게는 큰 충격이었다. 찰리(콜루카의 애칭)와 나는 뗄래야 뗄 수 없을 만큼 가까운 친구였다. 그의 이적 소식을 들은 나는 씁쓸한 기분을 지울 수 없었다. 구단이 공개적으로 강력한 팀을 구성하겠다는 야망을 보였던 것이 내가 디나모에 남은 이유였기 때문이다. 그러나 다른 한편으로는 훌륭한 팀으로 이적하게 된 동료들을 축하해주고 싶었다. 다만, 나는 우리 팀이 매우 중요한 선수를 두 명이나 잃었다는 데 실망했다. 그 상태로 우리가 유럽클럽대항전에서 한 발 더 내딛는 것은 어려웠다. 앞서 우리가 아약스와의 혈투 끝에 UEFA컵 본선에 진출하긴 했지만, 베르더 브레멘과의 챔피언스리그 예선 경기에서 패한 것은 에두아르도와 콜루카가 결장했기 때문이었다. 이런 가정을 하는 게 의미가 없을 수도 있겠지만, 나는 당시에도 에두아르도와 콜루카가 있었다면 우리가 챔피언스리그 본선에 진출할 수 있었다고 생각한다. 우리는 그들 없이도 브레멘을 잡을 뻔했기 때문이다.

그런 일들로 갈수록 실망이 커진 나는 디나모를 떠나고 싶다는 마음이 커졌다. 유럽 빅클럽 구단들이 내게 관심을 나타냈다는 확실한 신호를 받기도 했다. 첼시가 내게 가장 적극적으로 관심을 보였다. 우리가 UEFA컵에서 바젤을 만났을 때, 디나모 구단 운영진은 나를 보기 위해 런던에서 스카우트가 찾아왔다고 말해줬다. 시간이 흐른 뒤, 당시 나를 보러 온 관계자가 프랑크 아르네센Frank Arnesen 첼시 단장이었다는 사실을 알게 됐다. 나는 자다르에서 맞은 겨울 휴가 도중 디나모가 나를 첼시로 이적시키는 데 합의했다는 소식을 전달받았다.

이후 즈드라프코 마미치는 런던으로 날아갔다. 나는 내가 즉시 겨울 이적시장을 통해 첼시로 이적할 것이라 생각했다. 나는 드로그바, 테리, 램파드, 셰브첸코 등 첼시의 스타들과 함께 뛰는 내 모습을 상상하고 있었다. 바냐와 자다르에서 휴가를 즐기며 첼시행이 확정됐다는 소식을 받기만을 기다렸다. 그러던 중 갑자기 첼시와의 협상이 결렬돼 이적이 무산됐다는 소식을 전해 들었다. 마미치와 그의 동생 조란Zoran이 내게 소식을 전했다. "루카, 우리는 아직 너를 이적시키지 않기로 했어."

나는 화가 났지만 어떻게 반응해야 할지 고민했다. 우선 부모님에게 이적이 무산됐다고 말씀드린 후 그들의 아파트에서 나와 차에 탔다. 바냐와 함께 상황을 다시 되짚어보고 나자 눈물이 나기 시작했다. 디나모와 마미치는 그동안 여러 차례 선수들을 이적시킨 뒤, 빅클럽의 큰 제안을 거절할 수 없었다는 평계를 대곤 했다. 그러나 그들은 유독 나만은 잔류시킬 수 있었던 모양이다. 첼시도 나를 영입하기 위해 큰 제안을 한 빅클럽이었다. 나는 구단이 나를 부당하게 대우했다고 생각했다. 그 전까지 나는 마미치를 전적으로 신뢰했지만, 첼시 이적이 무산된 후에는 화를 참을 수 없었다. 이후 나와 마미치의 사이는 갈수록 냉담해졌다. 그때부터는 그와 마주쳐도 짧은 인사만 건넸다.

터키에서 진행된 디나모의 전지훈련에 합류한 나는 구단이 우리의 주전 중앙 수비수 고르돈 스칠덴펠드Gordon Schildenfeld를 이적시켰을 때 더는 놀랍지 않았다. 내가 관여할 수 없는 일에 대해 걱정하는 것은 아무 소용이 없다는 것을 알게 됐다. 1월 중순에는 이반코비치 감독이 겨울 풋살 대회에 참석한 선수들 앞에서 마미치의 폭언을 들은 뒤 사임했다. 디나모는 2007년 내내 단 한 번도 패하지 않았지만, 이반코비치 감독과 그렇게 헤어졌다. 그때까지 디나모 18세 이하 팀을 이끈 즈보니미르 솔도Zvonimir Soldo 감독이 그를 대체했다. 솔도 감독은 현역 시절 1998 프랑스 월드컵에서 3위에 오른 전설적인 크로아티아 대표팀 선수 중 한 명이었다. 또 그는 현역 시절 디나모와 슈투트가르트에서 활약한 경험을 보유하고 있었다. 우리는 새로운 감독 체제에서 1년 전의 성공을 재현하며 2년 연속으로 크로아티아 리그와 컵대회를 석권했다. 훈련장과 드레싱룸 분위기는 훌륭했다. 선수들은 솔도 감독이 의지할 만한 사람이라고 느꼈다. 그러나 선수들도 솔도 감독이 구단 운영진이 내뿜는 부정적인 분위기까지 이겨낼 수 없다는 것을 알고 있었다. 우리가 스플리트에서 하이두크를 꺾고 컵대회에서 우승한 뒤, 솔도 감독마저 사임했다. 디나모가 이반코비치 감독과 헤어진 지 4개월 만에 모든 대회에서 우승하고도 또다시 사령탑을 교체하게 된 것이다.

첼시 이적이 무산된 나는 새로운 출발이 필요하다고 판단했다. 좋지 않은 일을 겪은 그 순간에는 당장 내가 어떤 교훈을 얻었는지 깨닫기 쉽지 않았다. 나는 그럴 때일수록 소신껏 집중하면서 디나모와 크로아티아 대표팀에서 최고의 경기력을 보여주겠다고 다짐했다. 결국 내가 생각하는 해외 진출을 이루는 것은 시간 문제라는 확신이 있었다. 그러나 그 기회는 내 예상보다 훨씬 더 일찍 나를 찾아왔다.

# Chapter 6

# 런던 라이프

LUKA **MODRIĆ**

갑자기 나를 둘러싼 모든 일이 빛의 속도로 진행되기 시작했다. 갑작스러웠지만 흥미진진하기도 했다. 2008년 4월 25일 금요일 밤, 슬라벤 벨루포Slaven Belupo와의 경기를 앞둔 시점이었다. 11시가 조금 넘어 마미치가 내게 전화를 걸어 디나모가 나를 토트넘으로 이적시키는 데 합의했다며 개인 협상을 할 의향이 있느냐고 물었다. 물론 이적이 완성되려면 나의 동의가 필요했다. 나는 "그렇다"라고 대답했고 그 순간부터 나의 해외 진출이 본격화됐다는 것을 직감할 수 있었다. 나는 흥분해서 밤새 잠을 설쳤다. 나와 함께 있었던 바냐도 이미 어떤 일이 벌어지고 있는지 잘 알고 있었다. 나의 전화를 받고 소식을 접한 부모님은 너무 기쁜 나머지 눈물을 흘리셨다. 우리는 내가 환상적인 축구 리그인 잉글랜드 리그에서 뛰게 된 것에 한껏 기대에 부풀어 오른 상태였다. 잉글랜드 진출은 내게 큰 의미가 있는 일이었다. 나는 늘 토트넘을 좋아했다. 내가 언제, 어떻게 토트넘의 경기를 처음 봤는지는 기억나지 않지만, 나는 이미 그들에 대해 많은 것을 알고 있었다. 내가 그 팀의 일부가 될 수 있다고 생각하니 절로 흥분이 됐다. 나는 스퍼스Spurs(토트넘의 애칭)에서 뛰는 모습을 머릿속으로 상상하기 시작했다.

다음 날인 토요일 아침, 경기가 열리는 다른 날과 마찬가지로 그날의 일정을 준비하고 있었다. 그러나 곧 상황이 복잡해졌다. 문제의 발단은 내게 제대로 된 양복이 없다는 점이었다! 그때까지 나는 양복을 입을 필요도, 입고 싶어 한 적도 없었다. 그러나 이제 내게는 양복이 필요했다. 런던까지 날아가서 메디컬 테스트를 받은 뒤, 계약서에 서명하고 사진을 찍는데 원래 입고 다니던 청바지를 입을 수는 없는 노릇이었다. 그러나 언제나 그랬듯이, 바냐가 나를 위해 빠르게 준비하기 시작했다. 우리는 백화점이 영업을 시작하기 전부터 문 앞에서 기다렸다가 양복을 골랐다. 우리가 고른 양복은 수선이 필요했다.

다니엘 레비Daniel Levy 토트넘 회장이 크로아티아로 나를 만나러 왔다. 그는 친절했고 또 차분했다. 우리는 인사를 나눈 뒤, 짧은 대화를 주고받고 함께 차를 타고 공항으로 향했다. 그리고 전용 비행기를 타고 런던으로 날아갔다. 조란 마미치 디나모 단장도 우리와 함께 런던으로 갔다. 런던으로 향하는 전용기 안에서는 이렇다 할 대화가 오가지 않았다. 나는 오히려 그런 분위기를 더 선호했다. 영어를 잘하지도 못했고, 지난 24시간 동안 벌어진 일로 여전히 흥분한 상태였기 때문이다. 비행기를 타고 가는 시간 내내 런던에서 어떤 일들이 나를 기다리고 있을지 생각했다. 머릿속으로 달콤한 상상을 하면서 말이다.

런던에 도착한 나는 메디컬 테스트를 받았다. 테스트는 신속히, 아무 문제없이 진행됐다. 그리고 나는 계약서에 사인했다. 가장 인상적인 순간은 화이트 하트 레인White Hart Lane에 도착했을 때였다. 그날 토트넘은 홈에서 미들즈브러Middlesbrough를 상대로 프리미어리그 경기를 치렀다. 관중석은 약 3만 6,000명의 팬들로 가득했다. 정말 마법 같은 분위기였다. 관중석의 스위트룸에 내 모습이 보이자 사방에서 인사가 쏟아졌다. 대형 스크린에 잡힌 내 모습을 본 토트넘 팬들은 박수를 보내기 시작했다. 토트넘의 첫인상은 숨이 막힐 정도로 강렬했다. 그렇게 위대한 도전에 나서게 됐다는 것이 만족스러웠고, 나를 본 첫날부터 훌륭한 대우를 해준 구단과 팬들의 환대에 보답해야겠다고 다짐했다. 잠시 후 나는 바냐, 부모님 그리고 친구들에게 차례로 전화를 걸어 토트넘은 모든 면에서 멋진 구단이라고 자랑했다.

나는 일단 자그레브로 돌아가야 했다. 아직 디나모에서 네 경기를 더 치러야 했기 때문이다. 그중 크로아티아 리그에서 치른 세 경기 상대는 내가 디나모에서의 마지막을 장식하는 데 딱 어울릴 만한 팀들이었다. 우리는 가장 먼저 내가 임대로 합류해 프로 데뷔전을 치른 인테르 자프레시치를 만난 뒤, 더비 상대인 라이벌 하이두크 스플리트를 상대했고, 끝으로 크로아티아 리그의 빅3 중 한 팀인 리예카Rijeka와 격돌했다. 내게는 모두 감정적인 순간이었다. 디나모의 리그 우승을 자축하기 위해 약 2만 명의 팬들이 경기장으로 들어왔고, 그들은 내게 훌륭한 작별인사를 건넸다. 동쪽 스탠드에 걸린 배너에는 "고마워, 루카!"라는 짧은 문구가 적혀 있었지만, 내게는 정말 감동적인 메시지였다. 내가 디나모 팬들과 구단에 가장 하고 싶었던 말도 "고맙다"는 말이었기 때문이다. 팬들이 기립박수를 보내며 내 이름을 연호하기 시작하자 눈물이 흘렀다. 나는 디나모가 6-1로 앞선 시점에 교체된 덕분에 운동장에서 내려오며 여유 있게 내가 사랑하는 막시미르를 가득 메운 팬들에게 손을 흔들며 작별인사를 건넬 수 있었다. 이후 북쪽과 동쪽 그리고 서쪽 스탠드를 메운 팬들은 경기가 한창 진행되던 약 80분경 내게 큰 박수를 보냈다. 내 마음은 자부심으로 가득 찼다. 그러나 벤치에 앉아 남은 경기를 지켜보면서 한편으로 슬픔이 밀려오기도 했다. 디나모는 내게 모든 것을 줬지만, 나는 이제 그들을 떠날 준비를 하고 있었다. 나는 디나모에서 마지막으로 활약한 시즌에 연이어 좋은 경기력을 선보였다. 첼시 이적이 무산된 1월에 있었던 해프닝도 나의 경기력에는 큰 지장을 주지 못했다. 시즌 후반기부터는 크로아티아에서 누린 유명세가 정점을 찍은 상태였다. 나는 팬들이 진심으로 나를 사랑해주고, 존중해준다는 것을 느꼈다. 그래서 더욱 내가 디나모에서 활약한 3년 반 동안 유럽클럽대항전에서는 좋은 성적을 거두지 못한 사실이 슬펐다. 나는 그것이 우리가 충분히 이룰 수 있는 목표였다고 생각한다.

경기가 끝난 뒤, 나는 바냐와 레스토랑에서 저녁 식사를 하며 마미치에게 문자 메시지를 보냈다. "늘 고마웠어요. 만약 지난겨울에 디나모를 떠났다면, 이런 훌륭한 고별식을 경험하지 못했을 겁니다."

팬들이 나를 위해 준비한 고별식과 우리 팀이 나를 대해준 모습은 정말 감동적이었다. 우리는 리그 우승을 자축했다. 우승은 모두 함께 이룬 업적이었지만, 팀 동료들은 모든 관심을 내게 집중시켰다. 그래서 그런 그들을 떠날 생각을 하니 마음이 더 아팠다. 그들의 모습을 보며 나는 그날 바냐에게 "언젠가는 디나모로 돌아와야 할 거 같아"라고 말했다.

그러나 아직 디나모와의 인연은 끝난 게 아니었다. 우리는 여전히 크로아티아 컵대회 결승전 2차전 경기를 남겨두고 있었다. 우리는 하이두크와의 결승전 1차전에서 3-0으로 승리한 뒤, 폴류드에서 열릴 2차전을 준비 중이었다. 이미 승부가 우리 쪽으로 기운 만큼 사실 2차전 경기는 형식적인 일정이나 다름없었다. 바냐가 운전을 해서 자그레브에서 스플리트로 가던 중에 접촉 사고가 일어났지만, 예정 시간보다 조금 늦게 경기장에 도착했을 뿐 다행히 누구도 다치지는 않았다. 나는 폴류드에서 열린 이날 경기에서 디나모의 유니폼을 마지막으로 입고 88분간 활약했고, 우리는 컵대회 우승을 차지했다. 디나모에서 148경기, 37골, 그리고 우승 트로피 여섯 개를 들어 올린 나는 이제 새로운 도전에 나설 준비를 마친 상태였다.

## 유로 2008 - 희극과 비극

디나모 시절이 끝나고 토트넘에서의 도전이 시작되기 전, 나는 오스트리아와 스위스가 공동 개최한 유로 2008에 집중했다. 당시 크로아티아 대표팀에 발탁된 모든 선수들과 마찬가지로, 나 또한 큰 업적을 세우고 싶다는 의지가 강했다. 유로 2008이 크로아티아의 역사적인 1998 프랑스 월드컵 4강 진출 후 정확히 10년 만에 열린다는 점도 의미가 있었다. 많은 사람들은 우리가 10년 전의 영광을 유로에서 재현할 수 있다고 자신했다. 현역 시절 프랑스 월드컵에서 3위를 차지한 슬라벤 빌리치 감독과 그의 코칭스태프도 우리에게 자신감을 심어줬다. 우리가 예선을 성공적으로 치르며 본선에 진출하자 평소 부정적인 시선을 보낸 대다수 크로아티아 대중도 긍정적인 전망을 하기 시작했다. 그런데도 우리는 2008년 초에 큰 문제에 직면했다.

나를 포함한 디나모 선수들은 바르텍스Varteks와의 리그 경기를 앞두고 호텔에서 에두아르도가 출전한 아스널과 버밍엄Birmingham의 프리미어리그 경기를 보고 있었다. 에두아르도는 우리와 디나모에서 함께한 데다, 여전히 크로아티아 대표팀에서는 팀 동료였다. 그러나 그는 이날 버밍엄 수비수 마틴 테일러Martin Taylor의 잔인한 태클에 걸려 끔찍한 부상을 당했다. 에두아르도가 치러야 할 대가는 혹독했다. 경기를 지켜보던 우리도 그의 왼쪽 발목이 부러졌다는 것을 바로 알 수 있었다. 쳐다보고 있는 것만으로도 끔찍했다. 불쌍한 에두아르도. 그보다 2주 앞서 크로아티아 대표팀은 스플리트에서 네덜란드와 격돌했다. 에두아르도는 내게 아스널이 자신에게 훌륭한 대우를 해주고 있다며 우리와 함께할 유로 2008이 정말 기대된다고 말했다.

그러나 불행하게도 결국 에두아르도는 유로 2008에 출전할 수 없었다. 디나모가 전년 여름 그를 떠나보내며 유럽 무대에서 경쟁력을 잃었듯이, 크로아티아 대표팀도 출중한 기량을 선보이고 있던 공격수를 잃었다. 우리는 디나모와 크로아티아 대표팀에서 만약의 상황을 가정하지 않을 수 없었다. 만약 에두아르도가 우리와 함께했다면 결과가 어떻게 달라졌을까?

에두아르도는 유로 2008 예선에서 무려 10골을 기록했다. 그는 빌리치 감독 체제의 크로아티아 대표팀에서 16경기에 출전해 12골을 터뜨렸다. 우연의 일치인지 나 또한 그로부터 1년 반이 지난 후 프리미어리그 경기에서 버밍엄을 상대로 심각한 부상을 당했다. 나는 종아리뼈가 골절돼 3개월 동안 축구를 할 수 없었다.

크로아티아는 2008년 2월 유로 2008에 대비하기 위해 스플리트에서 네덜란드와 평가전을 치렀다. 경기력이 좋지 않았던 우리는 네덜란드에 0-3으로 완패했다. 그러나 그날 패배가 우리에게 무조건 나쁘기만 한 결과는 아니었다. 그때 우리가 패하며 한동안 기대치를 한껏 높였던 언론과 대중이 현실을 직시할 수 있었기 때문이다. 우리는 네덜란드에 패하고도 심리적으로 위축되지 않았다. 유로 2008이 시작될 때 즈음이면 훨씬 더 좋은 컨디션으로 대회에 출전할 수 있다고 자신했기 때문이다. 큰 대회를 앞두고 치르는 평가전은 유용한 시험 무대지만, 곧 열릴 대회 본선에서의 결과를 가늠할 수 있는 잣대가 될 수는 없다. 다만 에두아르도의 공백이 우리에게 타격을 입힌 것은 사실이다. 우리에게는 여전히 페트리치, 올리치, 클라스니치 등 훌륭한 공격수가 많았지만 에두아르도는 그들과는 달리 타고난 감각을 소유한 골잡이였다. 이반 클라스니치도 타고난 감각을 자랑하는 공격수다. 그러나 그마저 유로 2008 본선을 약 1년 3개월 앞두고 병상에 눕게 된 것은 우리에게 충격이었다. 마치 우리 팀이 운명의 장난에 놀아나는 것 같았다. 클라스니치는 2007년 건강에 심각한 문제가 생겨 신장 이식을 두 차례나 받아야 했다. 그가 선수 생활을 이어갈 가능성이 커 보이지 않았다. 그러나 클라스니치는 용감하고 집요하게 회복에 전념한 끝에 유로 2008 본선에 출전할 수 있었다. 심지어 그는 본선에서 두 골을 기록했다.

우리는 유로 2008에서 인상적인 경기력을 선보이며 팀으로서 성장한 모습을 보여줬다. 우리는 공동 개최국 오스트리아를 상대한 첫 경기에서 1-0으로 승리했고, 나는 결승골이 된 페널티킥을 성공시키며 중요한 승점 3점을 크로아티아에 안겼다. 두 번째 경기에서는 강력한 우승 후보 독일을 상대로 압도적인 경기력을 선보이며 2-1로 승리하여 크로아티아가 얼마나 강한지 보여줬다. 그날은 말 그대로 우리의 날이었다. 모든 것이 우리가 원하는 대로 진행됐다.

경기가 열린 클라겐푸르트Klagenfurt의 뵈르테제 경기장Wörthersee Stadion 분위기도 마치 우리의 홈구장 같았다. 크로아티아 팬들은 이날 관중석 절반 이상을 차지했고, 늘 그랬듯이 열광적인 응원을 보내줬다. 우리는 환상적인 응원을 해준 팬들에게 의미 깊은 승리로 보답했고, 결국 유로 2008의 8강 진출을 일찌감치 확정했다. 나는 그날 맨 오브 더 매치Man of the Match(최우수선수)로 선정됐다. 우리의 동기부여는 엄청난 수준이었다. 하프타임 도중 드레싱룸에서 주장 니코 코바치가 콜루카와 상대 선수들에 대한 전담 수비 작전을 두고 격한 언쟁을 벌인 일화가 이런 사실을 증명한다. 그러나 곧 니코의 동생 로베르트 코바치가 나서서 그들을 진정시켰다. 나는 이처럼 팀이 무엇이 중요한지를 알고, 모두가 이에 집중하는 모습이 바로 강한 동기부여의 증거라고 생각한다. 이후 우리는 경기 결과로 그것을 증명했다.

빌리치 감독은 8강 진출이 확정된 후에 열린 조별 리그 마지막 경기에서는 선발 라인업 구성에 변화를 줬다. 우리는 선수 구성이 바뀐 폴란드전에서도 좋은 경기력으로 1-0으로 승리했다. 이어 터키와의 8강 경기는 비엔나의 전설적인 프라터 경기장Praterstadion에서 열렸다. 관중석에는 세계에서 가장 시끄러운 팬들로 유명한 터키 팬들이 다수 운집했다. 그러나 그들조차 크로아티아 팬들의 함성을 잠재울 수는 없었다. 그날 우리 팬들은 대단했고, 그 덕분에 나는 터키를 상대로도 마치 홈경기를 치르는 듯한 느낌으로 경기에 나설 수 있었다. 우리는 힘든 경기를 했고, 4강 진출이 걸려 있는 경기인 만큼 선수들 모두 큰 심적 부담을 겪었다. 그러나 경기가 연장전에 돌입하는 순간에도 내게는 더 유리한 팀은 우리라는 자신감이 있었다. 전후반 90분 동안 더 좋은 경기를 한 팀이 우리였기 때문이다. 올리치의 슛이 골대를 맞고 나온 데다, 우리는 좋은 기회를 꽤 많이 만들었다. 터키는 연장전 전반에 우리를 강력하게 압박했다. 그러나 우리는 연장전 후반부터 다시 중심을 잡았다. 이후 경기는 무조건 실점만 막으려는 두 팀의 치열한 공방전으로 전개됐다.

우리는 연장전 후반 종료 직전 역습으로 터키를 공략했다. 나는 클라스니치의 패스를 받자마자 측면으로 벌려선 스르나에게 공을 운반했다. 스르나가 올리려고 한 크로스가 터키 수비수에게 막혔다. 공이 떼굴떼굴 구르며 터치라인 끝을 향해 흘렀고, 터키 골키퍼 뤼스튀 레치베르Rüştü Reçber가 코너킥을 헌납하지 않기 위해 달려들었다. 그러나 레치베르는 자신보다 내가 더 빨리 공을 잡는 것을 확인한 후 다시 골대를 향해 달려가기 시작했다. 나는 바로 왼발로 크로스를 올렸고, 순식간에 문전으로 침투한 클라스니치가 헤더로 골망을 흔들었다! 우리가 서 있던 경기장 안은 물론 크로아티아 팬들이 있던 관중석까지 함성으로 폭발했다. 우리는 클라스니치를 향해 달려가 다 같이 그를 안으며 기뻐했다. 연장전 후반 단 몇 초밖에 남지 않은 상황에서 결승골이라니. 그보다 더 좋은 게 있을까? 우리는 터키가 그렇게 무너졌다고 생각했다. 경기 종료까지는 몇 초 남지 않았고, 우리는 물론 터키 선수들도 남은 시간은 형식적인 상황에 불과하다고 생각했을 것이다.

그러나 우리는 지나치게 일찍 자축한 탓에, 집중력을 잃었다. 그 순간 빌리치 감독은 대기심에게 선수를 교체하겠다고 말했다. 아마 그는 우리가 선수가 교체되는 시간 동안 집중력을 되찾기를 기대했을 것이다. 그러나 우리는 공을 소유하고 경기를 통제해야 했던 순간에 순진하고, 멍청한 대응으로 일을 그르쳤다. 경기 종료 직전, 터키는 우리 페널티 진영으로 프리킥을 연결했다. 점프를 하는 몇몇 우리 선수들이 보였다. 나는 그들 중 한 명이 전방으로 공을 길게 찬 후 경기가 종료될 줄 알았다. 게다가 시뮤니치가 파울을 당한 것 같았다. 그러나 주심은 휘슬을 불지 않았다. 그 순간 나는 터키 선수 한 명이 공을 가로챈 후 아무것도 할 수 없었던 플레티코사를 스쳐 지나가는 슛으로 동점골을 터뜨리는 믿을 수 없는 상황을 지켜보고 있었다! 어떻게 이런 일이? 나는 내 눈을 의심하고 있었다. 우리는 4강 진출을 단 몇 초 앞두고 어렵게 잡은 리드를 놓쳤다. 어떻게 이렇게 불운할 수가, 이 정도로 순진할 수가 있지?

나는 승부차기를 앞두고 심리적인 불안감에 휩싸였다. 이미 우리가 경기에서 패한 것만 같았다. 경기 도중 패배할 위기에서 살아난 팀은 늘 심리적으로 유리한 고지를 점하기 때문이다. 우리는 손에 쥐고 있던 4강 진출권을 놓친 상태였다. 압박감이 몰려왔다. 그런 상황에서 평정심을 유지하기란 정말 어렵다. 특히 승부차기라면 더 그렇다. 내 직감이 맞아떨어졌다. 첫 번째 키커로 나선 내가 실축했기 때문이다. 이어 라키티치도 실축했다. 스르나만이 페널티킥을 성공시켰다. 곧 터키 골키퍼가 페트리치의 페널티킥을 선방했다. 단 몇 분 만에 상황이 완전히 극단적으로 역전됐다. 터키 선수들과 팬들은 광분한 모습으로 열광하기 시작했고, 우리는 허탈감에 빠진 채 운동장 위에 털썩 주저앉아 있었다. 그때 느낀 슬픔은 설명하기조차 어렵다. 우리는 마치 어린아이들처럼 펑펑 울었다. 우리는 드레싱룸으로 돌아와서도 한 시간 동안 흐느꼈다.

빌리치 감독도 침통해하며 아무 말도 하지 못했다. 누구도 말을 꺼내지 않았다. 우리는 경기장에서 호텔로 이동했다. 우리의 저녁 식사 분위기는 침울함 그 자체였다. 장례식이 따로 없었다. 우리는 계속 침묵을 지키며 여러 가지 생각에 사로잡힌 채 서로를 쳐다보기만 했다. 다음 날 우리는 버스를 타고 크로아티아로 향했다. 분위기는 여전히 침체된 상태였다. 우리는 몇 차례 휴게소에 들러 스트레칭을 했는데, 그때마다 만난 팬들로부터 위로를 받을 수 있었다. 그들의 위로는 우리가 느낀 고통을 조금이나마 덜어줬다. 그들도 우리와 같은 고통을 느끼고 있었기 때문이다. 크로아티아 전체가 눈물을 흘리고 있었다.

우리는 4강 진출 직전까지 갔지만, 운명은 우리에게 가혹한 장난을 쳤다. 승리의 여신은 우리에게 마법과도 같은 순간을 잠깐 맛보게 해준 후 곧바로 승리를 빼앗아갔다. 당시 오스트리아로 간 우리는 아직 어렸고, 패기가 넘쳤으며 코바치 형제와 시뮤니치처럼 경험이 풍부한 선수들과 조화도 잘 이루고 있었다. 우리는 단단하면서도 촘촘한 축구를 했다. 나는 우리가 결승까지 갈 수 있었다고 생각한다. 우리의 축구는 훌륭했다. 나의 개인적인 경기력에도 대단한 자신감을 가지고 있었다. 당시 22세에 불과했던 나는 토트넘 이적을 앞두고 젊음의 패기와 강한 의지, 자신감을 근거로 누구도 나를 막을 수 없다고 생각했다. 그때의 강력했던 자신감 덕분에 나는 축구를 더 즐길 수 있었다.

그 후에도 우리는 오랫동안 그날의 아픔을 잊을 수 없었다. 시간이 지난 지금 다시 그때를 되돌아보면, 나는 당시의 그 극적이었던 패배가 이후 큰 국제대회에 출전하는 우리의 자신감에도 매번 큰 지장을 줬다고 생각한다. 우리는 그로부터 10년이 지난 2018년이 되어서야 그때의 운명이 우리에게 안긴 분노를 청산할 수 있었다.

# 상처를 치유하다

유로 2008에서 시련을 겪은 나는 한동안 평정심을 되찾을 수가 없었다. 고향 자다르에서도 마음의 안정을 찾는 것이 어려웠다. 나와 바냐는 일상에서 벗어나기 위해 친구들과 모여 빌린 보트를 타며 휴가를 즐겼다. 나는 최대한 아무렇지도 않은 척하려고 노력했다. 그러나 그마저도 아무 소용이 없었다. 패배도 스포츠의 일부라는 말이 있다. 물론 그건 사실이다. 지는 것도 스포츠의 일부다. 그러나 패배를 받아들이는 것은 말로는 쉽지만, 당사자에게는 견디는 일 자체가 정말 어렵다. 나 또한 그랬다. 휴가 내내 무엇을 해도 내 머릿속은 터키전과 연장전 마지막 순간을 벗어나지 못했다. 당시의 장면이 계속 나를 괴롭혔다. 승부차기에서 페널티킥을 실축한 내 모습이 계속 머릿속에 떠올랐다. 그때 생각이 집요하고 끈질기게 계속 돌아왔다. 트라우마를 남길 만한 패배를 당하고 나면 며칠, 몇 주, 몇 달간 이런 감정이 이어진다.

내가 유로 2008 베스트11에 포함된 것조차 별 위로가 되지는 못했다. 심지어 그것은 내가 메이저 대회에서 처음으로 받은 상이었다. 팀이 성공하지 못하면, 개인적인 수상은 절대 나를 행복하게 할 수 없었다. 유로 2008은 의심의 여지없이 내게 가장 큰 트라우마를 안긴 대회였다.

그러나 아드리아 해(지중해 북부 이탈리아반도와 발칸반도 사이의 해역 -옮긴이)의 풍경을 지켜보다 보니 내 마음도 조금씩 회복되기 시작했다. 나는 안정을 취하며 재충전하는 데 집중했다. 잉글랜드에서 새로운 이야기를 쓸 시간이 다가오고 있었다. 내 가치를 증명할 새로운 도전이자 새로운 기회였다. 나는 바냐와 많은 대화를 나눴다.

그때까지의 내 커리어와 우리의 관계에 대해 대화했다. 우리가 나눈 대화의 주제만 해도 셀 수가 없을 정도다. 우리는 웃고 떠들며 서로를 놀리기도 했지만, 진지한 대화도 나눴다.

바냐는 내가 그녀를 만난 첫날부터 나를 가장 많이 응원해준 사람이다. 그녀는 늘 내가 찾는 곳에 있어줬고, 나와 내게 중요한 일을 가장 우선시했다. 그러나 바냐는 단 한 번도 그녀가 나를 위해 희생하는 것이 특별한 일이라고 생각하지 않았다. 그녀에게 희생은 지극히 정상적인 일이었다. 바냐는 딱 한 번, 내가 넘지 말아야 할 선을 넘었다고 지적한 적이 있다. 우리가 만난 지 얼마 지나지 않았을 때의 얘기다. 당시만 해도 나는 우선순위를 모르는 칠칠맞은 10대 소년에 불과했다. 디나모의 팀 분위기는 환상적이었고, 경기가 끝나면 선수들끼리 저녁 식사를 함께하며 어울리곤 했다. 한동안 바냐는 그런 점 또한 이해해줬다. 그러나 이런 상황이 계속 반복되자 바냐도 더는 참지 않았다. 바냐는 차분한 목소리로 나의 그런 행동이 우리의 관계는 물론 내 커리어를 위해서도 바람직하지 않다고 말했다.

런던으로 가는 것은 우리 인생의 전환점이 됐다. 우리는 해외에서 생활하며 전적으로 서로를 위해 헌신하고 또 집중했다. 바냐를 처음 만났을 때는 나도 그녀에 대해 몇몇 거슬리는 부분이 있었다. 가장 큰 문제는 담배였다. 바냐가 담배를 끊은 후 그녀를 만난 사람들은 담배를 피우는 바냐의 모습을 상상조차 할 수 없다고 말한다. 그러나 나는 그 전의 모습을 떠올릴 수 있다. 그것도 아주 선명하게. 바냐는 담배를 정말 많이 피웠고, 내게는 그녀의 그런 모습이 마음에 들지 않았다. 나는 담배를 싫어한다. 담배를 피워본 적도 딱 한 번뿐이다. 아마 12~13살 때였던 것 같다. 친구에게 말보로 담배 한 갑이 생겼다. 그때만 해도 어린아이에 불과하던 우리들은 그것으로 무엇을 할까 고민했다. 우리는 아무도 우리를 볼 수 없는 어두운 곳으로 가서 멋지게 불을 지펴 담배를 피웠다. 나는 그때 담배를 피운 내 결정을 즉시 후회했다. 악취와 니코틴, 뿜어 나오는 연기를 처음 느껴본 나는 다시는 담배를 피우지 않겠다고 다짐했다.

나는 술을 마시는 것 또한 좋아하지 않는다. 식사를 할 때나 승리를 자축할 때, 혹은 저녁 파티에서 한두 잔 정도는 마실 수 있다. 그러나 나는 술을 잘 못 마시는 사람이다. 아버지가 내게 크게 화를 내신 적은 몇 번 없었지만, 그 중 한 번은 내가 술을 마신 일 때문에 일어났다. 그것은 내가 자다르에서 친구들과 고별 파티를 하기 위해 준비한 저녁 식사 후에 벌어진 일이었다. 나는 그 자리에서 친구들과 술을 몇 잔 마셨지만, 과음을 한 것은 아니었다. 단, 머리가 조금 멍할 정도로 술을 마신 것은 사실이었다. 아버지는 당시 우리가 살던 호텔 이즈로 돌아온 내가 평소와 달리 비틀거리며 걷는 모습을 바로 알아보셨다. 아마 술 냄새도 조금 났을 것이다. 나는 술에 취한 게 아니라고 아버지께 항변했다. 그러자 아버지는 걱정하시는 어머니 앞에서 내게 한 발로 중심을 잡고 서 보라고 말씀하셨다. 당연히 나는 중심을 잡지 못했다.

다음 날 아침, 나는 태어나서 처음으로 숙취를 경험했다. 나는 수치심을 느끼며 아버지의 잔소리를 들었다.

"아들아, 도대체 무슨 생각을 한 거냐? 그렇게 해서는 인생을 살면서 앞서갈 수 없어. 축구 선수로는 더욱 더 그렇지. 자그레브로 가서도 그렇게 살 생각이라면, 그냥 여기에 남는 게 나을 거다."

이날 내가 느낀 숙취와 아버지의 말씀은 내 가슴에 교훈으로 남았다. 물론 한 번 정도 그렇게 술을 마신 게 습관이 될 리는 없었다. 상황에 따라서 긴장을 풀어야 할 때도 있다. 그래도 나는 담배나 술을 좋아하지는 않는다.

나는 여러 차례 바냐에게 담배를 끊으라고 말했다. 건강에도 해로운 데다 담배 냄새가 늘 거슬렸기 때문이다. 특히 그녀가 실내에서 담배를 피우는 모습은 더 보기 싫었다. 그러나 바냐는 내 말을 듣지 않았다. 원래 담배를 피우는 사람들은 대부분 그렇다. 그래서 나 또한 그만 징징거리기로 했다. 그래 봤자 소용없다는 것을 알았기 때문이다. 그로부터 약 6개월 뒤, 나는 대표팀에 발탁되어 스플리트로 가야 했다. 유로 2008을 앞두고 네덜란드와의 평가전이 열렸기 때문이다. 바냐에게 전화가 왔다.

나는 늘 그랬듯이 "어떻게 지내고 있어? 별일은 없고?"라고 물었다.

그러자 바냐는 "그거 알아? 나 담배 끊었어! 엄청난 소식이지?!"라고 답했다.

담배를 끊었다면 정말 다행이지만, 나는 바냐의 말을 100% 믿을 수 없었다. 그러나 바로 금연에 성공하지는 못하더라도, 바냐가 담배를 끊기 위해 노력 중이라는 그 자체에 의미를 뒀다. 그녀가 그만큼 나를 사랑하는 증거라고 생각했기 때문이다. 바냐도 다른 흡연자와 마찬가지로 담배가 건강에 얼마나 해로운지 잘 알고 있었다. 그러나 그녀는 나를 위해 안 좋은 습관을 고치려고 하고 있었다. 그리고 결국, 바냐는 해냈다! 그때 이후로 나는 바냐가 담배를 피우고 싶다고 말하는 모습조차 본 적이 없다. 그만큼 그녀는 강한 사람이다. 바냐는 무언가 하겠다고 마음먹으면 이를 기어이 해내는 사람이다.

그런 면에서 우리는 닮았다. 나는 바냐와 사귀기 시작한 시점부터 그녀가 나를 위한 사람이라는 사실을 알았다. 우리 부모님은 바냐를 만나기도 전부터 이를 아셨다고 한다. 부모님도 내가 바냐와 떨어져 있을 때 얼마나 많은 시간을 그녀와 통화하는 데 할애하는지 알고 계셨기 때문이다. 우리 부모님은 내가 바냐를 만난 후 나의 행동에도 변화가 생기기 시작했다는 사실을 알고 계셨다.

아버지는 우연치 않게 어머니보다 바냐를 먼저 만나셨다. 디나모 경기를 보러 오신 아버지는 막심 펍에 들르셨다. 그곳에 나와 자다르에서 친하게 지낸 친구 마테 레잔Mate Režan이 아버지와 함께 있었다. 그는 나와 바냐의 사이를 알고 있었다. 펍에서 바냐를 본 그는 그녀를 아버지께 소개했다.

"스티페, 바냐에요. 루카의 여자친구!"

그 순간 우리 아버지는 머지않아 며느리가 될 바냐를 보고는 첫눈에 확신하셨다는 '전설'이 있다. 그 당시 우리는 그저 사귀는 사이였을 뿐이다. 그러나 아버지는 그때 바냐를 보고는 그녀가 나와 맺어질 운명이라는 것을 확신하셨다. 이후 나를 만난 아버지의 한마디가 모든 것을 다 설명해준다. "아들아, 바냐는 기적이다!"

곧 어머니와 두 여동생도 새 가족이 될 바냐를 만났다. 나의 전 팀 동료이자 가족끼리도 절친한 친구인 마리안 불라트Marijan Buljat가 아내 옐레나Jelena와 자다르에서 결혼식을 올렸고, 나는 그 자리에 바냐를 데리고 갔다.

어머니는 "바냐는 정말 착하구나"라며 그녀를 마음에 들어 하셨다. 나의 두 여동생도 바냐를 만나는 순간부터 그녀와 친한 친구 사이가 됐다.

나와 바냐의 사이는 다른 누구도 갈라놓을 수 없었지만, 나는 우리 가족이 늘 바냐와 좋은 관계를 유지할 수 있어 다행이라고 생각했다. 시간이 지나 부모님은 바냐를 선택한 나의 결정에 대해 칭찬을 아끼지 않으셨다. "루카, 너한테 바냐보다 더 좋은 여자는 없을 거야."

우리 가족이 바냐를 받아들인 것은 중요한 일이었다. 대도시 생활에 익숙한 바냐도 정서적으로 다를 수밖에 없는 우리 가족을 있는 그대로 받아들였다. 바냐는 내가 자그레브에서 독립한 후에도 마치 여전히 가족과 탯줄로 연결된 것 같은 우리의 삶이 조금은 이상하다고 생각했을 것이다. 실제로 우리 가족은 자주 자그레브를 방문해서 나와 만났고, 우리 팀 경기를 본 후 우리 집에 머물렀다. 나 또한 시간이 날 때마다 자다르를 찾았다. 심지어 우리는 함께 있지 않을 때도 온종일 전화 통화를 하며 대화를 나눴다. 우리 큰아버지도 마찬가지였다. 할머니 만다, 고모 마리아와 슬프게도 5년 전 세상을 떠난 네벤카, 내 어릴 적 친구이자 사촌인 미르야나와 센카 등 친척들과도 늘 가깝게 지냈다. 바냐는 가족 관계가 내게 얼마나 중요한지 깨달은 뒤, 이런 생활에 완벽하게 적응했다. 물론 그 적응이 쉽진 않았겠지만, 바냐는 나를 위해 최선을 다했다. 게다가 바냐는 나를 위해 어쩔 수 없이 우리 가족과 어울린다는 느낌을 단 한 번도 주지 않았다. 어쩌면 우리 가족이 바냐를 만난 즉시 그녀를 마음에 들어 한 것은 그리 놀랍지 않은 일일지도 모르겠다.

그런 기억들을 떠올릴 때마다 나는 우리에게 가족이란 존재가 얼마나 중요한지 다시 한번 깨닫게 된다. 내가 디나모와 처음으로 계약을 맺었을 때도, 맨 처음에 한 일은 아버지께 새 차를 선물한 것이었다. 그때까지 아버지는 만신창이가 된 피아트 우노Fiat Uno를 타고 다니셨다. 나는 아버지가 자그레브와 자다르를 자주 오가시는 만큼 더 안전하고, 편안한 차가 필요하다고 생각했다. 그래서 나는 차 딜러에게 가서 신형 폭스바겐 파사트를 샀다. 새 차를 산 나는 어떻게 해야 아버지에게 깜짝 선물을 잘 전달할 수 있을지 고민했다. 그러자 바냐는 "루카, 네가 새 차를 몰고 자다르로 직접 가는 게 어때? 내가 네 차를 몰고 뒤에 따라갈게. 우리가 직접 새 차를 자다르까지 가져다드리면 되잖아"라고 말했다.

우리는 그렇게 차를 몰고 자다르로 갔다. 도착한 후 아버지에게 전화를 걸어 집 밖으로 나와 보시라고 말했다. 아버지는 우리가 차에 실어온 물건을 집으로 가지고 들어가려고 도움을 청하는 줄 아셨다. 그러나 아버지는 집 밖에서 우리가 차 키를 드리자 충격에 빠지셨다! 평생 나를 돌봐주신 부모님에게 도움을 드리는 기분은 살면서 느낄 수 있는 가장 큰 보람이다. 부모님은 자녀를 위해 희생하며, 검소한 삶을 마다하지 않는 존재다. 아이들이 성공하는 것이 곧 부모님의 행복이기 때문이다. 그러나 자식으로서 부모님께 필요한 무언가를 해드리는 기분은 말로 표현하기 어렵다. 물질적인 선물 하나로 부모님에게 진 모든 빚을 갚을 수는 없겠지만, 그 자동차는 내가 그들을 챙겨드릴 수 있다는 상징적인 선물이 되었다.

우리 아버지가 어떤 분인지 잘 보여주는 일화가 하나 더 있다. 우리 부모님은 내가 디나모에서 이름을 알리기 시작한 후에도 여전히 군부대가 운영하는 호텔 이즈에서 생활했다. 이때 내 여동생 야스미나는 리예카에서 학교를 다니고 있었고, 호텔 이즈의 작은 공간에는 우리 부모님과 막내 동생 디오라가 남아 있었다.

그 후 나는 그동안 모아놓은 돈으로 부모님께 자다르 시내에 더 넓은 아파트를 사드렸다. 그 아파트는 쾌적한 동네에 새로 지어진 건물이었고, 바냐가 직접 집을 꾸며드렸다. 그러나 부모님은 크게 감동하시면서도 끝내 새 아파트로 이사하지는 않으셨다. 아버지는 이제 막 프로 선수로 커리어를 시작한 내가 짧은 시간 안에 마련해 드린 새로운 환경에서 생활하실 준비가 안 되신 모양이었다. 아버지는 계속 이런저런 핑계를 대시며 왜 새 집으로 이사할 수 없는지 설명하셨다. 만약 내가 그때 고집을 부리지 않았다면, 어쩌면 부모님은 여전히 호텔 이즈에서 생활하고 계실지도 모른다. 아주 검소한 생활을 추구하신 우리 부모님에게는 편안한 삶을 사는 게 익숙하지 않았다. 생각해보면 우리 부모님에게 가장 중요한 것은 그동안 맺은 사람들과의 인연인 것 같다. 부모님은 예전부터 친하게 지낸 친구들과 여전히 가깝게 지내고 계신다. 그들은 오브로바치에 혼자 살고 계신 우리 할머니 만다와 친척들의 생활도 챙기신다. 그러면서도 늘 바냐와 내가 필요할 때마다 언제나 우리 아이들을 돌봐주시는 게 우리 부모님이다. 그때 우리 부모님은 무려 6개월간 나의 설득에 시달린 끝에 새 아파트로 이사하셨다! 그리고 그들은 지금도 그곳에 살고 계신다.

외할머니도 부모님과 똑같다. 할머니는 절대 고향을 떠나려 하지 않으신다. 이제 80대에 접어든 할머니는 여전히 오브로바치에서 혼자 살고 계신다. 할머니는 우리가 아무리 설득을 해도 이사 할 생각조차 해보신 적이 없다. 할머니는 최근 골반 수술을 받으신 후 거동이 더 어려워졌는데도 엘리베이터도 없는 건물의 4층에 살고 계신다. 할머니는 늘 괜찮다고 말씀하신다. 할머니는 사실 늘 모든 것에 '괜찮다'고 말씀하신다. 지금은 부모님이 할머니를 찾아뵙고 장을 봐드리거나 약을 챙겨드리고 있다. 우리는 할머니에게 필요한 모든 것을 해드리려고 한다. 특히 할머니의 건강을 위해서라면 더더욱 그렇다. 그러나 할머니는 내가 전화를 드릴 때마다, "루카, 나한테 필요한 것은 이미 다 있어. 그러지 말고 너는 어떻게 지내는지 알려줘. 아이들은 어때? 바냐는 잘 챙겨주고 있니?"라고 다정하게 말씀하신다.

나의 외할머니는 일찌감치 외할아버지를 떠나보내셔야 했다. 외할아버지는 내가 태어나기도 전에 돌아가셨다. 나는 어릴 적 우리 집과 더 가까운 곳에 사셨던 친할아버지, 친할머니와 더 많은 시간을 보낸 게 사실이다. 그러나 나는 여름휴가 때가 되면 바냐와 우리 아이들을 데리고 꼭 오브로바치로 가서 외할머니를 만난다. 그리고 우리는 외할머니를 자다르로 모신다. 내게는 자다르 근처의 푼타 스칼라Punta Skala에 집이 있다. 여름 내내 그곳에서 온 가족이 함께 지낼 수 있기 때문이다. 또 그곳에는 외할머니가 그늘에 앉아 수다를 떨수 있는 작은 정원이 있다. 외할머니의 이야기는 늘 따뜻하다. 오랜 시간 어려운 일을 많이 겪으신 분이지만, 절대 불평하시는 일이 없다. 외할머니는 늘 차분하시며 자기 자신보다 남을 먼저 챙기신다.

## 런던에서의 새로운 삶

유로 2008이 끝난 2008년 7월 7일, 나는 새 소속팀이 스페인에 프리시즌 캠프를 차리는 동안 휴식을 취하며 조금이나마 평정심을 되찾을 수 있었다. 유로 2008에 출전한 나는 추가 휴가를 받아 18일 발렌시아에서 팀에 합류하기로 했다. 나는 휴가가 주어진 기간에 토트넘에 합류하면 순조로운 적응을 할 수 있도록 주변 상황을 정리하는 데 집중했다. 런던으로 떠나기 전, 디나모에서 함께 뛴 동료들을 모두 초대해 저녁 식사를 하며 고별식을 했다. 이는 디나모의 파란 유니폼을 입고 뛴 시절을 마무리하는 뜻 깊은 시간이었다.

이후 나는 바냐와 함께 자그레브에서 런던으로 날아갔다. 즈드라프코 마미치의 아들 마리오Mario가 우리와 동행했다. 마리오는 내가 도착한 직후 혼자 발렌시아로 가야 했기 때문에 바냐가 런던에서의 생활을 시작할 수 있도록 도와주기 위해 우리와 함께 움직였다. 우리는 우선 토트넘 구단 훈련장에서 약 10분 정도 떨어진 메리어트 호텔에 머물렀다. 내게는 생활하기 편안했지만, 바냐에게는 달랐다. 호텔 주변에는 고속도로를 제외하면 아무것도 없었기 때문이다. 우리는 두 달간 호텔에서 생활한 뒤, 바냐가 치그웰Chigwell에서 찾은 주택으로 이사했다.

내가 토트넘이 발렌시아에 차린 프리시즌 캠프에 도착하자 후안데 라모스Juande Ramos 감독을 비롯한 모두가 나를 환영해줬다. 스페인 출신 라모스 감독은 내게 높은 기대를 보이면서도 나를 매우 공정하게 대했다. 토트넘이 나를 영입해야 한다고 강하게 주장한 사람도 바로 라모스 감독이었다. 그는 좋은 사람이었고 지식이 풍부했다. 그가 토트넘에서 성공하기 위해서는 운이 조금 더 필요했을 뿐이었다.

라모스 감독은 내가 새로운 환경과 경기에 적응할 수 있도록 모든 것을 친절하게 설명해줬다. 그는 경기 상황에 따라 달라지는 자신의 요구사항에 잘 따르며 경기의 리듬에 적응할 수 있는 최선의 방법을 내게 알려줬다. 솔직히 말하면 나는 유로 2008이 끝난 후 줄곧 휴식만 취했다. 터키전의 충격에서 회복하기 위해서는 축구와 거리를 두고 잉글랜드에서 경험할 새로운 도전을 준비하는 게 낫다고 생각했다. 그래서 나는 토트넘이 내게 기대하는 것들에 대한 준비를 하지 못하고 팀에 합류한 상태였다. 매일 하루에 세 번씩 진행되는 토트넘의 프리시즌 훈련 강도는 나를 놀라게 했다. 골프 코스, 바닷가 등 주변을 뛰는 훈련도 많았고, 오후에는 공을 가지고 하는 게임 위주의 훈련을 했다. 내가 토트넘에서 처음으로 사귄 친구는 코트디부아르에서 온 지칠 줄 모르고 뛰는 미드필더 디디에 조코라Didier Zokora였다. 나는 갑자기 강도 높은 훈련을 시작한 탓에 몸에 무리가 왔는지 무릎 인대에 염증이 생기는 대가를 치러야 했다. 그러나 시간이 흐르면서 자연스럽게 새로운 체계와 환경에 적응할 수 있었다.

치그웰의 토트넘 훈련장으로 돌아왔을 때, 나의 몸 상태는 다시 좋아졌다. 당시 토트넘의 훈련장은 그로부터 4년 후 구단이 새로 지은 훈련 시설과 비교하면 검소한 수준이었다. 드레싱룸과 구단 시설이 컨테이너 안에 만들어졌을 정도였지만, 나는 괜찮았다. 훈련장의 환상적인 잔디 상태만으로도 나는 충분히 행복했다. 네 개의 연습 구장 잔디는 보면 볼수록 상태가 좋았다. 마치 선수를 환영하는 것만 같은 그 잔디 위에서 하루빨리 뛰고 싶었다. 런던에 도착한 후 첫 1, 2개월 동안 나를 놀라게 한 것이 하나 더 있었다. 바로 날씨였다. 나는 소문대로 런던의 비와 먹구름으로 가득한 날씨를 예상했지만, 내가 도착한 후의 런던 날씨는 늘 해가 쨍쨍 뜬 데다 온도까지 따뜻했다.

토트넘에 합류한 나는 시간이 지나면서 동료들과도 잘 어울렸다. 특히 지오바니 도스 산토스Giovani dos Santos, 골키퍼 에우렐요 고메스Heurelho Gomes와 친해졌고 나중에는 애런 레넌Aaron Lennon, 톰 허들스톤

Tom Huddlestone과도 친구가 됐다. 그러나 그때까지 나는 토트넘이 여름 이적시장이 끝날 무렵 대단한 선수를 영입할 계획이라는 것을 전혀 모르고 있었다. 나와 절친한 친구인 베드란 콜루카가 맨체스터 시티에서 토트넘에 합류했다. 특히 나에게는 더 놀라운 일이었다. 콜루카와 함께하면 모든 게 더 편해진다.

영국에서는 자동차 운전석이 왼쪽에 설치된 탓에 그쪽에서 운전을 하는 데 많은 어려움을 겪기도 했다. 구단은 내가 자그레브에서 몰고 다닌 BMW와 같은 차를 제공해줬는데, 왼쪽에 운전석이 달린 차를 모는 것이 나와 맞지 않아 정말 혼란스러웠다. 나는 결국 혼자 운전하는 데 애를 먹는 것에 그치지 않고 도로에서도 문제를 일으켰고, 차에 고장을 내기도 했다. 그래서 나는 바냐에게 내가 바뀐 운전석 위치에 적응을 할 때까지 대신 운전을 해달라고 부탁했다. 런던에서 적응해야 하는 부분은 운전 외에도 아주 많았다. 그러나 나에게 최고의 우선순위는 축구였다.

내가 런던에서의 삶과 잉글랜드 축구에 잘 적응한 데는 이해심이 깊은 바냐의 덕이 컸다. 바냐가 나 대신 운전을 해준 게 단적인 예다. 우리가 자그레브에서 사귀던 시절, 당시 나는 운전 레슨을 받으며 면허를 딸 준비를 하고 있었다. 이후 슬슬 운전 실력이 늘었지만, 평행 주차는 도저히 할 수가 없었다. 그러나 운전 경험이 많은 바냐는 그녀의 작은 푸조Peugeot 206으로 보론가이Borongaj에 위치한 주차장에서 내게 평행 주차를 가르쳐줬다. 바냐의 도움을 받은 덕분에 나는 운전면허 시험장에서 빼어난 운전 실력을 자랑할 수 있었다.

나는 그렇게 운전면허를 딴 덕분에 더 자립심을 키울 수 있었다. 어디든 나 혼자 힘으로 갈 수 있게 됐기 때문이다. 나의 첫 차는 폭스

바겐 골프 V였다. 활기가 넘치면서도 승차감이 좋은, 은색 빛을 띤 멋진 차였다. 그러나 불행하게도 나는 그 차를 오랜 시간 몰고 다닐 수 없었다. 불과 몇 개월 뒤, 누군가 내 차를 훔쳐갔기 때문이다. 태어나서 처음으로 몰게 된 차는 누구에게나 특별하다. 그래서 당시 차를 도둑맞았을 때의 기분은 끔찍했다. 이후 나는 한동안 바냐의 차를 빌려 썼다. 디나모에서 활약한 마지막 시즌 도중, 나는 스스로에게 주는 선물로 BMW X5를 샀다. 토트넘 이적이 확정된 후 아버지에게 그 차를 선물했고 아버지는 지금까지도 당시 내가 선물해드린 그 차를 사용하신다.

토트넘에 합류한 첫 번째 프리시즌에는 연이어 친선경기가 열렸다. 나는 처음으로 화이트 하트 레인에서 팬들과 만났던 경기를 영원히 기억할 것이다. 로마Roma를 상대했던 그날, 관중석은 팬들로 가득 찼다. 그때까지만 해도 그런 분위기는 내게 대단하게 느껴졌다. 이전까지 내가 뛴 크로아티아는 특별한 몇몇 경기를 제외하면 관중석에 팬들이 많지 않았다. 그러나 나는 잉글랜드에서 뛰면서 팬들로 꽉 찬 경기장 분위기에 완전히 익숙해졌다. 토트넘 팬들은 처음 운동장에 선 나를 박수로 환영해줬다. 폭력이나 폭동이 없는 관중석, 운동장과 가깝게 붙어 있는 팬들, 그에 어울리는 분위기, 그리고 긍정적인 힘을 뿜어내는 화이트 하트 레인은 내게 매우 인상적이었다. 나는 시즌 시작 전부터 좋은 에너지를 받을 수 있었고, 프리미어리그에서 좋은 활약을 펼칠 수 있다는 것을 믿어 의심치 않았다. 프리미어리그에서 수년간 뛴 동료들과 훈련을 해본 결과 내가 전혀 뒤처지지 않는다는 것을 느끼고 있었기 때문이다. 운동장 위에서도 모든 것들이 내가 기대한 그대로였다. 그래서 나는 모든 준비를 마쳤다고 생각했다. 그러나 상황은 갑자기 바뀌었다.

라모스 감독은 내게 전형적인 미드필더가 아닌 측면 공격수 성향이 짙은 역할을 부여했다. 우리의 시즌 초반 성적은 처참했다. 우리는 초반 세 경기에서 1무 2패로 부진했고, 프리미어리그 최하위로 추락했다. 이후 나는 A매치 기간을 맞아 크로아티아 대표팀에 합류했지만, 그곳에서도 썩 좋은 경험을 하지는 못했다. 크로아티아는 2010 남아공 월드컵 유럽 예선에서 카자흐스탄을 꺾었고, 나는 그 경기에서 멋진 골까지 기록했으나 불과 며칠 후 열린 두 번째 경기에서는 잉글랜드가 우리에게 한 수 가르치는 듯한 압도적인 모습으로 1-4 대패를 안겼다.

토트넘으로 돌아온 후에는 상황이 더 안 좋아졌다. 우리는 시즌 개막 8주 동안 승점 2점을 획득하는 데 그치며 최하위에 머물러 있었다. 결국, 우리가 6연패의 늪에 빠지자 라모스 감독은 경질될 위기에 직면했다. 우리는 그로부터 일주일이 채 지나지 않아 우디네세Udinese를 상대로 UEFA컵 첫 경기를 치렀다. 우디네세 원정의 결과는 0-2 패배였다. 다시 잉글랜드로 돌아와 볼턴Bolton전을 준비한 우리 팀 분위기는 뒤숭숭했다. 그날 오후, 우리는 구단이 소집한 긴급회의에 참석했다. 우리는 구단 컨퍼런스 룸에서 열린 이날 회의에서 라모스 감독이 경질됐으며 해리 레드냅Harry Redknapp이 차기 감독으로 선임됐다는 통보를 받았다. 레드냅 감독은 바로 다음 날 열린 볼턴전부터 우리 팀을 이끌었다.

레드냅 감독은 4-4-1-1 포메이션을 바탕으로 나를 공격형 미드필더로 배치하며 최전방 공격수 대런 벤트Darren Bent를 지원하게 했다. 우리는 그날 승리한 덕분에 조금이나마 숨통이 트일 수 있었다.

다음 경기였던 토트넘의 북런던 라이벌 아스널 원정은 정말 대단했다. 선제골을 넣은 것은 우리였지만, 거너스Gunners(아스널의 애칭)가 곧 승부를 뒤집으며 스코어를 1-3으로 만들었다. 난타전이 이어지며 경기는 2-4가 됐다. 우리는 포기하지 않고 싸우며 89분경 3-4로 따라붙었고, 4분이 주어진 추가 시간 중에 단 1분도 채 남지 않은 순간 내가 시도한 슛이 골대를 맞고 나왔다. 그리고 이를 레넌이 득점으로 연결하며 동점골을 뽑아냈다. 동점골을 넣은 우리는 미친 듯이 기뻤다. 우리가 기쁨에 넘친 세리머니를 하면서 깔아뭉갠 레넌은 숨을 쉬지 못해 질식하기 일보 직전이었다! 나는 우리가 진정한 팀이 된 것이 그날이었다고 굳게 믿고 있다. 그 이후 우리가 연승 행진을 달렸다는 사실이 그것을 증명한다. 우리는 이후 홈에서 열린 리버풀전에서 러시아 공격수 로만 파블류첸코Roman Pavlyuchenko가 후반 추가시간에 터뜨린 결승골에 힘입어 2-1로 승리했다. 이어 맨체스터 시티 원정에서는 내가 벤트의 선제골을 어시스트했고, 우리는 또 2-1로 이겼다.

더 흥미로운 것은 토트넘이 UEFA컵 대진 추첨 결과 디나모를 상대하게 됐다는 점이었다. 그 덕분에 나는 친정팀을 상대할 수 있게 됐다. 디나모는 내가 자그레브를 떠난 지 단 5개월 만에 화이트 하트 레인 원정을 왔다. 전 동료들을 상대하는 기분이 이상했지만, 나는 프로다운 모습을 보이는 데 집중했다. 나는 이날 우리가 넣은 네 골중 선제골을 어시스트했고, 75분에 팬들의 기립박수를 받으며 교체됐다.

그 무렵 나는 잉글랜드에서 축구 선수의 삶이 얼마나 훌륭한지 깨닫기 시작했다. 시즌 초반 부진을 거듭한 후 강팀을 상대로 연승 행진을 이어가자 그런 분위기를 더 확실하게 느낄 수 있었다. 우리는 첼시와 아스널 그리고 맨체스터 유나이티드에 패하지 않았으며 리버풀과 맨체스터 시티를 꺾으며 수준 높은 팀이라는 사실을 분명하게 입증했다. 다만 하위권 팀들을 상대로 충분한 승점을 획득하지 못한 것은 우리가 아직 완벽히 준비된 팀이 아니라는 약점을 노출하고 있었다.

그러나 가장 중요한 것은 우리가 시즌 초반 부진하며 경험한 트라우마로부터 회복되고 있었다는 점이다. 우리는 2008년을 리그 16위로 마무리했다. 우리는 리그컵과 UEFA컵에서 꽤 좋은 성적을 거뒀지만, 나는 또다시 승부차기의 악몽에 시달려야 했다. 토트넘은 전 시즌 우승을 차지한 리그컵에서 결승까지 갔지만 만원 관중으로 가득 찬 웸블리에서 타이틀 방어에 실패했다.

우리는 맨체스터 유나이티드와 치열한 공방전 끝에 0-0 무승부로 경기를 마무리하며 승부차기에 돌입했다. 그러나 승부차기는 맨유의 4-1 승리로 끝났다. 우리 팀에서 페널티킥을 성공한 선수는 콜루카뿐이었다. 나는 키커로 나설 생각조차 하지 않았다. 내가 비엔나에서 입은 마음의 상처가 아직 다 아물지 않은 상태였기 때문이었다.

레드냅은 개성 있는 감독이다. 카리스마가 강한 그는 팀에 긍정적인 분위기를 불어넣었고, 선수들에게도 적절하게 동기부여했다. 그가 크로아티아 선수들을 높게 평가한다는 점도 내게는 긍정적인 부분이었다. 레드냅 감독은 과거 웨스트햄과 포츠머스에서 자신이 지도한 슬라벤 빌리치, 이고르 스티마치, 니코 크란차르, 로베르트 프로시네츠키를 늘 칭찬했다. 그래서 그가 나중에 토트넘에서 크로아티아 선수를 네 명씩 한꺼번에 지도하게 된 사실은 크게 놀랍지 않았다. 베드란 콜루카, 니코 크란차르, 스티페 플레티코사 그리고 나까지 '4인방'을 구성한 우리 구단은 당시 '크로토트넘CroTottenham'이라는 별명까지 얻었다.

레드냅 감독은 모든 상황에서 능숙하게 대처하는 방법을 알고 있었다. 레드냅 감독 체제의 팀 훈련은 대부분 코치들이 진행했다. 그러나 레드냅 감독은 늘 팀 내부에서 진행되는 모든 일을 자세히 관찰했다. 그는 선수 개개인이 최고의 기량을 선보일 수 있는 포지션에서 뛰기를 바랐다. 레드냅 감독이 부임한 후 나의 경기력도 빠르게 발전했다. 그는 내가 더 자유롭게 뛰면서 공격적인 창의성을 발휘해야 한다고 생각했다. 레드냅 감독은 나를 효과적으로 활용했다. 그는 곧 우리 팀 선수들에게 나에게 집중적으로 패스를 연결하라고 주문했고, 나는 발이 빠른 레넌에게 침투 패스를 찔러주는 데 집중했다. 토트넘의 경기력은 발전을 거듭했고, 우리는 8위로 시즌을 마쳤다. 이는 우리의 시즌 초반 성적이 토트넘 구단 역사상 최악이었던 점을 고려할 때 꽤 고무적인 최종 결과였다. 우리는 전통주의자이면서도 동시에 매우 긍정적이고, 또 친절한 레드냅 감독 덕분에 시즌을 잘 마무리할 수 있었다.

나는 프리미어리그에서 활약한 첫 시즌이 진행될수록 점점 더 발전하는 모습을 보였다. 팀 내 입지를 탄탄하게 다졌고, 팬들도 나의 경기력에 만족감을 나타냈다. 토트넘 팬들은 자연스럽게 다음 시즌에는 내가 더 좋은 선수로 성장하기를 기대했다.

내가 토트넘에서 활약한 첫 번째 시즌의 결정적인 순간은 우리가 최대 위기에 직면했던 시기, 더 구체적으로는 볼턴전을 앞두고 찾아왔다. 나는 운전을 하며 경기장으로 향하던 도중에 문자 메시지를 받았다. "아무 때나 가능할 때 나한테 전화해. 나와 통화하고 싶다면"이라고 적힌 메시지의 작성자 이름은 '즈보네Zvone'였다. 그 이름은 크로아티아 축구와 관련된 사람이라면 누구나 알 수밖에 없는 이름이다. 그것은 즈보니미르 보반의 애칭이었다. 정말 나한테 문자를 보낸 사람이 나의 우상이란 말인가? 나는 머릿속으로 계속 이 질문을 던졌다. 아무래도 친구들이 장난치는 것 같다고 생각했다. 보반이 왜 나와 연락을 하려 한단 말인가? 그런데도 나는 호기심이 생겼고, 누가 문자를 보낸 것인지 궁금했다. 결국 나는 내게 문자를 보낸 번호로 전화를 걸었다. 전화기 너머로 들리는 목소리를 듣는 순간, 나는 그 사람이 보반이라는 것을 바로 알 수 있었다! 내가 살아 있는 한 절대 잊을 수 없는 순간이었다.

"경기 결과가 안 좋다고 자책하지 말고 침착해야 해. 나도 처음 해외 진출을 했을 때 똑같은 일을 겪었거든. 나도 처음에는 적응할 시간이 필요했어. 침착하게 기다리면, 상황이 좋아질 거야!"

그게 '즈보네'의 조언이었다. 그것은 당시 내게 꼭 필요했던 조언이기도 했다. 게다가 보반은 프로축구 선수로 누릴 수 있는 모든 것을 경험한 인물이다. 나는 그와 전화 통화를 한 5분 동안 흥분을 감출 수 없었다. 보반이 AC 밀란과 유럽을 평정하는 순간, 혹은 크로아티아가 사상 첫 월드컵 메달을 획득하는 모습을 TV로 보던 나의 어린 시절로 잠시 돌아간 기분이었다. 나는 보반과의 대화를 통해 커리어의 중요한 걸림돌을 넘는 데 필요한 힘과 기운을 얻었다. 그 후로는 모든 게 더 편해졌다.

# 행운을 잡는다는 것

프리미어리그에서 첫 번째 시즌을 마친 후 떠난 여름휴가는 1년 전과 비교해 훨씬 더 평화로웠다. 나는 잉글랜드 축구에 적응한 나 자신에게 만족하고 있었다. 나는 프리미어리그의 리듬에 성공적으로 적응했고, 더 높은 수준에서 경쟁력을 발휘할 수 있다는 것을 모두에게 증명했으며 팬들의 긍정적인 평가도 내게 자신감을 심어줬다. 나는 바냐와 함께 아드리아 해변에서 휴가를 즐기며 해외에서 보낸 첫해를 되돌아봤다. 우리는 런던에서 즐거운 삶을 살고 있었지만, 만약 바냐의 도움이 없었다면 그 모든 것은 불가능했을 것이다. 무엇보다 바냐는 스스로 런던에 적응하는 데 어려움을 겪으면서도 내가 토트넘에서 실력을 증명할 수 있도록 나를 돕기 위해 노력했다. 나는 팀 훈련과 원정 경기를 위한 이동, 그리고 경기에 출전하는 데 초점을 맞춘 생활을 했지만, 반대로 바냐는 혼자 지내야 하는 시간이 많았다. 나는 우리가 자그레브에 살던 시절부터 바냐가 혼자 있는 것을 싫어한다는 사실을 알고 있었다. 그러나 내가 디나모에서 원정 경기에 나설 때면, 바냐는 친구들에게 전화를 하거나 어머니, 혹은 할머니와 할아버지를 만날 수 있었다. 자그레브는 바냐의 집이었다. 그러나 런던은 그녀에게 전혀 다른 세상이었다. 우리가 런던에 도착하고 2개월간 호텔 생활을 끝내고 더 작고 조용한 마을인 치그웰로 이사 간 후에는 바냐가 더 걱정스러웠다. 치그웰은 숲속에 있는 아담한 마을이었고 시끌벅적한 런던 시내와는 떨어져 있었다. 바냐는 자기 취향에 맞게 2층짜리 우리 집을 꾸몄다. 나는 바냐가 하고 싶은 대로 할 수 있도록 집을 꾸미는 데 일절 관여하지 않았다! 물론 우리는 함께 집에 있을 때는 즐겁게 시간을 보냈다. 나는 팀 훈련을 마치면 5분 만에 집으로 돌아올 수 있었고, 그러면 우리는 하루 종일 함께 있을 수 있었다. 우리가 5년간 함께하며 그렇게 온종일 서로 마음이 가는 대로 생활할 수 있었던 것은 그때가 처음이었다. 우리는 그렇게 런던 생활에 적응했다. 우리 둘 다 런던을 마음에 들어 했다. 우리가 사는 동네에서 지하철을 타면 40분 만에 시내로 나갈 수 있었다.

그러나 차를 가지고 런던 시내로 향하면 교통 상황에 따라 한 시간에서 한 시간 반 정도가 걸렸다. 다음 날 훈련 일정이 없을 때는 시내에서 하루를 보낸 뒤, 호텔에서 휴식을 취하고 다음 날 치그웰로 돌아갔다.

여기까지가 런던에서 우리가 경험한 좋은 기억이다. 바냐는 내가 원정 경기에 출전하느라 집을 비울 때마다 크고 작은 트라우마를 경험해야 했다. 실제로도 바냐는 집에서 혼자 지내는 게 힘들다고 얘기하곤 했다. 바냐는 집 청소, 요리 등 집안일을 하면서 시간을 때웠다. 이를 제외하면 바냐가 작은 마을에서 할 수 있는 것은 쇼핑을 가거나 레스토랑에서 점심 식사를 하는 것뿐이었다.

근처 몇몇 집에 도둑이 들었다는 얘기를 들은 후부터 우리는 걱정이 더 심해졌다. 특히 바냐는 밤에 집에 혼자 있는 것을 무서워했다. 나 또한 집을 비우는 날에는 밤마다 바냐가 잘 있는지 걱정이 됐다. 결국, 우리는 바냐가 이런 생활을 이어가는 것은 무리라고 판단했다. 그 후 바냐는 내가 원정을 떠나는 날에는 메리어트 호텔에 머물렀다.

토트넘에서 맞은 두 번째 시즌은 초반부터 모든 것이 순조로웠다. 우리는 몇몇 새로운 선수를 영입했고, 그 중에는 포츠머스에서 온 니코 크란차르가 있었다. 내가 드디어 니코와 대표팀뿐만 아니라 소속팀에서도 함께 뛸 수 있게 된 것이다.

그러나 불행히도 운명은 우리가 같이 뛰는 상황을 그냥 보고만 있지 않았다. 토트넘이 훌륭한 경기력을 선보이며 4연승을 달리던 시점에 내가 심각한 부상을 당했기 때문이다. 나는 화이트 하트 레인에서 열린 버밍엄전에서 부상을 당했다. 후반전 초반, 리 보이어Lee Bowyer와의 경합 도중에 태클을 당했다. 보이어는 거칠기로 소문난 선수였지만, 나와 경합이 발생한 순간은 위험한 플레이가 나올 만한 상황이 아니었다. 그러나 내가 몸으로 공을 지키자 보이어는 공을 향해 발길질을 했고, 내 다리 위로 넘어졌다. 나는 오른쪽 다리에 갑작스러운 통증을 느꼈다. 순간적으로 불길한 예감이 들었다.

나는 팀 의료진이 운동장 안으로 들어와 내게 다가올 때까지만 해도 이를 악물고 통증을 참으면 계속 뛸 수 있다고 생각했다. 그러나 그렇게 하기에는 통증이 너무 심했다. 내가 심각한 부상을 당한 게 분명해 보였기 때문이다. 팀 의료진은 나를 바로 병원으로 이송해야 한다고 판단했다. 그들은 나의 오른쪽 종아리뼈 골절을 예상했다. 엑스레이를 찍어본 결과 그들의 불길한 예감이 사실로 드러났다. 나는 앰뷸런스를 타고 병원으로 이동하는 동안 슬라벤 빌리치 감독의 전화를 받았다. 오랜 기간 뛸 수 없다는 사실을 직감한 나는 눈물을 흘렸다. 빌리치 감독은 나를 격려했지만, 나는 매우 화가 나 있었다. 이후 보이어가 내게 전화를 걸어 사과했다. 나는 단 한 번도 보이어가 일부러 나를 다치게 했다고 생각하지 않았다. 경기 도중 갑작스럽게 일어난 일이고, 내가 불운했을 뿐이었다. 그나마 다행인 것은 수술을 받을 필요까지는 없었다는 점이다. 나는 오른쪽 다리에 깁스를 한 후 재활을 시작했다.

나는 재활 기간을 런던과 크로아티아에서 나눠서 보냈다. 훗날 토트넘 동료가 된 선수이자 이미 크로아티아 대표팀에서 친구 사이가 된 스티페 플레티코사 역시 큰 부상을 당한 후 크로아티아에서 재활 중이었다.

내가 토트넘에서 약 100일 동안 뛰지 못하는 사이에 크란차르는 훌륭한 경기력을 선보였다. 그는 중요한 순간에 득점을 터뜨리며 토트넘이 상위권으로 올라서는 데 보탬이 됐다. 우리는 몇몇 경기에서 함께 뛰었지만, 4월에는 그가 심각한 부상을 당해 시즌 아웃 판정을 받고 말았다.

\* \* \*

나는 토트넘에서 두 번째 시즌을 시작하기 전에 바냐에게 결혼 이야기를 꺼냈다. 우리는 약 5년간 연인 사이로 지내며 4년 이상 동거를 해온 상태였다. 우리는 결국 서로의 남편이자, 아내가 되기로 결심했다. 더 중요한 것은 우리가 아이를 낳기로 결정했다는 사실이다! 심지어 우리는 아이를 최소 세 명은 낳아서 키우자는 데 동의했다. 우리는 가족이라는 개념을 바라보는 관점이 일치했고, 아이들에 대해 이야기하니 기대가 더 커졌다. 우리는 곧 아이를 갖기로 한 상태였지만, 내가 부상을 당한 후에 이 계획을 더 앞당기기로 했다. 우리는 부모가 되고 싶었다. 내가 토트넘 훈련 시설로 재활을 하러 가기 전, 바냐는 내가 일정을 마친 후 우리가 런던에서 가장 좋아하던 이탈리아 레스토랑에서 만나 저녁 식사를 하자고 제안했다. 그때까지 나는 바냐가 왜 하필 그 레스토랑에서 만나자고 했는지 생각조차 하지 못하고 있었다. 이후 레스토랑에 도착한 나는 그곳에 앉아 있는 바냐를 바로 찾을 수 있었다. 이날 유독 바냐는 이상해 보였다. 긴장을 한 것 같은 모습이었다. 나는 자리에 앉으며 바냐에게 왜 이 레스토랑에서 만나자고 했냐고 물었다.

"루카는 곧 아빠가 될 거야!"

그런 순간은 글로 표현하기 어렵다. 경험해본 사람만이 그때 느끼는 기쁨을 알 수 있다. 바냐의 임신은 세상에서 가장 좋은 소식이었다! 게다가 나의 아내 바냐는 우리에게 특별한 장소에서 이 사실을 내게 알려줬다.

그것은 참 바냐다운 생각이었다. 바냐는 임신 후 입덧으로 심하게 고생하면서도 그 순간만큼은 우리 모두를 특별하게 만들어주고 싶었다고 한다. 사실 나는 그 전까지 집에서 함께 지내면서도 바냐가 임신했다는 사실을 전혀 눈치채지 못했다. 바냐는 임신이 확실해지기 전까지는 내게 모든 일을 비밀로 했다. 우리는 태어나서 가장 특별한 점심 식사를 하며 미래를 위한 계획을 세웠다. 우리는 이미 시즌이 끝나면 결혼식을 올리기로 한 상태였다.

바냐는 그녀의 산모 생활을 관리해줄 의사가 자그레브에 있는 우리의 주치의였으면 좋겠다고 말했다. 당연히 나도 바냐의 뜻에 따르기로 했다. 바냐가 잉글랜드 의사들을 믿지 못한 것은 아니었다. 그러나 바냐와 나는 우리 아이가 크로아티아에서 태어나기를 바랐다. 또 바냐는 큰 2층집이 아닌 단층으로 된 집으로 이사하고 싶다고 말했다. 아이와 단둘이 지내야 하는 시간이 많아질 바냐가 단층집에서 생활하기가 더 편하다고 생각했기 때문이다. 그래서 우리는 아파트를 빌렸다. 우리가 살았던 치그웰의 주택에도 수많은 추억이 남아 있었지만, 바냐는 깔끔한 아파트에서 넓은 단층 공간으로 삶의 터전을 옮기고 난 후에 더 행복해지고, 더 차분해졌다.

2010년 5월 12일, 나는 임신 8개월째가 된 바냐와 자그레브에서 결혼식을 올렸다. 결혼식은 아담한 분위기에서 진행됐다. 우리는 가족과 가까운 친구만 초대했고, 식을 올린 후 자그레브의 레스토랑에서 저녁 식사를 했다. 우리는 1년 후 성당에서 더 큰 결혼식을 올리기로 약속한 상태였다. 정말 행복한 시간이었다. 개인적인 삶 외에도 나는 토트넘에서 활약한 두 번째 시즌 내내 행복하게 축구를 할 수 있었다.

우리는 프리미어리그에서 4위로 시즌을 마치며 토트넘 구단 역사상 처음으로 UEFA 챔피언스리그 진출에 성공했다. 우리는 멋진 경기력으로 맨체스터 시티 원정에서 승리하며 자력으로 4위 자리를 차지했다. 이후 우리는 격렬한 파티를 열었다! 나는 시즌 초반에는 부상으로 고생했지만, 생각보다 빨리 회복이 되어 복귀한 뒤에는 팀 동료들과 좋은 호흡을 보였다. 현지 언론도 나와 우리 팀의 경기력을 칭찬했다. 나는 스스로의 능력을 프리미어리그에서 입증했다고 자신할 수 있었다. 모든 사람들에게 내가 높은 경쟁력이 요구되는 무대에서 뛸 능력이 충분한 정상급 선수라는 사실을 증명한 셈이다. 더는 누구도 나의 작은 체구와 키, 약한 힘에 대해 지적하지 않았다. 오히려 나의 기술적인 능력과 팀에 헌신하는 모습에 대한 칭찬이 이어졌다. 프리미어리그의 격렬한 리듬은 나를 더 좋은 선수로 만들었다. 나는 더 빠르고, 더 간결한 플레이를 할 줄 아는 선수가 됐다.

그 시절 내가 남긴 유일한 오점은 크로아티아가 2010 남아공 월드컵 진출에 실패했다는 사실이었다. 내가 크로아티아 대표팀에서 데뷔전을 치른 후 메이저 대회 본선에 진출하지 못한 것은 그때가 처음이었다. 나는 여름을 남아공이 아닌 크로아티아에서 보내야 했다. 당시 휴가는 이전까지 내가 경험한 휴가들과는 전혀 다른 분위기로 흘러갔다.

## 두려움에 빠진 바냐

시즌이 끝난 후 하루가 지난 2010년 5월 8일, 바냐와 나는 자그레브로 돌아갔다. 바냐의 예정 출산일은 6월 27일이었다. 바냐는 자그레브에서 휴식을 취했고, 나는 크로아티아 대표팀에 합류해 두 경기를 더 뛴 후 휴가를 맞아야 했다. 우리는 클라겐푸르트Klagenfurt에서 오스트리아, 오시예크에서 웨일스를 상대하는 일정을 앞두고 있었다. 그렇지만 나는 5월 24일부터는 자유의 몸이 될 수 있었다. 그때부터는 바냐가 필요한 무엇이든 해줄 수 있었다. 자그레브의 날씨는 더웠다. 나는 조금 더 시원한 해안도시인 자다르로 가고 싶었지만, 의료진은 우리에게 바냐가 아이를 낳을 때까지는 여행을 피해야 한다고 조언했다. 임산부는 세심한 관리가 필요했기 때문이다.

그런데도 바냐는 나 혼자서라도 자다르로 가서 가족과 단 며칠만이라도 같이 보내는 게 좋을 것 같다고 말했다. 어차피 아이가 태어나면 부모님과 두 여동생과는 많은 시간을 보내는 것이 어려워질 게 뻔했다. 나는 혼자 자다르로 가서 가족과 만났다. 이튿날 새벽 5시 즈음에 아버지가 나를 서둘러 깨웠다. 바냐가 전화를 했는데, 내가 벨소리를 듣지 못했기 때문이다. 다행히 아버지가 내 전화가 울리는 소리를 들었다!

"아들아, 일어나라. 바냐가 병원으로 가야 해. 아이를 낳으려고 한다고…."

나는 단 1초 만에 일어나 옷을 입고 280킬로미터나 떨어진 자그레브로 향했다. 우리 부모님도 따로 차를 타고 내 뒤를 따라왔다.

길은 텅텅 비어 있었고, 나는 가속페달을 밟았다. 빨리 바냐 옆에 있고 싶었다.

바냐는 양수가 터진 순간 아파트에 혼자 있었다. 그러나 바냐는 근처에 살고 계신 어머니에게 바로 연락을 취했다. 장모님은 바로 바냐에게 가서 집에서 병원으로 가는 데 필요한 모든 물건을 챙겨주셨다. 우리는 시간이 지나 이날 일을 기억하며 당시 바냐와 장모님이 탄 택시를 몬 운전사에 대해 얘기하면서 함께 웃는다. 장모님은 택시를 탄 후 어디로 가는지 묻는 그를 향해 "병원으로 가세요! 얘가 아이를 낳으려고 한단 말이에요!"라고 소리를 질렀다. 이에 깜짝 놀란 택시 운전사는 출산을 앞둔 임산부가 차에 타고 있다는 점을 의식해서 매우 천천히 운전하며 약 시속 28킬로미터 정도로 달렸다고 한다.

결국 빨리 병원으로 가고 싶었던 바냐는 그에게 "괜찮으니까 제발 더 밟아주세요!"라고 소리쳤다고 한다.

바냐가 내게 전화했을 때, 그녀와 장모님은 이미 병원에 거의 도착한 시점이었다. 그 소식을 들은 나는 갑자기 특별한 기분이 들면서 눈물이 흘렀다. "바냐, 가능하다면 제발 기다려줘. 1초 안에 갈게."

그러나 바냐는 나를 기다릴 수 없었다. 내가 병원 앞에 차를 세우는 순간, 우리 아이가 태어났다. 첫째 아이가 태어난 그날 아침 8시 10분부터 우리의 삶은 영원히 변했다. 두 팔을 벌려 우리 아들을 처음으로 안은 순간은 내 인생에서 가장 행복한 순간이었다. 나는 바냐를 꼭 안아줬다. 그때 느낀 행복한 감정이 평생 이어졌으면 좋겠다는 생각이 들었다. 나는 바냐가 둘째 아이를 낳는 순간에는 반드시 그녀와 함께 있어 주기로 약속했다! 그리고 나는 그 약속을 지켰다.

처음으로 아이가 생긴 우리는 무엇을 어떻게 해야 할지 전혀 모르고 있었다. 우리가 알고 있었던 것은 바냐가 제왕절개로 아이를 낳을 예정이었다는 것뿐이었다. 그러나 바냐가 예정 출산일보다 3주나 더 빨리 아이를 낳게 될 줄은 전혀 모르고 있었다!

바냐와 아기는 며칠 더 병원에 있어야 했다. 나 또한 하루 종일 그들과 함께 있었다. 약 이틀 정도는 병원에서 잠을 자면서 바냐와 우리 아기와 함께 있었다.

아이가 태어난 후 병원에서 지낸 나흘 동안, 간호사들은 아침마다 우리 병실로 들어와 매번 똑같은 질문을 했다.

"아드님 이름은 지으셨나요?"

우리에게는 미리 생각해둔 몇 가지 이름이 있었다. 바냐는 우리 아들에게 이반Ivan이라는 이름을 지어주고 싶어 했다. 그래서 나는 이름을 이바노Ivano로 하자고 했다. 나의 아들! 나의 사랑!

그로부터 약 2주 후, 우리는 병원으로부터 이제 여행을 가도 좋다는 말을 들었다. 아이를 데리고 처음으로 자다르로 갈 순간이 기다려졌다. 우리 부모님과 여동생들은 아이가 태어났다는 소식을 듣고 기쁨을 주체하지 못하고 있었다. 참으로 행복한 날들이 이어졌다. 모든 게 맞아떨어졌기 때문이다. 어린 시절부터 알고 지낸 친구들이 아이를 만나러 찾아왔다. 우리는 모이면 늘 브리스쿨라 이 트레세타briškula i trešeta라는 크로아티아식 카드 게임을 했다. 나는 그 게임을 잘

했다.

그 게임에 이기는 가장 중요한 비법은 게임 내내 집중력을 유지하면서 어떤 패가 나왔는지 기억한 다음, 상대가 어떤 비장의 카드를 남겨두고 있는지 파악하는 것이다. 이후 내가 어떤 패를 보일지 선택한 후 그를 꺾는 게 이 게임의 방식이다. 나는 팀 훈련에서 연습 경기를 할 때도 지는 것을 싫어했다. 심지어 나는 카드 게임을 할 때도 소리를 지르며 싸우려 드는 습관이 있다.

하루는 저녁에 푼타 스칼라의 우리 집 테라스에서 친구들과 브리스쿨라 게임을 하고 있었다. 나는 게임에 너무 몰두한 나머지 바냐가 집에 돌아오는 것도 보지 못했다. 밤 11시 즈음, 발코니에서 빨래를 널던 바냐는 갑자기 몸 상태가 안 좋아졌다.

바냐는 간신히 밑으로 내려와 내게 몸이 좋지 않다고 얘기했다. 그때 나는 바냐의 상태가 심각하지 않은 것으로 생각했다. 나는 바냐에게 잠깐 누워서 쉬라고 말했다.

아버지가 바냐를 방으로 데려다주셨다. 그러나 얼마 지나지 않아 쿵 소리가 크게 나더니 소란이 일어났다. 나는 바로 위층으로 뛰어올라갔고, 그곳에서 바냐의 어머니와 마주쳤다. 바냐의 어머니도 소리를 듣고 방에서 막 나와서 바냐에게 달려간 것이었다. 이후 바냐를 본 나는 몸이 얼어붙었다. 곧 나는 끔찍할 정도로 겁에 질렸다. 바냐가 숨을 쉬지 못하고 있었기 때문이다.

나의 친한 친구 마르코가 빠른 대응에 나섰다. 우리는 바로 바냐를 병원으로 데리고 갔다. 우리는 의식이 절반 정도밖에 없는 바냐를 차에 태우고 병원으로 향했다. 바냐의 어머니가 병원으로 가는 내내 그녀를 끌어안고 있었다. 우리는 빠른 속도로 병원을 향해 달렸고, 아버지는 오랜 친구이자 의사인 나키치Nakić에게 전화를 걸었다. 아버지는 겨우 자신의 증상을 알려주는 바냐의 말을 그대로 나키치에게 전달했다. 바냐는 가슴이 조여 온다고 말하고 있었다. 그때 바냐가 등에 느낀 통증은 아마 넘어지면서 입은 타박상이었을 가능성이 컸다. 하지만 가슴이 아프다는 것은 심장마비로 이어질 수 있는 심각한 증상이었다. 나는 미친 듯이 병원을 향해 달린 뒤, 건물 바로 앞에 차를 세웠다. 이미 그곳 의료진이 우리를 위해 나와 있었다. 바냐는 바로 검사를 받았고, 의사 중 한 명이 아무래도 혈병이 폐로 들어간 것 같다고 말했다.

바냐는 곧 중환자실로 이동해서 집중적인 치료를 받았다. 이후 의료진은 바냐에게는 절대적인 휴식이 필요하다며 바냐를 제외한 우리를 집으로 돌려보냈다. 집으로 돌아온 나는 바냐가 치료를 받고 있는 만큼 걱정은 한층 덜었지만, 여전히 잠을 잘 수 없었다.

우리는 언제든지 병원과 바로 연락할 수 있는 전화번호를 받아왔다. 바냐의 상태를 수시로 확인한 의료진이 그녀가 안정을 되찾았다는 말을 전한 뒤에야 안심할 수 있었다. 우리는 다음 날 바냐를 만나러 간 후 그녀의 몸 상태를 더 자세히 파악할 수 있었다. 의료진은 바냐가 임신 중이었을 때 혈병이 생긴 것 같다고 설명했다. 처음에는 매우 심각한 수준이었지만, 다행히도 치료가 잘 됐다. 바냐는 병원에서 깨어난 다음 날 아침 아들을 낳았다는 사실조차 잊고 있었을 정도로 상태가 심각했다. 그러나 바냐는 곧 퇴원한 후 집으로 갈 수 있었다. 나는 이후에도 한 달간 매일 바냐를 병원으로 데려가서 주사를 맞게 했다. 바냐의 상태는 면밀한 검사가 필요했을 정도로 심각했다. 바냐는 1년 반 동안 항응고 요법 치료anticoagulant therapy를 받아야 했다. 불행하게도 바냐의 건강 문제는 그게 다가 아니었다.

## 나의 첫 번째 챔피언스리그

나는 디나모에서 UEFA 챔피언스리그 본선 출전이라는 가장 큰 목표를 이루지 못했다. 최고의 선수들을 상대할 수 있는 챔피언스리그는 모든 축구 선수에게 꿈같은 무대다. 나는 토트넘에 합류한 후에도 잉글랜드에서는 본선에 진출하기가 더 어렵다는 사실을 알면서도 챔피언스리그 무대를 꿈꿨다. 프리미어리그는 경쟁력이 매우 높은 무대인 데다 상위 일곱 팀, 혹은 여덟 팀이 4위권 진입을 놓고 경쟁한다. 프리미어리그처럼 경쟁이 치열한 리그는 없다. 게다가 토트넘은 챔피언스리그 무대를 거의 50년간 경험하지 못하고 있었다. 그러나 2010년 여름, 드디어 나의 꿈이 이뤄졌다. 우리는 예선에서 영보이스Young Boys를 꺾었다. 다만, 아쉽게도 1차전 원정은 내게 좋은 기억을 남기지 못했다. 나는 그날 근육 부상을 당했고, 우리는 원정 경기에서 2-3으로 패했다. 나는 2차전 홈경기에 출전하지 못했지만, 우리 팀은 훌륭한 경기력을 선보이며 4-0으로 승리해 1, 2차전 합계 6-3으로 챔피언스리그 본선 무대를 밟을 수 있었다.

우리는 조별 리그에서 내가 잘 알고 있던 베르더 브레멘을 비롯해 트벤테Twente, 챔피언스리그의 디펜딩 챔피언 인터 밀란 Inter Milan과 만났다. 우리는 구단 역사상 챔피언스리그가 재출범한 후 처음으로 본선에 진출했지만, 빼어난 경기력으로 조 2위를 차지했다.

조별 리그에서 가장 기억에 남는 경기는 인터 밀란전이었다. 그날 우리 골키퍼 고메스가 퇴장을 당하는 바람에 10분 만에 교체됐다. 그래서 레드냅 감독은 나를 빼고 백업 골키퍼 카를로 쿠디치니Carlo

Cudicini를 투입했다. 레드냅 감독은 전술적인 이유로 나를 교체한 후 수적 열세를 극복하기 위해 신체적으로 더 강한 선수들로 이날 경기를 치렀다. 우리는 이날 3-4로 패했지만, 모든 사람들은 빛나는 활약을 펼친 가레스 베일Gareth Bale의 해트트릭에 대해서만 얘기했다. 이전까지 베일은 잇따른 부상으로 어려움을 겪었지만, 마침내 토트넘에서 입지를 다지기 시작한 상태였다. 인터 밀란전은 그가 날아오르기 시작한 출발점이었다. 나는 토트넘에서 그와 친하게 지냈고, 시간이 갈수록 그와의 관계는 더 가까워졌다. 나는 브레멘과의 홈 경기에서 챔피언스리그 데뷔골을 넣었고, 우리는 16강 진출을 확정했다.

우리는 16강에서 AC 밀란을 만났다. 밀란은 내가 어린 시절 보반을 보며 응원했던 팀이다. 내가 상대한 밀란은 1990년대의 밀란만큼 강하지는 않았지만, 여전히 훌륭한 선수를 여럿 보유하고 있었다.

내가 밀란에서 가장 좋아한 선수 중 한 명은 즐라탄 이브라히모비치Zlatan Ibrahimović였다. 나는 그가 선보이는 축구 실력과 특유의 분위기에 매료됐다. 밀란은 그 외에도 네스타, 셰도르프, 티아구 실바, 가투소 그리고 기술이 뛰어난 미드필더 피를로를 보유하고 있었다. 게다가 산 시로 원정을 앞둔 몇 주 동안 우리에겐 문제가 잇따라 발생했다.

우리는 풀럼과의 FA컵 4라운드 경기에서 0-4 대패를 당했고, 경기가 끝난 밤에는 더 일이 꼬였다. 바냐가 차린 저녁 식사를 마친 후 우리는 잠시 TV를 봤다. 그 후 나는 배가 아파서 일찍 잠을 자기로 했다. 잠을 자면 통증이 없어질 줄 알았지만, 오히려 아침 6시 즈음이 되니 더는 참을 수 없을 정도로 배가 아파왔다. 나는 팀 주치의에게 전화를 걸었고, 그는 내가 맹장염을 앓고 있는지도 모른다고 말했다. 곧 나는 병원으로 옮겨졌고, 그들은 그곳에서 수술을 준비했다.

나는 건강에 문제가 생길 때면 늘 심리적으로도 위축이 됐다. 몸이 아프면 경기에 출전할 수 없었기 때문이다. 게다가 수술을 받은 것은 그때가 처음이었다. 그래서 나는 두려움을 감추지 못했다. 다행히 수술은 성공적으로 진행됐고, 나는 시간과의 싸움을 시작했다. AC 밀란과의 경기까지는 2주도 남지 않은 상태였고, 나는 수단과 방법을 가리지 않고 그 경기에 출전해야 했다. 나는 의료진이 팀 훈련 합류를 허락할 때만을 기다렸다. 결국 나는 수술을 받은 후 단 8일 만에 구단 훈련장에 모습을 드러냈다. 그리고 3일 뒤, 동료들과 함께 밀라노행 비행기에 몸을 실었다. 나는 팀과 함께 밀라노로 왔다는 것만으로도 만족감을 느끼고 있었다. 그런데 레드냅 감독이 경기 전날 훈련에서 나를 놀라게 했다. "루카, 내일 경기 선발 출전하는 게 어때?" 평소라면 당연히 "네!"라고 대답했겠지만, 그때 나는 수술을 받고 난 뒤 약 두 번 정도 팀 훈련을 소화한 상태였다. 내가 팀과 함께 밀라노까지 간 것 자체가 기적이었다. 뛰고 싶은 마음은 강했지만, 그 상태로 선발 출전까지 하는 것은 과욕이었다.

레드냅 감독은 나의 결정을 존중해줬지만, 결국 그는 후반전 시작 15분 만에 라파엘 반 더 바르트Rafael van der Vaart를 빼고 나를 투입했다. 그날 가장 기억에 강렬하게 남은 것은 고메스의 활약이었다. 우리는 그의 선방 덕분에 밀란과 격렬히 맞서 싸우며 끝내 승리할 수 있었다. 우리는 약 80분경 빠른 역습을 시작했다. 레넌이 나의 침투 패스를 받아 상대 수비수와의 1 대 1 싸움을 드리블 돌파로 뚫어낸 후 피터 크라우치Peter Crouch에게 크로스를 연결했다. 크라우치는 7만

5,000명이 내려다보는 관중석 앞에서 침착한 마무리로 우리에게 1-0 승리를 안겼다. 정말 대단한 기분이었다! 우리는 산 시로에서 밀란을 꺾었다.

우리는 화이트 하트 레인에서 열린 2차전을 실점 없이 무승부로 끝내며 8강 진출에 성공했다. 우리의 8강 상대는 레알 마드리드였다. 나는 그들을 상대해본 후 최고를 만나는 게 어떤 것인지 배웠다. 산티아고 베르나베우Santiago Bernabéu의 분위기는 장관이었다. 나는 경기 전 몸을 풀며 축구의 성지나 다름없는 그곳의 거대한 관중석을 위아래로 훑었다. 내 옆에 있던 베드란 콜루카는 "마치 팬들이 내 머리 위에 올라가 있는 것 같아!"라고 말했다.

레알은 경기 시작 4분 만에 선제골을 터뜨렸다. 우리는 15분경 크라우치가 두 번째 경고를 받고 퇴장당하며 수적 열세까지 안게 됐다. 결국 레알은 이날 우리를 4-0으로 꺾었다. 2차전 홈경기는 형식적으로 치르는 경기나 다름없었다. 그러나 우리는 팬들에게 토트넘도 레알과 경쟁할 수 있다는 것을 보여줘야 했다. 우리는 꽤 좋은 경기력을 선보였고, 우리 팬들은 호날두의 득점 후에도 응원을 멈추지 않았다. 이날 1-0으로 승리한 레알은 1, 2차전 합계 5-0으로 우리를 꺾었다. 그러나 토트넘은 이 시즌을 기점으로 유럽의 빅클럽들과 경쟁할 수 있는 팀으로 거듭났다. 그것은 우리가 이후 프리미어리그에서 5위로 시즌을 마치며 챔피언스리그 진출에 실패한 실망 속에서 건질 수 있었던 유일한 위안거리였다.

## 항구에서 바라본 바다의 거센 파도

프리미어리그 시즌이 끝난 뒤, 내게는 열흘의 휴식 기간이 주어졌다. 이후 나는 크로아티아 대표팀에 합류해 조지아를 상대로 유로 2012 예선 경기에 나서야 했다. 이는 크로아티아가 14년 만에 스플리트에서 치른 경기였다. 그 사실만으로도 그날 경기는 무언가 달랐다. 앞서 크로아티아가 스플리트에서 치른 모든 경기가 그랬다. 크로아티아 대표팀은 스타디온 폴류드에서 치른 아홉 경기에서 단 한 번도 승리하지 못했는데, 그중 세 경기는 공식 경기였다. 크로아티아가 폴류드에서 종종 국가대표팀 경기를 갖는 것에 대한 스플리트, 달마티아 지역의 불만은 그럴 만한 이유가 있었던 셈이다.

　그런 불만은 고스란히 우리에게도 심리적 부담이 됐다. 게다가 경기가 열린 시점은 시즌이 막 끝난 6월이었던 탓에 선수들의 컨디션도 좋지 않았다. 더군다나 조지아의 수비진을 깨는 것은 쉽지 않았다. 우리는 약 두 달 반 전에 열린 트빌리시Tbilisi 원정에서도 그들과의 혈투 끝에 후반전 추가시간에 실점을 헌납해 0-1로 패했다. 그것은 우리가 유로 2012 예선에서 당한 첫 번째 패배였다. 조지아는 폴류드 원정에서도 환상적인 경기력으로 17분 만에 누구도 예상치 못한 선제골을 터뜨리며 상황을 더 복잡하게 만들었다. 그러나 팬들의 응원을 등에 업은 우리는 드디어 조지아를 무너뜨리는 데 성공했다. 만주키치가 81분 동점골을 넣었고, 83분 니콜라 칼리니치Nikola Kalinić의 역전골이 이어지며 매우 중요한 경기에서 2-1 승리를 거뒀다. 대표팀 일정까지 마친 나는 드디어 결혼식 준비에 집중할 수 있었다. 우리는 6월 11일 성당에서 결혼식을 올릴 계획이었다. 우리는 불과 1년 전 시청에서 올린 아담한 결혼식에서 친구 네 명 그리고 가족들과 함께 시간을 보냈다. 그러나 이번에는 손님만 무려 170명을 초대했다. 결혼식의 분위기는 환상적이었고, 우리는 결혼식이 끝난 후 웨스틴 호텔Westin Hotel에서 다음 날 아침 7시까지 파티를 즐겼다. 내가 자다르에서 만난 절친한 친구 블라덴 그르도비치Mladen Grdović, 아카펠라 그룹 클라파 인트라데Klapa Intrade, 보스니아의 인기 가수 할리드 베슬리치Halid Bešlić가 훌륭한 쇼를 연출했다. 나는 그들의 음악을 사랑한다. 그들의 한 곡, 한 곡이 그날의 훌륭한 분위기를 만드는 데 도움이 됐다. 그르도비치는 다음 날 아침까지 노래를 멈추지 않았다. 그는 우리가 아침 식사를 하기 위해 모인 10시까지 계속 노래를 불렀다!

성대한 결혼식까지 올린 뒤, 나는 본격적으로 긴장을 풀고 여름휴가를 맞을 준비를 했다. 그러나 그런 상황은 오래가지 못했다. 나의 에이전트 블라도 레미치Vlado Lemić와 다보르 추르코비치Davor Ćurković는 첼시가 나를 영입하기를 바란다는 소식을 전해왔다. 내가 토트넘으로 가기 전, 스탬포드 브리지Stamford Bridge행은 거의 확실해 보였다. 첼시가 내게 또 영입 제안을 했다는 것은 그들이 나를 얼마나 높게 평가하는지를 보여주는 일이었다. 첼시는 그해 여름 새로운 감독을 선임한 상태였다. 안드레 빌라스-보아스André Villas-Boas 감독이 카를로 안첼로티Carlo Ancelotti 감독을 대체하며 첼시 사령탑이 됐다.

나는 첼시 이적을 긍정적으로 생각하고 있었지만, 곧 상황이 급변하기 시작했다. 우선 나는 바냐와 전세기를 타고 자다르에서 에이전트가 우리를 기다리는 칸Cannes으로 이동해야 했다. 그러나 검은색으로 짙게 틴팅이 된 유리 창문으로 가려진 이 비행기는 우리를 칸으로부터 30킬로미터 떨어진 니스Nice로 데리고 갔다. 그곳에서 우리는 로만 아브라모비치 첼시 구단주의 안전요원과 만나 모터보트에 올라탔다. 이후 우리를 태운 고속 모터보트는 아브라모비치 구단주가 타고 있는 요트로 향했다. 몹시 흥분되는 경험이었다. 첩보 영화에서나 볼 법한 약 20명 남짓한 사람들이 모터보트를 타고 도착한 우리와 만났다. 모든 것이 빠르고 일목요연하게 진행됐다. 우리가 고급스러운 갑판에 자리를 잡자 아브라모비치 구단주가 나타났다. 그는 아내 다샤Dasha와 그의 아들과 함께 우리를 만났다. 나는 무엇보다 아브라모비치 구단주가 나타나자 자연스럽게 사라지는 안전요원들의 모습이 신기했다. 그들이 확실한 훈련을 받았다는 것을 한눈에 알아볼 수 있었다. 그들의 모든 움직임은 그 타이밍까지 완벽했다.

나는 이전에 아브라모비치 구단주를 한 차례 만난 적이 있었다. 내가 직접 관전한 첼시와 아틀레티코 마드리드의 경기에서 그와 자리가 가까웠기 때문이다. 처음 만난 우리는 그때도 몇 마디를 주고받았다.

우리는 코트다쥐르Côted'Azur에서 다시 만났고, 내가 본 아브라모비치 구단주는 여유로우면서도 무언가 신비한 사람처럼 보였다. 그는 돌려 말하지 않았다.

"우리는 당신이 수준 높은 선수라는 것을 알고 있어요. 첼시의 선수로 영입하고 싶습니다."

나는 그와 대화를 나누기 위해 그가 탄 요트까지 이동했다. 그 사실 자체가 나의 바람도 그와 같았다는 것을 뜻했다.

나는 토트넘에서 세 시즌 동안 성공적인 활약을 펼쳤다. 토트넘은 프리미어리그 상위권 팀으로 도약했고, 나는 드디어 챔피언스리그 본선을 경험했다. 토트넘과 관련된 모든 분석 리포트들이 내가 이 성장하는 팀의 핵심적인 선수 중 한 명이라는 사실을 증명하고 있었다. 나는 이제 토트넘을 떠날 때가 됐다고 생각했다. 나는 우승과 트로피를 원했지만, 토트넘에 남는다면 그 목표를 이루지 못할 것 같았다. 나는 조금 더 야망 있는 구단으로 가고 싶었다. 축구는 누구나 늙을 때까지 할 수 있는 아름다운 스포츠다. 그러나 최정상급 무대에서 선수가 누릴 수 있는 커리어는 짧다. 그때 26세였던 나는 눈앞에 온 기회를 놓치고 싶지 않았다.

아브라모비치 구단주는 내게 "토트넘이 이적을 막으려고 할까요? 싸워서라도 당신을 지킬 거 같아요?"라고 물었다.

나는 "협상이 쉽지는 않을 것 같습니다"라고 대답했다. 나는 토트넘과 첼시의 사이가 좋지 않다는 사실을 알고 있었다.

음료수를 다 마시고, 20분 정도가 지난 후 아브라모비치 구단주와 그의 아내는 유유히 방 안으로 돌아갔다. 아브라모비치 구단주는 우리와 인사를 나누며 긴장을 풀고 수영하다가 가도 좋다고 말했다. 그러나 우리는 그에게 고맙다고 말한 후 곧 떠났다. 우리는 축구 경기가 열리는 시간인 단 90분 만에 다시 니스의 바닷가로 돌아왔다. 우리는 걸어서 니스를 잠시 둘러본 후 자그레브로 돌아가는 비행기에 몸을 실었다. 바냐와 나는 그 모든 일이 이렇게 빨리 진행될 수 있다는 데 놀라움을 느꼈다. 그러나 나는 다니엘 레비 토트넘 회장이 나의 첼시 이적 가능성에 대한 이야기조차 하고 싶어 하지 않을 것이라는 사실을 이미 알고 있었다.

프리시즌이 시작되기 전, 잉글랜드 기자들은 내게 전화를 걸어 토트넘을 떠나고 싶으냐고 물었다. 나는 솔직하게, 어쩌면 순진하게 답변했다. 내 커리어에서 다음 발걸음을 내디딜 때가 됐다고 생각했기 때문이다. 이후 나를 둘러싼 이적에 대한 잡음은 이적시장이 끝날 때까지 이어졌다. 레비 회장은 공개적으로 내가 토트넘과 계약을 맺고 있으며 구단이 이적 제안을 수락할 가능성은 없다고 말했다. 나는 프리시즌 캠프 합류를 앞두고 런던에 도착한 뒤, 레비 회장과 대화를 하기 위해 그를 만났다. 언론 보도와 달리, 그 자리에서는 격한 말은커녕 어떤 인신공격도 없었다. 그러나 우리의 대화에 긴장감이 감돈 것은 사실이다. 레비 회장은 내가 공개적으로 토트넘을 떠나고 싶다고 말한 점을 지적하며 나를 질책했고, 토트넘이 어떤 액수를 제안받아도 나를 놓아줄 의사가 없다고 확고하게 말했다.

괴로운 날들이 이어졌다. 언론은 매일매일 나의 상황을 파헤치듯 보도했다. 토트넘 팬들은 내가 떠나고 싶어 한다는 데 불만을 나타냈고, 나 또한 그들을 이해할 수 있었다. 반면 레드냅 감독은 공식석상에서 나를 이해한다고 말했다. 당시 상황은 절대 쉽지 않았다. 경험이 풍부한 레드냅 감독은 이런 상황을 잘 알고 있었고, 그는 내가 토트넘보다 더 야망 있는 구단으로 갈 기회가 있다는 사실도 인지하고 있었다. 그러나 어느 감독처럼 그 또한 강력한 팀을 구축하고 싶어 했다. 그에게는 내가 필요하다는 것도 알고 있었다. 그는 모든 방법을 동원해 나를 다독여 팀에 남게 하려고 했다. 심지어 그는 남아공에서 열린 프리시즌 투어 기간에 내게 주장직을 부여하기도 했다. 그러나 내 마음은 이미 토트넘을 떠나 있었다. 이후 나는 구단에 공식적으로 이적을 요청했다. 그러나 그 이후에도 결국 아무 일도 일어나지 않았다.

8월 6일 토요일, 우리는 화이트 하트 레인을 방문한 아틀레틱 빌바오Athletic Bilbao를 상대로 프리시즌 첫 홈경기를 치렀다. 아틀레틱 빌바오는 스페인 라리가 개막을 앞두고 마지막 프리시즌 경기에서 우리와 격돌했다.

나의 첼시 이적이 추진됐다는 사실이 언론을 통해 공개된 뒤, 나를 향한 토트넘 팬들의 반응에 대해 수많은 소문이 쏟아졌다. 그날 나는 대기 명단에 이름을 올린 후 벤치에서 경기를 시작했다. 그러나 레드냅 감독이 나를 교체 투입하자 토트넘 팬들은 환상적인 반응을 보이며 나를 마치 영웅처럼 반겨줬다. 불안감과 걱정에 시달리던 와중에 팬들에게 그런 환영을 받자 나는 크게 감동했다. 개인적으로는 그때 토트넘 팬들의 반응을 내가 더 야망 있는 구단으로 가고 싶어 한다는 것을 그들이 이해한다는 메시지로 받아들였다. 그러면서도 동시에 팬들은 내가 토트넘에 남아주기를 바라는 마음을 표현한 것 같다. 앞선 3년 동안 나는 토트넘 팬들로부터 남부럽지 않은 사랑을 받았다. 나는 토트넘을 위해 최선을 다했고, 팬들도 이를 알고 있었다.

여름 내내 마음고생을 한 내게 토트넘 팬들의 반응은 큰 기쁨을 줬다.

여름 이적시장이 닫히기 전까지는 아직 3주가 더 남아 있었다. 첼시는 계속 이적료 금액을 인상하며 토트넘에 새로운 제안을 했지만, 레비 회장은 매번 이를 거절했다. 그런 상황이 나를 화나게 했다. 레드냅 감독도 내가 도저히 경기에 뛸 수 있는 상태가 아니라는 사실을 깨달았다. 나는 우리가 UEFA 유로파리그 본선 진출을 확정한 하츠Hearts와의 예선 1, 2차전 경기에 연속으로 결장한 데 이어 맨체스터 유나이티드에 0-3으로 패한 올드 트래포드에서 열린 프리미어리그 개막전에도 출전하지 않았다. 이어 우리가 홈에서 맨체스터 시티전을 앞두고 있을 때, 레드냅 감독은 내게 출전을 주문했다. 우리는 몇몇 선수들이 부상을 당한 데다 기대한 것과는 달리 시즌 초반 성적이 좋지 않았다. 나는 경기를 두어 시간 앞두고 레드냅 감독에게 도저히 집중할 수 없어 경기에 나서지 않는 게 낫겠다고 말했다. 늘 내게 친절하게 대해준 레드냅 감독은 그래도 내게 계속 출전을 당부했고 결국 나는 그의 뜻을 존중하기로 했다. 그러나 나의 우려는 곧 현실이 됐다. 나는 경기를 소화할 만한 컨디션을 만들지 못한 상태였다. 우리는 1-5로 패했고, 나는 60분 만에 교체됐다. 그날의 내 경기력은 분명히 내가 토트넘으로 이적한 후 보인 최악의 경기력이었다.

약 3일이 지난 후 이적시장이 닫혔고, 그때 크로아티아 대표팀에 합류해 있던 나는 첼시 이적이 무산됐다는 것을 알게 됐다. 내가 합류한 크로아티아는 몰타, 이스라엘을 상대로 유로 2012 예선 두 경기에 나서야 했고, 2개월간 토트넘에서 마음고생을 했던 나는 구단과 거리를 두고 싶었다. 나는 몰타전을 벤치에서 지켜봤다. 나흘 후 자그레브에서 열릴 이스라엘전에 대비해 체력을 안배하기 위해서였다. 이어진 이스라엘전은 우리 팀에게도 나에게도 쉽지 않은 경기였다. 나를 포함해 선수들은 아직 경기력을 올리는 과정에 있었기 때문이다. 이스라엘은 가장 애매한 시점인 전반전 종료 1분을 앞두고 선제골을 터뜨렸다. 그러나 나는 후반전 시작 2분 만에 약 30미터 거리에서 동점골을 넣는 데 성공했다. 그날의 골은 내가 넣은 가장 아름다운 골 중 하나였고, 그 덕분에 우리는 대역전승을 거둘 수 있었다. 부상에서 완쾌해 복귀한 에두아르도가 두 골을 넣었고, 나는 그의 첫 번째 골을 어시스트했다. 경기 결과는 우리의 3-1 승리였다. 그 경기 이후 나는 차츰 경기력을 회복할 수 있었다.

런던으로 돌아오는 길에 내 머릿속에는 단 하나의 생각뿐이었다.

지나간 일은 전부 잊고 해야 할 일에 집중하자는 것. 나는 토트넘으로 복귀한 후 팀 훈련에 헌신해 경기력을 끌어올린 후 레드냅 감독과 팀을 위해 뛰겠다는 목표를 세웠다. 그러나 레드냅 감독은 그보다 더 좋은 계획을 세우고 있었다. 그는 바로 다음 경기에 나를 선발 출전시켰다. 그 결과 나는 그 시점부터 2011-12 시즌 출전한 모든 경기 중 단 한 경기를 제외하고 풀타임을 소화했다. 내가 유일하게 풀타임을 뛰지 못한 웨스트 브롬전에서는 바이러스에 감염돼 교체돼야 했다. 나는 그 시기 내가 훌륭한 활약을 펼쳤다고 생각한다. 우리는 9월 울버햄프턴 원더러스Wolverhampton Wanderers전을 시작으로 10승 1무로 무패 행진을 내달리며 프리미어리그 2위로 올라섰다. 그 후에도 우리는 훌륭한 경기력을 유지하며 스토크 시티전에서 당한 한 차례 패배를 제외하고는 상승세를 이어갔다. 우리는 9월부터 2월까지 치른 23경기에서 16승 5무 2패를 기록했다. 그러나 우리는 시즌 막바지에 상승세가 꺾이기 시작하며 하위권 팀 노리치, QPR에 패해 4위로 내려앉았다. 우리와 3위 아스널의 격차는 승점 1점 차에 불과했다. 결과적으로 우리는 챔피언스리그 진출권인 4위로 시즌을 마쳤다.

그러나 불행하게도 우리는 챔피언스리그 진출에 실패했다. 프리미어리그 6위로 시즌을 마친 첼시가 누구도 예상치 못한 챔피언스리그 우승이라는 업적을 이뤄냈다. 이에 따라 첼시는 '디펜딩 챔피언' 자격으로 다음 시즌 챔피언스리그 진출에 성공했고, 정작 프리미어리그 4위를 차지한 우리는 유로파리그로 가야 했다.

나는 시즌이 진행되는 동안 다니엘 레비 회장과 몇 차례 미팅을 가졌다. 1월에는 그가 직접 우리 집까지 찾아와 재계약을 하자며 나를 설득했다. 그때 재계약을 했다면, 그것은 내가 토트넘에서 체결하는 두 번째 계약 연장이었을 것이다. 레비 감독은 만약 레알 마드리드 정도의 빅클럽이 내게 영입 제안을 한다면 나를 놓아주겠다고 약속까지 했다. 그러나 당시 나는 시즌이 끝난 후 상황에 대해 생각하지 않고 있었고, 재계약을 할 생각이 없었다. 그때 나는 토트넘에서 좋은 경기력을 유지하면서 폴란드와 우크라이나에서 열릴 유로 2012 출전을 준비하는 데 몰두하고 있었다.

아무래도 이쯤에서 레비 회장에 대해 더 자세히 이야기하는 게 좋을 것 같다. 나는 2011년 여름, 그리고 이후에도 몇 차례 마찰이 있긴 했지만 늘 레비 회장과 원만한 관계를 유지했다. 우선 레비 회장은 나를 토트넘으로 영입한 사람이다. 심지어 그는 구단 역사상 최고 이적료 기록을 갈아치우며 나를 영입했다. 그것만으로도 그와 토트넘이 나를 얼마나 높게 평가하는지 알 수 있었다. 그들은 내게 큰 기회를 줬다. 내가 화이트 하트 레인에서 활약하는 동안 늘 팀 내 입지는 탄탄했고 나의 태도와 경기력으로 그런 위치에 오를 만한 자격이 있다는 사실을 증명했다. 레비 회장은 토트넘의 이익을 위해 싸우는 훌륭한 운영자다. 최근 몇 년간 토트넘이 기록한 성적이 이를 잘 보여주고 있다. 그러나 당시 내가 레비 회장에게 서운한 마음을 품었던 이유는 그가 몇 차례 더 큰 구단으로 보내주겠다고 약속하고도 그 약속을 지키지 않았기 때문이었다. 내게 무엇보다 중요한 것은 약속을 지키는 것이다. 내가 지금까지 활약했던 구단과 아는 사람이라면, 내게 우선순위는 돈이 아니라는 사실을 잘 알 것이다. 그렇지 않았다면 나는 다른 팀으로 이적해 지금보다 더 많은 돈을 벌 수 있었다. 프로축구에서 돈은 운동장에서 펼치는 활약에 대한 대가다.

매일 실력을 증명하기 위해서는 집중력을 100%로 끌어올려 준비된 자세를 유지해야 하며, 무엇보다 강한 동기부여와 도전정신을 가져야 한다. 만약 그렇게 할 의지가 없다면, 그것은 그 선수가 떠나야 할 시간이 왔다는 사실을 의미한다. 나 또한 선수 생활을 하며 큰 결정과 변화를 줘야 했던 적이 몇 차례 있었다. 그런 상황에 대처하는 것은 단순한 일이 아니지만, 그 결정을 결코 피할 수 없는 것이 선수의 숙명이다. 안정적인 곳에서 안주하면 삶이 더 쉬워질 수는 있겠지만, 그렇게 하면 머지않아 자신의 한계에 봉착하게 될 것이다. 이는 구단에는 물론 선수에게도 결코 좋은 일이 아니다.

토트넘 이적은 내 커리어의 결정적인 순간이었다. 나는 토트넘의 핵심 선수였으며 팬들도 나를 좋아해줬다. 나는 세계에서 체력적 부담이 가장 큰 프리미어리그에서 싸우며 스스로를 증명하고 싶었다.

많은 전문가들은 내가 혹독할 정도로 빠른 프리미어리그에 어떻게 적응할지 모르겠다며 의구심을 품었다. 그들은 내가 그곳의 거칠고 강한 선수들을 상대로도 기술적인 축구를 보여줄 수 있을지 의문이라고 말했다. 그러나 내게는 두려움도, 걱정도 없었다. 오히려 커리어 내내 나를 따라다닌 의심이 동기부여가 됐다. 나는 난민 호텔 앞 주차장에서 시작해 학교 운동장, 유소년 리그 경기장을 거치며 축구를 할 때마다 항상 노력하면서 신체적으로 강인한 상대를 만나 능력을 발휘하며 자신감과 믿음을 쌓아왔다. 나이를 먹으면서 발전을 거듭했고, 그럴수록 나 자신에 대한 확신은 갈수록 더 강해졌다.

내 커리어 내내, 심지어 나의 전성기에도 여러 가지 이유로 내게 의구심을 나타내는 목소리가 존재한다. 그러나 나는 스스로에 대한 믿음을 잃은 적이 없다. 나는 위기를 맞은 순간에도 인내심으로 쏟아지는 비판을 견뎠다. 절대 흔들리지 않았고, 새로운 동기부여를 찾았다. 시간이 지나면 경기력으로 그들이 틀렸다는 것을 증명할 수 있다는 자신감을 가지고 있었다.

내가 토트넘에서 프리미어리그와 유럽클럽대항전에 출전한 4년이라는 시간도 다를 게 없었다. 심지어 나의 의지는 그 어느 때보다도 그 시절에 가장 강했다. 프리미어리그에서 활약한 시절은 나의 선수 시절에서 가장 결정적인 시점이었다. 나는 프리미어리그에서 스타가 될 기회를 잡았지만, 나에게는 높은 가능성을 보여주는 데만 그치고 사라진 수많은 선수들 중 한 명이 될 가능성도 분명히 있었다. 그러나 나는 여러 차례에 걸쳐 최고 수준의 무대에서 발전을 거듭했다. 이는 내가 더 큰 구단의 관심이나 영입 제안을 받았기 때문만은 아니다. 토트넘이 끝까지 나를 지키려고 한 사실도 이를 증명하고 있다.

내가 토트넘을 떠날 시점이 됐다는 확신을 얻은 이유가 하나 더 있었다. 현지 언론이 맨체스터 유나이티드가 나를 영입하고 싶어 한다고 보도했기 때문이다. 그들이 전설적인 미드필더 폴 스콜스Paul Scholes를 대체할 적임자로 나를 낙점했다는 소식이 들렸다. 이는 확인이 된 소식은 아니었지만, 나는 그 소식을 전해 듣는 것만으로도 만족감을 느꼈다. 스콜스는 10대 시절부터 내가 가장 좋아한 선수 중 한 명이었다. 나는 그가 맨유에서 긱스, 베컴 등 수많은 스타와 함께 뛰는 모습을 지켜봤다.

축구계에서는 온갖 소문과 가십이 일상처럼 여겨진다. 이적시장이 가까워질수록 각종 소문과 루머가 더 사실처럼 전파된다. 그래서 나 또한 맨체스터 유나이티드 이적설에 대해 크게 신경 쓰지 않았다. 그러나 나는 2010-11 시즌 올해의 선수상 수상자가 선정되던 시점에 알렉스 퍼거슨Alex Ferguson감독이 나에 대해 남긴 말을 지금도 기억하고 있다. 당시 웨스트햄의 훌륭한 미드필더 스콧 파커Scott Parker가 기자단이 선정한 최우수 선수상을 받은 후 그해 여름 토트넘으로 이적했고, 잉글랜드 프로축구 선수협회(PFA) 올해의 선수상은 나의 팀 동료 가레스 베일이 수상했다.

그러나 퍼거슨 감독은 "내가 생각하는 프리미어리그 최고의 선수는 루카 모드리치다"라고 말했다.

그것은 그저 듣기 좋은 누군가의 의견이 아니었다. 전설적인 감독이자 카리스마 넘치는 전문가의 의견이었다. 퍼거슨 감독은 누군가에 대한 칭찬을 아끼는 사람이다. 퍼거슨 감독의 칭찬은 내가 프리미어리그에서 성공했다는 증거였다. 나는 잉글랜드로 올 때부터 그 순간을 꿈꿨다. 내가 선수로서 나의 능력을 증명한 것이다.

나는 토트넘을 떠난다면 어디로 가야 할지 알 수가 없었다. 레비 회장이 나를 놓아줄지, 그렇게 하더라도 언제 나를 이적시킬지 알 수 없었기 때문이다. 그러나 나는 새롭고, 더 큰 도전을 위해서는 떠나야 한다는 확신이 있었다.

나는 토트넘에서 동료들과 매우 가까운 관계를 맺었다. 토트넘이 강력한 팀을 구축한 시절에 팀의 일원으로 뛸 수 있었다는 것은 행운이기도 했다.

우리는 친구처럼 지냈다. 물론 크로아티아에서의 분위기와는 달랐다. 잉글랜드에서는 팀 훈련이 끝나면 동료들끼리 만나서 놀지 않는다. 동료들과 함께 나가 놀거나 서로 집을 방문하는 일이 거의 없다. 선수마다 자기만의 계획과 습관이 있었다. 그러나 우리는 팀 훈런, 경기, 원정을 위해 이동할 때는 늘 함께 어울렸다. 특히 바냐와 나는 경기를 마친 후 화이트 하트 레인의 선수 가족을 위한 전용 스위트룸에서 긴장을 풀고 놀던 순간을 아주 좋아했다. 그 자리에서는 선수들의 아내와 아이들도 함께 우리와 어우러져 편하게 대화를 나눴다. 우리는 관중석의 분위기를 느끼면서도 편하게 즐길 수 있었다. 바냐도 화이트 하트 레인에서 경기를 지켜볼 때 느끼는 분위기를 항상 좋아했다. 운동장 위에서 뛰는 나도 비슷한 느낌을 받았다. 축구 문화, 경기장 분위기, 선수들을 향한 존중 등이 잉글랜드 축구를 특별하게 만들었다. 잉글랜드 사람들에게 축구는 종교다. 축구 선수에게, 특히 해외에서 온 선수에게 이런 분위기를 느끼는 것은 마법 같은 기분이다.

또 나는 잉글랜드에서 진정한 크리스마스 파티가 무엇인지 배웠다! 아직도 처음으로 팀 동료들과 나가 놀았던 기억이 난다. 우리는 오후 세 시에 볼링을 치러 갔다. 나는 술 몇 잔을 마신 뒤, 어쩌면 식사를 한 후 밤에 헤어지는 계획을 생각했다. 그래서 나는 바냐에게 내가 언제 돌아온다고 알려줄 생각조차 하지 않았다. 그러나 파티는 계속 이어졌다. 볼링, 저녁 식사, 술은 밤 10시까지는 시작도 하지 않았다. 바냐는 다음 날 아침에 돌아온 나를 걱정하며 기다리고 있었다. 우리가 잉글랜드의 팀 문화가 무엇인지를 배운 것은 바로 그때였다!

동료들은 나를 잘 이해해줬고 내가 무슨 생각을 하는지 알고 있었다. 잉글랜드 사람들은 매우 정중하고, 누군가의 사생활에 침범하지 않는다. 그 때문에 우리 팀 동료들도 나의 이적설에 대해서는 어떠한 대화도 나누지 않았다. 그러나 바냐와 나는 잉글랜드를 우리 고

향처럼 여긴 4년이라는 시간이 지나면서 그런 생활을 마무리할 때
가 됐다는 사실을 알고 있었다.

Chapter 7

# 레알 마드리드

내가 토트넘에서 좋은 활약을 하고 있던 2011년 가을, 크로아티아 대표팀에 위기가 발생했다. 유로 2012 예선에서 본선행을 다투던 경쟁 상대인 그리스와 격돌한 아테네 원정에서 패한 것이다. 그리스 원정을 앞둔 우리는 승점 1점만 획득하면 충분하다고 생각했다. 그 후 리예카에서 열릴 경기 상대인 라트비아를 충분히 이길 수 있다고 믿었기 때문이다. 그러나 그리스는 피레아스Piraeus에 있는 게오르기 오스 카라이스카키스 스타디움Georgios Karaiskakis Stadium에서 우리를 압 도했다. 당시 나는 소속팀 토트넘에서의 경기력은 좋았지만, 대표팀 에 합류한 후 나선 그리스 원정에서는 경기력이 형편없었다. 그리스 는 우리를 꺾고 자력으로 유로 2012 본선에 진출하는 데 성공했다. 반면 크로아티아의 유로 2012 진출 가능성에는 먹구름이 드리워 졌다.

걱정스러운 요인이 한두 가지가 아니었다. 우리는 앞선 2010 남아 공 월드컵에도 출전하지 못한 탓에 유로 2012 본선행마저 놓친다면 크로아티아 축구 전체가 암흑기에 접어들 수 있었다. 크로아티아는 독립 후 처음으로 메이저 국제대회 본선 진출권을 2회 연속으로 놓 칠 위기를 맞았다.

우리가 아테네에서 비행기를 타고 크로아티아로 돌아오자 이미 사방으로부터 우려의 목소리가 들려왔다. 특히 크로아티아 축구협회의 몇몇 관계자들이 우려를 나타냈다. 코칭스태프와 선수들은 별말 하지 않은 채 그리스전 패배에 대한 실망감에 빠져 있었다. 그 사이 크로아티아 축구협회는 앞으로의 상황에 대처하기 위한 계획을 세우고 있었다. 무엇보다 그들은 슬라벤 빌리치 감독에게 불만을 품고 있었다. 축구협회로서는 감독을 경질할 수는 있지만, 선수들을 모두 바꿀 수는 없는 노릇이었다.

나는 크로아티아 대표팀에 처음 합류한 시점부터 축구협회 관계자 외에 다른 사람들이 늘 우리와 동행하는 모습을 볼 수 있었다. 그들이 대표팀 분위기에 영향을 미친다는 점도 알고 있었다. 나는 애초에 코칭스태프와 선수들이 축구협회 관계자와 늘 동행해야 한다는 점이 마음에 들지 않았다. 더군다나 축구협회 관계자가 아닌 다른 사람들이 우리와 함께 움직이는 것은 더 마음에 들지 않았다. 나뿐만 아니라 대다수의 다른 선수들도 나와 생각이 같았다. 팀에는 팀 고유의 분위기와 정해진 일정, 그에 따라 필요한 것들이 있다. 특히 그리스전처럼 중요한 경기에서 졌을 때는 더욱 그렇다.

그리스에 패한 우리가 유로 2012 본선에 진출하려면 라트비아전을 치른 후 플레이오프에 올라가서 무조건 승리해야 했다. 내가 대표팀 데뷔전을 치른 후 크로아티아가 국제대회 예선에서 플레이오프를 소화해야 했던 것은 그때가 처음이었다. 로빈Rovinj에 캠프를 차린 우리 팀의 분위기는 비참했다. 빌리치 감독이 계속 팀을 이끌지에 대해서도 계속 의문이 쏟아졌다. 언론은 빌리치 감독의 거취에 대해 집중적으로 언급했다. 빌리치 감독도 당연히 자신의 거취를 걱정하는 것 같았다. 8년간 청소년 대표팀, 성인 대표팀에서 빌리치 감독과 함께하는 동안 그의 그런 모습을 보는 것은 처음이었다. 빌리치 감독은 나와 콜루카를 자신의 방으로 불렀다. "솔직하게 답해줘. 선수들이 여전히 나를 믿고 있니?" 우리는 "네"라고 대답했다. 선수들은 빌리치 감독이 떠나는 상황을 원치 않았고, 우리는 라트비아전부터 승리해 대표팀을 둘러싼 부정적인 분위기를 없애겠다는 의지를 품고 있었다. 당시 빌리치 감독에게는 우리와의 대화가 그리스전 패배로 받은 충격에서 벗어나는 데 매우 중요했다고 생각한다. 크로아티아 축구협회도 결국 빌리치 감독을 경질하지 않았고, 그는 라트비아전에서 우리를 이끌었다.

크로아티아에서 세 번째로 큰 도시인 리예카의 스타디온 칸트리다Kantrida Stadium에 모인 팬들은 아테네에서 쓴맛을 보고 돌아온 우리를 긍정적인 분위기로 맞아줬다. 몇몇 팬들은 야유를 보내기도 했지만, 관중석을 꽉 메운 대부분의 팬들은 우리를 응원해줬다.

우리는 팬들의 응원에 보답했다. 에두아르도와 만주키치가 후반전 연속골을 터뜨렸고, 2-0으로 승리하면서 조금이나마 압박감에서 벗어날 수 있었다.

이제 우리는 유로 2012 예선 플레이오프에서 승리하면 본선으로 갈 수 있었다. 대진 추첨 결과 우리는 예선 플레이오프에서 운명의 상대 터키와 만났다! 터키를 만난 우리는 유로 2008 8강에서 맛본 충격적인 패배를 설욕하고 유로 2012 본선에 진출해야 한다는 의지를 불태웠다.

터키와 만난 우리 팀의 사기는 이보다 더 높을 수 없었다. 우리에게 트라우마를 남긴 그들에게 복수할 기회가 왔기 때문이다. 그러나 축구 경기에서 이기기 위해서는 단순히 '희망'이나 '바람'보다 더 많은 것이 필요하다. 명장 거스 히딩크Guus Hiddink 감독이 이끄는 터키는 강팀이었다. 특히 터키는 홈경기를 할 때는 더 강했다. 터키는 유로2012 조 예선에서도 무패로 본선 진출을 확정한 독일을 제외하면 홈에서 만난 모든 상대를 꺾었다.

불과 한 달 전 그리스 원정에서 패한 우리가 본선에 진출하리라는 기대치는 높지 않았다. 객관적으로 터키가 더 우세하다는 평가가 지배적이었고, 우리는 이스탄불에 도착했을 때부터 그런 분위기를 느낄 수 있었다.

빌리치 감독은 모든 세세한 부분까지 심혈을 기울였다. 그는 경험이 풍부한 선수들을 불러 모은 후 자신의 생각을 공유했다. 그는 왼쪽 측면 수비수와 공격수 자리에 누구를 출전시켜야 할지 확신하지 못하고 있었다. 그는 우리에게 의견을 구했고, 나는 그의 접근방식이 현명하다고 생각했다. 상황에 따라 선수들과 의견을 공유하는 게 중요한 순간이 있기 때문이다. 빌리치 감독은 경기 초반부터 터키를 공격하며 최후방 수비 라인을 압박해 그들이 경기를 풀어가지 못하도록 하자는 계획을 세웠다. 그런 전술적 선택이라면 적극적으로 뛰는 이비차 올리치가 만주키치와 최전방에서 조합을 이루는 게 최적의 방법이었다. 에두아르도를 벤치에 앉히는 것은 어려운 결정이었지만, 결국 빌리치 감독은 그렇게 선택했다. 빌리치 감독의 또 다른 놀라운 결정은 콜루카를 왼쪽 측면 수비수로 중용하고, 고르돈 스틸덴펠드를 중앙 수비수로 세운 선택이었다. 그는 자신의 호텔 방으로 선수들을 불러 이날 전술의 모든 세부적인 사항을 자세히 설명한 후 우리를 격려했다.

이스탄불의 튀르크 텔레콤 아레나Türk Telekom Arena는 불같이 강렬한 분위기를 내뿜었지만, 우리는 경기 시작 2분 만에 올리치가 선제골을 터뜨리며 터키 팬들을 침묵에 빠지게 만들었다. 우리는 다시 한번 빌리치 감독의 전술이 맞아떨어졌다고 확신할 수 있게 됐다. 우리는 빌리치 감독이 지시한 작전을 그대로 따르며 훌륭한 경기력을 선보였다. 만주키치와 올리치는 터키 수비수들을 무력화하며 그들이 후방에서부터 경기를 풀어가지 못하게 만들었다. 터키도 당황한 모습이었다.

빌리치 감독의 대담한 전술, 선수들이 보여준 의지는 크로아티아가 유로 2012 본선에 진출할 자격이 있다는 사실을 증명했고, 우리는 결국 위대한 승리를 거뒀다. 만주키치와 콜루카는 환상적인 활약을 펼쳤고, 두 골을 추가하며 우리에게 3-0 승리를 안겼다. 터키 원정은 대성공이었고, 우리는 팀 분위기를 정상화하는 데 꼭 필요했던 결과를 얻었다. 자그레브에서 열린 2차전 경기는 무승부로 종료됐다. 우리는 이스탄불 원정에서 중요한 승리를 거둔 탓에 스트레스를 받지 않고 홈에서 승부를 마무리하는 데 집중했다. 우리는 터키에 설욕전을 펼치며 유로 2012 진출을 확정했다. 물론, 4년 전 비엔나에서 승부차기 끝에 패하며 입은 상처는 영원히 사라지지 않을 것이다. 그러나 우리는 플레이오프에서 다시 만난 터키를 꺾으며 그때의 상처를 나름대로 극복할 수 있었다.

\*\*\*

나는 개인적으로도 유로 2012 본선을 앞두고 토트넘에서 순조롭게 활약하고 있었다. 토트넘은 성공적으로 시즌을 치르고 있었고,

큰 야망을 품은 빅클럽들이 나를 영입하는 데 계속 관심을 보였다.

1월에는 파리 생제르맹(PSG) 구단 관계자들이 연락을 해왔다. 현역 시절 브라질과 AC 밀란의 스타였던 레오나르두 PSG 단장이 내게 전화를 걸었다. 나는 그가 1994 미국 월드컵에서 활약하는 모습을 봤다. 그는 내게 "당신을 높게 평가하고 있으며 PSG로 영입하고 싶습니다"라고 짧고 굵게 말했다. 레오나르두 단장과의 대화는 유쾌하게 흘러갔다. 나는 그에게 여름 이적시장까지 상황이 어떻게 될지 모르겠지만, PSG가 관심을 보여 영광스럽다고 말했다. 나는 PSG 이적에 관심이 있었다. PSG는 이미 정상급 선수를 다수 영입한 훌륭한 계획을 가진 구단이었다. 그들의 제안은 내게 매력적인 큰 도전이었다. 이후 나는 카를로 안첼로티 감독을 만났다. 안첼로티 감독은 그해 1월 PSG 사령탑으로 부임한 후 다음 시즌 팀을 구성하는 과정에서 나를 영입하고 싶다는 의사를 분명히 밝혔다. 안첼로티 감독의 집에서 만난 우리는 긍정적인 대화를 나눴다. 나는 늘 그와의 대화를 즐겼다. 그는 훗날 나와 레알 마드리드에서 만나 내가 받은 첫인상이 틀리지 않았다는 사실을 증명해줬다. 그는 감독으로서 환상적인 우승 청부사인 것은 물론 인간적으로도 훌륭한 사람이었다.

* * *

유로 2012 본선이 얼마 남지 않은 2월 말, 크로아티아는 스웨덴과 평가전을 치렀다. 내가 그 경기에 큰 기대를 걸었던 이유는 즐라탄 이브라히모비치라는 선수 때문이었다. 즐라탄을 운동장에서 처음 본 순간부터 그는 내가 가장 좋아하는 선수 중 한 명이 되었다. 그는 기술적인 수준은 물론 곡예사처럼 아크로배틱한 동작으로 특출 난 클래스를 보여줬다. 나는 그의 가차 없는 승부욕과 열정적인 태도를 좋아했다. 그의 어머니는 크로아티아 출신이다. 그러나 크로아티아에서도 그와 같은 개성은 가진 사람은 많지 않다. 그는 개성이 강할 뿐 아니라 늘 솔직하다. 나는 정직하지 않은 사람들보다 그처럼 솔직한 사람이 좋다.

우리는 자그레브에서 스웨덴에 1-3으로 패했다. 그 경기는 즐라탄이 혼자 힘으로 우리를 이긴 것이나 다름없었다. 우리는 경기가 끝난 후 대화를 나눴다. 나는 경기 도중 한두 차례 그와 경합했다. 훗날 각자 소속팀에서 격돌했을 때도 그런 상황이 있었다. 그때마다 내가 느낀 것은 그가 마치 바위처럼 단단하다는 사실이었다. 그는 내가 공을 빼앗을 수 있겠다고 생각하는 순간 자세를 적절하게 바꿨다. 그럴 때마다 나는 그의 근처에도 가지 못했다. 그의 몸동작과 고급스러운 기술은 이 세상의 것이 아닌 것 같다는 생각이 들 정도로 훌륭했다. 그는 정말 훌륭한 선수다! 우리는 그해 여름 이적시장에서 나란히 PSG로 이적해 팀 동료가 될 수도 있었다. 그러나 결과적으로 우리의 만남은 이뤄지지 않았다. 예전에는 크로아티아 축구협회에서 즐라탄을 설득해 그를 크로아티아 대표팀에 발탁해야 한다는 필요성이 제기된 적이 있었다. 즐라탄의 어머니가 크로아티아인이었기 때문이다. 그러나 우리에게는 불행하게도, 그는 스웨덴을 택했다. 즐라탄이 우리와 함께 크로아티아 대표팀에서 뛰었다면 우리가 무엇을 해냈을지 아무도 예상할 수 없는 일이다.

이후 나는 유로 2012 본선에 대비하기 위해 크로아티아의 로빈 전지훈련 캠프에 합류했다. 날씨는 습했지만, 우리는 효과적으로 훈련을 진행했다. 팀 호텔에는 게임방이 따로 있었고, 우리는 그곳에서 테니스, 당구 또는 컴퓨터 게임을 하며 긴장을 풀 수 있었다. 하루는 나의 대리인 마리오 마미치가 내게 전화를 해왔다.

그는 내게 "지금 앉아 있어?"라고 물었다. 그 말을 듣자마자 그가 내 다리에 힘이 풀리게 할 만한 중요한 소식 때문에 전화했다는 사실을 직감할 수 있었다. 나의 직감이 맞았다! "레알 마드리드에서 연락이 왔어. 감독이 다음 시즌 전에 영입할 선수로 너를 원하고 있어!"

나는 충격에 빠져 아무 말도 할 수 없었다. 처음으로 든 생각은 꿈이 현실이 됐다는 것뿐이었다. 레알 마드리드는 단지 하나의 축구 클럽을 넘어선 세계적인 기관이나 다름없는 존재다. 그들은 세계 최고의 구단이다. 나는 곧 또 다른 대리인인 블라도 레미치Vlado Lemić와 통화하면서 그 이적에 관련한 모든 세부사항 설명을 들을 수 있었다. 나의 꿈이 현실이 됐다. 당시 전성기를 구가하던 사령탑이자 세계 최고의 감독 중 한 명이었던 조세 무리뉴JoséMourinho 감독이 나를 레알 마드리드 선수로 영입하고 싶어 했다. 그보다 더 좋은 일이 있을 수 있을까?! 온갖 생각이 머릿속에 떠올랐다. 로스 블랑코스Los Blancos(레알 마드리드의 애칭)의 유니폼을 입고 관중석이 가득 찬 베르나베우에서 트로피를 들어 올리는 내 모습을 상상할 수 있었다. 그러나 내가 레알의 유니폼을 입기 전까지는 여전히 넘어야 할 걸림돌이 많았다.

축구 선수라면 모두 알겠지만, 커리어가 시작되는 순간부터 끝날 때까지 나를 원하는 다른 구단으로부터 영입을 제안받았을 때에만 느낄 수 있는 특별한 기분이 있다. 특히 어렸을 때 그런 경험을 처음

하면 마치 숨이 멎을 것만 같은 기분이 든다. 시간이 지나면서 이런 감정에 점점 익숙해지지만, 그런데도 영입 제안을 받을 때마다 느껴지는 만족감이 있다. 레알의 제안을 받았을 당시 나는 이미 27세였고, 많은 경험을 쌓은 선수였으나 여전히 흥분되는 마음을 감출 수 없었다.

레알 마드리드로 갈 수 있다는 상상만으로도 나는 즐거움을 느꼈지만, 시간이 조금 지나자 짐으로 다가오는 부분들도 생겼다. 나와 매우 가까운 소수의 주변 사람과 레알 마드리드 그리고 나의 에이전트를 제외하면 그 누구에게도 이 제안에 대해 알려서는 안 됐다. 그것은 어려운 일이었다. 나는 온 세상과 함께 당시 내가 느낀 행복을 공유하고 싶었기 때문이다. 바냐에게는 소식을 전했다. 그녀는 나의 사랑이자 아이들의 엄마이며 나와 가장 친한 친구이기 때문이다. 나는 우리가 처음 만난 날부터 그녀에게 아무것도 숨기지 않았다. 내가 조언이 필요하다고 느끼면 가장 먼저 찾는 사람도 바냐였다. 레알이 내게 관심을 나타냈다는 소식을 들은 바냐는 나만큼 기뻐했다. 우리는 레알의 제안이 나의 커리어에 무엇을 의미하는지 정확히 알고 있었다.

로스 블랑코스가 내게 관심을 보였다는 사실을 알게 된 뒤, 나는 다른 어떤 구단이 내게 관심을 보이는지 알고 싶지도 않았다. 이미 나의 마음속에서는 레알 마드리드만이 내가 가고 싶은 팀이었다!

크로아티아 대표팀은 풀라Pula에서 에스토니아, 오슬로Oslo에서 노르웨이를 상대하며 유로 2012를 준비했다. 경미한 부상이 있었던 나는 경기에 출전하지 않았다. 빌리치 감독은 내가 소속팀 일정을 소화하며 무리했다는 사실을 알고 있었기 때문에, 유로 2012를 눈앞에 두고 어떠한 위험도 감수하지 않기로 했다. 내게는 대회를 앞두고 휴식을 취하며 위험을 감수하지 않는 게 훨씬 더 중요했다.

하지만 나는 여전히 대표팀의 원정길에 동행했다. 우리는 오슬로에서 돌아온 후 유로 2012가 열리는 폴란드로 향하기 전까지 3일 휴가를 부여받았다. 나는 자그레브에서 휴가를 즐겼다. 친한 친구 찰레와 내가 좋아하는 테니스를 했다. 라프니체Ravnice에서 테니스를 하던 중에 혹시라도 바냐에게 문자가 왔을 수도 있다는 생각에 전화기를 확인했다.

"안녕, 루카. 훈련이 끝난 후 통화하고 싶어. 조세 무리뉴."

드디어 내게 '그 순간'이 왔다. 레알에서 보낼 환상적인 꿈이 점점 더 현실이 되어가고 있었다. 더는 테니스에 집중할 수 없었다. 나와 찰레는 서둘러 테니스 경기를 마무리했다.

그러나 나의 기대는 곧 불안으로 바뀌었다. 땀으로 범벅이 된 나는 테니스 코트의 흙이 잔뜩 묻은 트레이닝복 차림으로 집에 도착해 테이블 앞에 앉아 기다렸다. 안절부절하는 나를 본 바냐는 내게 "가서 샤워하고 있어. 내가 기다렸다가 전화가 오면 바로 알려 줄게"라고 말했다.

그러나 나는 바냐의 말을 들을 수 없었다. 아마 나는 그 자리에서 그렇게 전화벨이 울릴 때까지 한 시간, 혹은 두 시간 정도를 기다렸을 것이다. 드디어 전화벨이 울렸다.

"다음 시즌 우리 팀에 네가 있었으면 좋겠어. 나는 네가 뛰는 모습이 마음에 들고, 너를 믿고 있거든. 네가 레알 마드리드에서 성공할 수 있다고 확신해."

무리뉴 감독은 단숨에 나의 마음을 빼앗았다. 그는 나의 칭찬이 특별히 필요하지 않은 이미 유명한 사람이지만, 나는 그와 대화를 나눈 순간부터 그가 선수들을 대하는 독특한 방법이 있다는 것을 알 수 있었다. 그는 나를 어느 포지션에 기용하고 싶은지를 직접 설명했다. "너는 미드필더야. 나는 너를 8번으로 보고 있어. 10번이나 6번이 아닌 8번!"

흥분한 나는 "고맙습니다. 감독님! 당신이 나를 레알 마드리드로 영입하고 싶어 한다니 영광이네요. 나를 믿어준 데에 보답할 수 있도록 최선을 다할게요"라고 대답했다.

"알겠어. 계속 연락하자. 유로에서 잘하길 바랄게!"

나는 마치 어린아이처럼 기쁨을 감출 수 없었다. 무리뉴 감독이 전화를 했다는 사실은 대형 이적이 성사되는 과정이 본격적으로 시작됐다는 뜻이었다. 다만 그때 나는 다니엘 레비 토트넘 회장의 합의를 이끌어내는 데 얼마나 많은 어려움이 따를지는 상상조차 하지 못했다. 무리뉴 감독은 나와 통화한 후부터 경기 전후로 내게 자주 문자를 보냈다.

\* \* \*

불행히도 유로 2012에서 크로아티아의 대진운은 썩 좋지 않았다. 우리는 우승 후보 스페인과 이탈리아를 만났고, 아일랜드와도 상대해야 했다. 스페인은 오스트리아와 스위스에서 열린 유로 2008 우승을 차지한 디펜딩 챔피언이었다. 당시 스페인은 8강에서 승부차기 끝에 이탈리아를 꺾으며 결국 우승 트로피를 들어 올렸다. 게다가 스페인은 2010 남아공 월드컵에서 우승한 후 '월드 챔피언'으로 유로 2012를 맞이했다. 반면 이탈리아는 2010 남아공 월드컵에서 부진한 후 분위기를 반전하겠다는 결의에 찬 모습으로 유로 2012를 시작했다.

우리는 아일랜드와의 첫 번째 조별 리그 경기에서 만주키치가 두 골, 니키차 옐라비치Nikica Jelavić가 한 골을 기록하며 3-1로 승리했다.

스페인과 이탈리아는 1-1로 비겼다. 즉 우리는 이탈리아와의 다음 경기에서 좋은 결과를 얻으면 8강에 진출할 수 있었다. 아주리 Azzurri(이탈리아 대표팀의 애칭)의 성패를 좌우할 열쇠는 특별한 재능을 자랑하는 미드필더 안드레아 피를로Andrea Pirlo가 쥐고 있었다. 그 경기를 앞두고 몇몇 전문가들은 나와 피를로를 비교했다. 나는 최정상급 미드필더와 비교를 받게 됐다는 사실이 내심 만족스러웠다. 빌리치 감독은 우리에게 피를로가 공을 소유하는 시간을 최대한 줄이라고 지시했다. 그러나 우리가 아무리 효과적인 압박을 가해도 소용이 없었다. 피를로는 39분 수비벽을 절묘하게 넘기는 환상적인 프리킥으로 골을 터뜨리며 우리를 무너뜨렸다. 그러나 우리는 포기하지 않았고, 후반에는 더 좋은 경기를 펼친 끝에 만주키치가 72분에 동점 골을 기록했다. 만주키치는 이날 경기 전부터 지안루이지 부폰을 상대로 골을 넣고 싶다는 바람을 드러냈고, 결국 이는 현실이 됐다. (전설적인 골키퍼 부폰은 만주키치가 어렸을 때부터 우상으로 여긴 선수다. 만주키치는 훗날 유벤투스로 이적하며 부폰의 동료가 됐다.)

스페인은 내가 곧 레알 마드리드로 이적하며 인연을 맺을 나라였다. 그러나 우리는 카시야스, 라모스, 알론소, 사비, 이니에스타, 토레스 등이 버틴 라 로하La Roja(스페인 대표팀의 애칭)를 넘어야 조별 리그를 통과할 수 있었다. 그들은 모두 당시 전성기를 구가하고 있었다.

우리는 세계 챔피언이자 유럽 챔피언인 그들을 상대로 훌륭한 경기력을 선보였다. 우리는 크로아티아가 최강팀을 상대로도 경쟁력을 발휘할 수 있다는 사실을 증명했다. 스페인은 결국 88분 나바스가 득점하며 승리했지만, 그 전까지는 득점 기회를 한 차례도 만들지 못했다. 우리가 이겼어도 이상할 게 없었던 경기였다. 물론 우리가 몇 차례 결정적인 득점 기회를 놓친 것은 사실이다. 그러나 나는 그날 주심이 우리에게 최소 한 번 혹은 두 번은 페널티킥을 줄 수 있었다고 생각한다. 불행하게도, 당시에는 VAR이 없었다!

우리는 경기에서 패한 것에 당연히 실망했지만, 나는 스페인전을 즐겼다. 나는 그런 경기에서도 내가 하고 싶은 플레이에 필요한 기술과 힘을 겸비한 선수라고 확신하게 됐다. 빌리치 감독은 그 경기에서 내게 더 자유롭게 뛸 수 있는 환경을 만들어줬다. 스페인전에서의 내 경기력은 내가 크로아티아 대표팀 데뷔전을 치른 후 최고였다고 생각한다.

내가 레알 마드리드, 바르셀로나 선수를 만난 것은 이때가 처음이었다. 나는 그때 처음으로 레알을 스페인 축구 역사상 최고의 팀으로 만든 선수들과 격돌했다. 나는 늘 내가 좋아했던 선수인 안드레스 이니에스타와 유니폼을 교환했고, 우리는 스페인 선수들에 대해 짧은 대화를 나눴다. 이후 세르히오 라모스가 다가와 나를 안아주더니 "마드리드에서 보자!"고 말했다. 레알 마드리드 선수들이 곧 구단이 나를 영입할 계획이라는 사실을 알고 있다는 뜻이었다. 나는 "꼭 그랬으면 좋겠다"라고 대답했다.

나바스에게 실점하며 0-1로 패한 우리는 조별 리그를 통과하는 데 실패했다. 이후 열린 결승전이 우리의 대진 운이 얼마나 좋지 않았는지를 증명하고 있다. 우리와 조별 리그에서 격돌한 스페인과 이탈리아가 결승전에서 다시 만났기 때문이다. 스페인은 프랑스와 포르투갈을 차례로 탈락시켰고, 이탈리아는 잉글랜드와 독일을 집으로 돌려보내며 결승전에 올랐다.

끝내 우승을 차지한 팀은 압도적인 경기 끝에 누구도 예상치 못한 4-0 대승을 거둔 스페인이었다. 스페인은 월드컵과 두 차례의 유로를 석권하는 환상적인 연속 우승에 성공했다.

크로아티아 팬들은 어려운 대진에도 불구하고 좋은 경기력을 선보인 우리를 질책하지 않았고 실망스러운 결과를 받아들였다. 그들은 우리가 포즈난Poznan, 그단스크Gdansk에서 치른 매 경기마다 열광적인 응원을 보내줬다. 조별 리그 탈락은 팬과 선수 모두에게 슬픈 결과였다. 우리는 조별 리그 통과에 매우 근접했지만, 더 중요한 것은 우리가 최선을 다해 좋은 축구를 했다는 사실이었다.

나는 스페인전을 마친 후 도핑 테스트 대상자로 지목돼 검사를 받아야 했다. 그래서 나는 다른 선수들보다 더 늦은 시간에 분위기가 침울한 팀 호텔에 도착했다. 빌리치 감독은 우리의 탈락이 확정된 후 별다른 말을 하지 않았다. 우리는 유로 2012가 그가 크로아티아 대표팀을 이끌고 치른 마지막 대회라는 사실을 예상할 수 있었다. 나는 그와의 이별이 슬펐다. 우리는 매우 가까운 관계를 맺고 있었기 때문이다. 나는 그와 2년간 청소년 대표팀 시절을 함께한 후 성인 대표팀에서 6년간 더 관계를 이어갔다. 그 시기는 그가 감독으로서 세상에 자신의 존재를 각인시킨 시기였다. 나 또한 그 시간을 통해 선수로서 나를 세상에 알렸다. 빌리치 감독은 내 커리어에서 가장 중요한 역할을 한 사람 중 한 명이다. 누구도 그와 나의 관계를 깨뜨릴 수는 없었다.

## 또 한 번의 불편했던 여름

유로 2012를 마치고 돌아온 나는 휴가가 기다려졌다. 나는 약 30일 간 재충전하며 내 커리어의 새로운 도전에 나설 준비를 할 계획이었 다. 내게는 가장 큰 도전이자 중요한 시기가 다가오고 있었다. 나는 그때까지 과거 첼시 이적이 무산됐을 때처럼 상황이 복잡해질 수 있 다는 생각은 전혀 하지 못했다. 그러나 곧 상황은 그때보다도 더 안 좋게 흘렀다.

　나와 바냐는 여느 때와 마찬가지로 자다르에서 여름휴가를 보낸 뒤, 몇몇 친구들을 아드리아 해 크루즈 여행에 초대했다. 나는 그 기 간을 이용해 토트넘이 선임한 신임 감독과 전화로 연락하기로 했다. 안드레 빌라스-보아스André Villas-Boas 감독은 토트넘 사령탑으로 부임 하기 전에 첼시를 이끌었다. 그는 1년 전 여름에도 나를 영입하려고 했다. 그러나 그는 1년 만에 토트넘 감독으로 부임해서 나를 화이트 하트 레인에 잔류시켜야 한다는 뜻을 굽히지 않았다. 그러나 나는 떠나겠다고 굳게 결심한 상태였다. 나는 다니엘 레비 회장이 약속을 지킬 것이라고 확신했다. 그래서 나는 토트넘 사령탑으로 부임한 후 나를 잔류시켜야 한다고 말한 빌라스-보아스 감독에게 연락했다.

　"감독님, 팀이 이제 저에게 의지하지 않는 게 좋을 거 같습니다. 이 미 레비 회장은 제가 레알 마드리드의 영입 제안을 받으면 저를 놓 아주겠다고 약속했거든요."

　나는 그에게 이렇게 의사를 전달했다. 그는 "이해해. 돌아오면 더 대화를 해보자"고 답했다.

그의 말은 곧 나의 레알 이적이 예상보다 더 어려울 수도 있다는 뜻을 암시하고 있었다. 나는 프리시즌 첫날 런던에 도착한 직후 빌라스-보아스 감독을 만나러 갔다. 그와의 대화는 시작부터 어려웠다. 또다시 여름 내내 골치가 아플 것 같다는 생각이 들었다. 나는 다음 날 빌라스-보아스 감독으로부터 팀의 미국 투어에 동행해야 한다는 통보를 들은 후 화를 참을 수 없었다. 우리는 언쟁을 벌였다. 그는 내게 강력한 목소리로 프로답게 행동해야 한다며 상황이 내가 원하는 대로 흘러가지 않을 것이라고 말했다. 그는 외부인들이 내게 나쁜 영향을 끼치고 있다고 말했다. 나는 그에게 어떤 상황이든 미국으로 가지 않겠다며 언쟁에 마침표를 찍었다. "저는 제가 한 말을 꼭 지키는 사람입니다. 그래서 저는 지금 집으로 갈 겁니다!"

내가 한 말은 농담이 아니었다. 다음 날 토트넘은 미국 투어를 떠났지만, 나는 자다르로 돌아갔다. 나와 구단 사이에 긴장감이 감돌았고, 그 사건이 큰 스캔들로 번지지 않을까 걱정이 됐다. 나는 선수 생활 내내 프로다운 모습을 보이지 않은 적이 없었다. 그러나 이번에는 달랐다. 레비 회장이 내게 한 약속을 지키게 하려면 그 방법을 동원하는 수밖에 없었다. 레비 회장은 내가 "회장님, 우리가 한 약속은 어떻게 된 거죠?"라고 물을 때마다 "다음에 이야기해보자"라고만 답했다. 이후 그는 늘 핑계를 대며 대화의 주제를 바꿨다.

나는 자다르로 돌아온 후 에이전트로부터 레알 구단의 메시지를 전달받았다. 레알은 내게 런던으로 돌아가 상황을 진정시키면 구단이 협상을 이어가겠다고 조언했다. 나는 긴장한 상태였지만, 치그웰로 돌아가 훈련하며 결과를 기다리는 게 최선의 방법이라는 사실을 알고 있었다. 나흘 뒤, 나는 다시 구단 훈련장으로 돌아가 운동하면서 불안한 마음으로 새 소식을 기다렸다. 토트넘은 16년간 사용한 이 훈련장을 떠나 새로 지은 고급스러운 엔필드 트레이닝 센터Enfield Training Centre로 이전할 준비를 하고 있었다. 레비 회장의 비서는 나의 상황이 매우 불확실하다는 소식을 전해왔다. 그녀는 내가 돌아왔다는 소식을 듣고는 나를 찾아와 봉투 하나를 건네주고 갔다. 그 봉투에는 미국 로스앤젤레스Los Angeles행 비행기 티켓이 들어 있었다. 토트넘은 그곳에서 새로운 시즌을 준비하고 있었다. 나는 레비 회장의 비서로부터 전해 받은 비행기 티켓을 곧바로 버렸다.

대신 나는 매일 구단 훈련장으로 출근했다. 하루하루가 힘들었다. 나는 토트넘에서 네 시즌간 훌륭한 시간을 보냈고, 토트넘 팬들은 나를 아껴줬고 잉글랜드 팬들도 나를 존중했다. 그래서 토트넘에서 보낸 마지막 순간이 더욱 힘들었다. 나는 토트넘 선수단이 미국에서 돌아온 후에도 개인 훈련을 했다. 그렇게 하루하루가 지나가던 와중에 레알 마드리드의 경영이사 호세 앙헬 산체스José Ángel Sánchez로부터 전화가 왔다. 그는 플로렌티노 페레스Florentino Pérez 레알 회장과 함께 있었다. 그들은 나를 전적으로 지지한다는 뜻을 전달했다. 그 덕분에 나는 결국 이런 상황이 해결될 수 있을 거라는 믿음을 가질 수 있었다. 그 순간 그들이 전달한 메시지는 내게 큰 의미가 있었다. 그러더니 그들은 계속 나를 기다리겠다고 말했다. 그들은 내게 인내심을 가져달라고 당부했다. 그들은 레비 회장과 대화를 시작한 후 협상을 진행 중이었다.

그 후에도 나의 이적 협상은 매우 어렵게 이어졌다. 나는 대리인들을 통해 모든 상황을 전달받았다. 조세 무리뉴 감독도 내게 상황을 설명해줬다. 레비 회장은 그들을 미치게 만들고 있었다. 양측이 합의점에 도달하려 할 때마다 레비 회장은 새로운 것을 요구했다. 나는 스트레스에 시달렸다. 바냐를 포함한 우리 가족 전부 다 마찬가지였다.

나는 런던으로 돌아가면서 바냐에게는 자다르에 남아 이바노와 여름을 즐기라고 말했다. 그러나 곧 바냐도 런던으로 왔다. 협상이 끝났기 때문이다. 에이전트가 우리에게 전화를 해서 "드디어 합의가 끝났어. 너는 곧 마드리드행 비행기를 탈 거야"라고 말했다. 그러나 우리가 기쁨을 만끽하며 공항으로 향하려던 찰나에 다시 전화가 왔다. "조금 더 기다려야겠어. 상황이 또 바뀌었어." 그런 상황은 두 번에 걸쳐 반복됐다.

이런 일을 두 번째 겪게 되자, 나는 더는 참을 수 없었다. 쓰러질 것만 같았다. 진전이 없는 협상 탓에 마치 고문을 받는 듯한 느낌이 든 나는 바냐에게 "레비 회장은 어떻게 이렇게까지 부당하게 할 수 있지?"라고 묻기도 했다.

바냐와 나는 그런 고통이 계속될 수밖에 없는 현실을 받아들이기로 했다. 그래서 우리는 바냐가 자다르로 돌아가 이바노와 함께 있는 게 낫겠다고 판단했다. 바냐까지 런던에 남아 시간을 낭비할 이유가 없었기 때문이다. 이적시장이 막바지에 다다르며 마지막 해결책을 모색하던 시기에는 부모님이 런던으로 오셔서 나와 함께 시간을 보냈다.

기나긴 협상이 이어지며 양측이 합의점을 찾지 못하자 이러다가 레알이 영입을 포기할지도 모른다는 두려움을 느꼈다. 그런 상황을 생각하는 것만으로도 긴장이 됐다. 무리뉴 감독은 레알이 나를 영입하는 데 결정적인 역할을 했다. 그는 나를 레알로 영입하기 위해 직접 노력을 기울이며 구단 운영진이 레비 회장과의 협상에서 지치는 순간에도 뜻을 굽히지 않았다. 내가 들은 얘기에 따르면 무리뉴 감독은 직접 레비 회장에게 전화를 걸어 레알의 영입 제안을 수락했으면 한다며 그를 설득했다고 한다. 그는 레비 회장에게 "이번 제안을 받아들이지 않으면 레알이 영입 제안을 아예 철회할 수도 있습니다"라고 말했다. 모든 상황을 고려할 때, 레알이 나를 포기하면 이는 토트넘에도 좋은 결말이 아니었다. 최고의 팀에서 뛸 기회를 잃어 실망에 빠진 선수를 억지로 팀에 잔류시키는 동시에 거액의 이적료를 챙길 기회까지 놓치는 것이나 다름없었기 때문이다. 토트넘이 1년 전에도 그랬듯이 나와 계약 기간이 남아 있다는 점을 강조하며 나를 잔류시키더라도, 그들은 몸 상태가 완전히 엉망이 된 나를 기용해야 했을 것이다.

하루는 구단 훈련장 뒤편에 따로 마련된 운동장에서 개인 훈련을 마친 뒤 샤워실로 향했다. 드레싱룸에서 옷을 입고 나온 나는 레비 회장과 마주쳤다. 레비 회장은 웬만해선 훈련장에 잘 오지 않는 편이다. 그때만큼은 그도 나를 피할 수 없는 상황이었다. 그는 늘 그렇듯이 건조하고 냉정하게 나와 짧은 대화를 나눴다. 그가 건넨 인사말은 "어떻게 지내? 긴장돼?"였다.

"제발 약속을 지켜주셨으면 합니다. 바르셀로나와의 수페르코파 경기에 출전하고 싶어요. 제게 온 이 기회를 앗아가지 말아주세요."

그러자 레비 회장은 "월요일에 떠나게 해줄게"라고 답했다.

레비 회장의 말이 사실이길 바랐지만, 그래도 안심이 되지 않았다. 이적시장 마감까지는 5일밖에 남지 않은 상태였고, 지난 경험을 생각해볼 때 상황은 그리 희망적이지 않았다. 그러나 8월 26일 일요일, 나의 대리인들이 모든 협상이 합의점에 이르렀으며 내가 월요일 아침 마드리드행 비행기를 타게 됐다는 소식을 전해왔다! 마리오 마미치, 프레드락 미야토비치와 자다르를 떠난 바냐와 이바노는 이미 마드리드에 가 있었다.

드디어 '그 순간'이 왔다. 월요일 아침, 숙면을 취한 나는 우리 부모님과 마드리드로 날아갔다. 마음이 한결 가벼워졌다. 즐겁기만 했던 비행 시간 동안, 나는 레알 마드리드에서 맞게 될 첫날이 어떨지 상상해봤다. 정말 특별한 순간이었다. 머릿속으로 수많은 생각이 스쳐 지나갔고, 꿈이 현실이 되는 그 순간이 오기까지 내가 디뎌야 했던 발걸음들이 새록새록 떠올랐다.

공항에 도착한 나는 마중을 나온 레알 마드리드의 구단 관계자들과 만났다. 그 특별한 월요일을 기록으로 남기기 위해 레알 마드리드 구단 공식 TV 방송사가 나와서 나의 매 순간을 카메라로 촬영했다. 마치 내가 세상에서 가장 중요한 사람이 된 기분이었다. 지난 수개월간 겪어야 했던 고통스러운 시간이 한순간에 잊혀졌다. 그때 나는 레비 회장에게 전화를 걸어야겠다고 생각했다. 그 모든 과정에도 불과하고 지난 일은 지난 일이었다. 나는 그에게 감사함을 전했다.

"보내주셔서 고맙습니다, 회장님. 제게는 훌륭한 기회였어요. 우리 인연이 이렇게 끝나게 돼 죄송하지만, 지난 4년간 감사했습니다. 회장님과 토트넘의 미래에 행운이 가득하길 바랍니다."

레비 회장은 웬만해서는 감정을 표현하는 사람이 아니다. 그는 철저하게 프로다운 사람이다.

"토트넘을 위해 뛰어줘서 고맙다. 새로운 팀에서도 행운을 빈다."

메디컬 테스트는 아무 문제없이 진행됐다. 이후 우리는 산티아고 베르나베우로 향했다. 우선 나는 플로렌티노 페레스 회장의 사무실에서 계약서에 서명했다. 이후 레알 마드리드가 차지한 수많은 우승 트로피가 진열된 공간 앞에서 기념 촬영을 했다. 위층으로 올라가자 수많은 구단 직원들이 사무실에서 나와 나를 반겨줬다. 정말 흥분되는 일이었다! 나는 레알 마드리드의 홈구장에서 내 두 눈으로 축구의 성지 같은 그곳이 왜 특별할 수밖에 없는지 직접 확인하고 있었다. 기자 회견을 마친 나는 운동장으로 내려가서 팬들 앞에 섰다. 드레싱룸으로 들어갈 때의 기분은 특히 더 인상적이었다. 이미 지정된 라커 앞에는 등번호 19번과 내 이름이 박힌 레알 마드리드 유니폼이 걸려 있었다. 내가 선택할 수 있는 등번호는 5번, 16번, 그리고 19번이었다. 내가 가장 좋아하는 10번은 이미 메수트 외질Mesut Özil에게 배정된 상태였다. 그 다음으로 내가 선호한 23번은 데니스 체리셰프Denis Cheryshev의 등번호였고, 사비 알론소Xabi Alonso가 14번을 달고 있었다. 19번은 1과 9를 더하면 내가 가장 좋아하는 10번이 되는 번호였다. 나는 서둘러 유니폼을 입은 뒤, 구단 관계자를 따라 터널을 거쳐 운동장으로 나갔다. 이곳은 훗날 내가 레알 마드리드의 유니폼을 입을 자격이 있다는 사실을 실력으로 증명한 곳이었다. 심장이 미친 듯이 요동쳤다. 나는 형식적인 행사에는 큰 관심이 없지만, 레알 마드리드에는 모든 선수가 따라야 하는 구단의 관행이 있었다. 바냐와 이바노, 우리 부모님과 함께 잔디를 밟자 관중석에서 팬들의 큰 함성 소리가 뿜어져 나왔다. 그 월요일은 내 인생에서 가장 기억에 남는, 또 하나의 중요한 날이었다.

그 후에도 예정된 스케줄이 계속 이어졌다. 나는 발데베바스Valdebebas 훈련장에서 진행되는 첫 훈련을 놓치고 싶지 않았다. 최대한 빨리 새 팀 동료들과 새 감독님을 만나고 싶었다. 나는 실제로 무리뉴 감독과 만난 적이 없었다. 내게는 축구가 필요했다. 그것도 최대한 빨리! 새 팀의 일부가 되어 훈련과 경기를 느끼고 싶었다. 훈련장에 도착한 나를 가장 먼저 반겨준 선수는 주장 이케르 카시야스Iker Casillas였다. 그는 나에게 레알을 집처럼 생각해도 좋다고 말해줬다. 몇몇 선수들은 이미 운동장으로 나간 상태였다. 카카Kaká가 아직 드레싱룸에 남아 있었고, 그도 나를 반겨줬다. 크리스티아누 호날두Cristiano Ronaldo도 내게 악수를 건네며 마치 오랜 친구를 다시 만났다는 듯이 "드디어 왔구나!"라고 말했다.

다른 선수들도 내게 인사를 건넸고, 그들은 사무실에서 감독님을 만나는 게 좋겠다고 권유했다. 무리뉴 감독은 나를 환영해준 뒤 바로 본론으로 들어갔다. 그는 내게 레알이 어떤 구단인지를 짧게 설명해줬고, 매일매일 선수들이 어떻게 기대치를 충족시켜야 하는지 알려줬다. 무리뉴 감독은 그가 내게 큰 기대를 하고 있으며 나 또한 그에게 의지해도 된다는 점을 강조했다. 나는 무리뉴 감독에게 고맙다고 말한 후 그와 대화를 마무리했다. 이적 성사 여부를 두고 고민을 거듭했던 나는 조금은 운이 따라준 덕분에 결국 레알 마드리드 선수가 될 수 있었다. 이제는 본격적으로 나의 일을 해야 할 시간이 됐다는 생각이 들었다.

나는 훈련 첫날부터 레알 마드리드의 선수로서 매일 느낄 수밖에 없는 압박감을 경험했다. 무리뉴 감독은 팀을 드레싱룸으로 불러 모았다. 레알이 시즌 초반부터 부진한 탓에 위기에 직면해 긴급회의가 소집된 것이다. 레알은 라리가 개막 후 초반 두 경기에서 발렌시아Valencia와 비긴 뒤, 헤타페Getafe에 패했다. 우리는 이 두 경기 사이에 열린 스페인 수페르코파 1차전 경기에서는 바르셀로나 원정에서 2-3으로 패했다. 스페인어를 할 줄 몰랐던 나는 무리뉴 감독이 무슨 말을 하는지 알 수 없었지만, 목소리 톤과 몸동작만으로도 그가 화가 나 있다는 사실을 알 수 있었다.

## 레알 마드리드

레알 마드리드에서 시작한 첫날의 흥분은 발데베바스에서 팀 훈련을 가진 것에서 그치지 않았다. 나는 많은 레알 선수들이 거주하는 동네인 라 모랄레하La Moraleja로 향했다. '페다Peda'라는 별명으로 더 유명한 레알 레전드 프레드락 미야토비치Predrag 'Peda'Mijatović도 그곳에 살고 있었다. 나는 암스테르담에서 열린 1998년 챔피언스리그 결승전에서 그가 유벤투스를 상대로 넣은 결승골을 여전히 기억하고 있다.

그는 페레스 회장이 부임하기 전까지는 레알의 경영이사로 활동했다. 나를 조세 무리뉴 감독에게 추천한 인물도 바로 그였다. 이후 우리는 절친한 사이가 됐다. 레알 구단의 시스템에 대한 방대한 경험과 지식을 가진 그의 조언은 내게 큰 도움이 됐다. 그는 아내 아네타Aneta와 함께 나와 바냐가 마드리드에 적응할 수 있도록 도와줬다. 그들은 우리가 필요할 때라면 언제든 도와줬다. 우리에게 그들은 매우 중요한 존재였다.

나는 미야토비치의 집에 처음 도착할 때까지만 해도 그날 하루가 어떻게 전개될지 전혀 예상하지 못하고 있었다.

나의 대리인 다보르 추르코비치가 갑자기 "주머니를 비워!"라고 말했다. 당황한 나는 주머니에 든 모든 것을 다 꺼냈다. 그러자 다보르와 조란 레미치가 내 다리와 팔을 잡더니 나를 수영장 안으로 던져버렸다! 곧 이어 우리 아버지도 수영장으로 뛰어들었다. 그 모습을 지켜보던 내 아내와 아들, 어머니, 바냐의 어머니, 페다, 레미치 그리고 추르코비치는 모두 환호성을 질렀다.

우리는 레알에서 보낸 첫날을 환상적인 파티로 마무리했다. 다음 날부터는 클럽의 스케줄에 철저하게 따라야 했다. 나는 팀과 함께 훈련을 했고, 무리뉴 감독은 바르셀로나와의 수페르코파 2차전 경기 명단에 나를 포함했다. 이 경기는 나의 첫 엘 클라시코El Clásico이자 레알로 이적한 후 우승 트로피를 놓고 싸워야 하는 첫 승부였다.

"경기 막판 20분을 남겨두고 너를 투입할 거다. 그 다음 라리가 그라나다Granada전에서는 선발 출전할 거야."

무리뉴 감독은 그 계획을 내게 전해줬고, 경기 전 마지막 훈련을 소화한 나는 몸 상태가 아주 좋았다. 레알의 모든 선수가 새롭게 합류한 내가 쉽게 적응할 수 있도록 도움을 줬다. 시간이 지나면서 그들은 모두 나의 친구가 됐다. 나는 지금까지 내가 소속되어 뛰었던 모든 구단에서 동료들과 가까운 관계를 맺었다. 우리는 당시 발데베바스에 선수들을 위한 숙박 시설이 여전히 공사 중이었던 탓에 호텔에서 나의 첫 번째 엘 클라시코가 될 경기를 기다렸다. 그로부터 1년 뒤, 레알의 모든 1군 선수들은 매우 세련된 오성급 방을 사용할 수 있었다. 레알의 훈련장은 늘 모든 시설이 최고 수준이었다. 운동장 잔디도 마치 카펫처럼 훌륭했다.

레알의 캠프는 기능성은 물론 외관도 완벽했다. 넓은 부지는 마치 구단의 세계적인 위상을 떠올리게 했다.

레알의 유니폼을 입고 출전할 첫 번째 더비를 앞둔 나는 아드레날린이 솟구치는 것을 느낄 수 있었다.

경기장 주변 분위기는 전율이 느껴질 정도로 대단했다. 베르나베우 주변 도로는 꽉 막혀 있었다. 우리의 흰색 팀 버스가 경기장 입구로 들어선 뒤 드레싱룸 출입구까지 가는 데만 15~20분이 걸렸다. 버스를 에워싼 팬들은 응원가와 구호를 외치며 연신 점프하면서 우리와 눈을 마주치려 했다. 그것만으로도 그들이 팀을 응원하는 마음을 잘 느낄 수 있었다. 버스 안에서 내 옆에 앉은 사비 알론소는 이런 장면이 레알의 전통이라고 말해줬다. 그것은 정말 인상적인 순간이었고, 무엇보다 우리가 이를 통해 더 강력한 동기부여를 얻었다는 점이 중요했다.

드레싱룸 분위기는 축구 경기를 앞둔 여느 팀의 드레싱룸과 크게 다르지 않았다. 선수들은 집중한 상태로 경기를 준비했고, 흥분한 상태에서도 서로를 격려했다. 모든 선수들에게는 등번호에 따라 지정된 자리가 있었다. 내 양 옆에는 18번 라울 알비올Raul Albiol과 20번 곤살로 이과인Gonzalo Higuain이 앉았다. 이과인은 경기 시작 11분 만에 선제골을 터뜨렸다. 그러자 베르나베우에서는 내 귀를 먹게 할 정도로 큰 함성이 터졌다. 소름이 돋았다. 골을 넣은 뒤 이어지는 세리머니와 함성 소리는 늘 대단했지만, 레알이 바르셀로나를 만났을 때는 더 그랬다. 그곳에 내가 있다는 게 믿겨지지 않았다. 나는 1차전 경기를 런던에서 TV로 지켜봤다. 그때는 여전히 이적 성사 여부를 걱정하고 있을 때였다. 그러나 2차전에서는 나 또한 선수 중 한 명으로 엘 클라시코의 일부가 되어 있었다. 나는 그 사실에 강한 자부심을 느꼈다. 이제 남은 것은 경기에 출전하는 것뿐이었다. 나는 무리뉴 감독의 출전 명령을 애타게 기다렸다. 내가 벤치에서 일어나 몸을 풀기 위한 공간으로 이동하자 관중석이 조금씩 웅성거리더니 곧 큰 함성 소리와 박수가 터져 나왔다. 가슴속에 무언가 불타오르는 느낌이 들었다. 시간이 조금씩 흐르면서, 내가 원래 계획대로 20분간 출전할 수 없다는 사실을 깨달았다. 호날두가 한 골을 추가한 우리는 리오넬 메시가 만회골을 넣은 바르셀로나에 2-1로 앞서 있었다. 여전히 승부를 예측하기는 어려웠다. 약 79분경, 무리뉴 감독은 앙헬 디 마리아Ángel Di María를 교체하고 호세 카예혼José Callejón을 투입한 데이어 3분 후에는 이과인을 대신해 카림 벤제마Karim Benzema가 출전했다. 내가 출전할 수 없을 것 같다는 생각이 들기 시작한 순간, 누군가 벤치에서 나를 불렀다. 흥분이 되기 시작했고, 무리뉴 감독은 "네가 외질 대신 투입돼 공격형 미드필더로 뛸 거야. 메시가 오른쪽 사이 공간에서 공을 잡으면, 너는 그를 중앙 쪽으로 몰고 가야 돼. 거기서 너와 알론소가 메시를 압박해. 우리가 공격할 때는 네가 공을 잡고 볼 배급을 맡아야 돼!"라고 지시했다.

나는 처음으로 출전한 엘 클라시코에서 마지막 7분간 뛰며 추가시간을 포함해 총 10분을 소화했다. 10분은 내가 팬들로부터 긍정적인 평가를 받기에 충분한 시간이었다. 우리가 원정 다득점 원칙에 따라 승리하면서 나는 레알 이적 후 첫 번째 우승 트로피를 차지할 수 있었다. 나의 모든 꿈이 현실이 됐다. 가슴이 꽉 찬 기분이 들었다. 나는 그날 골을 넣을 수도 있었으나 그 기회를 살리지는 못했다. 내가 득점 기회를 잡았을 때와 좁은 공간에서 드리블 돌파로 빠져나오는 순간마다 관중석에서는 웅성거리는 소리와 함께 박수가 나왔다. 경기가 끝난 뒤, 나는 운동장 위에서 주체할 수 없는 기쁨을 만끽했다. 우리는 트로피를 들기 위해 시상대에 올라섰다. 페페와 호날두가 내게 트로피를 건넸다. 나는 트로피를 높이 들어 올리며 어린 아이처럼 기뻐했다. 마치 천국에 있는 것 같은 기분이었다! 이후 나는 무리뉴 감독의 메시지를 받았다.

"훌륭했어. 첫 번째 우승을 축하한다. 앞으로 더 많은 우승을 하게 될 거야. 팬들도 네가 어떤 선수인지 확인했고, 그들은 앞으로 네가 펼칠 활약을 더 즐기게 될 거라 확신한다."

나는 레알에서 완벽한 출발을 했다. 그러나 이후의 상황은 조금은 복잡하게 흘러갔다.

* * *

우리는 대표팀 소집 기간을 앞두고 라리가에서 그라나다를 상대했다. 무리뉴 감독은 약속한 대로 나를 선발 명단에 포함시켰다. 이번에도 관중석은 만원이었고, 우리는 3-0으로 쉽게 승리했다. 나는 57분간 공격형 미드필더로 뛰며 좋은 모습을 보여줬다. 여름 훈련이 부족했던 탓에 체력적인 부담을 안고 있어서, 선발로 출전해 리듬을 따라가는 데 다소 어려움을 겪었다.

이후 레알 마드리드 소속 선수로는 처음 크로아티아 대표팀에 합류했다. 앞선 대표팀 차출은 내가 런던에서 개인 훈련을 할 때 이뤄졌다. 우리는 8월 15일 스플리트에서 스위스와의 경기를 앞두고 있었다. 이는 이고르 스티마치Igor Štimac 크로아티아 감독의 데뷔전이었다. 스티마치 감독은 현역 시절 크로아티아의 월드컵 4강 진출에 일조한 선수였으며 전임 슬라벤 빌리치 감독과는 하이두크와 대표팀에서 뛸 때 동료였다. 스티마치 감독의 코칭스태프에는 선수 시절 월드컵 4강을 경험한 코치가 세 명이나 더 있었다. 이 중 크루노슬라프 유르치치Krunoslav Jurčić 코치는 디나모 감독을 맡았을 때부터 이미 나를 알고 있었고, 이고르 투도르Igor Tudor는 대표팀에서 나와 함께 뛴 적이 있었다. 그리고 알렉 복시치Alen Bokšić는 크로아티아 축구 역사상 최고의 공격수 중 한 명이었다. 그러나 스위스는 우리를 압도하며 4-2로 승리했다. 나는 막판 23분 정도를 소화했지만, 준비가 부족했고 효과적인 활약을 펼칠 수 없는 상태였다는 것을 증명할 정도로 부진했다.

나는 스티마치 감독과 원만한 관계를 맺었다. 그러나 나는 처음에는 그가 대표팀 감독으로 선임된 게 이상하다고 생각했다. 그는 그동안 크로아티아 축구협회에서 영향력을 행사하던 관계자들을 적대시한 인물 중 한 명이었기 때문이다. 스티마치 감독은 특히 즈드라프코 마미치와 사이가 좋지 않았다. 여론도 스티마치 감독이 부임한 데 놀라움을 드러내며 그를 신임하지 않았다. 이러한 분위기는 스티마치 감독 체제의 크로아티아 대표팀에도 부담이 됐다. 많은 외부인들은 선수들이 직접 크로아티아 대표팀과 크로아티아 축구협회의 관계에 대해 공개적으로 발언할 필요가 있다고 지적했지만, 그것은 불가능했다. 선수가 그런 역할을 한다는 것은 적절하지 않았다. 선수의 역할은 경기장에서 활약하는 것이지 축구협회의 정치적 상황, 감독 선임이나 경질에 관여하는 게 아니다. 가장 큰 문제는 여론이 크로아티아 축구협회를 적대시하는 부정적인 분위기가 결국에는 대표팀을 향한 비난으로 이어졌다는 사실이다. 그런 상황에서 선수들이 할 수 있는 것은 정치적 상황과는 최대한 거리를 두고 경기장에서 좋은 활약을 펼치는 데 집중하는 것뿐이었다.

2014 브라질 월드컵 유럽 예선이 시작된 후 가을이 되자 우리도 좋은 흐름을 타기 시작했다. 우리는 9월에 치른 두 경기에서 마케도니아에 승리했고, 가장 큰 경쟁 상대인 벨기에와 1-1로 비겼다. 이어 우리는 10월 스코페에서 마케도니아, 오시에크에서 웨일스를 상대로 2연승을 거뒀다. 특히 우리는 오시에크에서 훌륭한 경기장 분위기에 힘입어 멋진 경기력을 선보였다. 크로아티아 동부 지역 슬라보니아Slavonia에서 열리는 대표팀 경기의 분위기는 늘 대단했다. 그러나 아쉽게도 이러한 분위기는 갈수록 사그라들었고, 그러면서 대표팀 내부에서도 응집력이 결여되기 시작했다.

## 제한된 출전 시간

레알 마드리드로 이적한 나는 스페인 라리가가 잉글랜드 프리미어리그보다 더 기술적이지만, 체력 소모는 덜할 것이라 생각했다. 그러나 곧 나의 예상이 틀렸다는 것을 깨달았다. 스페인 축구는 전술적으로나 기술적으로 수준이 매우 높았다. 더 놀라운 것은 거친 몸싸움이었다. 특히 원정 경기는 더 그랬다. 라리가에서는 만나는 모든 팀을 상대로 100%를 다하지 않으면, 큰 문제가 발생했다. 라리가의 모든 팀은 기술적으로, 전술적으로 중심이 잘 잡혀 있었으며 경기 속도도 빨랐다. 잉글랜드에서는 경기장 관중석 분위기가 스페인보다 덜 험악했다. 잉글랜드 팬들은 응원하는 팀에 집중했고 상대팀에는 별 관심이 없었다. 하지만 스페인 팬들은 달랐다. 팬들의 반응이 더 감정적이었다. 경기장이 더 작은 세비야 같은 팀을 원정에서 만나면 상대 팀 팬들이 머리 바로 위에서 매우 큰 중압감으로 원정 팀을 짓누르는 것 같은 압박을 받을 정도였다. 그런 원정 경기는 아주 까다롭다.

스페인 축구를 처음 경험하면서 새로운 생활에 적응하며 어려움을 겪었다. 그러나 그것은 어려울지언정 이미 예상한 일이기도 했다. 문제는 내가 프리시즌 훈련을 제대로 하지 못했다는 점이었다. 처음에는 레알 선수가 됐다는 것에 대한 기대감에 정신력으로 버틸 수 있었지만, 레알 선수에게 필요한 경쟁력을 유지하려고 하자 점점 몸이 지치기 시작했다. 그러나 무리뉴 감독은 경험이 풍부한 지도자였다. 그는 그때부터 나를 관리하며 출전 시간을 조절해줬다. 물론 모든 선수와 마찬가지로 늘 경기에 뛰고 싶었던 나는 출전 시간이 제한된 것에 불만도 있었다. 예를 들면 첫 시즌 캄프 누 원정에서 열린 엘 클라시코에 출전하지 못한 현실을 받아들이는 게 힘들었다. 그날 경기는 우리가 UEFA 챔피언스리그 아약스 원정에서 4-1로 승리한 후 4일 만에 열렸다. 나는 무리뉴 감독이 바르셀로나 원정을 의식해서 아약스전에 나를 아낄 줄 알고 있었다. 무리뉴 감독이 훌륭한 감독인 이유는 바로 이런 점 때문이다. 그는 점진적으로 선수가 몸 상태를 끌어올릴 수 있게 하는 방법을 알고 있었다. 나는 바르셀로나전에서 휴식을 취하며 숨을 고를 수 있었고, 다가오는 더 어려운 시기에 대비해 재충전할 수 있었다. 나는 사라고사<sub>Zaragoza</sub>를 상대로 우리가 4-0으로 이긴 경기에서 레알 이적 후 첫 골을 터뜨렸다. 그것도 왼발로! 그렇지만 나는 가을 내내 경기력이 들쑥날쑥했다. 챔피언스리그에서는 많은 출전 시간을 부여받았지만, 우리가 1-2로 패한 보루시아 도르트문트 원정에서의 경기력은 최악이었다.

언론은 레알의 일거수일투족을 파헤쳤다. 레알 선수들이 느끼는 중압감은 엄청났다. 내가 런던에서 마드리드로 오기 전부터 스페인 언론은 협상 과정의 모든 진행 사항을 일제히 보도했다. 내가 시즌 초반 좋은 활약을 펼치자 기대치는 매우 높아졌다. 언론이 내 활약에 열광을 했다고 해도 과언이 아니었다. 그러나 분위기는 곧 변했다. 이후 경기력이 오락가락하자 압박감에 시달렸다. 전문가들은 내게 가장 잘 어울리는 포지션이 공격형 미드필더인지, 수비형 미드필더인지, 아니면 전형적인 박스-투-박스 미드필더인지를 두고 논쟁을 펼쳤다. 그런 논쟁이 시작됐다는 사실 자체가 나의 경기력이 기대치를 충족하지 못하고 있다는 뜻이었다. 나는 포지션이 문제가 아니란 것을 확신했다. 단순히 신체적으로 좋은 활약을 펼칠 준비가 되지 않은 상태였을 뿐이다. 나는 미드필드의 모든 포지션을 소화할 수 있다는 사실을 증명한 선수였지만, 무리뉴 감독이 나를 레알로 영입하며 염두에 둔 포지션은 8번이었다! 팀을 수비에서 공격으로 전환해주고, 공을 소유하면서 경기의 리듬을 좌우하는 나의 능력은 이 자리에서 가장 잘 발휘될 수 있다. 동시에 8번 자리에서 뛰면 공격 작업에 관여하며 상대 페널티 지역 안으로 침투하거나 중거리 슛으로 득점을 노릴 수도 있었다.

다행히 무리뉴 감독도 나와 같은 생각을 했다. 그는 가끔씩 나를 공격형 미드필더로 중용했지만, 나의 원래 자리는 경기의 흐름이 만들어지는 경기장의 중원이었다.

나는 주변의 비판에 대체로 대응을 잘하는 선수다. 스스로에게 무엇이 중요한지 잘 알고 있었기에 외부의 비판은 나를 흔들지 못했다. 모든 것은 내가 얼마나 경기에서 좋은 활약을 하느냐에 달려 있다. 나는 크로아티아 언론이 몇몇 스페인 신문을 인용한 기사에서 당시 시즌 최악의 영입 선수를 꼽는 투표에 내가 포함된 사실을 보도했다는 것을 알게 됐다. 그 시절 나는 아직 스페인어를 할 줄 몰랐다. 그런 소식에 의기소침해지는 선수들도 있겠지만, 나는 언제나 운동장에서 보여주는 경기력은 선수가 스스로 통제할 수 있는 부분이라고 생각했다. 나는 스스로 레알 마드리드에서 뛸 만한 선수가 될 실력을 가졌다고 확신했다. 훈련과 경기를 통해 이를 이미 깨달았기 때문이다. 나는 절대 스스로를 의심하지 않았다. 결국에는 자기 자신을 믿는 게 가장 중요하다. 다만, 나는 섣불리 더 많은 경기에 뛰어야 한다고 생각해서는 안 됐다. 인내심을 발휘해야 했다.

그 와중에도 나는 열심히 훈련했다. 스페인어를 배우기 위해 노력했고, 심지어 멕시코 드라마까지 봤다! 의사소통은 매우 중요한 요소다. 나는 토트넘으로 처음 이적했을 때도 꽤 조용한 편이었다. 학교를 다니며 기본적인 영어를 배웠지만, 잉글랜드에 살면서 영어 실력이 얼마나 부족한지 깨달았다. 특히 영국인 억양으로 듣는 영어는 더 알아듣기가 어려웠다. 그러나 굳이 대화를 피하려고 하지는 않았다. 발전을 위한 노력은 매일매일 이뤄져야 하는 것이고, 그러다 보면 언젠가 사람들과의 대화가 가능해진다. 어느 순간부터 누군가 하는 말을 이해하게 되고, 글을 읽는 데도 익숙해지며 단체 생활에 적응하게 되는 것이다. 나는 스페인에서도 그런 과정을 거쳐야 한다는 것을 알고 있었다. 또한, 그 나라의 언어를 배우는 것은 내가 살게 된 나라에 대한 예의이기도 하다. 나는 처음 레알로 이적한 후 코칭스태프와 카카, 호날두, 알론소, 알바로 아르벨로아Álvaro Arbeloa와 영어로 대화했다. 그들은 모두 영어를 잘했다. 그러나 레알에서 보낸 두 번째 시즌부터는 스페인어를 곧잘 할 수 있었다.

우리는 2013년 초반부터 코파 델 레이에서 상승세를 이어갔다. 우리는 셀타Celta를 탈락시킨 데 이어 발렌시아와 바르셀로나를 1, 2차전에 걸쳐 제압한 다음 5월에 열린 결승전에서 아틀레티코 마드리드Atlético Madrid와 만났다. 나는 코파 델 레이에서 내게 주어진 출전 시간에 만족할 수 없었다. 몸 상태는 갈수록 좋아졌지만, 무리뉴 감독은 다른 계획을 세우고 있었다. 나는 데포르티보 원정에서 후반전 교체 지시를 받자 인내심을 잃었다. 그 시기에 특히 출전 시간이 크게 줄어들었기 때문이다.

무리뉴 감독은 산티아고 베르나베우에서 열린 맨체스터 유나이티드전에서도 나를 막판 15분간 기용했다. 나흘 뒤 열린 라요 바예카노Rayo Vallecano전에서는 경고 누적으로 아예 결장했다. 나는 데포르티보 원정에서 모처럼 명단에 이름을 올리며 선발 출전했고, 스스로 경기력에 만족하고 있었다. 그러나 대기심이 들어 올린 선수 교체를 지시하는 보드에 내 등번호가 보였다. 나는 방금 전 공격을 주도하며 페널티킥을 얻어낼 뻔했을 정도로 위협적인 장면을 연출한 상태였다. 그러나 더는 아무 소용이 없었다. 나는 경기가 0-0인 시점에 교체됐고, 이후 레알은 2-1로 승리했다. 화가 난 나는 경기가 끝난 후 무리뉴 감독의 오른팔인 후이 파리아Rui Faria 코치와 대화를 나눴다. 파리아 코치와 대화를 나누는 것은 무리뉴 감독을 만나는 것이나 다름없었다. 나는 파리아 코치가 무리뉴 감독에게 모든 것을 말해준다고 확신했다. 우리는 발데베바스 훈련장에서 대화를 나눴는데, 나는 그에게 솔직하게 말했다.

"몸 상태는 괜찮습니다. 저에겐 감독님의 신뢰가 필요합니다. 제 가치를 증명할 유일한 방법은 꾸준하게 출전하는 것뿐이에요."

내 의사를 전달하는 데 필요한 말은 그게 전부였다.

파리아 코치는 조심스럽게 내 말을 들었다. 그러더니 나를 진정시켰다. "무리뉴 감독은 너의 활약과 발전에 매우 기뻐하고 있어. 너는 코파 델 레이 1차전 경기에서 바르셀로나를 상대로 교체 출전해서 팀에 큰 도움이 됐잖아. 모든 게 잘 흘러가고 있어. 더 인내하면 기회가 올 거야."

당시 파리아 코치와의 대화가 나의 팀 내 입지에 어떤 영향을 미쳤는지는 잘 모르겠다. 그러나 그와 대화를 나눈 후 기분이 한결 좋아졌다. 무리뉴 감독이 바르셀로나와의 2차전 원정 경기에서도 나를 벤치에 앉히긴 했지만 말이다. 우리는 그날 경기에서 이겼고, 바르셀로나전 승리는 팀 사기에도 중요했다. 더 중요한 것은 이후 이어진 경기에서 내게 더 많은 기회가 주어졌다는 사실이다. 모든 것이 감독이 약속한 대로였다.

## 터닝 포인트

알렉스 퍼거슨 감독은 역대 최고의 감독 중 한 명이다. 그는 축구계에서 가장 카리스마가 강력한 사람 중 한 명이기도 하다. 내가 잉글랜드에서 뛰던 시절에도 퍼거슨 감독에게는 그만의 아우라가 있었다. 퍼거슨 감독이 올해의 선수상 후보 중에 나를 선정했을 때, 나는 큰 자부심을 느꼈다. 그는 훗날 자서전을 통해 나를 영입하고 싶었으나 다니엘 레비 회장과 협상하고 싶지 않아서 포기했다고 밝혔다. 맨체스터 유나이티드는 앞서 토트넘에서 마이클 캐릭Michael Carrick, 디미타르 베르바토프Dimitar Berbatov를 영입하는 데 큰 고생을 치러야 했다. 나는 퍼거슨 감독이 나에 대해 "절대 다이빙을 하지 않는 현대 축구의 본보기"라고 칭찬했을 때 큰 감사함을 느꼈다.

내가 토트넘에서 활약한 시절에 맨체스터 유나이티드가 나를 높게 평가한다는 느낌을 받을 수 있었다. 당시 크로아티아 축구 에이전트 토미슬라프 에르체그Tomislav Erceg를 만났을 때도 그와 같은 소식을 들었다.

그의 회사에는 맨체스터 유나이티드 구단 관계자와 연락을 주고받으며 내가 이적할 의사가 있는지 궁금해하는 사람이 있었다. 맨체스터 유나이티드는 내가 어렸을 때부터 큰 매력을 느낀 구단이다. 그들은 역사와 전통을 가진, 축구계에서 중요한 위치를 차지한 구단이다. 그뿐 아니라 그들의 홈구장 올드 트래포드의 분위기는 장관 그 자체였다. 토트넘은 내가 활약하던 시절 올드 트래포드에서 치른 모든 경기에서 패했다. 그러나 우리는 그곳에서 좋은 경기력을 선보였다.

내가 레알 유니폼을 입고 처음 치른 맨체스터 유나이티드전 결과는 1-1 무승부였다. 우리는 맨체스터 유나이티드가 더 좋은 기회를 많이 만들었다는 사실을 알았기에 그 결과에 만족했다. 2차전 경기는 시작도 하기 전부터 상황이 쉽지 않았다. 우리는 3일 전 마드리드에서 중요한 엘 클라시코를 치렀었다. 무리뉴 감독은 나를 선발 출전시켰고, 나는 풀타임을 소화하며 좋은 활약을 펼쳤다. 경기 결과는 우리의 2-1 승리였다. 나는 82분 세르히오 라모스의 결승골을 어시스트하며 기분 좋게 경기를 마쳤다. 라모스는 내가 코너킥을 올리자 높게 뛰어올라 헤더를 연결하며 골망을 갈랐다.

우리는 챔피언스리그 8강에 오르겠다는 목표를 세우고 맨체스터로 향했다. 나는 엘 클라시코에서 좋은 활약을 펼쳤지만, 맨체스터 유나이티드 원정에서는 벤치에서 경기를 시작해야 한다는 사실을 일찌감치 알고 있었다.

올드 트래포드에서 열린 경기 전반전은 상당히 어려웠다. 맨체스터 유나이티드는 우리를 강하게 압박했고, 우리는 기적적으로 0-0으로 전반전을 마쳤다. 무리뉴 감독은 몇몇 선수에게 몸을 풀라고 지시했다. 나는 전반전 도중 부상을 당한 앙헬 디 마리아가 드레싱룸에 남아 있는 모습을 확인하고는 후반전 초반에 내가 출전하는 줄 알았다. 그러나 무리뉴 감독은 교체 선수로 카카를 택했다. 우리는 후반전도 출발이 좋지 않았다. 급기야 라모스가 48분에 자책골을 헌납했다. 이후에도 우리는 버티는 데 주력했으나 56분 상대 측면 공격수 나니Nani가 퇴장을 당하는 변수가 발생했다. 무리뉴 감독은 즉시 몸을 풀던 나를 불렀다.

"네가 아르벨로아를 대신해 투입돼서 알론소, 케디라 앞에 배치될 거야. 외질, 카카, 호날두, 이과인에게 패스를 공급해줘."

나는 경기에 투입되는 시점만 기다리고 있었다. 나는 올드 트래포드 분위기에 익숙했고, 마치 집에서 뛰는 것만 같았다. 내가 투입되자마자 빠른 속도로 패스 서너 개를 연결한 장면이 그것을 증명한다. 우리는 그들을 강력하게 압박했고, 상대의 페널티 지역 근처를 헤집어 놓았다. 나는 공만 잡으면 내가 하고 싶은 무엇이든 할 수 있을 것만 같은 자신감을 가지고 있었다. 그리고 투입된 지 단 7분 만에 공간을 창출한 후 약 20미터 거리에서 온 힘을 다해 슈팅을 날렸다. 내 발을 떠난 공은 급하게 회전을 먹으며 포스트를 맞고 골대 안으로 빨려 들어갔다! 그런 경기에서, 그런 순간 골을 넣는 기분! 그 골을 넣은 순간부터 나는 나의 팀 내 입지가 바뀔 것이라고 직감했다. 비단 그 골뿐만 아니라 내가 이 경기에서 31분간 펼친 활약이 나의 팀 내 입지를 강화시켜주는 계기가 됐다. 나는 골을 넣은 후 단 3분 만에 우리의 두 번째 득점 상황에도 관여했다. 나의 패스를 받은 이과인이 외질과 2 대 1 패스를 주고받은 뒤, 반대쪽 포스트를 향해 크로스를 올렸다. 맨체스터 유나이티드 역사상 가장 훌륭한 선수 중 한 명이자 이제는 우리 팀 유니폼을 입게 된 호날두가 어려운 위치에서 득점하며 레알을 챔피언스리그 8강에 올려놓았다. 전 소속 팀을 상대로 득점한 그는 예의를 지키기 위해 골 세리머니를 하지는 않았다. 잉글랜드 팬들은 클럽 전통에 따라 호날두를 영웅처럼 대해줬다.

경기를 마친 나는 정말 행복했다. 무리뉴 감독은 팀 버스에서 나를 향해 큰 소리로 "브라보!"라고 외치며 짧지만 굵은 칭찬을 건넸다. 올드 트래포드에서 환상적인 밤을 보낸 뒤, 나의 인생도 변했다. 그 경기가 끝난 후 나는 비로소 진정한 레알 마드리드 선수가 됐다. 이전에도 좋은 활약을 펼친 경기는 있었지만, 내가 맨체스터 유나이티드를 상대로 단 30분 사이에 보여준 집중력과 승부를 뒤집는 데 필요한 발판을 마련한 골, 그 덕분에 8강행을 확정 지은 점 덕분에 나의 팀 내 입지는 이제 누구에게도, 특히 무리뉴 감독에게는 논쟁거리가 될 수 없었다. 무리뉴 감독과 나에게 있어 이번 맨체스터 유나이티드 원정은 나의 진정한 가치를 증명한 경기였다.

우리는 올드 트래포드 원정을 마치고 난 11일 뒤, 산티아고 베르나베우에서 마요르카Mallorca를 상대했다. 마요르카는 전반전에만 두 골을 넣으며 앞서갔지만, 우리는 52분부터 57분 사이에 내리 세 골을 터뜨리며 역전했다. 나는 호날두가 동점골을 넣은 후 단 2분 만에 역전골을 넣으며 경기를 3-2로 뒤집었다. 관중석은 흥분의 도가니가 됐고, 나 역시 정말 흥분했다. 그것은 내가 개인적으로 가장 좋아하는 골 중 하나였다. 나는 상대 골대와 약 25미터 거리가 떨어진 곳에서 흐르는 공을 향해 달려가 오른발로 강력한 슈팅을 연결했다. 공은 그대로 골망을 갈랐고, 팬들의 엄청난 함성이 마치 관중석을 무너뜨릴 것만 같았다! 함께 기뻐하던 동료들이 내게 축하를 건네는 중에 관중석에서 일제히 일어나 '루카 모드리치'를 연호하는 팬들의 외침이 들렸다. 정말 환상적인 분위기였고, 레알 팬들이 나를 사랑한다는 확신을 얻을 수 있었다. 나를 향한 팬들의 그런 감정은 지금도 변함이 없다.

　나는 이후 TV로 경기를 보며 내가 골을 넣은 순간 무리뉴 감독의 반응을 볼 수 있었다. 그 또한 기뻐하는 기색이 역력했다. 마치 그가 "거봐, 내 말이 맞았지?"라고 말하는 것만 같았다. 우리는 시즌 막바지에 열린 말라가전에서 6-2로 크게 이겼다. 그날 나는 라울 알비올의 선제골을 도운 데 이어 직접 시즌 3호골을 터뜨리며 레알에 5-2 리드를 안겼다. 그로부터 2분 뒤, 무리뉴 감독이 나를 교체했다. 나는 기립박수를 받으며 운동장에서 내려왔고, 벤치에 앉으려던 찰나에 무리뉴 감독이 나를 자기 쪽으로 불렀다. 그는 내게 귓속말로 "거봐, 저들은 너를 올 시즌 최악의 영입 선수라고 했는데, 너는 이렇게 잘할 수 있잖아"라고 말했다. 정말 기뻤다. 그것은 모두 무리뉴 감독 덕분이었다.

　우리는 연승 행진을 달렸지만, 라리가에서 승점 15점 차로 바르셀로나에 밀리며 2위에 그쳤다. 우리는 챔피언스리그에서는 맨체스터 유나이티드에 이어 갈라타사라이를 탈락시켰지만, 4강전에서 보루시아 도르트문트에 덜미를 잡혔다. 도르트문트는 4강 1차전에서 압도적인 경기력을 선보였고, 무려 네 골을 터뜨린 로베르트 레반도프스키Robert Lewandowski의 맹활약에 힘입어 우리를 4-1로 꺾었다. 그러나 우리는 대패를 당하고도 2차전에서 승부를 뒤집을 수 있다고 굳게 믿었다. 내가 '레몬타다remontada('극복'을 뜻하는 스페인어 단어. 주로 축구에서 예상치 못한 대역전승을 표현할 때 쓰인다 - 옮긴이)'가 무엇인지 배운 게 바로 그때였다. 팬들도 우리가 역전할 수 있다고 확신했다. 그들은 우리가 2차전을 위해 경기장에 도착한 순간부터 경기가 끝날 때까지 큰 힘을 불어넣어줬다. 우리는 이날 역전에 매우 근접했었다. 경기력은 환상적이었지만, 우리는 몇 차례 득점 기회를 놓친 후 82분과 88분에 연속골을 넣었다. 이후 우리는 한 골만 더 넣으면 도르트문트를 탈락시키며 '레몬타다'를 완성할 수 있었다. 우리는 몇 차례 더 득점 기회가 있었지만, 결국 결승 진출에 성공한 것은 위르겐 클롭 감독이 이끈 도르트문트였다.

챔피언스리그에서 탈락한 레알의 팀 분위기는 침체됐다. 이제 우리가 차지할 수 있는 우승 트로피는 코파 델 레이뿐이었다. 우리 홈에서 열린 결승전 상대는 아틀레티코 마드리드였다. 우리는 14분 만에 호날두가 코너킥 상황에서 헤더로 득점하며 환상적인 출발을 보였지만, 아틀레티코는 35분에 동점골을 터뜨렸다. 양 팀은 공방전을 이어갔고, 결국 승부는 연장전으로 이어졌다. 내가 이미 교체 아웃된 99분, 아틀레티코 수비수 미란다Miranda가 득점하며 그들이 2-1로 승리했다. 우리는 우승할 수 있는 유일한 기회를 놓쳤다.

## 엄마의 용기

이 책의 많은 부분을 할애하면서까지 레알에서 맞은 첫 번째 시즌에 대해 이야기한 이유는 그 시절이 내가 스페인에서 커리어를 쌓는 데 큰 영향을 미쳤기 때문이다. 레알에서 나의 데뷔 시즌을 10점 만점 기준으로 채점한다면, 7점을 주고 싶다. 개인적인 활약만 고려한다면 더 높은 점수를 줄 수도 있다. 나는 팀 내에서 입지를 다졌고, 가장 수준 높은 무대에서 스스로 가치를 증명했다. 특히 시즌 후반기에는 더 좋은 활약을 펼쳤지만, 사실 이는 예견된 결과였다. 모든 선수는 적응하는 데 시간이 필요하다. 프리시즌도 소화하지 못하고 레알의 모든 선수에게 매일 요구되는 부담을 견뎌내야 했던 내게는 더 그랬다. 그래서 나는 시즌 막바지에 내가 보여준 활약에 기대 이상으로 만족했다. 코칭스태프와 팀 동료들도 내게 큰 도움을 줬다. 사비 알론소는 늘 나를 도와줬고, 아르벨로아, 케디라, 외질, 라모스, 페페, 호날두도 마찬가지였다. 크리스티아누는 첫날부터 나를 많이 도와줬다. 나는 잉글랜드 무대에서 상대 팀 선수로 만나야 했던 그를 레알에 와서 동료로 만났고 덕분에 훨씬 더 그를 잘 알게 됐다. 그가 최정상급 스트라이커라는 사실은 알고 있었지만, 이제는 왜 그가 훌륭한지도 알 수 있었다. 카카도 인상적이었다. 몇몇 사람들은 그와 내가 경쟁자라는 분위기를 조성하려고 했지만, 카카는 나를 만난 첫날부터 도움이 필요할 때는 언제든 나서서 도와주겠다고 말하며 나와 친하게 지냈다. 심지어 우리는 함께 호흡을 맞춘 경기도 많았다.

내게 가장 중요했던 것은 팬들이 보여준 존중심과 애정이었다. 산티아고 베르나베우의 팬들은 기대치가 매우 높다. 그들은 최고를 보는 데 익숙해진 팬들이기 때문이다. 레알에서 그저 그런 활약은 용납될 수 없었으며 긴장이 풀린 모습은 더 심각한 문제였다. 그들의 지지를 받을 자격이 있는 선수가 된다는 것, 혹은 그들이 가장 좋아하는 선수 중 한 명이 된다는 것은 우승 트로피를 차지하는 것이나 다름없는 영광이었다.

마드리드에서 보낸 첫 1년은 개인적인 삶에 있어서도 아주 좋았다. 쉐라톤 호텔에서 약 2개월간 묵은 나와 바냐, 이바노는 이후 라 모랄레하에 주택을 임대했다. 그 집의 주인은 과거 레알에서 활약한 공격수 훌리우 밥티스타Júlio Baptista였다. 바냐와 나는 늘 집을 고를 때 특별히 더 조심스럽게 신경을 쓰는 편이다. 우리는 집에서 아이들, 가족, 친구들과 보내는 시간이 많다. 나는 아직도 우리가 런던에서 살던 집을 떠나려던 때, 문 앞에 멈춰 서서 그동안 아름다운 시간을 보냈던 그곳을 되돌아본 순간을 기억하고 있다.

우리는 마드리드로 이사할 때 짐을 싸는 일도 직접 했다. 당시 바냐는 둘째를 임신 중이었다. 그 시절 우리는 나의 복잡한 이적 협상 탓에 온갖 어려움을 겪고 있었다. 이후 이적이 확정된 후에도 잉글랜드를 떠나 스페인으로 이사해 마드리드 생활에 적응해야 했고, 시즌 초반에는 여론의 비판까지 감수했다. 이 모든 상황이 얼마나 복잡했는지 설명하려면, 더 자세한 얘기부터 시작해야 할 것 같다.

내가 이 얘기를 공개적으로 하는 것을 바냐가 괜찮다고 생각할지 모르겠다. 바냐는 누군가 자신을 동정하는 것을 끔찍하게 싫어하는 사람이다. 물론, 바냐는 건강에 문제가 있다. 그러나 건강에 아무 문제가 없는 사람은 없다. 더욱이 바냐는 우리의 삶이 충분히 훌륭하다고 믿는 사람이다.

우리는 특권을 누린 사람들이다. 이것은 사실이다. 그러나 우리가 부유하게 산다는 사실과 내가 세계에서 가장 큰 구단에서 뛴다는 점, 내가 세상에 알려진 사람이라는 것조차 바꿀 수 없는 중요한 한 가지가 있다. 우리도 여느 사람들과 마찬가지로 지극히 평범한 사람이라는 점이다. 우리에게도 기분 좋은 날과 나쁜 날이 있다. 힘들 때와 행복할 때가 있으며 걱정과 기쁨이 있다. 우리는 강하지만, 약해질 때도 있다. 우리가 아이 셋을 낳고 삶을 즐길 수 있게 된 데는 바냐의 희생이 컸다. 나는 사람들이 바냐가 얼마나 용감한 사람인지 알았으면 하는 바람이 있다. 내가 축구 선수 커리어에 대해 얘기할 때 떠오르는 안 좋은 기억은 부상이나 잠시 경기장을 떠나야 했던 시간, 패배가 주는 아픔 등이 있다. 그러나 바냐가 인생을 살며 겪은 어려움과 그녀가 그런 역경을 이겨내기 위해 발휘해야 했던 의지를 생각하면 내가 경험한 문제는 아무것도 아니라는 생각이 든다.

이바노가 태어난 후 약 1년이 지났을 때였다. 바냐는 가끔씩 두통과 함께 얼굴 왼쪽이 마비되는 증상을 느끼곤 했다. 그럼에도 바냐는 조금만 참으면 그런 증상이 없어진다고 생각해 크게 신경 쓰지 않았다. 그런데 2011년 어느 날, 런던의 아파트로 돌아온 나는 수심에 잠긴 바냐를 발견했다. 바냐는 왼쪽 귀가 청각을 잃은 것 같다고 말했다. MRI 촬영 결과 의료진은 바냐가 신경초종schwannoma을 앓고 있다고 진단했다. 이는 귀 안쪽에 양성종양이 자리 잡고 있는 상태를 뜻하는 질병이다. 우리는 당연히 겁을 먹었지만, 곧 의료진은 쉽게 치료가 가능한 상태라며 우리를 안심시켰다. 이후 우리는 크로아티아에 있는 명망 있는 의사인 요시프 팔라디노Josip Paladino 박사를 찾아가 2차 소견을 들었다. 그 또한 검사 결과 최선의 치료 방법은 감마나이프 방사선 수술Gamma Knife radiosurgery이라고 말했다. 그러나 우리는 수술을 미뤄야 했다.

그때 바냐는 우리 둘째 아이를 임신한 상태였다. 바냐가 이바노를 낳은 후 폐색전증pulmonary embolism을 앓은 만큼 마드리드로 이사한 후 둘째를 임신한 그녀는 더 철저한 관리를 받아야 했다. 바냐는 주기적으로 건강 검사를 받았고, 항응고 요법 치료를 받아야 했다. 이번에도 우리는 자그레브에서 출산하기를 바랐다. 예정 출산일은 2013년 4월 25일로 잡혔다. 이날은 레알이 챔피언스리그 4강 1차전 도르트문트 원정에서 1-4 대패를 당한 다음 날이었다. 무리뉴 감독은 경기가 끝난 직후 내게 일일 휴가를 줬고, 나는 바로 자그레브로 날아갔다. 딸이 태어난 것은 우리 인생에서 두 번째로 아름답고, 기억에 남는 순간이었다. 출산 과정은 모두 순조롭게 진행됐다. 이번에는 아이의 이름도 빨리 지었다. 나와 바냐는 짧은 이름을 좋아한다. 이번에 이름을 지은 것은 바냐였다. 바냐가 우리 딸에게 지어준 이름은 에마Ema! 참 행복한 하루였다. 앞서 잘생긴 아들을 낳은 우리는 아름다운 딸까지 맞이했고, 더 중요한 것은 바냐의 건강에도 이상이 없었다는 점이다. 그 덕분에 나는 바로 마드리드로 돌아갈 수 있었다. 다음 날 팀 훈련 일정이 잡혀 있었기 때문이다.

나는 바냐와 자주 연락을 주고받았다. 우리는 다른 공간에 있었지만, 영상통화를 통해 함께 있을 수 있었다. 그 덕분에 에마도 매일 볼 수 있었다. 이후 바냐와 에마가 마드리드로 날아왔다. 바냐는 에마가 태어난 날부터 모든 일을 도맡았다. 가끔씩 바냐의 어머니, 또는 우리 부모님이 그녀를 찾아가 집안일을 도와주거나 이바노를 봐주시기는 했다. 그러나 우리는 바냐의 건강 상태와 아이가 둘이나 됐다는 점을 고려해 가정부를 고용하기로 했다.

2014년 초, 바냐는 런던으로 수술을 하러 갔다. 그녀의 어머니와 친척이 동행했지만, 시즌의 중요한 시기를 맞은 나는 함께 갈 수 없었다. 걱정이 된 나는 축구에 집중하는 데 어려움을 겪었다. 그러나 나는 구단의 누구에게도 이 사실을 알리지 않았고, 심지어 바냐에게 도 최대한 내색하지 않았다. 바냐는 이미 힘든 시기를 겪고 있었고, 누구보다 내게 수술에 대한 두려움이나 불안감을 표현하지 않으려 고 노력했다. 나는 바냐와 두 아이를 위해 강한 모습을 보여야 했다. 어차피 우리 가족이 겪어야만 하는 일이기도 했다. 우리는 긍정심을 잃지 않았고, 결국 수술도 잘 진행됐다.

바냐는 런던에서 돌아온 후 생활 습관에 변화를 줬다. 나 또한 최 대한 그녀에게 도움이 되기 위해 노력했다. 바냐는 수술 후 6개월이 지나 첫 검사를 받아야 했는데, 다행히 증상이 없어졌다는 긍정적인 소식을 들을 수 있었다. 의료진도 종양이 갈수록 줄어들고 있다고 말했다. 최근 바냐의 종양은 처음 발견됐을 때와 비교해 크기가 4분 의 1로 줄었다. 바냐는 자주 검사를 받고 있고, 건강한 상태다.

몇 년 만에 우리 가족 모두가 아무런 문제없이 잘 지내고 있었다. 우리의 삶이 완성된 기분이었다. 이바노와 에마는 무럭무럭 자랐고, 나는 성공적으로 커리어를 쌓아갔다. 당시 바냐가 내게 건넨 한마디 는 아마 그녀가 오랜 기간 하고 싶었던 말이었을 것이다. 에마를 낳 은 후에도 건강에 이상이 나타나지 않자 바냐는 내게 이렇게 말했다.

"루카, 아이를 또 낳고 싶어!"

그러나 나는 그녀의 바람을 들어줄 수 없었다. 물론, 바냐와 나는 예전부터 아이 셋을 갖자고 약속했었다. 나 또한 아이 서너 명을 키 우는 가정을 원했다. 그러나 이제는 상황이 달라졌다. 바냐는 생사 를 걸고 아이를 낳아야 했다. 나는 그녀가 그런 위험을 감수하기를 원치 않았다. 바냐는 런던의 의료진에게 임신에 대한 반응으로 종양이 커질 수 있는지 물었다.

그들은 종양이 커질 확률은 반반이라고 말했다. 바냐는 자그레브의 의료진에게도 2차 소견을 구했고, 셋째 아이를 낳으면 또 혈병 증상이 생길 가능성에 대해 물었다. 그들은 바냐가 치료를 받아야 하고 위험을 감수해야 하지만, 선택은 그녀에게 달렸다고 답했다. 결국, 의료진의 답변은 우리가 예상한 그대로였다. 아마 괜찮겠지만, 문제가 있을 수도 있다는 게 그들의 답변이었다. 바냐는 완강했다. 나는 바냐가 "이렇게 하자. 당신은 경기장에서 최선을 다하고, 나는 가족을 위해 최선을 다할게!"라고 말하는 모습을 본 후 그녀를 말릴 수 없다는 것을 깨달았다.

2017년 10월 2일, 소피아Sofia가 태어났다! 당시 나는 크로아티아 대표팀이 핀란드와의 월드컵 예선 경기를 준비하던 리예카에서 페트로파Petrova 병원까지 운전을 해서 이동했다. 세상에 나올 소피아를 맞이하기 위해서였다. 출산은 큰 문제없이 완료됐고, 바냐와 우리 가족의 두 번째 공주는 건강히 태어났다. 그 덕분에 나는 어깨가 한결 가벼워졌고, 더 큰 힘을 얻을 수 있었다.

그러나 1년 뒤, 우리는 마드리드에서 또다시 충격적인 일을 겪었다. 집에 있던 바냐의 팔이 갑자기 마비되면서 시퍼런 색으로 변하고 있었다. 모든 증상을 볼 때 혈병이 재발한 것일 가능성이 커 보였다. 바냐는 침착하게 의사에게 전화를 걸었다. 멀지 않은 곳에 있던 의사는 가끔 우리 집으로 왕진을 왔다. 의사는 바냐의 직감이 맞았다며 그녀를 병원으로 데리고 갔다. 스캔 결과 혈전이 바냐의 목으로 침입했다는 사실이 확인됐다. 의료진은 혈전이 생긴 원인은 바냐가 혈전 방지제 복용을 멈췄기 때문이라고 설명했다.

의료진은 서둘러 온갖 검사를 실시했다. 결국 바냐는 의료진으로부터 예방제를 평생 복용해야 한다는 통보를 받았다. 요즘도 바냐는 비행기를 타거나 스트레스가 쌓여 혈전 증상이 발생할 만한 상황이 오면 스스로 주사기를 이용해 몸에 링거IV drip를 놓아야 한다. 바냐는 워낙 이에 익숙해진 나머지 가끔은 내게 링거를 놓아주기도 한다. 나는 관절경 검사를 받았을 때 혈액응고 방지제를 복용해야 했다. 나는 당시 집에 머물러 있어야 했고, 집에서 내게 링거를 놓아준 것은 바냐였다. 바냐는 마치 숙련된 베테랑처럼 링거를 놓는다. 이후 나는 "내가 직접 해볼게!"라고 말한 후 스스로 링거를 놓아봤다. 긴장이 되긴 했지만, 나도 결국 해냈다. 이를 통해 나는 바냐가 매일매일 겪어야 하는 어려움을 이해하게 됐다. 그러나 바냐는 단 한 번도 힘들어하는 내색을 하지 않았다.

바냐는 우리 가족을 위해 아이를 셋이나 낳아야 한다는 약속을 지키기 위해 스스로 큰 위험을 감수했다. 그것만으로도 그녀가 얼마나 강한 사람인지 알 수 있다. 바냐는 시간이 한참 지난 후에 내게 소피아를 낳았을 때 의사로부터 어떤 말을 들었는지 알려줬다. 당시 의사는 "바냐 씨, 이런 용기를 가진 엄마는 많지 않아요. 제가 당신이었어도 셋째를 임신할 생각은 하지 않았을 겁니다. 당신은 정말 대단해요!"라고 말했다고 한다.

바냐의 모성 본능은 그 무엇보다도 강하다. 나 또한 살면서 수많은 위기와 어려운 상황에 직면하면서 많은 스트레스가 쌓이곤 했지만, 이렇게 용감하고 강한 바냐가 옆에 있는 한 그녀에게 약한 모습을 보일 수는 없었다. 우리는 그 덕분에 오늘날 행복하고 축복받은 가정을 꾸릴 수 있게 됐다.

## 타협하지 않는 무리뉴

레알에서의 첫 번째 시즌을 마칠 즈음, 우리는 레알 마드리드의 일원으로 사는 생활에 익숙해졌다. 마드리드는 환상적인 도시다. 이곳저곳에 공원과 푸른 오아시스 같은 곳이 널려 있었고, 날씨도 훌륭했다. 우리가 마드리드에서 산 8년간 눈이 오거나 온도가 영하로 떨어진 적은 단 2일 정도밖에 안 됐을 것이다. 마드리드의 날씨는 사람을 즐겁게 해준다. 그래서 산티아고 베르나베우나 발데베바스 위에 종종 먹구름이 드리울 때면 불편함이 느껴졌다.

우리가 코파 델 레이 결승전에서 패한 뒤, 구단을 둘러싼 분위기는 좋지 않았다. 우리는 시즌 초반 스페인 수페르코파 우승만을 차지한 후 다른 모든 대회에서 정상에 등극하는 데 실패했다. 이 같은 결과는 레알에게는 재앙이나 다름없었다. 드레싱룸에서도 앞으로 어떤 일이 생길지에 대해 말이 오갔지만, 나는 그런 화제와 거리를 두기 위해 노력했다. 그렇지만 아무래도 무리뉴 감독이 떠날 것만 같다는 예감이 들었다.

무리뉴 감독과 몇몇 선수들의 사이는 원만하지 않았다. 예를 들면, 그는 맨체스터 시티와의 홈경기에서 세르히오 라모스를 벤치에 앉혔다. 선수들은 이를 두고 무리뉴 감독에게 불만을 품었다. 무리뉴 감독은 레알 마드리드의 주장 이케르 카시야스와도 몇 차례에 걸쳐 대립했고, 결국 그마저도 벤치에 앉혔다. 무리뉴 감독은 한번 결정을 내리면 이를 무조건 지키는 사람이다. 그는 늘 열린 자세로 선수들에게 자신의 생각을 거리낌 없이, 단도직입적으로 전달했다. 몇몇 선수들은 이를 감당할 수 있었지만, 또 다른 몇몇 선수들은 그런 대우를 부당하게 생각했다. 요즘 선수들은 비판에 예민하다. 누군가 자신에게 듣기 싫은 말을 하면, 이를 공격으로 받아들인다. 마치 프리마 돈나처럼.

물론 나도 감독에게 비판을 받는 게 좋지는 않다. 그러나 감독이 공개적으로 나의 경기력에 문제가 있다고 지적하는 것은 내게 큰 문제가 되지 않는다. 그렇게 해야 문제를 고치고, 필요한 변화를 줄 수 있기 때문이다. 무리뉴 감독과도 몇 차례 그런 상황을 겪은 적이 있다. 우리는 데포르티보와 경기를 하고 있었고, 하프타임에 만난 무리뉴 감독은 나에게 화가 나 있었다. 무리뉴 감독은 "루카, 도대체 뭐야? 너는 50살 먹은 지단처럼 플레이하고 있어!"라며 나를 쏘아붙였다. 나는 무리뉴 감독이 무엇을 원하는지 이해했다. 나는 기술적으로는 괜찮은 경기력을 보여줬지만, 플레이에 리듬이 결여된 상태였다. 경기의 속도를 높이지 못하고 있었기 때문이다. 무리뉴 감독은 공이 있거나 없거나 적극적이고 강도 높은 움직임을 원했다. 오히려 나는 그가 '50살 먹은 지단'이라는 말을 쓴 게 유머러스하다고 생각했다. 이는 효과적인 지적이기도 했다. 그 말이 실제로 나를 자극했으니 말이다.

그러나 그 하프타임 도중에 무리뉴 감독은 메수트 외질과도 충돌했다. 무리뉴 감독은 외질을 벤치에 앉히고 카카를 투입했다. 외질과 절친한 사이인 라모스는 후반전 운동장으로 나가기 전에 동료를 지지한다는 의미로 외질의 유니폼을 속에 입고 경기에 나섰다. 이를 알게 된 언론은 무리뉴 감독과 선수들이 갈등을 겪고 있다고 연일 보도했다. 이는 분명히 민감한 문제였다.

무리뉴 감독의 공격적인 태도가 나를 놀라게 한 것은 크리스티아누 호날두를 향한 그의 행동이었다. 우리는 컵대회 경기에서 2-0으로 앞서 있었다. 상대 측면 수비수가 공격에 가담해 우리의 왼쪽 측면을 공략했다. 호날두가 그를 따라가지 않자, 무리뉴 감독은 소리를 지르기 시작했다. 무리뉴 감독은 호날두에게 상대 선수에게 따라붙으라고 지시했다. 이후에도 무리뉴 감독은 계속 호날두를 질타했고, 결국 두 사람은 충돌하고 말았다. 하프타임에 드레싱룸으로 들어오는 호날두는 거의 눈물을 흘리기 직전이었다. 그는 "나는 늘 최선을 다하는데, 무리뉴 감독은 계속 나를 비판하고 있어"라며 불평했다.

무리뉴 감독이 곧 드레싱룸으로 들어왔다. 그는 드레싱룸 한가운데에서 강하게 화를 내며 호날두에게 책임감이 없다며 그를 쏘아붙였다. 사실 그 상황은 크게 놀랄 만한 일이 아니었다. 축구를 하다 보면 이런 일은 늘 있을 수 있고, 머지않아 서로의 관계는 원래대로 돌아간다. 그러나 무리뉴 감독은 고집이 세고, 누구와의 언쟁도 피하지 않는 사람이었다. 그 대상이 누구인지는 그에게 중요하지 않았다. 게다가 대다수 상황에서 팀이 원하는 결과를 내지 못하면 가장 먼저 책임을 물어야 하는 사람은 감독이다. 그가 불과 1년 전 역대 최고 승점 기록을 세우며 리그 우승을 차지한 감독이었다고 해도 예외가 될 수 없었다. 레알은 무리뉴 감독이 오기 전까지 UEFA 챔피언스리그에서 수년간 16강을 넘지 못했다. 그러나 무리뉴 감독을 선임한 레알은 3년 연속 챔피언스리그 4강에 진출했다(아쉽게도 4강에서 바르셀로나, 바이에른, 도르트문트에 패했지만 말이다).

시간이 흐르고 결국 무리뉴 감독이 팀을 떠난 후 드레싱룸의 반응은 예상대로였다. 몇몇 선수들은 무리뉴 감독이 떠난 사실에 만족감을 나타냈지만, 또 다른 몇몇 선수들은 그렇지 않았다. 나는 그가 팀을 떠난 것이 흡족스럽지 않았다. 나는 두 가지 이유로 무리뉴 감독을 존경했다. 첫째는 그가 수준 높은 감독이라는 점이었다. 그리고 둘째는 그가 특별한 사람이었기 때문이다. 그는 나를 레알로 영입한 감독이었다.

우리는 시즌 마지막 경기가 끝난 후 무리뉴 감독과 작별인사를 했다. 그는 구단과 합의 끝에 계약을 해지하기로 했다고 말했다.

무리뉴 감독은 나와 기념사진을 찍기 전, "선수 생활 마지막까지 행운을 빌어줄게. 잘 지내!"라고 말했다. 나는 그와의 추억을 사진으로 담아두고 싶었다.

* * *

그 시절 크로아티아 대표팀도 오르락내리락을 거듭했다. 우리는 2013년 3월에 열린 두 경기에서 원하는 결과를 얻어내며 크게 만족하고 있었다. 우리는 먼저 자그레브의 만원 관중 앞에서 세르비아를 꺾었다. 크로아티아와 세르비아의 라이벌 관계는 두 나라의 군사 충돌을 이유로 늘 과열된 분위기로 흘러갔다. 축구에서도 크로아티아와 세르비아는 강력한 경쟁 구도를 이루고 있었다. 특히 이 당시 세르비아에는 훌륭한 선수가 즐비했다. 우리는 최전방 공격수 마리오 만주키치와 이비차 올리치가 득점하며 2-0으로 승리했다. 이어 우리는 혈투 끝에 세르비아를 꺾은 지 단 나흘 만에 스완지에서 열린 웨일스와의 경기에서도 이겼다. 우리는 가레스 베일에게 페널티킥으로 선제골을 헌납했으나 데얀 로브렌Dejan Lovren이 77분에 중거리 슛으로 동점골을 터뜨렸다. 이후 경기 종료 3분 전, 에두아르도가 역전골을 넣으며 우리에게 승점 3점을 안겼다. 당시 베일의 레알 마드리드 이적 가능성을 두고 온갖 소문이 쏟아졌다. 나는 그때부터 베일과 자주 통화를 했다. 베일은 레알로 이적하고 싶지만, 다니엘 레비 회장의 존재가 협상을 어렵게 만들 것 같다고 말했다. 플로렌티노 페레스 회장은 내게 베일의 생각을 물었다. 베일의 생각을 전해 들은 페레스 회장은 나에게 그를 설득해달라고 말했다. 모두가 베일의 레알 이적을 원했다. 레알, 베일 그리고 언론까지 그를 원하고 있었다. 결국, 그의 레알 이적은 성사됐다. 물론 베일이 최고급 수준의 선수라는 것을 알고 있던 내게도 좋은 소식이었다. 게다가 우리는 성격이 매우 비슷했다. 우리는 둘 다 내성적이고, 집에서 가족과 시간 보내는 것을 선호했다.

나는 웨일스 원정에서 옐로카드를 받은 탓에 6월 자그레브에서 열리는 스코틀랜드전에는 경고 누적으로 출전할 수 없었다. 아쉽게도 우리는 스코틀랜드전에서 로버트 스노드그라스Robert Snodgrass에게 실점하며 패했다. 스코틀랜드전에서 패한 우리는 2014 브라질 월드컵 진출이 쉽지 않아 보였다. 그러나 우리는 9월 만주키치의 득점에 힘입어 베오그라드 원정에서 세르비아와 귀중한 무승부를 거두며 안정을 되찾을 수 있었다. 그러나 한 달 뒤, 우리는 벨기에전에서 로멜루 루카쿠Romelu Lukaku에게 두 골을 허용하며 패해 월드컵 본선 자동 진출에 실패했다. 우리는 나흘 뒤 글라스고우에서 스코틀랜드와 예선 마지막 경기를 치러야 했지만, 본선에 오르려면 이후 플레이오프까지 가야 했다. 결국 우리는 베오그라드 원정에서 얻은 승점 1점 덕분에 세르비아를 제치고 플레이오프에 진출할 수 있었다.

우리는 햄든 파크Hampden Park에서 부진했다. 우리의 움직임은 마치 바람 빠진 풍선처럼 힘이 없었다. 경기에서 질 수야 있지만, 스코틀랜드에 패한 우리의 경기력은 수치스러운 수준이었다. 우리는 0-2로 패했고, 이에 대한 책임은 전적으로 우리와 감독에게 있었다. 우리는 경기에서 패하는 순간 대가를 치러야 한다는 것을 직감했고, 곧 이고르 스티마치 감독이 즉시 사임하겠다는 의사를 전달했다는 소식을 들었다. 스티마치 감독의 결정을 받아들인 크로아티아 축구 협회는 바로 다음 날 21세 이하 대표팀을 이끌던 니코 코바치를 임시 감독으로 선임했다. 그럼에도, 나는 우리가 월드컵 본선에 진출할 수 있다고 확신했다. 단, 월드컵 예선 후반기로 갈수록 우리가 부진에 빠진 원인을 파악하는 것은 어려웠다. 우리는 시작부터 끝까지 상승세를 탄 유로 2008 예선 라운드를 제외하면, 늘 국제대회 예선에서 좋은 출발을 하고도 뒷심이 부족한 모습을 드러냈다. 자만심이 문제였을까? 아니면 부상 때문에? 크로아티아만의 전통적인 문제? 아니면 다른 무언가가 있었던 걸까? 나도 잘 모르겠다. 당시 우리의 부진은 여전히 미스터리로 남아 있다.

우리는 니코 코바치 감독을 잘 알고 있었다. 그는 2008년까지 우리 대표팀의 주장이자 리더였다. 우리는 그가 감독으로서도 같은 존재감을 발휘해줄 것으로 기대했다. 선수들이 늘 최선을 다하는 모습과 규율을 지켜주기를 기대하는 그의 강인한 모습을 기대했다. 우리의 예상은 일정 부분 옳았다. 그는 감독으로서 자신의 신념을 지켰다. 물론 예전 감독보다 우리에게 요구하는 게 세 배는 더 많았지만 말이다!

우리는 플레이오프에서 아이슬란드와 만났다. 니코는 1, 2차전에 나선 우리를 훌륭하게 준비시켜 2014 월드컵 진출을 일궈냈다.

우리는 1차전 원정 경기에서 큰 압박에 시달렸지만, 0-0 무승부라는 긍정적인 결과를 얻었다. 2차전에서는 만주키치가 27분 만에 득점하며 우리에게 1-0 리드를 안겼지만, 그는 10분 후 퇴장을 당했다. 비욘 카이퍼스Björn Kuipers 주심은 중원에서 요한 구드문손Johann Gudmundsson에게 태클을 한 만주키치에게 퇴장을 명령했다. 우리는 수적 열세를 안고도 승리했고, 결국 또다시 월드컵 예선을 성공적으로 마무리했다. 당시만 해도 나는 아이슬란드가 이후 발전을 거듭하며 유로 2016에서 보여준 것처럼 훌륭한 팀이 될 수 있을 거라는 것을 미처 몰랐다. 절대 포기하지 않는 그들의 정신은 기술적인 발전과 경험이 어우러지자 훌륭한 결과를 만들어냈다. 나는 아이슬란드가 2018 월드컵 유럽 예선에서 우리에게 설욕하기 전부터 그들을 매우 존중했다. 그들은 우리를 제치고 조 1위를 차지하며 러시아 월드컵 진출에 성공했다. 우리는 내가 대표팀 데뷔전을 치른 후 세 번째이자, 크로아티아 축구 역사상 다섯 번째로 국제대회 본선 진출을 위한 예선 플레이오프를 치러야 했다. 이처럼 팀들의 운명이 뒤섞이는 것은 참 흥미롭다. 우리는 잉글랜드, 우크라이나, 터키, 아이슬란드를 상대로 승리와 패배를 반복했다. 우리는 많은 희로애락을 겪으며 결국에는 목표를 이뤄냈다.

## 안첼로티 감독과의 만남

카를로 안첼로티 감독이 레알의 신임 사령탑으로 부임했다는 사실이 발표됐을 때, 나는 여름휴가를 즐기고 있었다. 나는 안첼로티 감독을 잘 알고 있었고, 그 또한 나를 잘 알았다. 그는 나를 PSG로 영입하려 했던 감독이기 때문이다. 이제 우리는 마드리드에서 한 배를 타게 됐다. 안첼로티 감독은 챔피언스리그에 강한 면모를 보이며 우승 청부사라는 평가 속에 레알로 왔다.

나는 레알 선수가 된 순간부터 유럽 챔피언이 돼야 한다는 포부를 품게 됐다. 레알은 10년 전 글라스고우에서 챔피언스리그 우승을 차지한 후 유럽 챔피언이 되지 못했다. 당시 레알은 레버쿠젠을 상대한 결승전에서 지네딘 지단이 환상적인 결승골을 터뜨리며 구단 역사상 아홉 번째 챔피언스리그 우승을 차지했다. 그랬던 지단이 안첼로티 감독 체제의 레알에서 수석코치직을 맡은 것도 운명적이었다. 과거 레알의 아홉 번째 챔피언스리그 우승과 곧 이뤄질 열 번째 챔피언스리그 사이에 상징적인 연결고리가 생긴 셈이다. 레알에서 라 데시마La Décima(라 데시마는 스페인어로 '열 번째'를 뜻하는 단어로 흔히 레알은 이를 '열 번째 챔피언스리그 우승'을 염원하는 의미로 사용했다-옮긴이)는 열망의 대상이었다.

안첼로티 감독은 멋진 사람이었다. 그는 AC 밀란, 첼시, PSG를 거치며 메이저 대회 우승 트로피를 열두 차례나 차지했다는 사실을 굳이 드러내지 않았다. 그는 이탈리아, 잉글랜드, 프랑스에서 리그 우승을 차지했다. 그는 밀란에서 챔피언스리그 우승을 두 차례나 차지했으며 FIFA 클럽 월드컵 타이틀까지 석권했다. 신경질적이었던 무리뉴 감독과 달리, 안첼로티 감독의 차분함은 당시 우리 팀에 필요했던 변화였다. 안첼로티 감독은 늘 여유 있어 보였고, 언쟁을 피하며 늘 선수들과 대화할 준비가 된 사람이었다. 우리는 첫날부터 그가 마음에 들었다. 한동안 신경이 날카로워졌던 우리는 이제 해야 할 일에 집중할 수 있었다. 우리는 미국에서 열린 프리시즌 대회에서도 좋은 모습을 보여줬다. 안첼로티 감독은 우리에게 빠른 역습을 주문했고, 적극적이고 수직적인 축구를 할 것을 요구했다.

개인적으로도 나는 안첼로티 감독과 더할 나위 없이 좋은 협력 관계를 맺었다. 그는 부임식에서 취재진으로부터 나와 안드레아 피를로를 비교해달라는 질문을 받았다. 그 자리에서 안첼로티 감독은 나를 더 높게 평가한다는 사실을 분명히 밝혔다.

"그들은 다른 유형의 선수다. 피를로는 경기장에서 뛰는 구역이 확고하게 정해졌지만, 모드리치는 더 유동적이고, 역동적이다."

그 말은 나에 대한 극찬이었다. 피를로는 환상적인 미드필더였기 때문이다. 게다가 안첼로티 감독은 피를로를 플레이메이커로 활용하며 오늘날 우리가 후방 미드필더(딥라잉미드필더deep-lying midfielder)를 바라보는 관점을 바꿔놓은 지도자다. 나는 이후에도 안첼로티 감독이 내가 훈련하는 방식과 첫 프리시즌부터 보여준 활약에 만족한다는 것을 느낄 수 있었다. 그 덕분에 나는 자신감을 얻었지만, 동시에 새 감독 체제에서는 모든 것을 새롭게 다시 시작해야 한다는 사실도 알게 되었다.

안첼로티 감독은 조용한 사람이었지만, 가끔씩 누군가 마음에 들지 않는 행동을 하면 불만을 확실히 표시했다. 우리는 시즌 초반부터 상승세를 탔다. 우리는 5연승 행진을 달리며 초반 여섯 경기에서 5승 1무를 기록했고, 챔피언스리그에서도 압도적인 경기력을 선보이며 갈라타사라이를 6-1로 대파했다. 나는 우리가 무승부에 그친 비야 레알을 상대한 한 경기에서 부진했고, 안첼로티 감독은 다음 경기에서 나를 벤치에 앉혔다. 나는 그런 대우가 공정하지 못하다고 생각해서 화가 났다. 마치 비야 레알전에서 우리가 나 때문에 이기지 못했다는 메시지를 전달받은 것 같았기 때문이다.

그러나 나는 그 일에 대해 지나치게 신경 쓰지 않았다. 오히려 이를 동기부여 삼아 내가 주전으로 뛸 자격이 있는 선수라는 것을 증명하기 위해 노력했다. 나는 마드리드 더비에서 벤치에 앉았다. 아틀레티코가 1-0으로 승리했고, 안첼로티 감독은 이날 나를 후반전 시작과 함께 교체 투입했다. 그때부터 나는 레알에 없어서는 안 될 주전으로 확고하게 자리매김했다. 안첼로티 감독과의 호흡도 훌륭했다. 그는 매우 프로다웠고, 현역 시절 직접 최고 수준으로 활약하며 경험을 쌓은 덕분에 드레싱룸의 분위기와 흐름을 잘 이해하고 있었다. 그는 모든 선수를 공정하게 대했고, 무엇보다 우리가 언제나 의지할 수 있는 좋은 사람이었다. 특히 안첼로티 감독이 처음 레알에 와서 강조했던 한 가지가 생각난다. 우리가 미국에서 프리시즌을 막 마치고 돌아왔을 때였다. 마드리드는 사람이 별로 없고 한산했다. 그해 여름 날씨가 견딜 수 없을 정도로 더웠기 때문이다. 당시 우리 가족은 크로아티아 해변가에서 휴가를 즐기고 있었다. 내게 이틀 휴가가 주어졌지만, 자다르에 갔다가 돌아오기에는 부족한 시간이었다. 그래서 나는 집에 남아 TV를 보고 있었다.

그러던 와중에 안첼로티 감독으로부터 전화가 왔다. "안녕, 루카! 나 카를로야. 뭐하고 지내?"

나는 그에게 특별한 일 없이 휴식을 취하고 있다고 말했다. 그 외에는 별로 할 일이 없었기 때문이다. 우리 가족은 크로아티아에 있었고, 나는 마드리드에 혼자 남은 상태였다.

안첼로티 감독은 "그래? 그러면 저녁 식사하러 와. 친구들이랑 우리 동네에 새로 생긴 레스토랑에 갈 생각이야. 훌륭한 곳이라고 하더라고" 하고 말했다. 그는 미식가로 소문난 사람이었다.

나는 그의 갑작스러운 초대에 기꺼이 응했다. 그것은 그가 나를 선수로서 존중한다는 의미에서 저녁 식사 초대를 한 것이기 때문이다. 우리는 레스토랑에서 만나 약 두어 시간 정도 즐겁게 대화를 나눴다. 우리는 그의 코칭스태프와 함께 축구에 대해 얘기했다. 레알에 대해서도 얘기했지만, 크로아티아 대표팀도 대화의 주제에 포함됐다. 또한 우리는 삶과 가족, 생활 습관 등에 대해서도 이야기했다. 나는 안첼로티 감독의 그런 접근 방식이 그의 성공을 가능케 했다고 생각한다. 그는 자신이 내린 결정이 선수에게는 불만이 될 수 있다는 것을 알면서도, 그 선수를 기꺼이 저녁 식사에 초대했던 것이다. 안첼로티 감독은 독단적이지 않은 리더였고, 선수를 강압적으로 다루거나 선수와 거리를 두려고 하지 않았다. 그러면서도 안첼로티 감독은 방대한 지식을 바탕으로 선수들이 자연스럽게 자신을 따르게 만들었다. 안첼로티 감독이 구성한 코칭스태프의 면면을 봐도 그가 어떤 성격의 소유자인지 알 수 있었다.

지네딘 지단은 레알의 레전드이자 역대 최고의 축구 선수 중 한 명이다. 몇몇 사람들은 지단의 카리스마에 위협을 느낄 수도 있었겠지만, 카를로는 달랐다. 그때까지 나는 지주Zizou(지단의 애칭)를 그의 명성을 통해서만 알고 있었다. 그러나 내게 잊을 수 없는 시간이었던 2013-14 시즌이 진행될수록, 나는 그를 개인적으로도 잘 알게 됐다. 그는 차분하고 조용했으며 늘 뒤에 머물러 있었지만 자신을 숨기지는 못했다. 그의 카리스마는 언제나 빛이 났기 때문이다. 그는 팀 훈련에서 우리와 함께 공을 찼다. 만약 지단의 존재를 모르는 사람이 우리 팀 훈련을 봤다면 그는 분명 지단도 현역 선수 중 한 명이라고 생각했을 것이다. 그것도 최고의 스타 선수 중 한 명이었다! 그가 공을 어떻게 컨트롤하고 패스하는지 지켜보고 있으면… 와우! 게다가 지단은 대화할 상대가 필요한 선수들을 위해 늘 시간을 내줬다. 그는 항상 웃는 표정이었고 기분이 좋아 보였다.

팀 훈련을 진행한 것은 지단 코치였지만, 그는 전술이나 선수 기용 등에 대해 의문이 제기되어도 선수들에게 강압적인 태도를 보이지 않았다. 그럴 때는 안첼로티 감독이 상황을 조율했다.

우리는 시즌 전반기부터 가레스 베일, 다니 카르바할Dani Carvahal, 이스코 그리고 새로 영입된 몇몇 선수들이 빼어난 활약을 펼치며 강력한 전력을 구축했다. 우리는 라리가에서 치른 초반 28경기에서 단 2패만을 당했다. 바르셀로나와 아틀레티코 마드리드만이 우리를 상대로 승리했다. 우리는 상승세를 타며 1위를 지키려던 찰나에 홈에서 바르셀로나에 충격적인 패배를 당했다. 우리는 두 차례나 리드를 잡으며 2-1, 3-2로 앞섰으나 세르히오 라모스가 퇴장을 당한 후 리오넬 메시가 두 골을 추가하며 해트트릭을 완성해 바르셀로나가 4-3으로 승리했다. 그날 패배는 우리에게 큰 타격을 입혔다. 우리는 3일 후 세비야에게도 패하고 말았다. 그 두 결과가 우리가 라리가 우승을 놓치는 결정타가 됐다. 결국, 아틀레티코 마드리드가 바르셀로나와 우리를 승점 3점 차로 제치고 우승을 차지했다.

그러나 우리는 2014년 4월 16일 발렌시아의 메스타야Mestalla에서 열린 바르셀로나와의 코파 델 레이 결승전에서 설욕에 성공했다. 앙헬 디 마리아와 마르크 바르트라가 한 골씩 주고받으며 승부가 1-1로 균형을 이룬 상황에서 베일이 전속력으로 치고 달리기를 시작했다. 그는 우리 진영에서 공을 잡은 뒤, 옆줄 밖으로 돌아서 뛰면서도 이날 바르셀로나의 득점자 바르트라를 제치는 스피드를 자랑

하며 약 6미터 거리에서 상대 골키퍼 호세 마누엘 핀토José Manuel Pinto
의 다리 사이로 슈팅하며 득점을 기록했다. 우리의 2-1 승리였다!
매우 어려운 경기가 이어지던 85분에 터진 훌륭한 골이었고, 대단한
드리블 돌파였다! 우리는 메스타야에서 흥분한 상태로 우승을 자축
했다. 그것은 우리가 20년 만에 이룩한 두 번째 코파 델 레이 우승이
었다.

## 라 데시마

우리는 갈라타사라이, 코펜하겐, 유벤투스를 만난 UEFA 챔피언스
리그 조별 라운드에서 한 경기를 제외하고 모든 경기에서 승리했다.
우리가 유일하게 승리하지 못한 경기는 2-2로 비긴 유벤투스 원정
이었다. 우리는 16강에서 샬케를 상대로 1, 2차전에 걸쳐 아홉 골을
터뜨리는 맹공을 퍼부으며 승리했다. 우리는 챔피언스리그 16강까
지 치른 10경기에서 29득점 7실점을 기록했다. 언론은 계속 라 데시
마에 대한 기대감을 한층 더 끌어올렸다. 우리는 샬케를 만난 겔센
키르헨 원정에서 승리하며 레알 역사상 독일에서 14년 만에 승리했
다. 모든 사람들이 이번에는 우리가 챔피언스리그 우승을 차지할 수
있다고 말했다.

　2주 뒤, 우리는 보루시아 도르트문트를 만났다. 도르트문트는 과
거 전적과 팀 전술을 고려했을 때, 우리에게는 최악의 상대였다. 위
르겐 클롭 감독이 이끄는 그들은 매우 역동적이었고, 공수 전환이
빨랐으며, 신체적으로 우월했다. 도르트문트는 공을 잃은 직후 다시
소유권을 빼앗아오는 클롭 감독의 전매특허 게겐프레싱gegenpressing
전술을 수행하는 팀이었다. 그들은 스피드, 규율, 체력에 의존하는

압박 밀도가 높은 전술을 구사했다. 그러나 우리는 1차전에서 그들에게 기회를 헌납하기도 했지만, 3-0으로 크게 이겼다. 그러나 우리가 1차전을 손쉽게 승리하며 긴장을 늦춘 게 2차전에서 큰 문제가 됐다. 우리는 2차전 경기 17분 만에 득점 기회를 잡았고, 이를 살렸다면 일찌감치 승부에서 매우 유리한 고지를 점할 수 있었을 것이다. 그러나 로만 바이든펠러Roman Weidenfeller가 디 마리아의 페널티킥을 선방했다. 그러면서 열광적인 응원을 등에 업은 홈팀 도르트문트는 되살아났다. 노란벽Yellow Wall이라는 애칭으로 불리는 도르트문트의 서포터즈석은 늘 꽉 들어찬 상태로 북쪽 스탠드를 열광의 도가니로 만들었다. 우리는 지그날 이두나 파크Signal Iduna Park의 열광적인 분위기 속에서 37분 만에 마르코 로이스에게 내리 두 골을 헌납하며 0-2로 끌려갔다.

그러나 운명의 바퀴는 다시 돌고 돌았다. 늘 그렇듯이! 이전 시즌에는 우리가 도르트문트를 만난 1차전 원정에서 세 골 차로 패한 후 2차전에서 마드리드로 돌아와 레몬타다를 노렸다. 당시 우리는 2차전 경기에서 2-0 리드를 잡았을 때, 한 골만 더 넣었다면 결승에 오를 수 있었다. 그러나 이번에는 마드리드에서 열린 1차전에서 대패한 도르트문트가 2차전 홈경기의 53분을 남겨두고 우리에게 2-0으로 앞서고 있었다. 그러나 도르트문트는 끝내 4강에 오르는 데 필요한 세 번째 골을 넣지 못했다. 우리는 그것도 운명이라고 생각했다. 매 시즌 챔피언스리그에서는 이처럼 최후의 승자를 좌우하는 결정적인 순간이 찾아온다.

우리는 4강에서 디펜딩 챔피언이자 독일 최강 바이에른 뮌헨과 격돌했다. 펩 과르디올라 감독이 바르셀로나를 떠난 후 맡은 바이에른에서 첫 시즌을 치르고 있었다. 대다수 사람들은 과르디올라 감독의 존재를 이유로 바이에른을 챔피언스리그 우승 후보로 꼽았다. 바이에른의 공격을 이끈 선수는 나와 크로아티아 대표팀에서 함께 활약하고 있는 마리오 만주키치였다. 그런데 과르디올라 감독이 구사하는 전술이 만주키치와 어울리지는 않는다는 게 확실해 보였다.

마드리드에서 열린 1차전 경기부터 긴장감이 감돌았다. 카림 벤제마가 19분에 선제골을 터뜨렸고, 우리는 끝까지 리드를 지켰다. 우리가 근소한 차이로 승리한 탓에 여론은 여전히 바이에른이 2년 연속으로 챔피언스리그 결승에 오를 것이라 예상했다. 그러나 정작 우리는 1-0 승리만으로도 충분하다고 생각했다. 우리는 무실점으로 1차전을 마쳤다. 토너먼트에서 1차전을 무실점 승리로 장식하는 팀은 크게 유리한 고지를 점할 수 있었다. 게다가 우리는 레알 마드리드가 2010년 이후 매 시즌 모든 원정 경기에서 최소 한 골을 기록했다는 것을 알고 있었다. 우리가 유일하게 득점하지 못한 원정 경기는 도르트문트와의 8강 경기였다.

이날 알리안츠 아레나Allianz Arena를 찾은 바이에른 팬들은 진정한 레알 마드리드의 진가를 볼 수 있었다. 16분 만에 세르히오 라모스가 코너킥을 골로 연결했다. 4분 뒤, 라모스는 마누엘 노이어의 뒷공간을 파고들어 다시 머리를 이용해 추가골을 터뜨렸다. 이어 디 마리아, 벤제마, 베일이 이끈 환상적인 역습을 호날두가 마무리하며 세 번째 골을 기록했다. 바이에른은 우리를 따라오지 못했다. 90분에는 호날두가 수비벽 밑을 뚫는 강력한 프리킥으로 네 번째 골을 넣으며 뮌헨 원정에서 역사적인 4-0 대승을 완성했다.

우리는 이 경기에서 승리하며 이번에야말로 챔피언스리그에서 우승할 적기가 됐다는 것을 직감할 수 있었다. 라 데시마가 만질 수 있을 정도로 가까운 곳에 온 것 같았다. 이에 앞서 봄에 우리 구단은 새로운 공식 응원가를 제작했다. 유명한 음악 프로듀서이자 인간적으로도 훌륭한 레드원RedOne이 우리 팀 모든 선수를 자신의 스튜디오로 초대해 우리와 함께 '할라 마드리드 이 나다 마스Hala Madrid y Nada Mas'를 녹음했다. 우리는 노래를 하면서 강렬한 느낌을 받았다. 이 노래는 챔피언스리그 결승전이 끝난 후 라 데시마를 기념하는 합창가가 됐다. 우리는 라리가 최종전에서 에스파뇰Espanyol에 3-1로 승리했다.

그러나 라리가 우승은 아틀레티코 마드리드의 차지였다. 그들은 일주일 후 리스본에서 우리를 만나야 하는 챔피언스리그 결승 상대였다. 코파 델 레이 결승전에서 바르셀로나를 꺾은 우리는 챔피언스리그 결승전에서 지역 라이벌마저 꺾고 챔피언이 되는 것을 목표로 했다. 뮌헨 원정에서 승리한 우리는 챔피언스리그 결승전을 기다릴 수 없을 만큼 기대에 가득 차 있었다! 결승전을 약 일주일 앞둔 시점에는 기대치가 극에 달할 만큼 높아졌다. 정말 대단한 기분이었다. 수많은 사람들이 내게 전화를 걸어 결승전 티켓을 구할 수 없는지 물었다. 만약 내게 1,000장의 티켓이 주어졌다 해도 전화를 한 지인들의 요구를 다 들어주지 못했을 것이다! 나는 우리 가족과 친한 친구들이 모두 에스티다우 다 루스Estádio da Luz(빛의 경기장)에서 나를 지켜보기를 바랐다. 늘 그랬듯이, 바냐는 우리 가족과 친구들을 위해 '리스본 미션'을 수행했다. 만약 내가 그녀였다면 누가, 언제, 어디로 오는지 전혀 몰랐을 텐데! 게다가 나는 경기에 완전히 집중하고 있었다. 리스본의 호텔에 도착한 후 바냐의 전화를 받았다. "내가 다

해결했는데, 문제가 생겼어. 열이 있고, 온몸이 아프네. 의사도 여행은 가지 말라고 했어."

상상조차 할 수 없는 상황이었다. 우리는 한걸음만 더 가면 꿈을 이룰 수 있었다. 그런데 나의 꿈, 내가 걸어온 여정에서 가장 중요한 사람이 그 순간에 나와 함께할 수 없다고?!

"바냐, 리스본에만 올 수 있다면 무엇이든 해야 해."

감기약을 먹은 뒤, 차를 잔뜩 마신 바냐가 다음 날 아침 내게 전화를 걸었다. "루카, 우리 리스본이야. 올 사람은 다 왔어!"

천만다행이었다! 내가 사랑하는 사람들이 이 순간을 나와 함께할 수 없다면, 지금껏 나의 모든 승리와 성공, 우승 트로피도 무용지물이었다.

나는 결승전을 앞둔 전날 밤 잠을 푹 잘 수 있었다. 나는 원래 중요한 경기를 앞두고 잠을 자는 데 어려움을 겪지 않았다. 경기가 열리는 날에도 점심 식사를 한 후 자주 낮잠을 잤다. 그러나 이번에는 그렇게 쿨하게 대처할 수 없었다. 경기를 기다릴 수 없을 것 같은 기분이었다. 챔피언스리그 결승전에 출전하는 것은 모든 축구 선수의 꿈이다. 경기가 두렵거나 승리하지 못할까 봐 두려움을 느낀 것은 아니었다. 그러나 이토록 중요한 빅매치를 앞두고 흥분이 밀려오는 것은 어쩔 수 없었다.

안첼로티 감독은 경기 전 호텔에서 우리를 회의실로 호출했다. 코칭스태프들은 우리를 위해 훌륭한 깜짝 선물을 준비했다. 큰 화면을 통해 모든 선수의 가족들이 영상 메시지를 보냈다. 감동적인 영상 편지를 보던 나는 순간적으로 눈물을 흘릴 뻔했다. 그런 감정을 느낀 것은 나뿐만이 아니었다. 큰 감동을 받은 우리는 사기를 한층 더 끌어올렸다.

플로렌티노 페레스 회장은 우리에게 온 힘을 다해달라고 당부했다. 챔피언스리그 우승 트로피를 갈구하는 그의 바람을 느낄 수 있었다. 우리는 레알이 11년 만에 유럽 정상을 노린다는 사실을 알고 있었다. 레알은 이 순간을 위해 지나치게 긴 시간을 기다려야 했다. 이날 우승을 차지하면 불멸의 승자가 될 수 있다는 것을 알았다. 레알 마드리드의 환상적인 역사에 우리 이름을 금빛으로 남길 기회였다.

버스를 타고 호텔에서 경기장으로 가는 길은 장관이었다. 길거리로 나온 팬들은 축제를 열고 있었고, 에스타디우 다 루스가 가까워질수록 함성 소리가 더 커지며 분위기가 고조됐다. 경기장에 도착하자 레알 팬들이 물결처럼 어우러지며 우리를 반기고 있었다. 나는 지금도 그때를 생각하면 소름이 돋는다.

이날은 드레싱룸 분위기도 다르다는 것을 바로 알 수 있었다. 누구도 평소와는 달리 농담을 하지 않았고, 우리는 긴장한 상태로 진지하게 집중하고 있었다. 우리는 서로를 격려하고, 포옹을 나누며 스스로에게 에너지를 불어넣었다. 수많은 결승전과 빅매치를 치러본 세르히오 라모스의 이날 모습도 여전히 기억이 난다. 그는 내게 다가와 평소와는 전혀 다른 눈빛으로 "루카, 너는 우리에게 정말 중요한 선수야. 우리에게는 네가 펼칠 수 있는 최고의 활약이 필요해!"라고 말했다.

나의 미드필더 파트너 사비 알론소는 경고 누적으로 출전할 수 없었다. 안첼로티 감독은 나와 사미 케디라, 디 마리아로 허리진을 구성했다. 그는 우리에게 빠르고 수직적인 경기 운영을 주문했다. 또한 우리에게 적극적인 움직임을 요구했다. 우리의 상대도 그런 방식으로 경기하는 팀이었기 때문이다. 아틀레티코 마드리드는 이미 라리가 우승을 차지하며 매우 단단한 전력을 자랑하는 수비적으로 견고한 팀이라는 사실을 증명한 상대였다. 물론 우리는 코파 델 레이 4강에서 그들을 만나 산티아고 베르나베우에서는 3-0, 비센테 칼데론에서는 2-0으로 크게 이겼다. 그러나 여전히 아틀레티코는 어려운 상대였으며 1년 전의 좋은 기억을 가진 팀이었다. 리스본에서 열린 챔피언스리그 결승전은 그들이 전 시즌 우리를 꺾은 코파 델 레이 결승전이 열린 지 거의 딱 1년이 된 시점에 열렸기 때문이다. 그날은 아틀레티코가 우리보다 좋은 팀이었다. 산티아고 베르나베우에서 열린 그날 경기에서 우승을 차지한 팀은 그들이었다.

안첼로티 감독은 "루카, 오른쪽 사이 공간으로 떨어진 뒤에 중앙 지역 라인 사이 공간으로 진입해. 기회가 생기면 공을 잡을 때마다 최대한 많은 공간을 확보한 다음에 깊숙하게 치고 들어가"라고 내게 주문했다.

안첼로티 감독은 자신의 네 번째 챔피언스리그 결승전을 앞두고 있었다. 그는 밀란 감독 시절 유벤투스와 리버풀을 상대로 한 차례씩 결승전에서 승리해 우승을 차지했다. 그가 처음으로 챔피언스리그 우승을 차지한 곳은 맨체스터였다. 밀란은 승부차기 끝에 유벤투스를 꺾고 우승을 차지했다. 그로부터 2년 후에는 운명의 바퀴가 결승전에서 리버풀을 만난 그들에게 불리한 쪽으로 굴러갔다. 역사상 가장 대단했던 경기 중 하나로 꼽히는 이날 승부에서 밀란은 전반전을 마친 시점에 3-0으로 앞서 있었지만, 리버풀이 환상적인 역전극을 연출하며 승부차기 끝에 우승을 차지했다. 그러나 안첼로티 감독과 밀란은 다시 2년이 지난 후 아테네에서 다시 리버풀을 만난 챔피언스리그 결승전을 2-1로 장식하며 설욕에 성공했다. 그렇게 풍부한 경험을 보유한 안첼로티 감독이 평정심을 유지하며 경기를 준비했다. 그는 자신의 차분함을 선수들에게 전해줬다. 그러나 안첼로티 감독이 경기 내내 사탕을 먹는 모습을 보니 그도 결국 아드레날린이 솟구치는 느낌을 주체할 수 없었던 모양이다!

경기 분위기는 환상적이었지만, 우리는 경기장에서 혈투를 벌여야 했다. 부상을 안고 선발 출전한 디에고 코스타Diego Costa는 9분 만에 벤치 쪽으로 사인을 보냈고, 결국 교체됐다. 그러나 36분 디에고 고딘Diego Godín이 코너킥을 선제골로 연결하며 아틀레티코에 리드를 안겼다! 골대로부터 꽤 가까운 곳에 서 있던 나는 골망으로 날아가는 공을 이케르 카시야스가 잡아주기만을 바라고 있었다. 그러나 그는 그렇게 하지 못했다. 우리는 그때까지 서로 자기 자리를 잘 지키며 좋은 경기를 하고 있었다. 그래서 실점이 더 아쉬웠다. 우리는 아틀레티코가 세트피스에 강하다는 사실을 알고 있었고, 프리킥과 코너킥 수비를 준비한 상태였다. 그럼에도 우리는 결승전에서 그들에게 코너킥으로 실점하고 말았다. 그렇지만 우리는 승부를 뒤집을 수 있다는 믿음을 저버리지 않았다.

우리는 하프타임에 드레싱룸에서 서로를 격려하며 계속 밀어붙이자고 다짐했다. 우리는 후반전에도 계획대로 좋은 경기를 했지만, 골을 넣지는 못하고 있었다. 그러자 안첼로티 감독은 전술에 변화를 줬다. 그는 후반전 시작 15분 만에 마르셀루Marcelo와 이스코Isco를 투입했고, 20분 후에는 알바로 모라타를 출격시켰다. 교체로 들어온 선수들은 우리에게 힘을 줬다. 우리는 아틀레티코를 그들의 페널티 지역까지 밀어붙였다. 그들을 벼랑 끝까지 몰아넣었지만, 여전히 골을 넣지 못하고 있었다. 긴장감이 극에 달했다. 주심은 추가 시간 5분을 부여했다. 우리에게도 시간이 빠르게 지나갔지만, 아틀레티코 선수들에게는 1분이 1년처럼 느껴졌을 것이다. 우리는 추가 시간 3분에 코너킥을 얻어냈다. 나는 다니 카르바할에게 짧은 코너킥을 연결했고, 그는 내게 리턴 패스를 건넸다. 나는 이스코에게 패스를 연결했고, 그는 반대쪽 디 마리아에게 공을 보냈다. 디 마리아의 크로스는 아틀레티코 선수 한 명의 몸에 맞고 니어포스트 부근에 떨어졌다. 내가 몸을 날려 이를 잡으려고 몸을 날렸고, 다비드 비야David Villa가 막아서며 우리는 다시 코너킥을 얻었다. 1분도 채 지나지 않아서 다시 코너킥을 얻어낸 나는 이번만큼은 직접 문전으로 완벽한 크로스를 올려 득점 기회를 만들어야겠다고 다짐했다. 나는 차분함을 유지했지만, 우리는 승부처에 가까워지고 있었다. 단 한순간이 모든 것을 결정할 수 있었다. 크로스의 궤적은 좋아 보였고, 이를 향해 라모스가 뛰어오르는 모습을 확인한 나는 골을 직감했다. 모든게 완벽했다. 다른 말로는 그 상황을 설명할 수 없다.

나는 기쁨을 주체할 수 없었다. 우리는 레알 팬들 바로 앞에서 득점했고, 그들은 믿을 수 없을 정도로 큰 함성 소리를 내며 폭발했다. 나는 미친 듯이 우리 진영으로 달려갔다가, 다시 코너플래그 부근에 모인 우리 팀 선수들을 향해 뛰었다. 나는 그들을 향해 몸을 던졌다. 이후 나는 이 골 장면을 수도 없이 다시 봤다. 그 순간 경기 시간은 92분 47초였다. 그 순간이 레알 마드리드의 역사를 바꿨다. 내가 그 순간의 일부가 될 수 있다는 것은 정말 대단한 일이었다. 나는 그 장면을 다시 볼 때마다 긴장감을 느낀다. 내 크로스가 정확하지 않았다면 어떻게 됐을까? 세르히오의 헤더가 단 1인치 정도 빗나갔더라면, 그의 숏이 골포스트에 맞았다면? 그러나 결과적으로 우리는 득점에 성공했다. 여전히 그 순간을 기억할 때면 소름이 돋는다.

안첼로티 감독은 연장전을 앞두고 우리를 동그랗게 불러 모았다. 우리는 어깨동무를 한 채 서로를 격려했다. 우리가 그들을 심리적으로 제압했다는 것을 이미 알고 있었다. 라모스의 동점골은 그들을 초토화시켰다. 나는 그들이 어떤 기분을 느끼고 있을지 잘 알고 있었다. 유로 2008 8강 터키전에서 그 기분을 느껴봤기 때문이다. 승리의 맛을 보려는 마지막 순간에 상대에 실점하는 그 느낌! 침통함을 담은 그 한 방은 타격이 크다. 축구에서 그보다 큰 어려움은 없다. 이후 베일이 우리에게 2-1 리드를 안겼고, 그들은 완전히 무너졌다. 마르셀루와 호날두가 한 골씩 더 보태며 파티가 시작됐다.

비욘 카이퍼스 주심이 종료 휘슬을 불었고, 나는 허공으로 두 팔을 휘두르며 마음속으로 "꿈이 이뤄졌다!"고 외쳤다. 이후 나는 가까운 곳에 있던 아틀레티코 선수에게 손을 건넸다. 그의 기분이 어떨지 짐작할 수 있었다. 그러나 나는 감정을 주체하기 힘들 정도로 지나치게 큰 기쁨을 느끼고 있었다. 나는 레알에 도착한 순간부터 팀이 라 데시마에 집착하고 있다는 사실을 알고 있었다. 내가 마드리드에 와서 참석한 첫 기자회견에서도 취재진은 내게 라 데시마에 대해 물었다. 내가 레알에서 처음으로 원정 비행기를 탔을 때, '라 데시마'를 염원하는 마음으로 10번 좌석에 앉는 조세 무리뉴 감독을 보기도 했다.

경기가 끝난 후에는 말로 설명하기 힘든 만족감이 밀려왔다. 나는 이바노를 운동장으로 데리고 내려왔다. 그는 잠에 들기 일보 직전인 피곤한 상태였다. 단 네 살에 불과했던 이바노는 긴 하루를 보내며 지쳐 있었다. 그러나 나는 이바노를 깨워 챔피언스리그 우승 트로피와 기념사진을 찍었다. 나는 아들과 꼭 이 순간을 함께하고 싶었고, 이 사진을 평생 간직해야만 했다. 언젠가는 이바노도 그날 밤이 얼마나 대단하고, 중요했는지 이해할 것이기 때문이다.

우리 드레싱룸은 마치 누군가 불을 지핀 것처럼 들끓어 올랐다. 플로렌티노 페레스 회장도 그곳에 있었다. 그가 그렇게 기뻐하고, 감동한 모습을 본 것은 처음이었다. VIP 박스에서 경기를 보던 그의 모습이 챔피언스리그 우승 트로피가 그에게 어떤 의미를 지녔는지 잘 보여주고 있었다. 우리가 동점골을 넣은 순간, 흥분한 페레스 회장은 펄쩍 뛰었다. 그의 그런 모습을 본 것은 그때가 처음이었다.

그곳에는 과거 챔피언스리그 우승을 경험한 레알의 레전드들도 있었다. 그 중에는 라울의 모습도 보였다. 라울은 결승전 하루를 앞두고 내게 다가와 "이번 결승전에서는 너에게 많은 게 달려 있어!"라고 말했다. 부담이 된 것도 사실이다. 그러나 나는 책임을 지는 것을 즐기는 편이다. 나 스스로가 중요하지 않다고 느껴지는 기분은 싫었다. 라울과 같은 레전드가 내게 건넨 말은 내가 이런 역사적인 경기에서 우리가 승리하는 데 보탬이 될 만한 활약을 하는 데 큰 동기부여가 됐다.

이후 공항까지 가서 비행기를 타기까지 오랜 시간이 걸렸다. 계속 시간이 지체됐다. 우리는 파티를 이어갔다. 우리는 기쁨을 누릴 자격이 있었다. 나 또한 긴장을 완전히 풀어놓고 분위기를 즐겼다. 나는 버스에 올라탄 마지막 선수 중 한 명이었다. 버스에 탑승한 나는 운전석에 앉아 경적을 울리며 라 데시마를 자축했다. 이후 비행기에 올라탄 나는 상공 1,000미터 지점에서 공으로 저글링을 하며 노래를 부르고 춤을 췄다. 나는 위스키 두어 잔을 마신 상태였다. 그래야만 했다! 그 정도로 행복했기 때문이다. 모두가 나를 보며 웃음을 터뜨렸다. 내가 그런 모습을 보인 것은 그때가 처음이었기 때문이다. 우리는 새벽 다섯 시가 조금 지나 마드리드의 시벨레스 광장Cibeles Square에 도착했다. 나는 경기가 끝난 지 여섯 시간이 지난 데다, 날씨가 추웠던 탓에 그곳에 사람이 별로 없을 줄 알았다. 그러나 시벨레스 광장은 사람들로 가득 차 있었다. 그들을 본 나는 차오르는 에너지를 느끼기 시작했다. 나는 더 큰 소리로 노래를 불렀다. 물론 그때는 이미 목소리가 잘 나오지 않는 상태였다. 이제 음정을 맞출 수도 없었지만, 어쩌면 그게 더 나았을 수도 있다! 팬들도 계속 노래를 불렀다. 그들은 몇 차례 내 이름을 연호하기도 했다. 나는 다른 선수들보다 더 미친 듯이 우승을 자축하고 있었던 것 같다. 나는 클럽 축구에서 획득할 수 있는 최고의 트로피이자 나의 첫 챔피언스리그 우승을 이뤘다. 흥분의 도가니로 변한, 마드리드 사람들로 꽉 찬 광장을 본 것도 이때가 처음이었다. 우리는 머지않아 이런 기쁨을 몇 번 더 더 누릴 수 있었다. 그러나 라 데시마에는 라 데시마만의 특별함이 있었다.

## 브라질 월드컵

라 데시마가 현실이 된 리스본에서의 결승전을 마친 우리의 축제는 시벨레스에서 끝나지 않았다. 아마 나는 그때 단 두 시간 정도 잠을 잔 후 팀 동료들과 다시 만나 하루 종일 우승을 자축했던 것 같다. 우리를 위해 여러 공공기관에서 축하연이 열렸고 각종 관광지, 기념식, 축하연, 시상식 등에도 사람들로 붐볐다.

저녁에는 산티아고 베르나베우에서 파티가 열렸다. 관중석은 흥분한 팬들로 가득했다. 그야말로 장관이었다. 나는 이전부터 리스본에서 열린 결승전을 보기 위해 산티아고 베르나베우에 약 8만 명이 몰렸다는 얘기를 듣고 할 말을 잃었었다. 나는 우리가 동점골을 넣는 순간, 그리고 결국 경기에서 승리하는 순간 전 세계 곳곳에서 경기를 지켜보던 팬들의 반응을 담은 영상도 봤다. 그런 팬들의 폭발적인 반응을 보고 있자니 우리가 전 세계의 많은 사람들과 레알 팬들에게 행복을 가져다줄 수 있었다는 사실이 영광이라는 생각이 들었다. 많은 사람들은 우리가 돈 때문에 축구를 한다고 생각한다. 우리는 생계유지를 위해 축구를 하는 프로 선수들이다. 그것은 사실이다. 게다가 축구 선수의 삶은 풍족하고, 특권으로 가득하다. 그러나 그와 같은 환상적인 순간을 팬들과 공유하는 것만큼 축구 선수를 기쁘게 하는 것은 없다. 그게 아니라면, 축구에는 스토리가 없을 것이다. 그래서 내가 결승전에 앞서 한 약속을 지키는 것은 아무 문제도 되지 않았다.

팀 훈련을 마친 어느 날 대다수 선수들이 샤워실에 들어간 후에 생긴 일이다. 남아 있던 나와 몇몇 선수들은 팀이 돌아가는 상황에 대해 대화를 나누고 있었다. 선수들끼리 모여서 이야기 나누는 것은 흔한 일이다. 이날 대화의 주제는 우리가 라 데시마를 달성하면 각자 무엇을 할 것인지에 대해서였다.

"나는 긴 머리를 정말 좋아하는데, 만약 우리가 우승하면 머리를 삭발할게."

그러자 팀 동료들은 모두 웃음을 터뜨렸고, 알바로 아르벨로아는 꼭 우리가 우승해서 자신이 직접 내 머리를 자르고 싶다고 말했다.

나는 우리가 시벨레스에서 돌아온 뒤, 미용사를 집으로 불러 머리를 삭발해달라고 말했다. 약속은 꼭 지켜야 했지만, 아르벨로아에게 내 머리를 맡기는 것만은 피하고 싶었다! 곧 내가 거의 대머리가 된 모습으로 나타나자 팀 동료들은 바닥에 쓰러져 웃기 시작하더니 환호성을 질렀다. 나 또한 머리카락이 없는 느낌이 이상했다. 어디로든 병균이 들어올 것만 같았다. 그러나 머리를 삭발한 보람은 분명히 있었다!

크고 작은 축하연을 모두 소화한 나는 지친 상태였다. 잠을 푹 자며 휴식을 취해야 했다. 그러나 크로아티아 대표팀은 브라질 월드컵을 준비 중이었다. 나는 크로아티아의 전지훈련 막바지가 돼서야 팀에 합류할 수 있었다. 당시 크로아티아 대표팀은 오시에크에서 말리와의 평가전을 앞두고 있었다. 관중석이 꽉 들어찬 스타디온 오시에크의 분위기는 한층 고조돼 있었다. 나는 경기 막바지 15분을 소화했고, 1만 5,000여 명의 관중이 나를 반겨줬다. 그들은 나의 챔피언스리그 우승을 축하해주는 동시에 브라질 월드컵에 나서는 나를 독려해줬다. 크로아티아 팬들은 국가대표팀을 사랑한다. 월드컵이나 유로가 열릴 때면 나라의 분위기가 특별해진다. 팬들의 기대치는 언제나 높다. 수년간 우리가 크로아티아 팬들을 기쁘게 해주지 못했다는 것이 내게도 마음의 큰 짐으로 남아 있었다.

우리는 말리를 꺾은 뒤, 이틀 후 브라질로 떠났다. 길고 힘들었던 레알에서의 시즌과 스트레스가 쌓여만 갔던 크로아티아의 월드컵 예선은 이제 지난 일이었다. 나는 세계 축구사에 남을 환상적인 선수를 수없이 배출한 나라 브라질에서 열릴 월드컵을 크게 기대하고 있었다. 브라질은 늘 창의적이고 발재간이 훌륭한 마법사들이 공을 소유하며 경기를 펼치는 축구를 하는 나라였다. 브라질은 바로 그런 멘탈리티 덕분에 세계 최다인 월드컵 우승 5회 기록을 갖고 있는 국가였다. 우리는 어떤 국가보다 축구에 대한 열정이 강한 브라질에서 열리는 월드컵에 큰 각오를 다지고 있었다.

우리는 브라질에 도착한 후 호주를 상대로 월드컵을 앞둔 마지막 평가전을 치렀다. 니키차 옐라비치가 득점하며 우리에게 승리를 선사했지만, 팀의 경기력은 기대치를 밑돌았다. 그렇지만 우리가 너무 큰 걱정을 한 것은 아니었다. 가장 중요한 것은 월드컵 본선이 시작된 후 치를 첫 경기였기 때문이다. 크로아티아는 월드컵 개최국 브라질을 상대로 첫 경기를 치렀다. 그것은 우리의 모습을 보여줄 최고의 기회이자 영광이었다. 약 15억 명이 이날 경기를 지켜볼 계획이란 얘기를 들었다. 정말 놀라웠다!

훈련 캠프에서 소화한 운동은 강도가 높았다. 코바치 감독은 스파르타식 훈련을 진행했다. 우리는 매일 아침 피의 젖산 농도를 확인하는 검사를 받았다. 이런 검사 과정은 우리에게도 익숙하지 않은 준비 과정이었다. 이처럼 깐깐한 준비 과정은 팀 사기에 악영향을 미쳤다. 대표팀이 소집됐을 때 팀 사기는 매우 중요하다. 그러나 코바치 감독은 그런 방식을 고집했다.

다른 이유로 발생한 갈등도 있었다. 몇몇 선수들은 각자 팀 내 입지에 만족하지 못했고, 감독의 결정에 불만을 내비쳤다. 내가 대표팀에서 활약한 시간을 통틀어 브라질에서의 우리 팀 분위기는 단연 최악이었다.

그런데도 우리는 상파울루에서 열린 개막전에서 개최국을 상대로 좋은 경기를 펼쳤다. 우리는 11분에 레알 동료인 마르셀루가 자책골을 기록해 선취 득점에 성공했다. 이후에도 우리는 90분 내내 대등한 경기를 펼쳤지만, 18분 후 네이마르Neymar가 동점골을 넣었다. 승부가 브라질 쪽으로 기울게 된 계기는 71분에 주심이 선언한 페널티킥이었다. 우리는 주심의 판정이 부당하다고 생각했고, 페널티킥으로 실점한 후에는 승부를 뒤집을 힘이 남아 있지 않았다. 브라질은 후반전 추가시간에 한 차례 더 득점하며 승부에 쐐기를 박았다.

우리는 두 번째 경기에서는 카메룬Cameroon을 상대로 생각보다 수월하게 승리했다. 그날 경기는 극단적으로 무더운 날씨 속에서 마나우스Manaus의 아레나 다 아마조니아Arena da Amazônia에서 열렸다. 공기가 무겁다고 느껴졌을 정도로 습했고, 경기장에 서 있는 것만으로도 땀이 흘렀다. 숨을 쉬는 것조차 어려웠다. 우리는 알렉스 송Alex Song이 마리오 만주키치를 가격해 퇴장당하며 1-0으로 앞서갔고, 그 덕분에 4-0 대승을 거둘 수 있었다. 그러나 나는 우리가 조별 리그 마지막 경기에서 멕시코를 상대로 고전하리라는 것을 예상하고 있었다. 멕시코는 앞선 두 경기에서 조직력이 탄탄했으며 강력하면서도 매우 경쟁력 있는 축구를 구사했다. 반면 우리는 체력이 고갈된 것 같아 보였다. 마치 에너지와 섬세함을 잃은 팀 같았다. 특히 코바치 감독이 이반 라키티치와 나를 플레이메이커로 중용하는 결정에 대해 수많은 비판이 쏟아졌다. 전문가들은 이와 같은 조합은 성공할 수 없다고 말했다. 크로아티아에서는 모든 사람들이 다 전문가다. 과거에는 1998 월드컵 3위를 기록한 보반, 프로시네츠키, 아사노비치 조합을 두고도 논쟁이 이어지곤 했다. 그들과 마찬가지로 나와 라키티치도 시간이 지나면서 우리가 효과적인 중원 조합을 이룰 수 있다는 사실을 증명했다.

헤시폐Recife에서 열린 멕시코전 현장의 기온은 습했고, 축축했다. 우리는 단 15분간 괜찮은 경기력을 유지했지만, 이후 멕시코가 경기를 완전히 압도했다. 우리는 그들의 적극성과 스피드에 대처하지 못했다. 그들은 3-1로 승리했고, 이길 자격이 있었다. 멕시코는 우리와의 경기에서 승점 1점만 보태도 16강에 진출할 수 있었다. 반면 우리는 조별 리그에서 탈락했다. 경기력을 고려할 때, 우리에게는 그이상을 이룰 자격이 없었다.

그러면서 비판론자들이 마음껏 활개 칠 수 있는 분위기가 만들어졌다. 신문들은 온갖 이야기와 사진을 쏟아냈다. 우리가 브라질에 패한 후 발가벗은 몸으로 수영장에서 즐거워하는 모습을 찍은 파파라치의 사진이 공개되기도 했다. 그것은 정말 터무니없는 일이었다. 우리는 캠프에 외부인이 없을 때 사우나에서 나온 후 체온을 낮추기위해 수영장에 들어갔을 뿐이었다. 전혀 이상할 게 없는 일이었다.

우리는 멕시코전을 마친 다음 날 베이스캠프로 돌아갔다. 우리는 바이아Bahia의 프라이아 두 포르테Praia do Forte에 캠프를 차렸다. 캠프는 환상적이었다. 우리를 맞아준 호스트와 직원들도 훌륭했다. 우리가 크로아티아로 돌아가기 전, 코바치 감독은 마지막 팀 미팅을 소집했다.

몇몇 선수들은 화가 나 있었고, 여론의 비판은 계속됐다. 크로아티아로 돌아가는 우리의 마음은 무거웠다. 우리는 2년 전 유로 2012에서도 조별 리그에서 탈락했지만, 당시에는 경기력이 좋았던만큼 당당하게 고개를 들 수 있었다. 그러나 브라질에서 우리는 모든 면에서 형편없었다. 개인적으로도 나의 경기력은 끔찍할 정도였다. 브라질 월드컵에서의 내 활약은 지난 14년간 크로아티아 유니폼을 입고 보여준 것 중 최악의 모습이었다. 나는 브라질전에서는 괜찮은 활약을 했지만, 카메룬전에서는 빵점을 받을 만한 경기력을 보여줬으며 멕시코전에서는 빵점을 두 번 받아야 했을 정도로 부진했다! 크로아티아에 도착한 후 내가 부진했다는 사실을 부인하려고 하지 않았다. 나는 팀에서 가장 경험 있는 선수 중 한 명이었고, 책임을 지는 게 옳았다. 소속 팀에서 시즌을 치르며 지쳤다는 것은 핑계가 될 수 없었다. 나의 경기력은 형편없었고, 더는 어떤 말도 할 필요가 없었다.

## 부상으로 멍든 시즌

월드컵을 마친 나는 휴가가 필요했다. 나는 가족, 친구들과 함께 시간을 보내며 해변가에서 재충전을 하는 데 전념했다. 프리시즌 캠프를 시작할 때쯤 나는 힘을 되찾고 새로운 도전에 나설 준비를 마친 상태였다. 레알은 하메스 로드리게스James Rodriguez를 영입했다. 그는 콜롬비아 대표팀 일원으로 출전한 월드컵에서 빼어난 활약을 펼쳤다. 또 레알은 월드컵에서 우승을 차지한 독일의 미드필더 토니 크로스Toni Kroos를 영입했고, 골키퍼 케일러 나바스Keylor Navas도 합류했다. 반면 앙헬 디 마리아는 맨체스터 유나이티드로 떠났고, 알바로 모라타는 유벤투스로, 사비 알론소는 바이에른 뮌헨으로 이적했다.

나는 사비 알론소와 매우 좋은 관계를 맺고 있었다. 나는 그를 선수로서 높게 평가했고, 인간적으로도 흠모했다. 그는 누구나 우러러볼 만한 사람이다. 그는 진정한 신사이며 자신감과 신념이 확고하다. 우리는 그가 떠난 후에도 연락을 주고받으며 지냈고, 그는 여전히 나의 친한 친구다.

나는 레알이 2014-15 시즌 대성공을 할 수 있다고 자신했다. 팀의
전력은 강력했고, 전반적인 팀 사기도 높았던 데다 벤치에는 훌륭한
감독이 있었다. 우리는 라 데시마를 통해 자신감을 얻었고 부담도
한결 덜어낸 상태였다. 어쩌면 그런 분위기가 자만으로 이어진 것
같기도 하다. 우리는 9월 대표팀 차출을 앞두고 두 차례 어이없는 패
배를 당했다. 우리는 UEFA 슈퍼컵에서 세비야를 꺾으며 시즌을 시
작했다. 일주일 후에는 아틀레티코와의 스페인 수페르코파에 나섰
다. 산티아고 베르나베우에서 열린 1차전 경기는 1-1 무승부로 끝
났지만, 비센테 칼데론에서 열린 2차전 경기에서는 아틀레티코가
1-0으로 승리했다. 결승골의 주인공은 만주키치였다. 아틀레티코
가 갓 영입한 그는 바로 우리에게 지옥 같은 경기를 선사했다. 당시
나와 마리오의 관계는 냉담한 상태였다(이에 대한 이야기는 이후에 따
로 하도록 하겠다).

우리는 라리가 2라운드 경기에서 레알 소시에다드에 2-4로 패했
다. 대표팀 일정을 마치고 돌아온 우리는 산티아고 베르나베우에서
아틀레티코에 1-2로 패하며 시즌 3패째를 당했다. 우리는 재출발을
할 수밖에 없었다. 그러나 우리는 그 후 환상적인 연승 행진을 거듭
하며 온갖 기록을 갈아치웠다. 우리는 컵대회를 포함해 22연승을 기
록했다. UEFA 챔피언스리그에서는 10경기 연속으로 승리하는 기
염을 토했다. 더 중요한 것은, 우리가 승리를 거듭하며 환상적인 축
구를 선보였다는 점이다. 레알이 구단 역사상 최고의 모습을 선보이
던 그때 나의 경기력 또한 훌륭했다. 나는 당시 커리어 최고의 활약
을 펼치고 있었다. 나는 레알과 크로아티아를 오가며 정점에 올라선

경기력을 선보였다.

우리 팀은 정말 훌륭했다. 안첼로티 감독은 베일이 부상을 당하자 기존 4-2-3-1, 혹은 4-3-3 포메이션을 4-4-2로 전환했다. 그는 크로스, 이스코, 로드리게스 그리고 나를 중원에 배치한 후 벤제마와 호날두를 최전방에 세웠다. 우리의 뒤를 지켜준 것은 중앙 수비수 라모스와 페페, 측면 수비수 카르바할과 마르셀루였다. 우리의 경기력은 정말 최고 수준이었다. 우리는 기술적으로 상대보다 우월했고, 레알 팬들의 입맛에 딱 들어맞는 축구를 했다. 우리는 10월에 열린 시즌 첫 엘 클라시코에서 강력한 전력을 자랑하며 승리했다. 산티아고 베르나베우에서 바르셀로나는 네이마르가 선제골을 넣으며 리드를 잡고도 우리에게 1-3으로 완패했다. 우리는 10라운드를 마친 시점에 라리가 선두를 달리고 있었다. 우리의 경기력에 강렬한 인상을 받은 언론은 우리를 가리켜 역대 최고의 레알 마드리드라는 찬사를 보냈다. 몇몇 사람들은 우리가 레알의 황금시대를 이끈 알프레도 디 스테파노Alfredo Di Stéfano가 활약했던 팀보다 더 강하다고 평가했다. 그런 과거의 환상적인 세대보다 우리 팀이 낫다는 평가를 받는 것은 대단한 일이었다. 그런데 불행하게도 우리는 머지않아 난관에 봉착했다.

2014년 9월과 10월에는 크로아티아도 환상적인 축구를 구사했다. 무려 15년간 활약한 베테랑 스티페 플레티코사가 대표팀을 떠나자 코바치 감독은 새로운 선수들을 발탁하며 재충전시켰다. 우리는 유로 2016 예선 초반부터 4연승 행진을 달렸다. 우리는 몰타, 불가리아, 아제르바이잔을 수월하게 제압했다. 이어 11월 16일, 우리는 안토니오 콘테 감독이 이끄는 이탈리아와 밀라노에서 격돌했다. '아주리 군단' 이탈리아는 조 1위를 놓고 우리와 경쟁하는 팀이었다. 이탈리아는 우리를 상대로 11분 만에 선제골을 터뜨리며 앞서갔다. 그러나 우리는 좋은 경기력을 유지하며 이탈리아를 공략하기 시작했다. 우리는 단 4분 뒤, 이반 페리시치가 멋진 골을 터뜨리며 승부를 원점으로 돌렸다. 경기의 흐름을 고려할 때, 우리가 이길 수 있다고 확신했다. 그런데 정작 나는 부상을 당해 전반전 중반에 교체되고 말았다. 이후 나는 무려 4개월간 축구를 할 수 없었다.

나는 중원에서 왼발로 측면을 향해 패스를 연결하려고 했다. 이때 나의 자세가 썩 자연스럽지 못했고, 공을 차는 순간 허벅지 근육 윗부분에 날카로운 통증이 느껴졌다. 그 전까지 나는 큰 근육 부상을 당한 적이 없었지만, 이번만큼은 상태가 심각한 것 같았다. 나는 팀 주치의와 물리치료사에게 치료를 받은 뒤, 천천히 몸을 일으켰다. 모든 게 괜찮아졌다고 생각한 나는 계속 뛰겠다는 마음을 먹었다. 교체는 생각조차 하지 않았다. 약 1분 뒤, 이탈리아가 왼쪽 측면으로 역습을 했고, 나는 상대를 따라잡기 위해 전력질주를 시작했다.

내 다리가 고장 난 것은 이 순간이었다. 근육 속 무언가가 찢어지는 느낌을 받았다. 최악의 상황을 예감한 나는 누워서 통증을 호소했다. 처음 부상을 당했을 때 멈춰야 했을까? 방금 전력질주를 해서 근육이 완전히 찢어진 걸까? 온갖 생각이 머릿속에 가득했다.

이날 경기장에는 크로아티아 팬 7~8,000여 명이 있었다. 그들은 우리를 위해 환상적인 분위기를 연출했다. 내가 팀 닥터와 물리치료사의 부축을 받은 채 다리를 절뚝이며 교체되자 그들은 기립박수를 보냈다. 통증으로 고통스러워하던 나는 눈물을 흘릴 것만 같았지만, 팬들의 기립박수가 조금이나마 위로가 됐다. 나는 건강 문제나 부상을 이유로 축구를 하지 못하면, 감정적으로도 큰 어려움을 겪곤 한다. 나는 벤치에 앉아 남은 경기를 모두 지켜봤다.

나를 대신해 교체 투입된 마테오 코바시치와 이반 라키티치를 대신한 마르첼로 브로조비치가 경기를 운영했다. 그들은 중원을 장악했다. 우리는 좋은 경기를 했고, 승리가 눈앞에 보이는 듯했다. 그러나 갑작스럽게 우리의 흐름이 깨졌다. 크로아티아 팬들이 앉아 있던 쪽에서 몇몇 사람이 운동장 안으로 홍염을 던지기 시작했다. 비욘 카이퍼스 주심은 무려 10분이나 경기를 중단해야 했다. 우리는 이렇게 경기가 취소되면 유로 2016 본선 진출에 지장이 생길까 봐 걱정하기 시작했다. 결국 이날 경기는 1-1로 종료됐지만, 우리는 이후에도 UEFA로부터 중징계를 받을 가능성을 배제할 수 없었다.

나는 다음 날 아침 첫 비행기를 타고 밀라노에서 마드리드로 이동했다. 안첼로티 감독은 내가 떠나기 전에 전화를 걸었다. 그는 내게 몸 상태가 어떠냐고 물으면서 의사의 소견을 궁금해했다. 나는 공항에서 기다리는 동안 플로렌티노 페레스 회장에게도 전화를 받았다. 페레스 회장은 나를 위로해줬다. 그는 레알이 모든 것을 해결하겠다고 말했다. CT 촬영을 하기 전까지는 나의 상태를 정확히 알 수 없었다. 우리가 밀라노에서 드레싱룸으로 돌아오자 경험이 풍부한 팀 주치의 보리스 네메치Boris Nemec는 나의 왼쪽 허벅지 부근 대퇴직근 힘줄rectus femoris tendon이 파열된 것으로 예상된다는 소견을 전해왔다. 그나마 다행인 것은 수술을 받지 않아도 괜찮다는 점이었다. 그러나 부상에서 회복되려면 무려 4개월이 걸린다는 통보를 받은 후 심적으로 무너질 수밖에 없었다. 충격이 이만저만이 아니었지만, 나는 곧 평정심을 되찾았다. 그리고 과거에 마이클 조던이 남긴 말을 떠올렸다. "인생을 사는 동안 나는 실패를 거듭했다. 이것이 내가 성공한 이유다."

재활 과정은 쉽지 않았다. 나는 발데베바스에서 아침 아홉 시에 하루를 시작해 오후 네 시에 일정을 마쳤다. 언론에서는 이번 부상이 나의 선수 생활을 위협할 수 있다는 분석을 내놓기도 했다. 거의 30세가 된 내가 이와 비슷한 부상을 한 번 더 당하면 정말 현역 은퇴를 선언해야 할 수도 있었다. 그러나 그런 가능성에 대해서는 생각조차 하지 않았다. 나는 최대한 빨리 부상에서 회복하고 싶었다. 그래서 4개월간의 재활 기간보다 이른 3월 초에 복귀하기 위해 노력했다. 그렇다고 의료진에게 압력을 가해 그들을 재촉하고 싶지는 않았다. 대신 나는 혹독한 재활 훈련에 집중하며 통증이나 부상 재발 위험이 없어지면 바로 출전할 수 있는 몸 상태를 만드는 데 전념했다.

바냐, 이바노, 에마는 옆에서 내가 어려운 시기를 잘 견딜 수 있게 도와줬다. 내 생일인 9월 9일 크로아티아 대표팀이 자그레브에서 몰타전을 치렀다. 바냐는 내가 장기 재활 과정을 거치게 되자 서프라이즈 파티를 계획했다. 바냐는 나를 위해 마드리드의 호텔에서 조촐한 파티를 준비해 내 친구들과 팀 동료들을 초대했다. 라모스, 페페, 마르셀루, 카르바할, 카세미루, 베일, 코바시치도 파티에 참석해 늦은 시간까지 우리와 즐거운 시간을 보냈다.

레알 마드리드 구단도 어려웠던 그 시기에 나를 도와줬다. 구단은 우리가 챔피언스리그 우승을 차지하기 전부터 나와 재계약에 대한 논의를 시작한 상태였다. 내가 레알에서 활약한 지 아직 1년 반밖에 되지 않았지만, 구단은 재계약을 제안했다. 당연히 나는 구단의 제안을 수락했다. 나 또한 레알에서의 시간을 즐기고 있었기 때문이다. 구단과의 재계약은 내게 심리적으로 큰 도움이 됐다. 구단은 내게 도움이 가장 필요할 때 더 좋은 조건의 재계약을 제안하며 나를 믿는다는 메시지를 분명히 전달했다.

레알 마드리드는 여러 차례에 걸쳐 계약 조건을 바꿔줬고, 늘 먼저 재계약을 제안했다. 그래서 그들이 나에게 만족하고 있다는 확신을 얻을 수 있었다.

나는 12월 팀과 함께 모로코 마라케시Marrakesh로 이동했다. 나는 관중석에서 우리 팀이 FIFA 클럽 월드컵에서 우승하는 모습을 지켜보며 응원했다. 곧 부상에서 복귀한 나는 훌륭한 경기력을 이어갔고, 라리가와 챔피언스리그 우승을 차지했다. 부상 기간에는 그렇게 훌륭하고, 매력적인 팀에서 직접 뛰는 일이 그리웠다. 그러나 나는 부상에서 회복 중일 때도 팀이 본격적으로 우승 경쟁을 펼칠 때쯤이면 나 또한 운동장에서 뛸 수 있을 거라고 확신했다. 그러나 그 다음에 벌어진 일이 나의 희망을 산산조각 내고 말았다.

우리는 새해 첫 경기였던 발렌시아 원정에서 예상치 못한 패배를 당했다. 3일 뒤에는 아틀레티코가 코파 델 레이 16강 1차전에서 우리를 2-0으로 꺾었다. 산티아고 베르나베우에서 열린 2차전 경기에서도 2-2 무승부에 그치며 시즌 처음으로 탈락을 경험했다. 라리가에서는 5연승 행진을 달리며 분위기를 회복한 것 같았지만, 비센테 칼데론에서 또다시 비극을 겪으며 팀 사기마저 바닥으로 떨어졌다. 언론은 내가 복귀해야 한다고 주장했고, 내가 왜 빨리 돌아오지 못하고 있는지에 대해 온갖 의문을 제기하기 시작했다. 사실 당시 나의 회복 과정은 첫날부터 정해놓은 계획대로 진행되고 있었다. 당시 구단 관계자들도 나의 복귀 시기에 대해 묻기 시작했다. 그들도 나의 재활 훈련 강도가 갈수록 높아지고 있다는 것을 알고 있었기 때문이다. 그러나 이는 어디까지나 개인 훈련에 불과했다. 팀 훈련으로 돌아가려면 아직 시간이 더 필요했다.

나의 팀 훈련 복귀는 2월에 이뤄졌다. 구단 의료진이 팀 훈련을 재개해도 좋다는 소견을 전해왔다. 정말 다행이었다! 나는 2015년 3월 10일 샬케전에서 58분 사미 케디라를 대신해 교체 출전했다. 팬들은 기립박수를 보냈고, 나는 마치 다시 태어난 것 같은 기분을 느꼈다. 그러나 11월과는 레알의 현실이 많이 달라져 있었다. 레알은 불과 일주일 전 홈에서 비야레알과 비기며 승점 2점을 잃었고, 빌바오 원정에서는 아예 패하며 승점 3점을 전부 놓쳤다. 우리는 여전히 라리가 우승에 도전하고 있었지만, 자신감이 흔들리고 있었다. 우리는 내가 복귀한 경기에서도 이번 시즌 처음으로 챔피언스리그 경기에서 패했다. 우리는 1차전 원정에서 샬케를 2-0으로 꺾었지만, 2차전에서 큰 어려움을 겪으며 탈락 직전까지 내몰렸다. 샬케는 84분까지 4-3으로 앞서 있었고, 한 골만 더 넣으면 우리를 탈락시키는 대이변을 일으킬 수 있었다. 다행히 우리는 1, 2차전 합계 5-4로 승리할 수 있었다. 그러나 우리는 그날 정말 어려운 경기를 했다.

개인적으로는 경기력이 점점 올라오고 있었다. 부상에서 완벽히 회복한 나는 체력이 충전된 상태로 출전 명령만 기다리고 있었다. 경기장에서도 그런 모습이 잘 드러났다. 나는 그때 내가 팀에 더 많은 자신감을 불어넣어줬다고 생각한다. 곧 캄프 누에서 열릴 중요한 엘 클라시코가 다가오고 있었다. 바르셀로나는 라리가 1위 자리를 차지한 상태였고, 우리는 16경기 만에 2위로 내려앉아 있었다. 우리는 좋은 경기를 했다. 바르셀로나가 프리킥 상황에서 선제골을 넣었지만, 우리는 빼어난 패스 연결로 동점골을 만들어 냈다. 나는 벤제마에게 침투 패스를 연결했다. 그는 백힐로 크리스티아누 호날두에게 패스를 건넸고, 호날두는 발끝으로 공을 건드리며 골망을 흔들었다. 대단한 골이었다! 이후에도 우리는 몇 차례 더 득점 기회를 만들었다. 가레스 베일의 골이 오프사이드 판정으로 취소됐다. 이후 56분, 바르셀로나가 갑자기 전방을 향해 연결한 롱볼을 루이스 수아레스Luis Suárez가 기술적인 슛으로 연결해 골대 상단 구석을 꿰뚫었다. 나는 약 60분경까지 충분한 체력 상태를 유지했지만, 그때부터 오랜 기간 결장한 데에 따른 대가를 치르기 시작했다. 바르셀로나는 빠른 역습으로 득점 기회를 만들었고, 우리 또한 기회를 잡았으나 결과는 그들의 2-1 승리였다. 우리는 잔여 경기에서 9승 1무를 기록했지만, 바르셀로나가 끝내 선두 자리를 지켜내며 라리가 우승을 차지했다. 이렇게 우리는 앞서 탈락한 코파 델 레이보다 훨씬 중요했던 또 다른 싸움에서 지고 말았다.

이 와중에 나 또한 또 다른 싸움에서 졌다. 우리가 산티아고 베르나베우에서 말라가를 상대로 싸우던 경기의 60분 무렵에 나는 중원에서 상대와 경합하던 도중 발걸음이 엉켰다. 상대 선수가 공을 차내려고 하다가 나의 다리까지 걷어찬 것이었다. 갑작스럽게 큰 통증을 느낀 나는 바로 교체됐다. 관중석에서는 계속 나를 향한 응원이 이어졌지만, 검사 결과는 끔찍했다. 검사 결과 나는 오른쪽 무릎 내측 측부인대 염좌라는 진단을 받았다. 최소 6주 결장이 소요되는 부상이었다. 이제 막 복귀해서 38일 동안 아홉 경기를 치렀는데, 다시 팀 전력에서 제외돼야 했다! 이렇게 불운할 수가 있을까. 나는 두 차례 부상을 당하며 총 6개월간 결장해야 했고, 이 기간 레알은 패배를 거듭했다. 챔피언스리그는 우리가 우승을 차지할 마지막 기회였지만, 우리는 결국 4강에서 유벤투스에 패했다. 우리를 더 힘들게 한 것은 1-1로 비긴 챔피언스리그 4강 2차전에서 유벤투스의 득점자가 모라타였다는 사실이다. 전 레알 마드리드 선수였던 그는 유벤투스로 이적해 활약 중이었다. 나는 유벤투스전에 출전하기 위해 모든 노력을 다했지만, 이는 희망사항에 불과했다. 꿈처럼 시작된 시즌이 그렇게 악몽으로 마무리됐다.

## '엘 그란데'

나는 그해 여름휴가 기간에도 긴장을 풀지 않았다. 개인 운동을 계속했고, 수영을 하면서 인대 부상에서 회복하기 위해 노력했다. 나는 100% 상태로 프리시즌을 시작하고 싶었다. 그래야 시즌이 시작됐을 때 실전 감각을 적절한 상태로 끌어올릴 수 있었기 때문이다. 구단은 전 시즌이 끝난 후 단 이틀 만에 카를로 안첼로티 감독과의 결별을 발표했다. 나는 카를로가 훌륭한 감독이고 좋은 사람이었지만 불운했을 뿐이었다는 것을 알고 있었다. 그래서 기분이 썩 좋지 않았다. 우리는 승점 1~2점 차로 경쟁에서 밀려 리그 우승을 놓쳤고, 주전급 선수들의 줄부상으로 어려움을 겪었다. 우리는 FIFA 클럽 월드컵, 코파 델 레이, UEFA 슈퍼컵 우승을 차지했다. 우리는 훌륭한 축구를 했고, 수많은 기록을 갈아치웠다. 그러나 그마저도 안첼로티 감독과의 세 번째 시즌을 맞이하기에는 부족했다. 이것이 레알 마드리드의 현실이었다. 시즌이 끝날 때 우승 트로피가 없다면, 누군가는 책임을 져야 했다. 이것이 레알의 법칙이었다. 레알은 평범함을 용납하지 않았고, 늘 기준을 아주 높게 잡았다. 이후에도 나는 안첼로티 감독과 연락을 주고받았고, 여전히 그와 좋은 관계를 유지하고 있다. 나를 믿어주고, 내가 팀 내 입지를 다지는 데 도움을 준 그에게 여전히 고마운 마음을 간직하고 있다. 나는 그가 레알을 이끄는 동안 발전을 거듭하며 선수로서 더 성숙해졌다. 스페인 1~2부 리그에서 활약하는 선수들도 이를 잘 알고 있었다. 덕분에 그들이 직접 참여한 2013-14 시즌 라리가 최고의 미드필더 투표에서 나는 1위를 차지했다. 스페인 리그에 최정상급 미드필더들이 즐비하다는 사실을 고려하면, 이는 엄청난 업적이었다. 나는 2016년에도 이 상을 받았다. 비슷한 시기에 나는 전 세계 프로축구 선수가 투표로 선정하는 2015년 FIFA와 FIFAPro 월드 베스트11에도 이름을 올렸다.

안첼로티 감독과 결별한 레알은 그해 여름 라파엘 베니테스 감독을 새 사령탑으로 선임했다. 나는 신문에서 읽은 내용을 제외하면 그에 대해 아는 게 별로 없었다. 베니테스 감독과 리버풀에서 함께 했던 사비 알론소는 내게 그가 학구파 기질이 매우 강하고, 레알의 문제를 잘 해결해줄 지도자라고 말해줬다.

우리는 호주, 중국에서 프리시즌을 진행했다. 애초에 나는 그와 같은 장거리 이동이 좋지 않다고 생각했다. 우리가 비행기에서 보내야 하는 시간이 길었기 때문이다. 그러면서 팀 전체가 체력이 고갈됐고, 그런 현상을 팀 훈련 중에도 느낄 수 있었다. 우리가 중국에서 치른 경기 상대 중에는 마르첼로 브로조비치와 마테오 코바시치가 활약한 인테르가 있었다. 나는 이 경기를 벤치에서 지켜보며 코바시치의 훌륭한 경기력을 집중해서 감상할 수 있었다. 레알은 이날 3-0으로 승리했지만, 모든 관심은 마테오에게 집중됐다. 우리는 경기를 마친 후 상하이로 날아가 AC 밀란전을 준비했다.

나는 코바시치의 경기력에 강한 인상을 받은 페레스 회장과 비행기 안에서 만나 "그를 레알로 데리고 왔으면 합니다"라고 말했다.

코바시치에게 관심을 품게 된 페레스 회장은 "어쩌면 내년에는"이라고 답했다.

나는 그에게 "그럼 그 전에 누군가 그를 영입할 겁니다"라고 말했다.

나는 저녁 식사를 마친 후 페레스 회장이 앉아 있던 테이블 앞을 지나쳤다. 그러면서 나는 코바시치를 한 번 더 언급했고, 그러자 페레스 회장이 더 관심을 보였다. 크리스티아누 호날두도 코바시치의 활약을 칭찬하며 페레스 회장에게 그와 함께 포르투갈 선수 윌리엄 카르발류William Carvalho의 영입을 추천했다. 이탈리아에서 지도자 생활을 한 베니테스 감독도 나폴리를 이끌며 상대 선수로 만난 코바시치의 활약을 직접 볼 수 있었다. 베니테스 감독도 그를 높게 평가했다. 우리가 중국 투어를 마치고 며칠이 지난 뒤, 호세 앙헬 산체스 레알 사장이 팀 캠프를 방문했다. 그는 내게 선수로서가 아닌 인간적인 면에서 마테오는 어떤 친구인지 물었다. 나는 그를 선수로서는 물론 인간적으로도 존중한다고 설명했다. 코바시치는 훌륭한 어린 친구이자 특출 난 재능의 소유자였기 때문이다. 아울러 나는 레알이 최대한 빨리 그를 영입해야 한다고 강조했다. 레알이 코바시치를 마드리드로 데리고 오겠다는 결심을 한 게 분명해 보였다. 우리가 중국에서 인테르를 상대한 지 3주 만에, 코바시치는 레알과 계약했다! 나는 소속팀과 대표팀에서 그와 동료가 될 수 있게 되어 기뻤다.

베니테스 감독에 대한 우리의 첫 인상은 긍정적이었다. 그는 현역 시절 레알 마드리드 2군에서 활약한 경험이 있다. 게다가 그는 지도

자 생활을 시작한 후 레알 2군 감독을 맡았었던 만큼 레알 마드리드와 인연이 있는 인물이다.

당연히 베니테스 감독은 자신이 돌아온 구단과 도시에서 스스로 능력을 증명하겠다는 강한 의지를 보였다. 그는 진정한 프로였다. 그는 매우 섬세한 부분까지 모두 준비했고, 함께 약속한 부분은 꼭 지켜야 한다는 확고한 지도 방식을 가지고 있었다. 그러나 곧 그런 점이 문제가 됐다. 그는 자신만의 아이디어를 고집하며 우리의 경기 방식을 바꾸고 싶어 했고 경험이 풍부한 선수들에게도 기술적인 교정을 끊임없이 요구했다. 이러한 지도 방식은 어쩌면 학교 선생님에게 더 어울릴 것 같았다. 레알과 같은 팀에서는 통하지 않는다는 게 확실해 보였다. 상황은 잘못된 방향으로 흘러갔다. 우리는 시즌 초반에는 꽤 괜찮은 성적을 거뒀지만, 실질적인 경기력은 좋지 않았다. 곧 결과마저 들쑥날쑥해졌고, 많은 선수들이 자신의 팀 내 입지에 불만을 품었다. 우리는 궁극적으로 팀이 성공하는 데 필요한 힘이 결여된 상태였다. 우리는 11월 초 부진한 경기력이 이어지며 2연패를 당했다.

세비야 원정에서 2-3으로 패한 데 이어 엘 클라시코에서 끔찍한 참사가 일어났다. 바르셀로나가 우리를 4-0으로 짓밟은 것이다. 그것도 마드리드에서! 우리는 시즌이 진행될수록 직면한 문제에 대한 답을 찾지 못했고, 감독을 짓누르는 압박감은 더 커졌다. 그래서 나는 구단이 시즌 도중 감독 교체를 선언했을 때도 놀라지 않았다.

우리가 1월 발렌시아 원정에서 2-2로 비긴 뒤, 구단은 베니테스 감독을 경질한다고 발표했다. 지네딘 지단 감독이 그를 대체했다. 그는 내가 레알에서 네 시즌째 활약하면서 만난 네 번째 감독이었다. 나는 어린 시절 지단의 기술을 동경했다. 이후 그를 안첼로티 감독의 코치로 만나며 알게 됐다. 이제는 그가 우리 팀의 감독이 됐다. 드레싱룸 분위기에 다시 생기가 돌았고, 동시에 우리의 태도는 더 진지해졌다. 우리는 안첼로티 감독 체제에서는 그가 조용한 코치였다는 것을 알고 있었지만, 긍정적이며 선수들을 잘 독려하는 사람이라는 사실도 파악하고 있었다. 선수들은 그를 향한 특별한 존경심을 가지고 있었다. 그는 세계 축구계의 레전드에 걸맞은 카리스마를 가진 사람이다.

우리는 즉시 승리를 거듭했고, 경기력도 갈수록 좋아졌다. 지단 감독은 우리에게 단순하고 직선적인 경기를 주문했다. 그는 공을 빠르게 움직이며 양쪽 측면으로 방향을 전환하라고 주문했다. 그는 조직적인 공수 전환을 바탕으로 한 최대한 수직적인 축구를 구사하기를 바랐다. 우리는 그의 생각을 바로 받아들였다. 그러나 많은 사람들은 지단 감독이 경기 일정과 체력 훈련을 병행하는 결정에 놀란 모습이었다. 솔직히 말하면, 우리가 호주와 중국에서 진행한 프리시즌 기간에는 대다수 시간을 비행기 안에서 보내야 했다. 우리는 연이어 친선경기를 치르느라 기본적인 훈련을 할 시간이 충분하지 않았다. 시즌이 개막하면 레알이 약 3일에 한 번씩 경기를 소화해야 하는 데다 선수들은 대표팀에도 차출된다는 점을 고려했을 때, 여름에 기본적인 체력을 다져놓지 못하면 시간이 갈수록 몸이 무거워지는 것은 당연했다. 그 때문에 지단 감독이 부임한 후 시즌을 진행하면서 체력 훈련을 병행하는 것은 쉽지 않았다. 결국 일정이 막바지에 도달했을 때 그의 결정이 옳았다는 게 증명됐다.

우리는 지단 감독의 요구 사항에 훌륭하게 반응했다. 지단 감독은 모든 선수에게 확실한 동기를 부여했고, 모두가 팀의 일부라는 인식을 심어줬으며 우리 또한 그에게 만족하고 있었다. 팀이 능력을 극대화하는 데 일차적으로 필요한 것은 조직력이다. 지단 감독은 모든 선수에게 능력을 증명할 기회를 제공했고, 이 덕분에 모든 선수가 자신이 팀의 일부라는 소속감을 느끼게 됐다.

우리는 UEFA 챔피언스리그 16강에서 AS 로마를 수월하게 제압했지만, 8강에서 볼프스부르크Wolfsburg를 상대로는 난관에 봉착했다. 우리가 1차전 원정 경기에서 0-2로 패했기 때문이다. 그러나 지단 감독이 이끈 2차전 홈경기에서 3-0으로 승리하며 그에게 첫 번째 '레몬타다'를 선물한 후 4강에 올랐다.

볼프스부르크전 승리는 우리가 또다시 유럽 챔피언이 되겠다는 포부를 보여준 계기가 됐다. 우리는 4강에서 강팀을 만났다. 맨체스터 시티는 경기가 끝날 때까지 우리를 물고 늘어졌다. 우리는 1차전 원정 경기에서 득점 없이 무승부를 거뒀지만, 2차전 홈경기에서 상대가 자책골을 넣은 덕분에 중요한 승리를 따낼 수 있었다. 라 데시마를 달성한 지 2년 만에, 우리는 다시 챔피언스리그 결승전에 올랐다. 이번에도 결승전 상대는 아틀레티코 마드리드였다.

우리의 시즌 전반기는 우울하기 짝이 없었지만, 후반기는 정반대로 행복한 시간의 연속이었다. 그러나 우리의 기대치는 그보다 더 높았다. 챔피언스리그는 선수들은 물론 팬들을 흥분하게 만드는 대회다. 레알이 챔피언스리그 역사상 가장 많은 우승을 차지한 구단이라는 것은 우리에게 '챔피언스리그 DNA'가 흐르고 있다는 사실을 의미했다.

3년간 두 차례 챔피언스리그 결승전에 오른 아틀레티코 마드리드는 한 단계 더 도약한 팀이었다. 아틀레티코는 2011년 디에고 시메오네 감독이 부임한 후 우승 트로피를 일곱 개나 차지한 상태였다. 그들은 코파 델 레이와 수페르코파 결승전에서도 우리를 꺾었다. 그들은 2014년 우리를 승점 3점 차로 제치고 라리가 우승을 차지하기도 했다. 당시 그들은 챔피언스리그 결승전에서도 몇 초만 더 버텼으면 우리를 꺾고 구단 역사상 첫 '더블'을 달성할 수 있었다. 그 모든 기록이 우리의 라이벌 아틀레티코가 훌륭한 팀이라는 것을 보여주었으며 마드리드 축구의 전반적인 수준을 증명했다.

우리는 결승전 개최지 밀라노로 이동하면서 시즌이 끝나기 전 우승 트로피를 차지할 마지막 기회를 잡고 있다는 사실에 집중했다. 언론과 대중은 이번만큼은 승리의 여신이 아틀레티코 쪽에 있다고 믿었다. 우리도 상대를 존중했다. 그러나 우리가 더 강한 팀이라는 자신감이 있었다. 물론 그것은 우리가 운동장 위에서 증명해야 하는 것이었다.

결승전은 현대 축구의 기념비적인 경기장인 산 시로San Siro에서 열렸다. 수많은 사람이 모인 경기장 주변에 도착한 우리의 팀 버스를 둘러싼 분위기는 장관 그 자체였다. 이미 2014년 한 차례 챔피언스리그 결승전을 경험한 나는 이번에는 차분하게 경기를 준비할 수 있었다. 곧 주심은 경기 시작을 알리는 휘슬을 불었다. 2년 전과 마찬가지로 이번 경기도 체력적으로, 전술적으로 요구되는 게 많았다. 그날 밀라노의 날씨는 매우 더웠고, 공기는 습했다. 이 때문에 우리는 곧 체력이 소진되었고 집중력을 유지하기가 어려웠다.

그런데도 우리는 아틀레티코를 공략하면서 몇 차례 위협적인 상황을 만들었다. 결국 우리는 15분 만에 선제골을 뽑아냈다. 토니 크로스가 올린 크로스를 가레스 베일이 내주자 세르히오 라모스가 강한 슈팅으로 아틀레티코의 골망을 갈랐다. 북쪽 스탠드를 가득 메운 레알의 팬들은 우리가 경기를 훌륭하게 시작하자 열광하기 시작했다.

그러나 후반전이 시작되자 더 좋은 경기력을 선보인 것은 아틀레티코였다. 페페가 48분 페르난도 토레스에게 태클을 시도했고, 주심은 페널티킥을 선언했다. 그러나 앙트완 그리즈만Antoine Griezmann의 페널티킥이 크로스바를 맞고 나왔다. 내 생각에는 이 장면이 아틀레티코 선수들에게 큰 심리적 타격을 안긴 것 같았다. 하지만 곧 우리도 불리한 상황에 놓였다. 52분에 다니 카르바할이 부상을 당해 교체됐다. 카르바할의 부재는 레알이 지향하는 축구에 치명적이었다. 우리가 추구하는 직선적인 축구를 하는 데 오른쪽 측면을 오르락내리락하는 그의 움직임과 스피드는 매우 중요했기 때문이다. 부상을 당한 즉시 자신의 부상 정도를 직감한 다니는 눈물을 흘렸다. 그는 챔피언스리그 결승전 도중에 교체된 데 이어 유로 2016에도 출전할 수 없게 됐다.

우리는 후반전 중반이 될 때쯤 2-0으로 앞설 수 있는 기회를 두어 차례 놓쳤다. 벤제마, 호날두, 베일이 득점 기회를 잡으며 우리에게 수월한 승리를 안길 수 있었지만 그들에게는 운이 따르지 않았다. 대다수 경기가 그렇듯이, 기회를 놓친 우리는 결국 그 대가를 치러야 했다. 아틀레티코는 우리를 밀어붙였고, 79분에 오른쪽 측면에서 후안프란Juanfran이 올린 크로스를 야닉 카라스코Yannick Carrasco가 마무리하며 동점골을 터뜨렸다. 그러자 이번에는 남쪽 스탠드를 메운 팬들이 열광했다. 경기는 연장전으로 돌입했다. 연장전은 우리에게 매우 어려운 고비였다. 더 지쳐 있는 팀은 우리였다. 베일은 근육 경련을 일으켰고, 나 또한 허벅지 근육이 굳어가는 느낌을 받았다. 아틀레티코에는 우리보다 더 많은 힘이 남아 있었지만, 지금 돌이켜보면 당시 그들은 연장전 안에 승부를 끝내겠다는 용기가 부족했던 것 같다. 그들은 내려앉아 골문으로 향하는 길목을 틀어막는 데 주력했다. 마치 승부차기를 기다리고 있는 것 같았다. 그러나 그들에게는 시련이 다가오고 있었다.

지단 감독은 모든 선수에게 페널티킥을 찰 준비가 됐느냐고 물었다. 나는 "그렇다"고 대답했지만, 지단 감독이 선택한 키커 다섯 명에는 포함되지 않았다. 나는 지단 감독이 나를 여섯 번째 키커로 활용할 계획을 세우고 있었다고 생각한다. 승부차기를 지켜보는 것은 힘들었다. 긴장감을 견딜 수 없을 정도였다. 승부차기는 긴장감의 승부다. 연습을 한다고 준비할 수 있는 게 아니다. 훈련 중에 페널티킥을 차는 것과 경기장을 가득 메운 8만 명의 관중 앞에서 승패가 걸린 페널티킥을 차는 것은 완전히 다른 일이다. 차분함을 최대한 유지하면서 공을 정확하게 차는 데 집중하는 게 가장 중요하다. 몇몇 선수들은 일찌감치 공을 어느 쪽으로 찰지, 어떤 방식으로 공을 찰지 미리 정해놓는다. 그러나 또 다른 몇몇 선수들은 골키퍼가 움직일 때까지 기다린다. 그외 몇몇 선수들은 확실하게 정해놓은 패턴 없이 임기응변으로 페널티킥을 처리하지만, 내가 생각할 때 이는 가장 위험 부담이 큰 선택지다.

이날 모든 선수들은 훌륭하게 페널티킥을 처리했다. 승부를 결정한 후안프란의 실축도 오른쪽으로 1~2인치만 더 갔더라면 포스트를 맞고 나오지 않았을 것이다. 우리는 후안프란이 실축하는 순간 우리가 이겼다는 것을 직감했다. 마지막 페널티킥은 호날두가 책임졌고, 그는 이런 상황에서 집중력과 자신감을 발휘하는 데 실패한 적이 거의 없는 선수다. 그는 자신의 페널티킥이 우리에게 우승 트로피를 안길 수 있다는 것을 알고 있었고, 그 순간이 무엇을 의미하는지도 이해했다. 그는 침착하면서도 확신에 찬 모습으로 득점에 성공했다. 그것은 정말 대단한 능력이다! 우리는 그가 슈팅한 공이 그물에 꽂히는 그 순간 곧바로 폭발했다. 마치 2년 전 리스본에서 그랬던 것처럼.

그러나 누군가의 행복은 곧 다른 누군가에게는 절망을 의미한다.

그래서 나는 즉시 아틀레티코 선수들에게 다가갔다. 그들은 눈물을 흘리고 있었다. 그들은 우승에 근접했지만, 자신들의 구단이 유일하게 차지해본 적이 없는 챔피언스리그 우승 트로피를 또다시 놓치고 말았다. 그들이 눈물을 흘리는 모습을 본 나는 이런 순간이 얼마나 힘든 것인지 다시 한번 깨달았다.

그래서 행운이 따르는 사람은 그 순간을 즐겨야 한다. 곧 우리 가족이 전설적인 산 시로의 운동장으로 내려와 기쁨을 함께했다. 우리는 지단 감독을 헹가래하며 우승을 자축했다. 나는 트로피를 차지하기 위해 마드리드에 왔다. 레알에서의 첫 시즌이 끝난 후 내 앞날에 잠시 먹구름이 드리우기도 했지만, 이제 나는 챔피언스리그 우승을 두 차례나 차지했다는 데 자부심을 느낄 수 있었다! 정말 환상적인 일이었다! 우리의 자축은 여기서 끝나지 않았다. 다음 날 아침, 우리는 시벨레스에 도착해 또다시 수많은 팬들과 마주했다. 그 광경은 보면 볼수록 장관이었다. 우리는 팬들과 우승을 자축한 뒤, 클럽으로 자리를 옮겨 우리만의 파티를 열고 '운데시마Undécima'를 달성한 기쁨을 만끽했다.

그 우승으로 지단 감독도 능력을 인정받았다. 그는 레알 마드리드 감독을 맡은 첫 시즌에 챔피언스리그 타이틀을 획득했다. 나는 그가 가장 지단다운 모습으로 우승을 자축하는 모습을 볼 수 있었다. 아주 조용하게. 그러나 그에게서는 늘 특별한 에너지가 뿜어져 나왔다. 위대한 선수가 감독이 된 후 팀을 우승으로 이끌면 그에게는 다른 사람에게서 느껴지지 않는 아우라가 생긴다. 지단은 모든 과정을 거친 축구인이다. 선수, 아이콘, 기술이사, 코치, 2군 감독 그리고 1군 감독까지. 그는 이 모든 과정을 거치면서도 늘 '엘 그란데티 Grande(큰, 위대한이라는 뜻을 가진 스페인어를 활용한 '위대한 사람'이라는 뜻의 표현 – 옮긴이)'였다. 모두가 그를 그렇게 여겼다. 그는 감독으로 부임하는 순간부터 레알이라는 구단이 요구하는 게 무엇인지 정확히 이해했다.

지단 감독이 우리에게 강도 높은 체력 훈련을 요구한 이유도 바로 그 때문이었다. 실제로 내가 프로 선수로 데뷔한 후 가장 고된 훈련을 주문한 지도자 또한 지단 감독이다. 그는 우리에게 많이 뛰면서도, 축구다운 축구를 하는 훈련을 주문했다.

나는 화가 난 지단 감독의 모습도 본 적이 있다. 특히 그는 내가 잘못된 패스를 했을 때 나를 향해 몇 차례 언성을 높였다. 지단 감독은 몸동작으로도 자신의 생각을 잘 전달했다. 그럴 때마다 나는 마치 그가 "루카, 도대체 뭐하는 거야?!"라고 말하는 것만 같았다.

우리는 시작부터 매우 좋은 관계를 맺었다. 지단 감독은 나를 사무실로 초대해서 어떻게 지내는지 물었고, 불편한 점은 없는지 물어보기도 했다. 그는 우리 팀의 경기력에 대한 나의 생각을 물었으며 자신의 아이디어를 내가 잘 이해하지 못하면 이를 상세히 설명해

췄다. 그러나 그런 지단 감독의 접근 방식이나 그가 나를 팀에서 중요한 선수로 여겼다는 점이 나를 자만하게 만들지는 않았다. 오히려 나는 그의 신뢰에 보답하기 위해 내가 그런 팀 내 입지를 누릴 자격이 있다는 것을 증명하겠다는 의지를 보였다.

지단 감독은 내게 리더처럼 행동하라고 주문했다. 그가 나를 리더로 여기고 있었기 때문이다. 그는 운동장에서도 내가 더 적극적으로 동료들과 대화하면서 팀을 지휘하기를 바랐다. 그는 내가 축구를 잘 이해하는 선수라면서 동료들이 나를 잘 따를 것이라고 말했다. 또한 그는 내게 더 많은 중거리슛을 요구하며 공격 작업에 더 깊숙하게 관여하라고 주문했다.

"내가 선수였을 때, 나는 너와 비슷한 방식으로 경기에 접근했어. 나도 스스로 무언가를 해결하는 데 소극적일 때가 있었지. 너에 대한 내 이해가 맞다면, 나는 네가 리더가 될 수 있다고 확신해."

지단 감독은 내게 더 많은 책임감을 요구했다. 그는 처음 감독으로 부임한 후 나와 나눈 첫 번째 대화부터 강렬한 인상을 남겼다. 지단 감독은 "루카, 너는 네 가치를 스스로 알아야 해. 너는 골든볼을 탈 만한 수준의 선수니까"라고 말했다.

골든볼은 그가 1998년에 차지한 상이었다. 나는 지단 감독에게 이 말을 듣기 전까지 내가 발롱도르 수상은 물론 세계 최고의 선수 후보 3인 안에 포함되는 것은 비현실적이라고 생각했다. 지단 감독은 마음에 없는 말을 예의상 하는 사람이 아니었다. 그래서 나는 그에게 그 말을 듣는 순간부터 마치 내가 실제로 골든볼을 받은 것만 같은 기분이 들었다. 그러나 나는 그때까지만 해도 지단 감독의 말이 사실이 될 줄은 전혀 예상하지 못했다.

내가 지단 감독의 방식에 동의하지 못하는 날도 있었다. 그가 나의 출전 시간을 제한했기 때문이다. 만약 내게 결정권이 있다면 나는 모든 대회의 모든 경기, 심지어 친선경기까지도 모두 출전하고 싶다. 나는 늘 경기에 출전하고 싶었다. 그러나 지단 감독에게는 자신만의 생각이 있었고, 그는 그의 생각을 실천으로 옮겼다. 궁극적으로는 그것도 내게 도움이 됐다. 그가 가동한 로테이션 시스템은 내가 체력을 관리하며 최상의 경쟁력을 유지할 수 있게 해줬기 때문이다.

\* \* \*

2012년 레알에 합류한 나는 그 시점까지 챔피언스리그 우승 2회를 포함해 우승 트로피를 무려 여섯 번이나 차지했다. 마치 내가 마드리드의 왕이 된 것 같은 기분이었다. 경기장에서 많은 것을 이뤘기 때문만이 아니라 우리 가족도 행복한 삶을 살고 있기 때문이었다. 우리는 런던에서도 행복했다. 당시 우리는 약 2년간 연인 사이로 함께 살았지만, 이후에는 이바노가 우리 삶의 중심이 됐다. 런던을 떠난 뒤, 바냐는 초반에 마드리드의 삶에 적응하는 데 어려움을 겪기도 했다. 바냐는 에마를 임신했고, 늘 건강을 신경 써야 했다. 그래서 바냐는 자주 자그레브로 가야 했고, 결국 그곳에서 아이를 낳기도 했다. 스페인에서의 삶에 적응하는 것은 쉽지 않았다. 그러나 전에도 말했듯 마드리드는 훌륭한 도시다. 머지않아 우리는 마드리드에 적응했다. 마드리드는 지나치게 거대한 도시가 아니었고, 교통 체증도 견딜 만한 수준이었으며 동시에 전 세계와 연결된 곳이었다.

우리가 런던에서 지낼 때는 축구 외적인 삶까지 풍요롭지는 않았다. 그러나 우리는 마드리드에서 많은 친구를 사귀었다. 마르셀루, 바란, 라모스, 나바스, 나초, 바스케스, 베일은 동료이기도 했지만, 가족끼리 친하게 지내는 친구 사이였다. 우리는 서로 아이들의 생일을 축하해주며 기념일을 함께하기도 한다. 이바노가 학교에 진학한 뒤에는 그 덕분에 다른 학부모들과 친구 사이를 맺게 됐다. 바냐는 동네 이웃이자 우리 아이들의 소아과 의사 사라Sara와 친구가 됐다. 바냐에게도 의지할 수 있는 친구의 존재는 중요했다. 그래야 그녀에게는 물론 내게도 모든 게 쉬워진다. 특히 내가 원정 경기를 위해 이동해야 할 때는 더욱 그랬다.

스페인은 음식도 훌륭한 나라다. 내가 가장 좋아하는 스페인 음식은 파타 네그라pata negra다. 파타 네그라는 일종의 스페인식 햄이다. 나는 파에야paella도 좋아한다. 우리는 집에서 주로 크로아티아 음식을 해 먹었다. 나는 콩과 양념이 된 후추를 양배추에 말아 넣은 사르마sarma를 가장 좋아한다. 크로아티아에서 친척이 우리 집을 방문할 때마다, 그들이 우리에게 필요한 게 있는지 물으면 바냐는 "사르마를 만들기 좋은 양배추 좀 가져다주세요. 여기서는 찾을 수가 없네요"라고 말했다. 바냐는 요리하는 것을 좋아한다. 그러나 아이가 셋이라서 바냐가 요리하는 게 가끔은 어려울 때도 있다! 그런데도 우리는 하루에 두 번은 집에서 요리해서 식사를 한다. 내가 식단 조절을 해야 하는 운동선수이기 때문에 집에서 식사를 해결하는 것은 매우 중요한 일이기도 하다.

마드리드는 아이들의 학교 시스템도 잘 갖춰져 있고 수준도 높다. 이바노와 에마는 미국 국제학교American International School에 다녔고, 유치원 시절부터 영어를 배웠다. 집에서는 우리가 크로아티아어를 한 덕분에 이바노와 에마는 3개 국어를 할 수 있었다(크로아티아어, 영어, 스페인어). 우리 집에서는 늘 여러 가지 언어를 구사하는 모습을 볼 수 있다. 나 또한 에마가 세 살이 됐을 때부터 3개 국어를 하게 되어 정말 기뻤다. 이바노와 에마가 영어로 대화하며 장난 치는 모습을 보면 웃음이 절로 나온다. 아이들이 상황에 따라 다른 언어를 구사할 수 있다는 게 정말 신기하다. 셋째 소피아는 아직 어리지만, 나는 우리 아이들 모두가 크로아티아어는 물론 영어와 스페인어도 제 2, 3의 언어로 할 수 있었으면 하고 바란다.

그래서 나와 바냐는 내가 현역 은퇴를 한 후에도 마드리드에서 살고 싶은 생각을 가지고 있다. 루이스 피구Luís Figo도 현역 은퇴 후 아내 헬렌Helen과 마드리드에 살고 있다. 우리는 그들이 여름에 크로아티아를 방문했을 때는 물론 몇 차례에 걸쳐 마드리드에서의 삶에 대해 대화를 나눈 적이 있다. 그들의 아이들도 마드리드를 집으로 여기고 있었다. 그들은 그곳에서 학교를 다니며 친구를 사귀었다. 루이스와 헬렌은 일 때문에 포르투갈과 스웨덴을 자주 오가지만, 그들의 집은 마드리드다.

은퇴 후 무슨 일이 생길지 아직 알 수 없지만, 바냐와 나는 마드리드에 집을 사기로 했다. 우리는 내가 2014년 레알과 처음 재계약을 맺은 후 집을 사야겠다고 마음먹었다. 그때부터 내가 레알에 더 오래 살게 될 게 분명해졌기 때문이다. 우리는 약 2년간 열심히 찾은 끝에 우리에게 완벽하게 어울리는 집을 구했다. 동네는 이미 우리가 살고 있던 라 모랄레하였다. 유치원부터 시작되는 학교 시설, 쇼핑센터, 레스토랑, 카페는 물론 가까운 곳에 몇몇 팀 동료들까지 살고 있다는 점이 우리가 구입을 결정하는 데 매우 중요한 요인으로 작용했다. 또 한 가지 중요한 점은 집이 훈련장에서도 가깝다는 사실이었다. 나는 런던에 사는 동안 많은 시간을 보내야 하는 훈련장과 가까운 곳에 사는 삶에 익숙해졌다. 어차피 우리는 시내로 자주 나가지 않았고, 만약 가야 할 때도 마드리드의 교통 체증은 런던만큼 심각하지 않았다. 무엇보다 중요한 것은 집이 발데베바스에서 몇 분밖에 떨어져 있지 않다는 점이었다.

우리 아이들은 크로아티아에 가는 것을 정말 좋아한다. 그들에게 자그레브에 가는 것은 외할머니를 만날 수 있다는 뜻이기 때문이다. 자다르로 가면 아이들은 친할머니, 친할아버지를 만날 수 있다. 그러나 아이들은 시간이 지나면 가장 편안한 집으로 가고 싶어 한다. 우리 아이들에게는 마드리드가 집이다. 그곳에는 우리가 사는 집과 일상, 아이들의 친구 그리고 이바노의 축구팀 훈련이 있다. 우리가 자그레브나 자다르에 있을 때 이바노가 언제 집으로 돌아가는지 처음 물었을 때 이상한 기분이 들었다. 이바노에게는 마드리드가 집이었다. 그러나 이는 어쩔 수 없는 일이다. 아이들은 나와 바냐와는 다른 배경에서 자랐다. 나는 아이들이 크로아티아와 스페인을 모두 사랑한다는 것을 알고 있다. 그들은 어릴 적 우리보다 더 많은 기회를 누리며 살아갈 수 있을 것이다.

내가 처음 마드리드에 왔을 때와 지금을 비교했을 때 가장 크게 달라진 점은 팬들이 예전보다 나를 훨씬 더 사랑해준다는 것이다. 스페인뿐만 아니라 어디를 가도 마찬가지다. 이것이 바로 '레알 효과'다. 내가 전 세계적으로 인정받는 잉글랜드 프리미어리그의 토트넘에 소속됐던 시절에는 길거리를 돌아다녀도 나를 알아보거나 내게 다가와 사진이나 사인을 요구하는 팬이 많지 않았다. 그러나 내가 레알에서 챔피언스리그 우승을 차지한 시점부터 큰 변화가 느껴졌다. 시내에서 시간을 보내거나 아이들과 공원에서 노는 게 더 어려워졌다. 그럴 때마다 단 2분 만에 수많은 사람들이 나를 에워쌌기 때문이다. 내가 바냐와 파리에 갔을 때를 예로 들어보겠다. 우리가 처음 그곳에 갔을 때만 해도 레스토랑에서 나를 알아보는 사람들은 두세 명 정도였고, 그 정도 사람들만이 내게 같이 사진을 찍어달라고 부탁했다. 그러나 레알에서 챔피언스리그 우승을 차지한 후 파리를 방문했을 때는 길거리를 걸을 때도 사람들이 수시로 우리를 멈춰 세웠다. 레스토랑에 갔을 때는 그곳에 있는 대다수 사람들이 사인이나 사진을 요구했다. 나는 누구의 부탁도 거절한 적이 없다. 유명세를 탄다는 것은 내가 옳은 길을 가고 있다는 뜻이기 때문이다. 선수가 팬들의 사진이나 사인 부탁을 들어주는 것은 축구에 관심 있는 사람들의 열정을 존중한다는 뜻이기도 하다. 축구는 특별한 스포츠다. 팬들의 열정이 없었다면, 축구는 이런 존재가 될 수 없었을 것이다.

## 프랑스에서의 추락

두 번째 챔피언스리그 우승을 차지한 나는 2016년 여름 크로아티아로 이동했다. 우리에게는 또 다른 큰 목표가 기다리고 있었다. 크로아티아가 약 18년 전 3위에 오르는 기염을 토한 1998 월드컵을 개최한 프랑스에서 이번에는 UEFA 유로 2016이 열릴 예정이었기 때문이다. 많은 사람들은 이 대회를 일컬어 크로아티아가 18년 전 월드컵 3위라는 빛이 남긴 그림자에서 빠져나올 기회라고 말했다. 다만,

개인적으로 나는 당시 크로아티아의 업적이 우리에게 그림자가 됐다고 생각하지 않았다. 내게는 이를 넘어야 한다는 게 부담으로 작용한 적이 없다. 오히려 나는 그때 크로아티아의 성과로부터 영감을 받은 사람이다. 나는 크로아티아의 모든 사람들에게 축제를 선사하고 싶었다. 부담은 오히려 우리가 아직 그렇게 하지 못했다는 데서 발생한 것이다. 이번만큼은 한발 더 앞으로 나아갈 수 있다고 자신했다. 우리는 훌륭한 팀을 보유하고 있었고, 경기력과 자신감도 높은 수준에 오른 상태였다.

프랑스로 떠나기 전, 크로아티아에서 올해의 선수와 감독을 선정하는 시상식이 열렸다. 이는 크로아티아 축구협회와 크로아티아에서 가장 오래된 스포츠 잡지인 스포르츠케 노보스티Sportske Novosti가 주최하는 행사였다. 나는 최근까지 7년 연속으로 크로아티아 올해의 선수로 선정됐다. 그래서 매우 애착이 가는 상이었다. 나의 동료들을 비롯해 축구 전문가들과 크로아티아 리그의 선수들과 감독이 투표로 수상자를 뽑기 때문이다. 크로아티아의 축구 레전드 로베르트 프로시네츠키, 슬라벤 빌리치, 즈보니미르 보반, 다리오 시미치 등이 받은 상이 내게 주어진다는 것은 진정한 영광이다. 2016년 당시 4년 연속으로 크로아티아 올해의 선수로 선정된 나는 성공적으로 유로 2016을 치러 소속팀에서의 영광을 대표팀에서도 이어가겠다고 다짐했다.

나는 충분한 휴식을 취한 후 잘 준비된 상태로 크로아티아 캠프에 합류했다. 이는 브라질 월드컵을 앞두고 크로아티아 대표팀에 합류했을 때의 상황과는 크게 달랐다. 나는 큰 열정을 안고 성공에 굶주린 상태로 크로아티아 대표팀에 합류했다. 원래 우승이란 하면 할수록 더 하고 싶어지는 것이다. 나는 대표팀 동료들과 큰일을 해낼 준비를 마친 상태였다.

유로 2016부터는 내가 운동장에 들어갈 때 지키는 습관이 더 늘어났다. 나는 모든 선수에게는 경기가 열리는 날 저마다의 습관이 있다고 생각한다. 나는 선수 생활을 시작했을 때부터 왼쪽 축구화를 먼저 신었다. 부모님이 내 열여덟 번째 생일에 주신 작은 십자가가 달린 금목걸이는 워밍업 직전에 벗었고, 그때마다 나는 십자가에 입을 맞췄다. 나는 유로 2016을 시작으로 특별 제작된 정강이 보호대까지 착용했다. 한쪽 보호대에는 아내, 우리 아이들, 그리고 예수님의 사진이 담겨 있었다. 반대쪽 보호대에는 그들의 이름이 적혀 있었다. 나는 운동장에 오르기 전 정강이 보호대에도 입을 맞췄다.

우리는 첫 번째 경기에서 터키를 1-0으로 꺾었다. 내가 결승골을 넣었고, 우리는 압도적인 경기력으로 대회를 시작하며 자신감을 얻었다. 그러나 우리가 승리를 자축하기도 전에 주장 다리오 스르나의 아버지가 세상을 떠나셨다는 비보를 전해 들어야 했다. 이는 매우 큰 충격이었다. 나는 다리오와 수년간 친구 사이로 지냈다. 우리는 가족끼리 매년 여름휴가를 함께 보내기도 했다. 그의 아버지가 편찮으시다는 것을 이미 알고는 있었다. 아버지와 가까웠던 다리오가 힘들어 하고 있다는 사실도 알았다. 소식을 접한 다리오는 바로 고향 메트코비치Metković로 날아갔다. 많은 사람들이 조의를 표하기 위해 그곳을 찾았다. 다행히 우리 부모님도 참석할 수 있었다.

이러한 비보는 우리에게 더 큰 동기부여가 됐다. 우리는 다리오를 위해서라도 큰일을 해내야 한다는 의지를 품었다. 만약 다리오가 메트코비치에서 계속 가족과 함께했더라도 우리는 충분히 그를 이해했을 것이다. 그러나 우리의 주장은 팀을 떠나지 않았다. 그는 프랑스로 돌아와 체코와의 두 번째 경기에서도 우리를 이끌었다. 경기 전 크로아티아 국가가 울려 퍼질 때 눈물을 흘리는 그를 본 전 세계가 감동을 받았다. 그는 그렇게 슬픔을 표현했다. 다리오의 아버지는 어떻게 해서라도 아들이 경기에 출전하기를 바라셨다. 다리오는 아버지와의 약속을 지켰고, 그는 이 대회에서 크로아티아의 최고 선수 중 한 명이었다.

우리는 체코를 압도했고, 이반 페리시치와 이반 라키티치가 한 골씩 터뜨리며 2-0으로 앞섰다. 그러나 우리가 두 번째 골을 넣고 얼마 지나지 않은 62분에 나는 교체되었다. 사실 나는 밀라노에서 챔피언스리그 결승전에 출전했을 때부터 내전근에 문제가 있다는 것을 느끼고 있었다. 부상을 안고 출전을 강행하던 중에 유로 2016에서 두 경기 연속으로 출전하자 통증이 더 심해졌다. 체코는 76분에 만회골을 넣었다.

경기 종료 4분 전, 우리 팬들이 던진 홍염이 운동장 위에 떨어졌다. 주심은 경기를 중단했다. 그동안 몇몇 크로아티아 팬들이 늘 문제를 일으킨 탓에 선수들도 자주 폭동을 우려해야 했다. 대표팀은 그들의 이러한 행동에 대한 혹독한 대가를 치르게 됐다. 경기 도중 이런 일이 발생하자 우리도 마음가짐과 집중력이 흐트러졌다. 팬들은 크로아티아 축구협회의 운영 방식에 불만을 품고 일종의 시위를 하고 있었다. 그들은 크로아티아 축구협회가 모든 이들을 공정하게 대하지 않고 있으며 특권을 행사하는 몇몇 사람들의 이득을 위해 운영되고 있다고 굳게 믿었다. 나는 사람들이 추구하고자 하는 것을 위해 싸우는 데는 동의했지만, 그것을 위해 그들이 택한 방식은 도

무지 이해할 수 없었다. 국가대표팀에 해를 끼치는 행동은 누구에게도 도움이 될 수 없기 때문이다.

체코는 89분에 페널티킥을 얻었다. 결국 우리는 동점골을 헌납했다. 그러나 우리는 무승부에 그치고도 16강 진출을 확정했고, 조별리그 최종전인 스페인과의 경기에는 부담 없이 나설 수 있었다. 이 덕분에 나는 안테 차치치Ante Čačić 감독과 대표팀 의료진과 상의한 후 스페인전에 출전하지 않기로 했다. 만약 꼭 출전해야 했다면, 스페인전에 나설 수도 있었다. 나는 체코전 이후 이미 몸 상태가 좋아졌지만, 당시 상황에서는 휴식을 취하는 게 더 중요했다. 이미 우리는 16강, 8강을 넘어 4강 진출을 바라보고 있었기 때문이다. 모든 게 예상대로 흘러갔다면 우리는 16강에서 아이슬란드를 만났어야 했다.

이후에는 폴란드, 웨일스를 만날 수 있었다. 이들은 모두 좋은 팀이지만, 우리보다 강하진 않았다. 그러나 이런 예상은 곧 틀어졌다. 우리는 스페인을 2-1로 꺾었지만, 타 팀들의 경기에서 예상치 못한 결과가 속출했다. 그러면서 우리는 16강에서 부담스러운 상대와 만나게 됐다. 그들은 포르투갈이었다.

우리는 포르투갈을 상대로 늘 어려운 경기를 했고, 그들을 이겨본 적이 없었다. 불행하게도 이 전통은 유로 2016에서도 이어졌다.

우리는 포르투갈보다 더 좋은 경기를 했지만, 두어 차례 기회를 놓치며 승부가 연장전으로 이어졌다. 116분 페리시치의 슛이 골포스트를 맞는 불운까지 겪었다. 1분 뒤, 포르투갈이 역습으로 골을 넣었다!

결국, 우리는 또 눈물을 흘려야 했다. 나는 우리가 이번 대회에서 끝까지 가는 데 필요한 모든 조건을 갖춘 팀이라고 믿고 있었고, 그래서 포르투갈전 패배는 큰 충격으로 다가왔다. 우리가 왜 해내지 못했는지 설명하는 것은 어렵지만, 조별 리그와 비교하면 포르투갈전에서의 경기력이 좋지 못했던 것도 사실이다. 포르투갈은 우리를 두려워했다. 그들은 매우 수비적인 전술을 바탕으로 역습에만 의존했다. 그들은 단 한 번의 기회가 날 때만을 기다렸고, 결국 그렇게 승리할 수 있었다. 우리는 경기를 압도하고도 골포스트를 맞추며 득점하지 못했지만, 상대는 운이 따라준 덕분에 공이 유리한 방향으로 흘러서 경기에서 이길 수 있었다. 이는 축구에서 성공하려면 많은 것들이 맞아떨어져야 한다는 사실을 증명하는 것이었다. 마치 운명은 애초에 포르투갈을 유럽 챔피언으로 정해놓은 것만 같았다. 그들의 경기력은 인상적이지 않았지만, 우승 트로피를 차지할 수만 있다면 그게 다 무슨 소용인가? 나는 소속팀 동료 크리스티아누 호날두에게 우승 축하 인사를 건네고 싶었다. 그에게 유로 2016 우승이 무엇을 의미하는지 잘 알고 있었기 때문이다.

경기가 끝난 후 우리가 눈물을 흘리는 사이, 호날두가 내게 다가와 위로를 건넸다. 그는 포르투갈이 우리를 두려워했다면서 스스로에게 "크로아티아만 탈락시키면 우리가 우승할 수 있어"라고 말했다고 알려줬다. 그들의 말이 맞았다. 그들은 승리를 자축했고, 우리는 또 실망감만을 안은 채 대회를 마감했다. 우리는 조별 리그를 통과한 후 바로 그 다음 경기에서 좌절했다. 오스트리아에서 열린 유로 2008에서 터키를 만났을 때와 똑같은 상황이었다. 나는 크로아티아 대표팀에서 8년간 성공을 꿈꿨지만, 아무것도 변한 것은 없었다. 대표팀이 결과를 내지 못하면 늘 그렇듯, 모두가 감독을 손가락질한다. 차치치 감독은 우리를 이끌며 조별 리그에서 좋은 경기력을 보였지만, 포르투갈전에서는 우리의 장악력이 조금 줄어들었던 게 사실이다. 그러나 우리는 함께 실패했다. 그는 감독으로서, 우리는 팀으로서 실패했다.

당시 거의 31세가 된 나는 대표팀 생활을 이어가는 게 옳은지 진지하게 고민하기 시작했다.

그러나 나는 우리가 바라는 대표팀의 성과가 언젠가는 현실이 될 수 있다는 것을 확신하고 있었다. 나는 크로아티아 대표팀의 경쟁력을 신뢰했고, 우리에게도 언젠가 행운이 따를 수 있다고 믿었다. 운이 따라주지 않고 정상에 오를 수 있는 팀은 없다. 우리는 이를 프랑스에서 배웠다.

대회가 끝난 뒤, 다리오 스르나는 크로아티아 대표팀에서 은퇴했다. 그는 유로 2016에서 맹활약을 펼친 후 우리를 떠났다. 그때까지 부주장을 맡았던 내가 그에게서 주장 완장을 물려받았다. 나는 어린 시절부터 크로아티아 대표팀 주장이 되는 꿈을 꿨다. 그 꿈이 이제 현실이 된 셈이다. 이는 아주 큰 영광이자, 그만큼 큰 책임감이 필요한 역할이다. 주장에게 가장 중요한 것은 책임감이다. 주장은 팀을 이끌면서 우리에게 영향을 미칠 수 있는 모든 상황이 더 좋은 경기력을 발휘하는 동기부여로 작용하게 만들어야 하는 사람이다.

나는 그 순간에도 크로아티아와 함께 정상에 오르겠다는 꿈에 집착하고 있었다.

나는 우리가 크로아티아 대표팀 역사에 한 획을 긋기를 바랐다. 나는 그처럼 오랜 기간 크로아티아 대표팀에서 뛰고도 진정한 성과를 내지 못한 현실을 받아들이고 싶지 않았다. 결국, 훗날 우리가 이룬 성과는 1990년대에 월드컵 3위를 차지한 팀이 이룬 업적과 마찬가지로 크로아티아 스포츠 역사상 가장 위대한 결과 중 하나로 남게 됐다.

# Chapter 8

# 지단 랩소디

나는 여름휴가를 자다르의 우리 집에서 보냈다. 나는 오랫동안 볼 수 없었던 가족이 모이는 시간이 정말 좋다. 부모님, 두 여동생, 바냐의 어머니와 할머니, 우리 친척들과 친구들이 함께 모여 여름을 즐겼다. 우리는 자다르로 올 수 없는 사람들을 만나러 가기도 한다. 이번에는 내가 운전을 해서 자톤 오브로바츠키, 크바르티리치, 오브로바치로 갔다. 나는 레알과 두 번째 UEFA 챔피언스리그 우승을 경험한 뒤, 우리 팀이 스스로의 가치를 증명했다고 생각했다. 나 스스로도 그렇게 짧은 시간 동안 두 번이나 유럽 챔피언에 오른 것은 기적이라는 생각이 들었다.

챔피언스리그 우승을 경험해본 선수들과 감독들, 코치들은 내게 그것이 곧 커리어의 정점이라고 말해줬다. 그렇지만 나는 두 번 우승을 하고도 "왜 여기서 끝나야 하지? 세 번째 챔피언스리그 우승을 할 수도 있는 거잖아"라고 생각했다. 레알의 황금세대가 된 우리에게 있어 그때부터 차지할 모든 우승은 큰 보너스였다. 그 덕분에 나는 여름휴가 내내 차분한 마음을 가질 수 있었다. 나는 프로 데뷔 후 열네 번째 시즌을 마친 상태였고, 이 중 여덟 시즌을 세계에서 가장 경쟁력 있는 두 리그에서 활약했다. 이는 내가 풍부한 경험을 보유했으며, 수많은 경쟁을 거쳐 팀은 물론 개인적으로도 큰일을 달성했다는 증거였다. 내가 유일하게 아직 해내지 못한 목표는 크로아티아 대표팀과 함께 성공을 거두는 일이었다. 나는 그 목표를 포기하지 않겠다는 의지를 품고 있었다.

서른 살이 되면 누구에게나 지금까지의 커리어를 되돌아보게 되는 순간이 온다. 그러면서 이루지 못한 것에 대해 생각하게 되고, 어떻게 하면 그런 상황을 바꿀 수 있을지 고민하게 된다. 축구 선수의 경우 특히, 선수 커리어 특성상 시간을 멈출 수 없다는 사실을 깨닫고 나면 그런 고민이 더 깊어진다. 서른 번째 생일을 맞은 선수가 자신의 나이에 대해 생각하면서 전성기가 지난 후의 모습이나 은퇴에 대해 생각하게 되는 것은 어쩔 수 없는 현상이다.

다만, 나는 그런 생각들로 인해 주저앉지 않았다. 이는 아마 내가 다른 사람들의 생각에 크게 신경 쓰지 않는 성격을 가졌기 때문일 것이다. 나는 늘 현실적이었다. 어렸을 때부터 좋은 경험과 나쁜 경험을 반복하면서 빨리 어른이 돼야 했던 경험이 나를 그렇게 만든 것 같다. 나는 문제와 걸림돌에 대응하는 방법을 배웠고, 늘 강해져야 한다는 생각을 하면서도 좋은 일이 있으면 이를 감사히 여기고 성공을 거뒀을 때 즐길 줄 아는 사람이다.

나는 디나모와 크로아티아 대표팀에서 처음으로 능력을 입증하면서 이름을 알리기 시작한 시점부터 삶의 가혹함에 대해서도 다시 한번 깨달았다. 나의 친구 흐르보예 추스티치Hrvoje Ćustić가 우리 곁을 떠난 것은 2008년이었다. 그는 축구와 고향 자다르를 사랑했으며 프로 선수가 되겠다는 꿈을 꾼 친구였다. 그는 나보다 두 살이 더 많았으며 훌륭한 축구 선수였고, 무엇보다 좋은 사람이었다. 우리는 2004-05 시즌 크로아티아 21세 이하 팀에서 함께 뛰기도 했다. 나보다 나이가 더 많았던 그는 항상 더 어리거나 경험이 적은 선수들에게 도움을 줬다. 그러나 어느 날 자다르와 시발리아Cibalia와의 경기에서 발생한 지극히 평범해 보였던 경합 상황이 돌이킬 수 없는 치명적인 사고로 이어졌다. 상대와 충돌한 흐르보예는 쓰러지면서 터치라인 근처에 세워진 콘크리트 벽에 머리를 부딪쳤다. 왜 터치라인 옆에 콘크리트 벽이 있었던 걸까? 그런 말도 안 되는 상황을 이해하는 것은 어려운 일이다. 21세기에 프로축구 1부 리그 경기에서 뛰다가 이런 황당한 사고로 목숨을 잃어야 하다니. 병원으로 이송된 흐르보예는 결국 5일 후 세상을 떠났다. 당시 그는 단 24세였다. 그의 장례식 분위기는 말로 표현할 수 없을 정도로 너무 슬펐다.

그 경기의 자다르 골키퍼는 다니엘 수바시치Danijel Subašić였다. 그는 구단 역사상 자다르 출신으로 크로아티아 대표팀 선수가 된 최고의 선수 중 한 명이다. 나와 흐르보예는 자다르 유소년 팀에서 함께 활약했다. 흐르보예는 다니엘의 가장 친한 친구였다. 나는 다니엘이 얼마나 흐르보예를 그리워하는지 알고 있다. 다니엘은 출전하는 모든 경기에서 유니폼 안에 흐르보예의 사진이 담긴 티셔츠를 입는다. 그것이 그가 그리운 친구에게 진정한 우정과 애정을 표현하는 방법이다. 우리 부모님도 흐르보예의 가족과 친구 사이이다. 나 또한 그들과 자주 연락을 나눈다. 나는 자다르로 갈 때마다 그들을 만난다. 특히 나는 자다르 지역 축구의 생존을 위해 싸우는 흐르보예의 아버지 스베트코Svetko를 자주 만난다.

2014년 2월, 내가 레알 마드리드에서 라 데시마를 향해 나아가고 있던 시점에 부모님이 내게 전화를 해 토모 바시치가 세상을 떠났다는 소식을 전했다. 나는 토모 감독에게 큰 빚을 진 사람이다. 그는 우리 가족, 특히 아버지 외에는 누구도 나를 믿어주지 않던 시절부터 내게 훌륭한 축구 선수가 될 수 있다며 무한한 신뢰를 보냈다. 토모는 자신만의 긍정적인 태도와 강한 신념으로 내가 자신감 있는 선수가 되는 데 초석을 다져준 사람이다. 나는 절대 그를 잊지 않을 것이다. 그는 77세의 나이에 세상을 떠났다. 그의 장례식은 매우 중요한 경기를 단 3일 앞두고 열렸다. 레알이 겔센키르헨에서 샬케와 챔피언스리그 16강 경기를 치러야 했기 때문이다. 그러나 나는 단 한순간도 경기를 준비하기 위해 자다르에서 열린 토모의 장례식에 가지 않겠다는 생각은 하지 않았다. 심지어 나는 카를로 안첼로티 감독을 찾아가 잠시 고향에 다녀오게 해달라는 부탁을 하기 전부터 전세기를 예약해놓은 상태였다. 나는 사정을 설명하면 안첼로티 감독이 부탁을 들어주리라는 것을 알고 있었지만, 그가 내게 장례식이 끝나면 즉시 팀으로 돌아와 달라는 부탁을 할 것도 미리 알고 있었다. 나는 당일 오후에 자다르로 날아가 그날 마드리드로 돌아왔다. 토모에게는 꼭 작별인사를 해야 했다. 불과 3개월 뒤, 내가 챔피언스리그 우승 트로피를 들어 올린 순간 리스본의 운동장에서 머릿속으로 가장 먼저 떠올린 사람 중 한 명이 바로 토모였다. 그가 살아 있었다면 그 장면을 보며 나를 믿어준 자신이 옳았다는 사실을 깨닫고 얼마나 기뻐했을지 생각했다.

토모의 믿음은 내게 자신감을 심어주는 중요한 역할을 했다. 그런 자신감만 있으면 사는 동안은 물론 커리어 내내 찾아오는 어려움에도 대응할 수 있다. 반대로 나는 모든 것이 의도한 대로 흘러가는 순간에도 겸손함을 잃어서는 안 된다는 사실도 배웠다. 성공의 기쁨에 취해 있을 때가 겸손함을 잃을 가능성이 가장 큰 시점이다. 그래서 나는 일상의 소중함에 대해 이해하는 친구들과 그런 순간에 대해 대화 나누는 것을 좋아한다. 그에 대한 글을 읽으며 생각에 잠길 때도 있다.

나 또한 인생을 살면서 고통스러운 시간이 있었지만, 상황이 의도한 대로 흘러가지 않을 때 어떻게 대응해야 상황을 바꿀 수 있는지도 배웠다. 그러면서 나는 살면서 누릴 수 있는 가장 좋은 일들은 절대 쉽게 찾아오지 않는다는 진리를 배웠다.

나는 레알에서 다섯 번째 시즌을 맞기 전 여름휴가를 즐기며 생각을 정리했다. 이제 나는 30번째 생일이 지났을 뿐만 아니라 축구 선수 커리어와 인생을 경험하며 가장 행복한 순간을 지나고 있었다. 그래서 거기서 그대로 긴장을 풀거나 지금까지 이룬 것에 대한 만족에 젖어 있을 수 있었다. 그러나 내가 계속 성공을 이어가면 어떤 결과를 얻을 수 있을지도 분명했다. 나는 모든 것을 다 바쳐 그 이상을 차지하고 싶었다. 내가 레알에서 얻은 가장 큰 배움이 있다면, 그건 바로 우승 트로피를 차지하면 할수록 야망이 더 커진다는 사실이다. 우승하는 영광 앞에서도 '이 정도면 충분하다'는 말은 있을 수 없다.

나는 동기부여가 부족했던 적이 없는 선수다. 20세가 됐을 때도 그랬지만, 30세가 됐을 때도 마찬가지였다. 유일한 차이점은 상황이 다르다는 사실이었다. 시간이 지나고 나이를 먹을수록 훈련량도 늘려야 한다. 몸을 관리하며 식단을 조절해 부상을 방지하고, 휴식을 취하는 것은 필수 조건이다. 그 전까지 차지한 우승 트로피나 개인상에 대해서는 잊고, 과거가 어땠는지를 생각하기보다 앞으로 펼쳐질 일에 집중하는 것이 매우 중요하다. 선수는 나이를 먹을수록 힘과 민첩성을 조금씩 잃어가기에 자기 자신에 대한 의구심을 품을 수도 있지만, 나는 스스로 의지가 꺾여본 적이 없다. 나는 시즌 초반 부진을 겪고도 결국 두 번째 챔피언스리그 우승에 성공한 후 승리의 기쁨이 얼마나 좋은 것인지 다시 한번 깨달았다. 유로에서 연이어 탈락한 경험 또한 내가 레알 마드리드에서 그랬듯이 크로아티아 대표팀과도 성공하고 싶다는 의지를 더 강하게 해줬다.

나는 프리시즌에 우리 팀 선수 구성에 사실상 변화가 없을 거라는 점을 알고 있었다. 다만, 알바로 아르벨로아가 떠났다. 그는 수많은 전투를 경험한 베테랑이자 내가 레알에 왔을 때 큰 도움을 준 친한 친구였다. 대신 마르코 아센시오Marco Asensio처럼 젊고 신선한 선수가 새롭게 합류했고, 알바로 모라타가 유벤투스에서 돌아왔다. 나는 우리가 훌륭하고 경쟁력 있는 팀을 보유했다고 자신했다. 모든 포지션에 훌륭한 선수가 두 명씩 있었다. 우리는 감독의 지도 방식에도 완전히 적응한 팀이었다. 우리는 지단 감독이 부임한 후 6개월 만에 라리가 1위 바르셀로나를 거의 따라잡을 뻔했다.

우리는 프리시즌 기간부터 새 시즌에 훌륭한 성과를 낼 준비를 하고 있었다. 레알의 훈련 강도를 견디는 것은 쉽지 않았다. 컨디션 관리 전문가 안토니오 핀투스Antonio Pintus는 우리에게 체력 소모가 큰 훈련 프로그램을 주문했다. 지단 감독은 상대를 압도하고, 우리의 능력을 빛나게 하려면 강력한 체력이 필수 조건이라는 점을 강조했다. 그는 우리가 여름 프리시즌 기간에 체력을 확실하게 다져놓지 않으면 시즌 동안 다섯 개나 되는 대회에 출전하고 심지어 대표팀 일정까지 병행하는 데 어려움을 겪을 수밖에 없다고 판단했다. 우리는 프리시즌부터 착실하게 잘 준비했고 그래서 큰 성공을 거둘 수 있다는 자신감을 갖고 있었다. 우리는 내가 레알에 합류한 시점을 기준으로는 처음으로 스페인 라리가 우승을 차지하겠다는 의지를 불태우고 있었다. 또 다른 목표는 역사상 최초로 2회 연속 챔피언스리그 우승을 차지하는 것이었다.

우리는 시즌 초반부터 더할 나위 없는 좋은 출발을 했다. 시작부터 우승 트로피를 차지했기 때문이다! 우리는 UEFA 슈퍼컵에서 연장전까지 가는 승부 끝에 세비야를 3-2로 꺾었다. 1월 15일에, 우리는 라리가에서 11승 4무로 무패 행진을 달리고 있었다. 우리에게 첫 패배를 안긴 팀은 세비야였다. 우리는 세비야에 패한 주에 코파 델 레이에서는 셀타에 패하며 8강에서 탈락했다. 순간적으로 침체기가 올 수 있는 위기였지만, 우리의 상승세는 꺾이지 않았다. 우리는 라리가와 챔피언스리그에서 승승장구를 거듭했다.

그 시즌에 우리에게 가장 중요했던 성공 요인은 지단 감독이 가동한 로테이션 시스템이라고 생각한다. 레알처럼 최정상급 선수가 많은 팀에서는 모든 선수를 만족시키기가 어렵다. 드레싱룸의 분위기는 주전 11명이 아닌 경기에 나서지 못하는 12번째부터 20번째 선수들에게 달려 있다. 지단 감독은 모든 선수를 팀의 일부로 만들었다. 모든 선수가 지단 감독 체제에서는 자기 자신이 팀에서 중요한 역할을 맡고 있다는 생각을 하게 됐고, 팀이 성공하는 데 보탬이 되겠다는 의지를 품었다. 우리는 형제처럼 밀접한 관계를 맺고 있었다. 우리는 시즌을 통틀어 60경기를 치렀고, 지단 감독은 총 27명의 선수를 활용했다. 그의 로테이션 덕분에 모든 선수들이 늘 좋은 몸 상태를 유지할 수 있었고, 시즌 최종 결과는 지단 감독이 얼마나 영리하게 팀을 운영했는지 잘 보여주는 증거였다.

지단 감독의 전술은 분명했다. 그는 우리가 공수를 가리지 않고 높은 강도를 유지해야 한다고 주문했다. 꾀를 부리는 것은 용납되지 않았다. 우리가 단순하게 경기를 할수록 상대는 더 어려움을 겪을 수밖에 없다는 게 그의 생각이었다. 지단 감독은 우리가 강도 높은 압박을 구사하기를 바랐다. 물론 이는 늘 쉽지 않았다. 우리가 상대를 압박하는 타이밍이 늦을 때는 문제가 발생하기도 했다. 그러나 우리의 전반적인 경기력과 선수 개개인이 보유한 능력이 그런 우려를 불식시켰다. 하지만 모든 일들이 잘 흘러가는가 하면, 늘 그렇듯 곧 문제가 찾아왔다.

9월 중순, 우리는 바르셀로나에서 에스파뇰을 상대했다. 상대 선수에게 무릎을 걷어차인 나는 즉시 날카로운 통증을 느꼈다. 나는 통증을 잘 참는 편이다. 그래서 계속 뛰었다. 이후에도 나는 두 경기 연속 출전해 보루시아 도르트문트, 라스 팔마스를 상대했다. 흥미롭게도 그 두 경기 모두 2-2 무승부로 끝났다. 우리는 두 경기에서 연속으로 1-0, 2-1로 앞섰으나 후반 막판 몇 분을 버티지 못하고 승리를 놓쳤다. 우리에게는 집중력이 부족했다. 나는 도르트문트전에서 다시 무릎에 통증을 느꼈다. 더 자세한 검사가 필요한 게 확실했다. 그래서 마드리드에 도착한 후 바로 MRI 검사를 받았다. 검사 결과 내가 에스파뇰전에서 부상을 당하며 연골 일부가 떨어져 나갔다는 사실이 확인됐다. 의료진은 관정결 검사를 추천했고, 나에게 한 달간 경기에 나서지 못할 수 있다고 말했다. 시즌 초반부터 부상을 당하긴 했지만, 나는 우울해하지 않았다. 보통 부상을 당한 후 운동장으로 돌아오려면 혹독한 재활을 거쳐야 하지만, 이번에는 아무 문제 없이 회복할 수 있었고, 곧 경기에 출전할 준비를 마쳤다. 나는 11월 6일 레가네스Leganés를 상대로 복귀전을 치렀다. 지단 감독은 나를 무리해서 중용하지 않았고, 점진적으로 출전 시간을 늘리는 데 주력했다. 나의 경기력도 곧 기대치를 충족할 만한 수준으로 올라왔다.

우리는 일본에서 개최된 FIFA 클럽 월드컵에 나설 시점에는 이미 상승세를 타고 있었다. 4강에서 클럽 아메리카Club América를 2-0으로 꺾었고, 결승전에서는 끈질기고 저돌적인 가시마 앤틀러스Kashima Antlers를 상대했다. 가시마는 우리를 연장전까지 끌고 갔다. 그들은 우리를 상대로 2-1 리드까지 잡았지만, 곧 크리스티아누 호날두가 동점골을 넣었고, 연장전 전반에는 두 골을 추가했다. 결국, 우리가 4-2로 이겼다. 우리는 시차 적응 탓에 이날 경기가 어려울 수밖에 없다는 사실을 미리 알고 있었다. 클럽 월드컵은 정말 어려운 대회였고, 우리는 제대로 잠을 잘 수 없었다. 최우수 선수상인 골든볼은 당연히 그 상을 받을 자격이 있었던 호날두의 차지였다. 그는 4강에서 한 골을 넣은 뒤, 결승전에서는 해트트릭을 기록하며 2경기 4골로 대회를 마쳤다. 나 또한 유럽으로 트로피를 가지고 돌아왔다. 실버볼 수상자가 나였기 때문이다.

우리는 코파 델 레이에서 셀타에 패해 탈락하면서 일시적으로 흔들렸지만, 라리가에서는 우승 경쟁을 펼쳤다. 나는 부상 탓에 셀타와의 2차전 경기에는 출전하지 못했다. 그 사이 챔피언스리그에서는 상승세를 이어갔다. 우리는 16강에서 큰 문제없이 나폴리를 탈락시켰다. 그러나 4월에는 안첼로티 감독과 사비 알론소가 있는 바이에른 뮌헨을 만나야 했다. 이 경기는 이기기 어려울 수도 있는 경기였다. 물론 1차전만 놓고 보면 우리의 우려는 기우에 불과했던 것같이 보일 수도 있다. 우리는 알리안츠 아레나에서 선제골을 헌납했지만, 후반에 호날두가 두 골을 넣으며 승리했다. 그러나 바이에른은 최정상급 선수와 코칭스태프를 보유한 빅클럽이었다. 그들을 상대로는 어떤 리드를 안고 있더라도 긴장을 늦춰서는 안 된다. 산티아고 베르나베우에서 열릴 2차전 경기가 쉽지 않을 줄은 알고 있었지만, 우리가 홈에서 탈락 일보 직전까지 갈 정도로 큰 어려움을 겪으리라고는 전혀 예상하지 못했다! 바이에른은 후반전 초반에 선제골을 넣었지만, 호날두가 경기 종료 14분을 남겨두고 동점골을 터뜨렸다. 그러나 단 2분 뒤, 세르히오 라모스가 자책골을 헌납하며 경기가 어려워졌다. 경기 종료 6분을 남겨두고는 아르투로 비달Arturo Vidal이 두 번째 경고를 받고 퇴장당했다. 우리는 수적 우위를 안고 연장전에 돌입했다. 이후 호날두가 두 골을 넣으며 우리에게 다시 리드를 선사했고, 아센시오가 네 번째 골을 터뜨리며 승부에 쐐기를 박았다. 어려움이 없었던 것은 아니지만, 우리는 4강 진출에 성공했다. 바이에른은 심판 판정에 대해 불평했지만, 나는 우리가 4강에 오를 만한 팀이었다고 확신했다. 호날두는 특별한 기량을 가진 골키퍼인 마누엘 노이어Manuel Neuer를 상대로 2경기 5골을 기록했다.

4강에서 우리는 또다시 아틀레티코 마드리드와 만났다. 지단 감독은 대회가 끝날 때까지 다이아몬드형 미드필드를 중심으로 한 4-3-1-2 포메이션을 가동하겠다고 결정했다. 우리는 이스코가 카림 벤제마와 호날두를 받쳐주는 시스템으로 좋은 경기력을 선보였다. 호날두는 8강부터 맹활약을 펼쳤고, 아틀레티코를 상대로도 환상적인 컨디션을 유지했다. 우리는 훌륭한 경기를 펼쳤고, 호날두가 해트트릭을 기록하며 절정에 오른 경기력을 결과로 만들어냈다. 우리는 1차전에서 3-0으로 승리하며 2차전에 대해서는 별 걱정을 하지 않아도 된다고 생각했다. 그러나 우리의 그런 마음가짐 때문인지 2차전은 더 어려워진 것 같았다. 비센테 칼데론으로 돌아간 아틀레티코는 늘 그렇듯 훌륭한 팬들의 응원을 등에 업고 경기 초반부터 2-0으로 앞서기 시작했다!

아틀레티코는 그들의 가장 위협적인 무기인 세트피스로 우리를 공략했다. 우리는 12분 만에 코너킥 상황에서 실점했고, 16분에는 페널티킥을 헌납했다. 상황이 심각해졌다. 그러나 2016-17 시즌은 우리의 시즌이었다. 그대로 무너지기에는 우리가 너무 강했다. 전반전 종료 3분을 앞두고 토니 크로스의 슛이 상대 골키퍼의 선방에 막히고 흐른 공을 이스코가 골로 연결했다. 그 골은 내가 지금껏 함께 뛰었던 동료 가운데 가장 훌륭한 재능을 보유한 선수 중 한 명인 카림 벤제마가 만들어낸 작품이었다. 벤제마는 왼쪽 측면 부근 골라인 쪽, 겨우 냅킨 한 장 정도의 공간이 주어진 상황에서 아틀레티코 선수 세 명 사이로 드리블 돌파를 한 뒤, 문전으로 침투하는 크로스에게 패스를 연결했다. 이후 아틀레티코는 더는 우리를 위협하지 못했다. 그들이 우리를 탈락시키려면 세 골이 더 필요했다. 그것은 거의 불가능한 도전이었다. 우리는 4년 사이에 세 번째 챔피언스리그 결승전을 준비하고 있었다. 게다가 우리는 지단 감독과 2년 연속 챔피언스리그 결승 진출에 성공했다!

우리는 카디프에서 열리는 유벤투스와의 챔피언스리그 결승전을 앞두고 몇 가지 중요한 도전에 나서야 했다. 우리가 라리가 우승을 차지하려면 아직 3승을 더 기록해야 했기 때문이다. 우리는 산티아고 베르나베우에서 열린 바르셀로나와의 엘 클라시코에서 2-3으로 패한 뒤, 6연승 행진을 달렸다. 우리는 그 기간 동안 22득점 5실점을 기록했고, 경기당 3.7골씩 기록하는 훌륭한 경기력을 유지하고 있었다. 우리는 운동장 위에서 말 그대로 날아다녔고, 체력적으로 상대보다 우월했던 덕분에 경기를 지배할 수 있었다. 우리는 말라가 원정에서 라리가 최종전을 치렀고, 호날두와 벤제마의 골에 힘입어 2-0으로 승리하며 내가 레알로 이적한 후 처음으로 스페인 챔피언이 됐다!

라리가 우승의 감격은 새로웠고, 대단했다. 마드리드로 돌아온 우리를 환영하는 분위기는 환상적이었다. 시벨레스는 팬들로 가득했고, 챔피언스리그 결승전까지 2주를 앞두고 있던 우리는 마음껏 라리가 우승을 자축할 수 있었다.

내가 마드리드에서 뛴 초반 8년간 레알은 우승 트로피를 16번이나 들어 올렸지만, 그동안 유독 라리가 우승은 멀어 보였다. 구단의 규모와 선수들의 경쟁력을 고려할 때, 이는 이해하기 어려운 대목이었다. 나 또한 여러 차례 똑같은 질문을 들어야 했다. 왜 레알은 유럽 무대를 지배하면서도 라리가에서는 압도적인 모습을 보이지 못할까? 나는 가장 큰 문제가 꾸준함과 10개월간 이어지는 리그에서 우승을 차지하는 데 필요한 집중력에 있다고 생각한다. 우리는 경기력이 들쑥날쑥했고, 긴 시즌을 치르며 부진을 만회할 기회가 충분히 있다고 생각했다. 그러나 이는 잘못된 접근방식이었다. 바르셀로나가 라리가를 압도한 이유는 그들이 어떤 팀과 만나도 기회를 놓치지 않고 승점 3점을 챙겼기 때문이다. 그들은 부진을 겪어도 이를 어떻게 극복해야 하는지 알고 있었다. 내가 레알로 이적한 후 소화한 여덟 시즌 동안 바르셀로나는 무려 다섯 번이나 라리가 우승을 차지했다. 팀이 집중력을 유지하며 꾸준한 경기력을 선보이려면 감독의 역할이 매우 중요하다. 감독의 역할은 팀이 이길 때는 물론 질 때도 중요하다.

　지단 감독은 우리 팀의 집중력을 유지하며 선수 개개인의 체력 부담을 덜어주는 방법을 알고 있었다. 그가 나를 명단에서 제외하며 휴식을 부여할 때 불만을 품은 적도 있었지만, 결국 그의 결정은 옳았다. 이미 이야기했듯이 지단 감독의 가장 큰 장점은 단순함이다. 그는 말을 많이 하지 않았지만, 늘 옳은 말을 했다. 언성을 높이거나 소동을 일으킬 필요도 없었다. 그의 통솔력이 모든 것을 해결했기 때문이다. 그는 훌륭한 동기부여 능력도 보유하고 있다. 그는 우리가 이기는 순간의 모습을 담은 편집 영상을 보여주면서 경기를 앞두고 팀 사기를 절정으로 끌어올렸다. 특히 그는 우리가 중요한 경기를 앞두고 있을 때 이런 방법으로 선수들에게 동기부여를 해줬다.

　2017 챔피언스리그 결승전은 6월 3일 카디프에서 열렸다. 라리가 시즌을 마친 후 2주 동안 실전을 치르지 못한 채 챔피언스리그 결승전을 준비해야 했던 탓에 경기력 저하가 우려됐다. 이를 파악한 우리 팀 코칭스태프는 챔피언스리그 결승전을 위한 맞춤형 훈련 프로그램을 만들었다. 지단 감독은 현역 시절 5년간 유벤투스에서 훌륭한 활약을 펼친 선수였다. 그는 유벤투스에서 발롱도르를 수상했으며 잇따른 메이저 대회 우승으로 아이콘이 된 후 레알 마드리드로 이적해 전설이 됐다. 그래서 그는 유벤투스의 멘탈리티를 잘 파악하고 있었다. 유벤투스는 21년간 차지하지 못한 챔피언스리그 우승을 이번에는 이루겠다는 강한 의지를 품고 있었다.

　지단 감독의 팀 미팅은 길지 않다. 그는 짧은 분석을 선호하는 지도자다. 그는 선수들에게 상대 전술의 가장 중요한 부분을 요약해 보여주면서 그들의 약점을 지적한다. 당시 유벤투스는 유럽 무대에서 환상적인 경기력을 선보이고 있었다. 그들은 결승전에 앞서 치른 챔피언스리그 경기에서 3실점밖에 헌납하지 않으면서도 거의 경기당 2골에 가까운 21골을 기록하고 있었다. 그만큼 유벤투스는 강력한 우승 후보였다.

유벤투스는 이탈리아 무대를 압도하는 팀이다. 그들은 카디프에서 열린 챔피언스리그 결승전에 앞서 6년 연속 세리에A 우승을 차지했다. 불과 2년 전, 유벤투스는 챔피언스리그 결승전에서 바르셀로나에 패했다. 그들은 이번에는 반드시 유럽 챔피언이 되겠다는 목표에 집중하고 있었다.

그러나 유벤투스 못지않게 챔피언스리그를 향한 우리의 야망도 그들만큼 강했다. 레알 마드리드가 마지막으로 더블을 달성한 것은 1958년이었다. 우리는 알프레도 디 스테파노 세대의 영광을 재현할 기회를 잡은 셈이었다. 그래서 59년 만의 라리가, 챔피언스리그 동시 우승은 우리에게도 매우 중요했다. 뿐만 아니라 유벤투스를 꺾고 차지하는 챔피언스리그 우승은 새로운 기준점이 될 수 있었다. 게다가 레알 마드리드는 챔피언스리그가 기존의 유러피언 컵에서 새롭게 재출범한 후 최초로 2년 연속 우승을 할 기회를 잡은 상태였다. 그 모든 게 우리의 팀 사기를 끌어올렸다! 개인적인 경험을 바탕으로 볼 때, 이렇게 강한 아드레날린이 솟구치는 팀은 누구도 제압하기 쉽지 않다.

결승전은 이번에도 매우 흥분되는 분위기 속에서 진행됐다. 티켓을 구하려는 사람들의 연락이 빗발쳤고, 우리 가족과 친구들은 카디프로 갈 준비를 하고 있었다. 그렇게 정신없이 주변 상황이 돌아갈 때도 나는 늘 침착함을 유지했다. 바냐가 모든 것을 알아서 정리해주었기 때문이다. 바냐는 늘 모든 것을 완벽하게 준비해놓고 우리가 초대한 손님이 아무런 문제 없이 목적지에 도착할 수 있게 했다. 내가 걱정할 것은 아무것도 없었다. 중요한 경기를 준비해야 하는 내게 바냐의 존재는 큰 도움이 된다. 마침내 그렇게 밀레니엄 스타디움Millennium Stadium에서 열릴 결승전이 다가왔다.

경기장 분위기는 마법 같았다. 모든 챔피언스리그 결승전이 그렇다. 유벤투스는 두어 차례 위협적인 기회를 만들었지만, 우리 팀 골키퍼 케일러 나바스Keylor Navas가 선방으로 이를 모두 막아냈다. 20분, 호날두가 페널티 지역 모서리 부근에서 훌륭한 리턴 패스를 받은 뒤, 득점에 성공하며 우리에게 1-0 리드를 안겼다. 그 경기에서 승부가 갈린 순간을 얘기하자면 지단 감독의 지혜로운 대처 능력을 언급하지 않을 수 없다. 지단 감독은 결승전을 준비하면서 유벤투스는 수비력이 훌륭하기 때문에 그들을 뚫는 것은 어려운 일이지만, 그들이 리턴 패스에 반응하는 능력은 기대 이하라고 지적했다. 우리의 선제골 장면이 그 사실을 증명했다.

7분 뒤, 유벤투스는 동점골을 기록했다. 만주키치가 몸을 비트는 오버헤드킥으로 환상적인 골을 넣었다! 그러나 우리는 흔들리지 않았다. 오히려 나는 경기 내내 우리가 더 강한 팀이며 이길 수 있다고 자신했다. 결국, 후반전이 되자 내 예감은 현실이 됐다. 우리는 유벤투스를 완전히 압도했다. 개인적으로도 전반전에 단단한 모습을 보여줬고, 후반에는 더 훌륭한 경기력으로 팀을 도왔다. 내가 우리에게 3-1 리드를 안긴 호날두의 골을 리턴 패스로 어시스트했기 때문에 하는 말이 아니다. 우리는 이날 후반전에 우리가 원하는 대로 플레이할 수 있다는 자신감을 안고 뛰었다. 그리고 우리는 정말 그렇게 했다. 우리는 4-1로 승리했고, 새로운 역사를 썼다. 우리는 레알 역사상 59년 만의 더블을 달성하며 디 스테파노, 프란시스코 헨토 Francisco Gento, 레이몽 코파Raymond Kopa와 어깨를 나란히 했다. 재출범한 챔피언스리그 역사상 첫 번째 2연패를 달성한 팀. 4년 사이에 세 번이나 유럽 챔피언이 된 팀. 정말 대단한 스토리가 아닐 수 없었다!

나는 할 말이 없었다. 마드리드로 온 후 많은 승리와 우승을 경험했지만, 우승을 할 때마다 새로운 영감을 얻을 수 있다는 게 신기했다. 그것이 바로 레알 마드리드의 가장 위대한 매력이다. 늘 새로운 도전이 있고, 넘어야 할 목표가 있기 때문이다. 레알에는 누구도 세운 적이 없는 업적과 다른 이들은 누릴 수 없는 업적이 있다. 카디프에서 유럽 챔피언이 된 우리는 이후 왕 대접을 받으며 우승을 자축했다. 축하연이 이어졌고, 팬들로 꽉 들어찬 시벨레스에서 영웅 대접을 받은 데 이어 산티아고 베르나베우에서는 팬들과 함께 우승을 자축했다. 불과 2주 전 산티아고 베르나베우에서 경기를 치렀지만, 팬들은 우리를 매우 오랜만에 본 것처럼 반겨줬다. 나는 그 모든 순간을 만끽하며 즐겼다. 마치 시간이 조금 더 지나면 더는 행복을 느낄 수 없을 것만 같은 사람처럼. 그러나 그때까지만 해도 나는 이후 벌어질 일들이 나를 얼마나 힘들게 할지 예상하지 못하고 있었다.

시즌을 마친 나는 잠시 마드리드를 떠나며 카디프에서의 영광이 끝이 아니라는 생각에 사로잡혔다. 나는 우리가 더 많은 우승 트로피를 들 수 있다고 믿었다. 나는 페페, 하메스 로드리게스, 알바로 모라타, 다닐루가 떠난다는 사실을 알았으나 구단이 그들을 대체할 훌륭한 선수를 영입할 계획이라는 것도 알고 있었다. 레알처럼 높은 지향점을 가진 구단에는 이에 어울리는 방대한 선수단이 필요하다.

나는 6월에 또 다른 중요한 경기를 앞두고 있었다. 크로아티아가 아이슬란드 원정을 치러야 했기 때문이다. 나는 2018 러시아 월드컵 유럽 예선 라운드 초반에는 자그레브에서 열린 터키전에만 출전한 상태였다.

우리는 터키전에서 두어 차례 골포스트를 맞췄고, 이어 크로스바까지 강타하며 1-1로 비겼다. 이후 나는 무릎 부상을 당해 코소보와 핀란드전에 결장했다. 다행히 크로아티아는 이 두 경기에서 모두 승리했다. 나는 아이슬란드전에서 크로아티아 대표팀 복귀전을 치렀고, 우리 팀은 이날 승리하며 3연승 행진을 달렸다. 우리는 봄에 열린 안드리 셰브첸코Andriy Shevchenko 감독이 이끈 우크라이나전에서도 고전은 했지만 이길 자격이 충분한 경기를 펼치며 승리했다. 니콜라 칼리니치가 우리 팀의 골을 뽑아냈다. 우리는 조 선두를 달리며 순항 중이었고, 드디어 큰 압박감에 시달리는 플레이오프 없이 월드컵 진출을 확정할 수 있다고 생각했다. 그래서 아이슬란드 원정은 승부처였다. 우리는 비기기만 해도 조 1위 자리를 향한 큰 발걸음을 내디딜 수 있었다. 그러나 이날 우리의 경기력은 형편없었다. 우리는 의욕이 없어 보였고, 움직임도 둔했으며 효과적이지 못한 축구를 하는데 그쳤다. 홈팀 아이슬란드도 우리보다 썩 좋은 모습은 아니었다. 두 팀의 경기력을 볼 때, 경기는 무승부로 끝날 것만 같았다. 그러나 우리는 또다시 순간적으로 집중력을 잃었다. 90분, 코너킥 상황에서 아이슬란드 선수가 뛰어올라 어깨로 골망을 가른 것이다! 우리는 그렇게 패했다. 크로아티아는 또다시 어려운 길을 통해 월드컵 진출을 노려야 했다. 월드컵 본선으로 직행할 기회를 놓친 우리의 예선 통과 가능성에 의문이 제기되기 시작했다.

# 우울한 나날들

이후 한동안 힘든 시기가 이어졌다. 내가 힘들었던 이유는 축구, 혹은 대표팀의 성적 때문이 아니었다. 아이슬란드 레이캬비크에서 경기를 마치고 이틀이 지난 후, 나는 오시에크시 법정에서 전 소속팀 디나모의 몇몇 구단 관계자들이 범죄 행위를 저질렀다는 혐의로 진행된 재판에서 증언을 해야 했다. 피고인은 즈드라프코 마미치였다. 나는 법정에서 토트넘이 2008년 나를 영입할 때 디나모에 지급한 이적료가 어떻게 분배됐는지에 대해 알고 있는 모든 것을 증언해야 했다. 나와 마미치의 경제적 관계에 대해서도 이야기했다. 나의 증언을 포함해 당시 재판에서 일어난 모든 일은 대중에 공개되었다. 그러나 해당 재판은 아직도 마무리되지 않았다.

많은 크로아티아인들이 나의 증언에 대해 반감을 드러냈다. 그들은 내가 마미치를 옹호했다고 생각했다. 그러나 진실은, 내가 사실만을 얘기했다는 것이다. 나는 이적료 분배와 관련해 당시 거래가 완료되면서 모든 관계자가 합의한 내용에 따랐을 뿐이다. 다시 한번 말하지만, 만약 법정이 당시 이적료 중 일부 금액이 나에게 지급된 것이 불법 행위였다는 판결을 내린다면, 그걸 다시 돌려주겠다고 밝혔다. 그러나 나의 증언은 곧 여론의 뭇매로 이어졌다. 크로아티아에서 이런 사건이 일어난 것은 그때가 처음이었다. 가혹한 비난이 이곳저곳에서 쏟아졌다. 내 고향 자다르를 포함한 크로아티아 모든 지역의 거리가 나를 비난하는 낙서로 장식됐다.

소셜미디어로도 보기 힘든 욕설이 이어졌다. 이는 언론을 통해 조명되면서 더 많은 사람들의 관심을 끌었다. 갑자기 그런 악몽 같은 일이 나의 현실이 됐다. 마치 내가 누군가를 살인이라도 한 것 같은 분위기였고, 갑자기 내가 크로아티아의 가장 큰 문제아가 된 것만 같았다. 말로는 설명할 수 없을 정도로 참담한 시간이었다. 나는 하루아침에 크로아티아에서 가장 혐오스러운 사람으로 전락했다. 살면서 이런 경험을 한 것은 처음이었기에 나는 큰 충격을 받았다. 그러나 우리 가족과 나와 가까운 친구들은 나를 지지해줬다. 그 사건으로 마음고생을 해야 했던 것은 나뿐만이 아니었다. 특히 우리의 셋째 아이를 임신한 바냐가 걱정됐다. 가뜩이나 바냐는 건강에 조심해야 했기 때문이다. 나는 바냐가 스트레스를 받아서 임신한 몸에 악영향이 생기지는 않을까 걱정했다. 우리 부모님도 우울한 나날을 보내야 했다. 나는 부모님을 진정시키려고 노력했고, 곧 모든 게 괜찮아질 거라고 말했다.

나를 향한 크로아티아의 국민적인 분노는 부당했다. 특히 이러한 분위기가 최고조에 달했을 때는 더욱 그랬다. 즈드라프코 마미치를 향한 대중의 적대감은 이미 오랜 기간 이어졌지만, 그의 비판론자들은 나의 증언에 불만을 품고 그동안 쌓인 모든 분노를 나를 향해 쏟아냈다. 당시 상황에 대한 모든 원인을 하나하나 짚고 넘어갈 수는 없다. 나는 12년째 크로아티아를 떠나 해외에서 생활하고 있다. 내가 크로아티아를 떠난 2008년 당시 상황은 지금과 많이 달랐다.

당시 마미치는 나의 커리어에서 아주 중요한 인물이었다. 나는 이를 부인한 적이 없으며 앞으로도 부인할 계획이 없다. 내가 어린 선수에 불과했을 때, 마미치는 내가 능력을 증명할 수 있게 도와준 사람이다. 그는 나뿐만 아니라 다른 선수들에게도 도움을 줬다. 이 중 몇몇 선수는 성공했지만, 또 다른 몇몇 선수는 그렇게 되지 못했으며 일부는 아예 프로 선수로 커리어를 쌓는 데 실패했다. 가장 중요한 것은, 선수는 기회가 주어졌을 때 스스로 능력을 발휘해 자신의 가치와 능력을 운동장에서 증명해야 한다는 점이다. 당연히 코칭스태프와 팀 동료의 지원도 중요하지만, 나 역시 커리어를 쌓아가면서 일어난 모든 일에 대한 가장 큰 책임은 나 자신에게 있다고 말할 수 있다. 그것이 좋은 일이든, 나쁜 일이든 마찬가지다. 이후에도 내가 이적하는 과정에서 협상에 관여한 사람들이 있었지만, 결국 가장 중요한 것은 나의 경기력과 태도였다. 물론, 그렇다고 해서 내게 도움을 준 사람들에 대한 감사함을 잊겠다는 말은 결코 아니다.

나는 2017-18 시즌 시작을 준비하면서 크로아티아에서 일어나고 있던 모든 일과 거리를 두기로 했다. 나에겐 평정심을 찾아야 할 두 가지 큰 이유가 있었다. 첫째는 체력적으로 큰 부담을 감수해야 했던 전 시즌을 마친 뒤, 심리적으로 지친 상황이 반복되면서 휴식이 필요했기 때문이다. 나는 가족과 함께 크로아티아 밖에서 시간을 보낸 뒤, 자다르로 돌아와 친구들과 함께 아드리아 해변에서 짧은 크루즈 여행을 했다.

두 번째 이유는 대표팀 내에서 나의 위치에 대한 고민이 필요했기 때문이다. 나와 가까운 몇몇 사람들은 내가 크로아티아 대표팀에서의 커리어를 이어가는 데 의구심을 품기 시작했다. 그들은 크로아티아 대표팀을 향한 나의 마음을 의심한 게 아니었다. 그들은 크로아티아에서 나를 둘러싼 부정적인 분위기가 대표팀에서의 경기력에도 부정적인 영향을 미쳐 모든 선수들에게 부담이 될 가능성을 우려했다. 대표팀이 나 때문에 불리한 위치에 놓일 수도 있다는 지적은 내게도 고민거리가 될 수밖에 없는 문제였고, 나는 중요한 결정을 해야만 했다. 스스로 대표팀을 떠나거나, 여론과 팬들의 분노에 맞서면서도 크로아티아의 성공을 위해 내가 가진 모든 것을 쏟거나. 선택지는 그 둘 중 하나였다.

　나는 내가 잘못한 게 없다는 사실을 알고 있었다. 그래서 나는 예전에도 그랬듯 계속 대표팀에 남아 크로아티아를 위해 싸우기로 했다. 우리가 오랜 시간 기다린 꿈을 현실로 만들어야 했기 때문이다. 그때도 나는 상황이 내게 불리하게 돌아갈 수 있다는 것을 알고 있었다. 그러나 그런 우려는 오히려 내가 한발 더 나아갈 수 있는 동력이 될 동기부여가 될 수 있다고 믿었다. 나는 크로아티아가 훌륭한 선수들을 보유한 팀이라는 것을 알고 있었으며, 운만 조금 따른다면 국제대회에서 큰일을 해낼 수 있다고 생각했다. 나는 그때까지 출전했던 유로와 월드컵을 경험하면서 이에 대한 확신을 갖게 됐다. 게다가 2018 러시아 월드컵이 열릴 때쯤이면 우리 대표팀의 핵심 선수 대부분이 전성기를 구가할 시점이라는 것이 내게 더 큰 확신을 심어줬다. 크로아티아 대표팀 선수 중 대다수는 러시아 월드컵이 우리가 나라를 위해 무언가를 해낼 수 있는 마지막 기회라는 사실을 알고 있었다. 중요한 요인이 또 하나 있었다. 우리는 대부분 빅클럽에서 활약 중이었으며 유럽에서 가장 강한 리그의 소속팀에서 각자 핵심 선수로 자리매김한 상태였다. 나는 그런 요인이 대표팀이 성공할 때 필요한 중요한 차이를 만들어낼 수 있으며 팀 전체의 경쟁력을 끌어올릴 수 있다고 생각했다.

　그러나 러시아 월드컵 본선 진출을 노린 우리는 유럽 지역 예선에서 또 어려움을 겪었다. 우리가 2017년 9월 2일 치른 예선 첫 경기였던 코소보전은 22분 만에 운동장이 사실상 물에 잠기는 날씨 탓에 중단됐다. 우리는 재경기를 치러야 했지만, 그때까지만 해도 FIFA

가 바로 다음 날로 경기 일정을 배정할 계획이라는 사실은 전혀 알지 못했다. 결국, 우리는 코소보전이 취소된 다음 날 재경기를 치러야 했다. 단 3일 뒤, 터키와의 경기가 열릴 계획이었던 만큼 서둘러 코소보전을 마쳐야 했기 때문이다. 그렇게 22분 만에 중단된 코소보 전이 다음 날 열렸고, 터키전은 기존 일정대로 진행됐다. 우리는 48시간 사이에 코소보를 상대로 68분간 경기를 치른 뒤, 에스키세히르로 날아가 정신무장을 철저하게 한 터키를 상대해야 했던 것이다!

우리의 코소보전 경기 내용은 만족스럽지 못했다. 그들은 우리를 상대로 단단한 모습을 보였고 우리는 그들의 수비진을 뚫지 못했다. 그러나 74분, 우리가 프리킥을 얻어냈다. 나는 페널티 지역 안으로 크로스를 연결했고, 다마고이 비다Domagoj Vida가 높이 뛰어올라 드디어 헤더로 골망을 갈랐다. 그 경기에서 중요한 것은 승점 3점뿐이었다. 그 외의 모든 것은 잊으면 그만이었다. 개인적으로 코소보전은 내가 약 2~3개월 전 여론의 뭇매를 맞은 후 처음으로 크로아티아에서 뛴 경기였다. 막시미르를 찾은 관중은 약 7,000명 정도였고, 그들은 나를 환영해줬다. 팬들의 환대는 내게도 의미가 컸다.

이틀 뒤, 우리는 터키 원정에서 0-1로 패했다. 터키는 이날 홈 팬들의 광적인 응원을 등에 업고 승리했다. 그러나 냉정하게 평가했을 때, 터키는 예전보다 전력이 약했다. 우리는 그들을 상대로 득점 기회를 만들었지만, 이를 살리지 못했다. 주심이 우리에게 페널티킥을 선언할 수도 있었지만, 그는 이를 묵살했다. 터키는 74분에 이날 유일하게 만든 득점 기회를 살려 선제골을 넣었고, 리드를 끝까지 지켜냈다. 그러나 터키는 우리를 꺾은 후 치른 경기에서 연이어 불안한 전력을 노출하며 흔들렸다. 그런데도 우리는 그 기회를 살리지 못했다. 우리 또한 예선이 막바지에 다다른 시점에서 위기를 맞았다. 마치 크로아티아는 스스로 상황을 어렵게 만들어야만 하는 팀이라는 생각이 들 정도였다.

우리의 운명은 10월에 열릴 두 경기에 달려 있었다. 첫 번째 경기는 리예카에서 열릴 핀란드전이었으며 이어 우크라이나 원정이 우리를 기다리고 있었다. 크로아티아는 객관적인 전력상 핀란드보다 한 수 위라는 평가를 받았지만, 아이슬란드와 터키가 만난 또 다른 경기 결과도 우리에게는 중요했다. 아이슬란드는 앞선 경기에서 우크라이나를 꺾으며 조 1위를 차지할 가능성이 커졌고, 우리는 터키가 조 2위를 차지할 기회를 잡으면 이를 놓칠 팀이 아니라고 생각했다.

여러 가지 경우의 수가 있었지만, 우리는 예선 마지막 일정을 앞두고 큰 위기에 직면한 상태였다.

크로아티아 대표팀은 핀란드와 우크라이나전을 앞둔 10월 2일 소집돼 준비를 시작했다. 동료들이 자그레브에 도착하던 날, 나는 바냐의 옆을 지켜야 했다. 이날은 바냐가 우리 셋째 아이를 낳은 날이다. 페트로바 산부인과의 훌륭한 의료진 덕분에 문제없이 우리 아이가 태어날 수 있었다. 우리는 이바노, 에마에 이어 소피아의 부모가 됐다. 나는 다음 날 리예카에서 크로아티아 대표팀에 합류했다.

자녀가 있는 사람들은 늘 아이들에 대해 이야기할 때 그들이 누구를 더 닮았는지 이야기한다. 내가 볼 때, 나를 꼭 빼닮은 아이는 에마였다. 에마는 나의 어린 시절처럼 활기가 넘친다. 이바노는 더 차분하고, 조용하다. 이바노는 엄마를 닮았다. 소피아가 누구를 닮았는지는 아직 더 지켜봐야 할 것 같다.

나는 우리 아이들이 바냐의 착한 마음씨와 정의로운 면을 닮기를 바란다. 나에게서는 투지와 꿈을 위해 싸우겠다는 의지를 닮았으면 한다. 그리고 아이들의 외모는 모두 엄마를 닮기를 바란다!

나는 아이들의 일상에 늘 함께하면서 모든 순간을 공유한다. 물론, 내가 자리를 비워야 하는 날도 있는 만큼 아이들을 챙겨주는 나의 역할을 바냐와 비교할 수는 없다. 설령 내가 집에 있더라도 나는 축구와 관련된 문제인 피로도, 부상, 큰 경기를 앞둔 스트레스 등에서 자유롭지 못한 만큼 바냐는 항상 아이들을 챙겨줘야 한다. 바냐는 내가 기분이 좋지 않을 때는 이를 미리 파악한 후 내가 느낄 만한 부담을 덜어준다. 나는 소속팀이나 대표팀 일정에서 자유로울 때 아이들과 많은 시간을 함께 보낸다. 아이들을 학교에 데려다주고, 데리고 오는 일은 내가 맡는다. 이바노가 축구를 시작한 이후에는 그를 팀 훈련장으로 데려다준 뒤, 끝날 때까지 그곳에서 기다린다. 나는 아이들이 태어났을 때, 자다 말고 일어나 기저귀를 갈아주는 역할을 맡았고, 언제든 필요하면 젖병을 물려주는 일을 했다. 특히 이바노를 챙겨줄 때가 많았다. 런던에서는 우리 셋밖에 없었던 데다 바냐도 가끔은 휴식을 취해야 했기 때문이다. 그러나 에마와 소피아가 태어났을 때는 바냐가 빨리 건강을 회복할 수 있도록 가정부를 고용한 덕분에 조금은 부담을 덜 수 있었다.

스타디온 루예비차Rujevica Stadium에서 핀란드전이 열리기 전, 다보르 수케르Davor Šuker 크로아티아 축구협회 회장이 내게 100번째 A매치 출전을 기념하는 특별 유니폼을 제작해 선물했다. 이는 나이키Nike가 그동안 내가 뛴 팀의 유니폼을 합쳐 만든 특별 제작된 유니폼이었다. 센추리 클럽 가입은 정말 대단한 업적이었다. 나 또한 기뻐하지 않을 수 없었다. 내가 크로아티아 대표팀의 유니폼을 입고 딱 한 경기만 뛰는 게 목표였던 시절이 불과 엊그제 같았기 때문이다. 그러나 나는 어느덧 크로아티아 대표팀에서 100번째 경기를 준비하고 있었다. 나보다 대표팀 경기에 더 많이 출전한 선수는 다리오 스르나뿐이었다. 그러나 경기 전의 특별했던 순간과 달리, 핀란드 전은 마치 고문을 받는 것처럼 고통스러웠다. 우리는 경기 초반부터 주도권을 잡으며 점유율에서 압도했지만, 정작 많은 득점 기회를 만들지 못했고 그나마 만든 기회는 살리지 못했다. 나는 57분에 만주키치가 선제골을 넣은 시점부터는 우리가 평정심을 되찾고 더 좋은 경기를 할 수 있다고 생각했다. 그러나 상황은 정반대로 흘러갔다. 우리는 실점할 가능성을 우려하면서 내려앉았고, 그 덕분에 핀란드는 더 위협적인 공격을 할 수 있게 됐다. 나는 우리가 왜 이런 경기를 했는지 아직도 잘 모르겠다. 결국, 우리는 과거 아이슬란드전에서 그랬던 것처럼 90분에 그 벌을 받았다. 핀란드의 골은 크로아티아 대표팀에 충격을 안겼다.

우리는 엄청난 실수를 저지르며 핀란드에 동점골을 허용했지만, 사실 우리의 경기력은 가을 내내 내리막이었다. 크로아티아가 보유한 우수한 선수들을 생각하면, 이는 예상치 못한 결과였다. 우리가 날카로운 몸 상태를 유지하며 집중력을 발휘하면, 전 세계 어떤 팀도 꺾을 수 있었다. 그러나 그렇게 하지 못할 때는 반대로 전 세계 어떤 팀도 우리를 위협할 수 있었다. 핀란드전이 끝난 후 우리 팀 드레싱룸 분위기는 우울했다. 이날 저녁, 다보르 수케르 회장이 경험 많은 몇몇 선수들과 만나 감독을 교체하기로 했다고 말했다. 다음 날 아침, 우리는 안테 차치치 감독이 떠났다는 사실을 알게 됐다. 즐라트코 달리치Zlatko Dalić 감독이 그를 대체했다.

나는 그 전까지 달리치 감독을 만나본 적이 없었지만, 그의 지도 방식이 마음에 들었다. 핀란드전이 끝난 후 바로 우크라이나 원정을 위해 이동해야 했던 만큼, 그가 팀에 큰 변화를 주는 것은 불가능했다. 그때 우리에게 필요했던 것은 자신감과 긍정적인 팀 사기 그리고 이길 수 있다는 믿음이었다. 지금은 당시 상황에 대해 쉽게 말할 수 있다. 그러나 당시 우리는 우크라이나 원정을 준비할 시간이 부족했던 데다 반드시 이겨야 했으며 새로운 감독이 부임한 시점에 팀 분위기가 흔들리는 매우 복잡한 상황에 놓여 있었다. 달리치 감독은 훈련장과 호텔에서 우리와 많은 대화를 나눴다.

달리치 감독은 그가 우리를 믿고 있다는 것을 보여줬다. 그는 우리에게는 충분한 능력이 있으며 이를 승리가 가장 필요한 시점에 운동장에서 보여줘야 한다고 말했다. 그는 우리에게 자신감을 불어넣어줬다. 그러면서 팀 분위기가 극적으로 변하기 시작했고, 모든 선수가 이기겠다는 의지를 품었다는 사실을 확인할 수 있었다. 핀란드전 무승부는 우리에게 충격을 안겼고, 그 때문에 감독까지 교체되는 상황이 발생했다. 그러나 당시 나는 우리의 가장 큰 동기부여는 월드컵 본선에 진출할 수 없다는 두려움에서 나왔다고 생각했다. 나를 포함해 경험이 더 많은 선수들은 러시아 월드컵이 우리의 마지막 기회라는 사실을 알고 있었다.

어느 날, 달리치 감독은 전술을 설명하면서 나에게 "나는 너를 공격수 바로 뒤에 배치되는 공격형 미드필더로 보고 있어. 너의 수비 부담을 덜어주고 싶어"라고 말했다.

나는 그에게 "어디라도 팀에 필요한 자리에서 뛰겠습니다"라고 대답했다.

나는 달리치 감독의 가장 큰 덕목이 경기를 앞두고 선수들을 정신적으로 준비시켜준 데 있다고 생각한다. 그는 그런 힘을 통해 기존 전술을 유지하면서도 짧은 시간 내에 팀의 능력을 극대화할 수 있었다. 브르살리코가 왼쪽 측면 수비수로 배치됐고, 비다가 오른쪽에 섰다. 중앙 수비수는 로브렌과 미트로비치였다.

라키티치와 바델리가 수비형 미드필더로 나섰고, 그 앞에서는 크라마리치, 페리시치 그리고 내가 공격을 지원했다. 최전방 공격수는 만주키치였다. 달리치 감독은 우리에게 우크라이나의 측면 수비수들이 전진하는 길목을 차단하라고 주문했다. 두 측면 수비수의 공격 가담이 우크라이나의 장점이었기 때문이다. 우리의 계획은 전반에는 위험 부담을 최소화하며 경기를 주도하는 데 집중한 뒤, 7만 관중 앞에서 부담감을 느낄 우크라이나가 체력적으로 힘들어지는 시점에 적극적으로 공격하는 것이었다. 전반전에는 홈팀 우크라이나가 더 위협적이었다. 그러나 우리는 이를 버텨냈다. 이어진 후반전부터 우리는 경기력을 한층 끌어올려 장점을 발휘하기 시작했다. 우리는 흐름을 타기 시작했고, 우크라이나는 기세가 꺾여가고 있었다.

결국, 62분에 터진 우리의 선제골이 우크라이나의 날개를 꺾었다. 내가 연결한 크로스를 안드레이 크라마리치가 헤더로 골을 터뜨렸다. 그러자 우크라이나는 휘청거렸고, 크라마리치는 이반 라키티치의 패스를 받아 두 번째 골을 넣으며 승부에 쐐기를 박았다. 이후 우리는 능숙한 경기 운영 능력을 선보이며 그대로 리드를 지켰다. 드디어 우리도 잠시나마 긴장을 늦출 수 있었다. 우리가 월드컵에 진출할 가능성을 살릴 수 있었기 때문이다. 나는 키예프에서 돌아오는 동안 오로지 한 가지 생각에 잠겨 있었다. 약 20년 전, 월드컵 유럽 예선 플레이오프에 나선 크로아티아는 키예프에서 열린 2차전 경기에서 탈락 직전까지 내몰렸었다. 크로아티아는 1997년 자그레브에서 열린 1차전 홈경기에서는 2-0으로 승리했다. 그러나 키예프에서 열린 2차전 경기에서는 안드리 셰브첸코가 5분 만에 선제골을 넣으며 승부를 원점으로 돌리기 직전까지 갔지만, 27분에 알렌 복시치가 골을 넣으며 우크라이나를 잠재울 수 있었다. 이 골 덕분에 크로아티아는 월드컵 진출에 성공해 동메달을 따내는 쾌거를 이룰 수 있었다. 이날 경기가 열린 경기장은 20년 후 우리가 2018 러시아 월드컵 본선에 진출하는 분수령이 된 바로 그곳이었다. 무려 20년 전 우크라이나 대표팀의 공격수였던 셰브첸코는 당시 세계적인 선수로 거듭나는 과정을 거치고 있었다. 이제 그는 감독이 돼 우크라이나 대표팀을 이끌었지만 또다시 크로아티아에 발목을 잡혔다. 이것이 혹시 어떤 징조는 아니었을까?

예선 플레이오프 대진 결과는 내 마음에 썩 들지 않았다. 우리가 그리스를 꺾지 못할 전력이라고 생각했던 것은 아니지만, 나는 그들의 촘촘한 수비와 상대 공격을 파괴하는 능력에 대해 걱정하지 않을 수 없었다. 게다가 우리는 홈에서 1차전을 치러야 했다. 이 경기에서 우리가 초반부터 좋은 모습을 보여주지 못하면, 홈 팬들이 인내심을 잃는 상황이 올 수도 있었다. 그러나 막시미르에서 열린 1차전이 시작되자 곧 나의 우려는 기우에 불과했다는 것을 알게 됐다. 나 또한 새로운 무언가가 만들어지고 있다는 느낌을 받았다. 어쩌면 우리에게는 예전부터 이런 능력이 있었지만, 어느 시점에 이를 잃어버린 것인지도 모르겠다. 우리의 팀 사기는 매우 긍정적이었다! 경기를 앞두고 워밍업을 하러 나온 우리는 가득 찬 관중석을 보며 팬들의 함성을 들을 수 있었고, 가슴이 무언가로 차오르는 느낌을 받았다. 경기 시작 시간이 기다려질 정도였다. 우리는 마치 고삐가 풀린 듯 운동장으로 뛰어 들어가 우리 자신과 팬들에게 즐거움을 선사하고 싶다는 마음뿐이었다. 일단 그런 감정을 느끼기 시작하면, 누구도 우리를 멈출 수 없었다.

그리스는 애초에 승산이 없었다. 그날 크로아티아의 경기력은 경이로운 수준이었다. 경기 시작 13분 만에 니콜라 칼리니치가 페널티킥을 얻어냈고, 내가 이를 선제골로 연결했다. 6분 뒤, 이반 스트리니치의 완벽한 패스를 칼리니치가 받아서 훌륭한 백힐로 또 골망을 갈랐다. 막시미르가 들끓어 올랐다! 이후 30분에는 순간적으로 흔들렸다. 그리스가 우리의 최대 약점인 코너킥 수비를 파고들며 득점에 성공했기 때문이다. 그러나 우리는 3분 후 바로 분위기를 다시 가져왔다. 우리는 무너지지 않았고, 오히려 바로 그들의 반격에 대응했다. 시메 브르살리코의 훌륭한 크로스를 이반 페리시치가 헤더로 득점하며 우리에게 3-1 리드를 안겼다. 이어 우리는 후반전 초반부터 그리스 수비수의 실수를 틈타 브르살리코가 공을 가로챘고, 크라마리치가 득점에 성공하며 4-1로 앞서갔다. 우리는 그리스를 초토화시켰다!

그런 뜨거운 분위기 속에서 열정적인 팬들의 응원을 등에 업은 우리는 그동안 크로아티아 대표팀의 발목을 잡고 있던 분노와 부담을 모두 날려버렸다.

우리는 운동장 위를 날아다녔다. 나 또한 그날 밤 모든 것들이 제자리로 돌아왔으며, 우리가 강팀이라는 확신을 가질 수 있었다. 우리는 더 높은 곳까지 갈 수 있다는 자신감이 생겼다. 우리의 신임 사령탑 달리치 감독이 더 많은 시간을 들여 경기를 준비한 덕분에 더 확고한 팀 전술을 만들 수 있었다. 그에게 지난 우크라이나전보다 훨씬 많은 시간이 주어졌기 때문이다. 그러나 이번에도 달리치 감독이 보여준 진짜 능력은 그가 팀과 선수들의 심리적 상태를 관리하는 역량이었다. 그는 경기 종료를 앞두고 마리오 파샬리치Mario Pašalić를 투입하며 나를 교체했다. 그러자 팬들은 큰 소리로 환호하며 내 이름을 연호했다. 마치 내 가슴이 산처럼 커지는 듯한 기분이 들었다. 터치라인 쪽에 도달한 나는 그리스에서 열릴 2차전 경기에 대해서는 생각조차 하지 않고 있었다. 이미 우리가 월드컵에 진출했다고 믿었기 때문이다. 지금이 우리의 시간이라는 생각만이 내 머릿속을 채웠다. 나는 이미 이를 알고 있었다. 그 순간을 위해 살아왔기 때문이다. 무언가 특별한 일이 벌어지고 있었다. 달리치 감독은 누구도 예상치 못한 순간에 갑자기 우리 팀을 맡게 됐다. 그러나 이제 모든 것이 맞아떨어지고 있었고, 팬들도 다시 우리를 믿기 시작했다.

\*\*\*

그 시기, 레알 마드리드도 시즌 초반에 훌륭한 모습을 보여주고 있었다. 우리는 8월부터 강행군을 소화해야 했다. 우리는 단 8일 사이에 맨체스터 유나이티드를 상대로 UEFA 슈퍼컵을 치러야 했고, 이후에는 바르셀로나와의 스페인 수페르코파 1, 2차전이 기다리고 있었다! UEFA 슈퍼컵은 스코페에서 열렸다. 맨유의 벤치에는 나를 레알로 영입한 조세 무리뉴 감독이 앉아 있었다. 나는 앞선 여름 프리시즌 투어 도중에 동선이 겹친 무리뉴 감독과 미국 LA에서 만났다. 나는 마테오 코바시치와 베버리 힐스Beverly Hills에서 산책하던 도중 우리 쪽으로 다가오는 무리뉴 감독을 발견했다. 그는 다가와 나를 안아줬다. 우리는 웃으면서 즐겁게 대화를 나눴다.

스코페의 경기장은 내가 약 5년 전 크로아티아 대표팀과 함께 마케도니아를 꺾은 곳이었다. 이날 레알은 훌륭한 경기력을 선보였다. 우리는 이날 2-1로 승리했지만, 경기력으로만 따지면 훨씬 더 좋은 모습을 보였다. 우리는 시즌 첫 번째 우승 트로피를 차지했고, 이처럼 승리와 함께 시즌을 시작하는 것은 늘 긍정적인 일이었다. 우리는 이어진 엘 클라시코 두 경기에서도 성공을 이어갔다. 나는 3년 전 아틀레티코 마드리드와의 수페르코파 경기에서 퇴장을 당해 같은 대회의 1차전 경기에는 출전할 수 없었다. 그러나 레알은 1차전 원정 경기에서 3-1로 승리했고, 홈에서 열린 2차전 경기 또한 압도적인 모습으로 2-0 승리를 장식했다. 우리는 매우 오랜만에 바르셀로나를 압도하며 1, 2차전 합계 5-1로 승리했다. 그렇게 새 시즌을 시작하는 우리를 향한 기대가 더 커졌다.

그러나 정작 라리가에서 우리의 경기력은 들쑥날쑥했다. 우리는 전력상 한 수 아래인 하위권 팀들을 상대로 승점을 잃고 있었다. 10월이 되자 우리가 위기에 놓였다는 것이 확실해졌다. 우리는 토트넘을 상대한 챔피언스리그 2연전 첫 번째 경기에서 형편없는 모습을 보였다. 이날 우리는 힘을 잃은 모습으로 1-1로 비기는 데 그쳤다. 12일이 지난 뒤, 우리는 라리가 15위 지로나Girona에 1-2로 패했다. 이는 분명히 나쁜 징조였다. 우리는 3일 후 웸블리에서 또 패했다. 마우리시오 포체티노 감독이 이끄는 토트넘이 우리를 3-1로 완파했다.

내가 런던에서 친정팀 토트넘을 상대한 것은 그때가 처음이었다. 이제 토트넘의 홈구장은 과거 내가 활약했으나 이제 역사 속으로 사라진 화이트 하트 레인이 아니었다. 게다가 토트넘에서 나와 함께 뛰었던 동료 중 아직까지 남아 있는 선수는 대니 로즈Danny Rose뿐이었다. 토트넘을 떠난 지 약 5년이 지난 나는 예전처럼 강력한 유대감을 느끼지는 못했지만, 여전히 친정팀과 그들의 팬들을 존중했다. 우리는 특별한 인연을 맺은 사이다. 물론, 내가 토트넘을 떠난 방식은 만족스럽지 못했지만, 누구도 내가 그곳에서 4년간 활약하며 쌓은 추억을 지울 수는 없었다. 게다가 당시 나와 토트넘은 서로 성장을 거듭하던 시기에 함께한 사이다. 오늘날의 토트넘은 모든 면에서 빅클럽이 됐다. 그들에게는 새로운 최고의 홈구장이 있고, 최정상급 훈련 시설이 있으며 훌륭한 감독과 선수단이 있다. 팀 성적 또한 갈수록 좋아지고 있다. 내가 토트넘에서 활약한 2010년, 우리는 당시 처음으로 챔피언스리그 본선 진출에 성공했다. 그러나 이로부터 9년 뒤, 토트넘은 구단 역사상 처음으로 챔피언스리그 결승전에 진출했다. 이는 토트넘이 프리미어리그와 챔피언스리그에서 매 시즌 정상을 다투는 엘리트 구단의 반열에 올랐다는 증거다. 그들의 투자가 결실을 맺고 있었다. 토트넘이 유일하게 차지하지 못한 것은 프로젝트를 완성할 메이저 대회 우승 트로피였다. 나는 토트넘 구단을 위해, 그리고 그들의 팬들을 위해서라도 최대한 빨리 이 꿈이 현실이 되기를 바라고 있다.

우리는 2017년 12월 중순 또다시 FIFA 클럽 월드컵에 출전하기 위해 개최지 UAE로 날아갔다. 우리가 가장 먼저 상대한 팀은 까다로운 알 자지라Al Jazira였다. 그들이 41분에 선제골을 넣었지만, 우리는 54분에 나의 어시스트를 받은 크리스티아누 호날두가 동점골을 뽑아내며 승부를 원점으로 돌렸다. 81분, 가레스 베일이 승부를 결정짓는 골을 터뜨렸다. 이날 나는 맨 오브 더 매치로 선정됐다. 우리의 결승전 상대는 그레미우Grêmio였고, 그들과의 대결도 치열했다. 호날두가 53분에 프리킥으로 터뜨린 득점이 결승골이 되면서 우리가 우승을 차지했다. 심사위원단이 선정한 클럽 월드컵 최우수 선수는 바로 나였다. 1년 전 클럽 월드컵에서 실버볼을 받은 내가 1년 만에 골든볼을 수상한 것이다. 내가 커리어를 시작한 후 골든볼 수상은 이때가 처음이었다! 그때까지만 해도 나는 클럽 월드컵 골든볼을 시작으로 트로피 수상 행진을 이어가며 발롱도르까지 받게 될 줄은 상상도 하지 못하고 있었다. 나는 클럽 월드컵에서 내가 펼친 활약이 최고 수준이었다고 생각했고, 나의 경기력이 인정을 받았다는 데 만족했다. 이러한 개인상은 보통 공격수, 특히 골잡이에게 주어진다. 그래서 미드필더인 내가 이런 상을 받았다는 게 더 특별하다고 생각했다. 게다가 내가 클럽 월드컵 골든볼을 받은 2017년은 레알이 거의 60년 만에 더블을 달성한 해이기도 했다. 또한 나는 당시 최초로 챔피언스리그 베스트 11에 선정됐다. 이어 크로아티아가 우여곡절 끝에 2018 러시아 월드컵 본선을 확정한 해가 바로 2017년이었다. 그래서 나의 골든볼 수상은 더 달콤했다. 게다가 나는 그해 여름 즈드라프코 마미치의 재판에서 나의 증언을 두고 일어난 논란 탓에 큰 어려움을 겪기도 했다. 그 때문에 한동안 대표팀 은퇴까지 고민했지만, 결국 크로아티아의 주장이자 리더로서 더 많은 책임감을 짊어지겠다고 결정했다. 마지막으로 언급하게 됐지만, 더 중요한 것은 내가 2017년에 세 아이의 아버지가 됐다는 사실이다. 나는

UAE에서 마드리드로 돌아가면서 진정한 행복을 느꼈다. 그러나 크리스마스 휴식기를 앞두고 또다시 산티아고 베르나베우에서 열릴 바르셀로나와의 엘 클라시코가 다가오고 있었다.

## 추락을 해봐야 날 수도 있다

관중석은 꽉 들어찼다. 엘 클라시코는 라리가 시즌의 판도를 좌우할 경기였다. 바르셀로나는 우리보다 한 경기를 더 치렀지만 승점 8점 차로 우리를 앞서고 있었다. 우리가 FIFA 클럽 월드컵에 출전해야 했던 탓에 레가네스전이 2018년 2월 21일로 연기됐기 때문이다. 우리의 목표는 분명했다. 바르셀로나를 꺾고 그들과의 격차를 승점 5점 차로 좁혀야 했다. 그렇게만 한다면, 우리가 2월 레가네스전에서 이겼을 때 승점 2점 차로 바르셀로나를 추격할 수 있었다. 즉, 우리가 바르셀로나를 꺾어야만 치열한 우승 경쟁이 펼쳐질 수 있었다. 그러나 원하는 것을 늘 얻을 수는 없는 법이다. 우리는 매우 혹독한 방법으로 이 사실을 깨달아야 했다. 그날 경기는 보통 경기와는 달리 낮 1시에 열렸다. 원정 팀 바르셀로나는 54분에 선제골을 넣었고, 63분에는 다니 카르바할이 우리 페널티 지역 안에서 핸드볼 반칙을 범하며 사실상 승부가 끝나버렸다. 엘 클라시코의 승부만 끝난 게 아니라, 우리의 라리가 우승 도전도 여기서 끝난 셈이었다. 카르바할은 퇴장당했고, 바르셀로나는 메시가 득점하며 2-0으로 앞서 갔다.

우리는 승부를 뒤집기 위해 노력했지만, 오히려 바르셀로나는 후반전 추가 시간에 한 골을 더 넣었다. 크리스마스를 이틀 앞둔 이날 경기 결과는 우리의 기분마저 상하게 만들었다. 솔직하게 말하면 나는 이날 경기가 열리기 전부터 우리가 라리가 우승을 차지해도 큰 기쁨을 누릴 수 없을 것 같다는 느낌을 받았다.

나는 연말 휴가를 자그레브에서 보냈다. 앞선 2년간 소속팀 일정 탓에 연말과 새해를 크로아티아에서 맞이할 수 없었다. 당시에는 마테오 코바시치와 그의 아내 이자벨Izabel이 우리와 동행했다. 그러나 우리는 2년 연속으로 밤늦게까지 연말 파티를 즐기지는 않았다. 충분한 휴식을 취하며 곧 열릴 경기에 대비해야 했기 때문이다. 그러나 이번에는 크로아티아에서 2018년을 맞이하는 순간을 즐길 수 있었다.

우리는 가족과 친한 친구들과 함께 즐거운 시간을 보냈다. 나는 2018년에는 축구 선수로서 더 많은 성공을 이루기를 소망하고 있었다. 내가 과장해서 말하는 것처럼 들릴 수도 있겠지만, 나의 목표는 늘 최고가 되는 것이었다. 어린 시절 나는 크로아티아에서 프로 선수가 되어 실력을 증명하고 싶었다. 그러면서도 나는 언젠가 유럽 최고의 명문구단에서 가장 큰 대회 우승을 다투는 선수가 되고 싶다는 꿈을 꿨다.

나는 레알과 라 데시마를 이룬 직후에도 또다시 우승을 하겠다는 목표를 세웠다. 나는 기다리고 싶지 않았다. 그로부터 2년 뒤, 두 번째 챔피언스리그 우승을 차지한 나는 최초로 2년 연속 유럽 정상에 오르고 싶다고 생각했다. 나는 우리가 이러한 목표를 이룰 수 있다고 확신했다. 디나모와 토트넘을 거쳐 레알 마드리드, 크로아티아 대표팀에서 활약한 나의 커리어를 되돌아보면, 꿈은 그것을 감히 이룰 수 있다고 믿는 자들에게만 현실이 된다. 나는 이와 같은 태도와 꿈을 갖고 2018년을 맞이했다. 나는 모든 꿈을 현실로 만들겠다는 의지를 불태우고 있었다.

그러나 새해의 출발은 좋지 않았다. 우리는 셀타 비고 원정에서 2-2로 비겼고, 1주일 후에는 홈에서 비야 레알에 패했다. 라리가 순위표를 보면 우울함을 떨칠 수 없었다. 바르셀로나는 승점 16점 차로 선두를 달렸고, 우리는 4위로 내려앉았다. 심지어 우리는 아틀레티코 마드리드에 승점 7점, 발렌시아에 승점 5점 차로 밀려 있었다. 그러나 이마저도 최악의 상황은 아니었다. 우리는 곧 코파 델 레이 8강에서 레가네스에 패해 탈락했다! 그 모든 상황들이 나를 화나게 만들었다. 특히 코파 델 레이는 이미 라리가 우승과 멀어진 우리가 정상 등극을 노리며 조금이나마 위안거리로 삼아야 했던 대회였다. 게다가 우리는 8강 1차전 원정 경기에서 1-0으로 승리한 상태였다. 그러나 우리는 산티아고 베르나베우에서 열린 2차전 경기에서 망신을 당했다. 나는 레가네스의 훌륭한 성과를 무시하고 싶지 않다. 그들은 훌륭하게 싸워서 역사적인 결과를 만들어냈다. 그러나 우리는 1차전 원정에서 승리하며 유리한 고지를 점한 후 홈경기에 나섰다. 게다가 상대는 객관적인 전력에서 우리보다 한 수 아래였던 팀이 분명했다. 우리는 이와 같은 참사가 일어나게 해서는 안 됐다! 다시 한 번 안주하면 추락할 수밖에 없다는 진리가 증명된 셈이다. 종아리 근육에 문제가 있었던 나는 1, 2차전 경기에서 각각 약 20분간 활약하는 데 그쳤다. 나를 챔피언스리그의 더 중요한 경기를 위해 아껴두길 원했던 지네딘 지단 감독은 코파 델 레이에서 내게 휴식을 부여하겠다는 계획을 세운 상태였다.

레알이 부진을 만회할 수 있는 유일한 기회는 2월 14일 산티아고 베르나베우에서 열린 경기였다. 우리는 이미 코파 델 레이에서 탈락했고, 라리가 우승 경쟁에서도 밀린 상태였다. 우리가 우승할 수 있는 대회는 챔피언스리그가 유일했다. 이는 우리에게 마지막 기회이자 가장 중요한 대회이기도 했다. 대진 추첨 결과 우리는 16강에서 PSG와 만났다. 여론은 PSG의 우세를 점쳤다. 나는 이런 평가가 조금은 이상하다고 생각했다. 우리가 두 대회에서 우승을 놓친 데다 당시 경기력이 좋지 않았던 것은 맞지만, 선수단 구성은 전 시즌과 비교해 크게 달라지지 않았다. 특히 우리는 챔피언스리그 경험이 풍부한 팀이었다. 우리는 시즌 내내 경기력이 들쭉날쭉했지만, 챔피언스리그에서는 조별 리그를 통해 누구도 탈락시킬 힘이 있다는 것을 증명했다. PSG에도 특출 난 선수들이 있었다. 그들의 공격력은 환상적이었다. 킬리안 음바페Kylian Mbappé, 네이마르Neymar, 에딘손 카바니Edinson Cavani가 PSG의 공격진을 구성했다. 그러나 PSG는 막대한 투자를 하고도 아직 유럽 대회에서 트로피를 차지한 적이 없는 팀이었다.

1차전은 산티아고 베르나베우에서 열렸다. 우리는 시작부터 좋은 경기력을 바탕으로 두어 차례 득점 기회를 만들었다. 그러나 상대 골키퍼 알퐁스 아레올라Alphonse Areola가 좋은 선방을 보였다. PSG는 곧 반격을 시작했지만, 33분까지 양 팀 모두 골을 기록하지 못했다. 그때 아드리앵 라비오Adrien Rabiot가 수비 진영에서 공이 넘어오며 시작된 역습 기회를 살리며 득점에 성공했다. PSG가 1-0으로 앞서갔고, 아마 그때는 대다수 사람들이 레알의 탈락을 예상했던 것 같다.

만약 그렇다면, 그렇게 생각한 사람들의 착각이다! 우리는 경기 중 무슨 일이 일어나도 절대 포기하지 않는다. 토니 크로스가 45분에 페널티 지역 안에서 파울을 유도했고, 크리스티아누 호날두가 페널티킥으로 동점골을 기록했다. 이어 후반전은 마치 서로를 쓰러뜨리려는 헤비급 복싱 경기를 연상케 했다. 우리는 강도 높은 경기 리듬을 유지했고, 결국 83분에 호날두가 약간의 행운이 따른 역전골을 넣었다. 우리는 2-1로 앞섰고, 3분 후 마르셀루가 한 골을 추가하며 3-1로 승리했다. 훌륭한 경기이자 매우 중요한 승리였다!

우리는 승부가 아직 끝나지 않았다고 생각했지만, 우리가 더 촘촘한 진영을 유지하며 좋은 경기를 했다고 평가했다. 우리는 이미 라리가에서 상대해본 네이마르의 기술에 대해 알고 있었다. 하지만 음바페는 말 그대로 대단했다. 그는 아직 어린 선수임에도 강력하고 빠르고 저돌적인 선수였다. 2차전 원정 경기에서 나는 벤치에 앉았다. 나는 근육에 자주 문제가 발생하지는 않았지만, 이번만큼은 휴식이 필요했다. 구단 의료진의 소견도 확고했다. 나는 시즌 후반까지 빡빡한 일정을 정상적으로 소화하려면 한 달간 휴식을 취하며 몸상태를 완전히 회복해야 한다는 진단을 받았다.

나는 일주일 일찍 복귀했다. 이번에는 경기에 출전하지 않고 휴식을 취하는 게 나쁘지 않다고 생각했다. 곧 챔피언스리그의 매우 중요한 경기들을 치를 계획이었기 때문이다. 게다가 나는 월드컵에도 대비해야 한다고 생각했다. 휴식을 주문받은 나는 이 기회를 통해 숨을 돌리고 앞으로 다가올 일정을 위해 힘을 아껴두기로 했다. 나는 다시 한번 챔피언스리그에서 우승하고 싶었다. 이후 나는 러시아 월드컵에서 큰 성과를 내겠다는 목표를 세웠다. 늘 목표를 높게 잡는 편이지만, 2018년에는 특히 더 강한 목표 의식을 갖고 있었다. 마치 2018년이야말로 내가 원하는 목표를 다 이룰 수 있는 적기라고 생각했던 것 같다.

PSG는 2차전에서 이렇다 할 모습을 보여주지 못했다. 네이마르의 부상이 그들에게 큰 타격을 입혔다. 51분, 호날두는 루카스 바스케스Lucas Vázquez의 훌륭한 크로스를 득점으로 연결하며 우리에게 리드를 안겼다. PSG의 이날 경기력을 볼 때, 그들이 이 시점부터 최소 세 골을 넣고 경기를 연장전으로 끌고 갈 가능성은 없었다. 71분에 카바니가 문전 경합 상황에서 동점골을 넣었지만, 우리는 80분에 카세미루Casemiro가 강력한 슛으로 득점하며 다시 2-1로 앞섰다. 우리는 8강에 오를 자격이 있었다. PSG전 승리는 우리에게 2년 연속으로 타이틀 방어에 성공해 3년 연속 챔피언스리그 우승이라는 기적을 이룰 수 있다는 자신감을 심어줬다.

PSG전을 마친 우리는 에이바르를 상대로 원정에 나섰다. 나는 2-1로 이긴 이 경기에서 90분 풀타임을 소화했고, 호날두의 선제골을 돕는 어시스트를 기록했다. 지단 감독은 경기가 끝난 후 우리에게 짧은 휴가를 부여했다.

나는 바냐, 마테오 코바시치, 그의 아내와 함께 모로코 마라케시로 가서 시즌 마지막을 앞두고 재충전할 시간을 가졌다. 훈련이 반복되는 일상에서 잠시 벗어나게 된 것이 마치 신이 주신 선물처럼 느껴졌다. 우리는 모로코에서 즐거운 시간을 보냈고, 그곳에서 우연히 케일러 나바스와 그의 가족을 만나기도 했다. 나는 완전히 재충전된 상태로 마드리드로 돌아왔다. 당시 수많은 언론에서는 나를 시즌이 끝난 후 레알을 떠날 선수로 지목하고 있었다. 나는 그런 소문은 내게 악영향을 줄 수 없는 언론의 추측이라고 생각하고 크게 신경 쓰지 않았다. 그러나 이는 내가 레알에서 6년간 활약하며 처음으로 제기된 이적 가능성이었다. 현지의 몇몇 신문은 내가 레알을 떠날 가능성이 큰 이유는 나이 때문이라고 지적했다. 그러나 나는 체력적으로 여전히 우수한 선수였다. 그러나 언론은 늘 이야깃거리를 찾아야 한다. 레알이 어려운 시기를 거칠 때면, 구단이 곧 어떤 결정을 하게 될지에 대한 이야기가 늘 신문을 가득 메웠다. 오히려 나는 차분했다. 동시에 큰 동기부여를 얻었다. 휴식을 취하고 돌아온 나는 바로 훌륭한 경기력을 선보였다. 당시 내가 체력적, 정신적으로 재충전을 한 게 결정적인 요인이었다고 생각한다.

내가 어시스트를 기록한 지로나전에서 우리는 6-3으로 승리했다. 이후 대표팀 차출 기간이 시작됐고, 크로아티아 대표팀은 미국으로 날아가 페루와 멕시코를 상대하는 평가전 일정을 앞두고 있었다. 내가 부상에 이어 휴식 기간을 가져야 했던 만큼, 구단은 내가 미국으로 가지 않고 스페인에 남아 시즌 막바지 준비를 하기를 바랐다. 그러나 미국 원정은 크로아티아가 월드컵을 앞두고 진행하는 마지막 소집 일정이었다. 대표팀에 합류하는 것은 팀 사기를 위해서도 중요했다. 러시아에서 크로아티아가 큰일을 해낼 수 있다고 믿은 나는 미국 원정에 참여하고 싶었다. 나는 즐라트코 달리치 감독과 대화하며 미국 원정에 합류하고 싶다는 의사를 전달했지만, 최근 부상에서 복귀한 점을 간과할 수 없다는 점도 강조했다. 당시 상황을 고려했을 때, 미국까지 장거리 비행을 소화한 후 단 4일 만에 큰 체력 소모가 요구되는 두 경기에 나서는 것은 현명한 상황이 아니었다. 그래서 우리는 내가 미국 원정의 첫 번째 경기인 페루전만 소화한 후 마드리드로 돌아가는 게 최적의 방법이라는 데 동의했다. 달리치 감독은 나를 포함한 몇몇 선수가 비슷한 상황에 놓여 있다고 말했다. 나를 포함해 휴식이 필요한 선수는 페루전만 소화하게 한 후 각자 소속팀으로 돌려보내는 게 달리치 감독의 결정이었다.

미국 원정은 훌륭했다. 미국의 크로아티아 이민자들이 우리를 따뜻하게 환영해줬다. 우리는 마이애미 히트와 뉴욕 닉스의 NBA 농구 경기도 직접 관전할 수 있었다. 크로아티아 대표팀 선수 중 상당수는 NBA 팬이다. 또한 우리는 환상적인 운동선수이자 훌륭한 성품을 지닌 노박 조코비치Novak Đoković와도 만났다. 대표팀을 둘러싼 긍정적인 분위기 속에서 선수들이 운동장 안팎에서 어울리자 팀 사기는 더 단단해졌다. 우리는 그런 분위기 속에서 경기를 치렀다.

마이애미에서 열린 페루전에는 4만 6,000여 명의 관중이 운집했다. 그날은 페루가 더 좋은 팀이었다. 그들이 더 민첩했고, 빨랐다. 페루는 우리를 2-0으로 꺾었다. 그들은 매우 좋은 팀이었다. 당시 페루의 FIFA 랭킹은 11위였다. 쉽게 말해 그들이 우리보다 더 강했다. 늘 그렇듯이, 우리가 경기에서 패하자 크로아티아 언론에서는 위기론이 제기됐다. 페루전은 결과에 큰 의미가 없는 평가전에 불과했지만, 크로아티아 언론은 그 결과를 마치 매우 극적인 상황처럼 몰고 갔다. 달리치 감독이 페루전이 끝난 후 수바시치, 만주키치, 브로조비치, 칼리니치 그리고 나를 각자 소속팀으로 돌려보내자 여론이 더 들끓었다. 라키티치 또한 소속팀 바르셀로나로 돌아갈 계획이었지만, 그는 마음을 바꿔 대표팀에 남아서 멕시코전을 치르기로 했다.

몇몇 사람들은 마치 우리를 비난할 기회만 기다리고 있는 것 같았다. 내가 부상을 이유로 한 달간 결장한 후 이제 막 복귀해서 경기력을 회복했다는 것에 대해서는 아무 관심이 없어 보였다. 언론을 통해 온갖 이야기가 흘러나왔지만, 사실 나는 기자들이 어떤 말을 해도 그들의 비판을 공격적으로 받아들이지 않았다. 내가 받아들일 수 없는 것은 인신공격과 거짓말이었다. 만약 기자나 전문가가 특정 경기에서 나의 경기력이 형편없었다며 선수로서의 능력을 비판한다면, 나는·이에 개의치 않는다. 그들이 내가 원하는 대로 나를 평가하지 않는 것은 문제가 되지 않는다. 언론도 해야 할 일이 있는 만큼 나와 상반된 의견이나 분석을 하더라도 내가 받아들여야 할 부분이라고 생각한다. 그래서 그들이 내가 미국 원정 도중 팀을 떠난 점을 비판하며 이는 주장으로서 적절하지 못한 행동이라고 지적했을 때, 내가 군이 이에 답변해야 할 필요는 없다고 생각했다. 만약 내가 답변을 했더라도 이후 상황은 빤하게 흘러갔을 것이다. 한 가지 논란이 이어지면 또 다른 논란을 낳게 되기 때문이다. 그러나 크로아티아 대표팀의 몇몇 선수들이 소속팀으로 돌아간 동료를 공개적으로 비판한 점은 거슬린 게 사실이다. 그들은 달리치 감독이 우리와 합의한 후 이런 결정을 내렸다는 사실을 알고 있었다. 그래서 나는 그들이 무슨 의도로 그런 말을 했는지 이해가 되지 않았다. 나는 모두의 의견을 존중하지만, 이번 일에 대해서는 누구도 나를 비판할 권리가 없었다. 나는 13년간 크로아티아 대표팀의 유니폼을 입고 모든 차출 요청에 응했으며 군이 참석해야 할 의무가 없었던 상업적 행사에도 팀 사기와 팬들을 배려한 감독의 요청이 있을 때는 기꺼이 모습을 드러냈다. 나는 단 한 번도 특별대우를 요구한 적이 없었다. 나는 심각한 부상을 당했거나 수술 후 회복 중인 시기가 아니라면 늘 대표팀의 요구에 협조했다.

　나를 특히 더 실망하게 만든 것은 콜루카의 발언이었다. 그는 우리가 미국에서 만났을 때 나와 직접 대화할 수도 있었다. 그런데 그는 공식 기자회견에서 그런 이야기를 하면서 언론을 더 자극했다.

콜루카와 나는 친구다. 우리는 선수 생활 내내 서로에게 의지했으며 디나모, 인테르 자프레시치, 토트넘 그리고 대표팀에서 함께 뛰었다. 우리는 갈라놓을 수 없는 친구 관계를 맺고 있었다. 나는 그런 그가 이처럼 공개적으로 나를 공격할 거라고는 전혀 예상하지 못했다. 그는 누구보다 내가 소속팀과 대표팀을 위해 갖고 있는 책임감을 얼마나 중요하게 여기는지 아는 사람이다.

평소대로라면 나는 시간이 이 사건을 해결하게 내버려뒀을 것이다. 시간이 지나면 자연스럽게 해결되는 일들도 있기 마련이다. 그러나 이번에는 그렇게 할 시간이 없었다. 만약 팀 사기가 저하된 채 러시아로 가게 된다면, 이는 우리가 이루고자 하는 큰 목표에 도달하는 데 부정적인 변수가 될 수 있었다. 그래서 나는 월드컵으로 가기 전에 콜루카와 마주 앉아 대화를 하기로 했다. 그와 긴 대화를 나누고 모든 일을 의논하는 게 낫다고 판단했다. 그가 오해를 했다는 사실은 중요하지 않았다. 콜루카와 나는 그의 발언이 경솔했으며 부당했다는 데 동의했다. 그와 대화를 나눈 것은 좋은 결정이었다. 진정한 친구 사이에는 필요한 순간에 열린 마음으로 나누는 솔직한 대화가 꼭 필요하다. 나와 찰리(콜루카의 애칭)는 그런 관계를 맺고 있다.

나는 미국 투어에서 일어난 일에 대해 달리치 감독과도 대화를 나눴다. 그는 중요한 일이 있을 때마다 주장인 나를 포함해 대표팀에서 경험이 많은 선수들과 의논하는 방식을 선호했다. 미국 투어의 목적은 월드컵을 앞두고 전반적인 팀 전력을 끌어올려 분위기를 잡아주는 데 있었다. 그러나 오히려 미국 투어는 비판의 여지를 남기며 팀이 단합하는 과정에 해를 끼치고 말았다. 그 때문에 나는 달리치 감독이 멕시코전에서 승리한 후 남긴 공식 발언도 경솔했다고 생각한다. 백업 선수들을 위주로 치른 멕시코전에서 승리한 그는 대표팀에서 경험이 더 많은 선수들이 더 높은 기준을 세워줬으면 한다는 식으로 얘기했다. 그는 어린 선수들이 갈수록 발전을 거듭하고 있다면서 경험이 더 많은 선수들은 각자 팀 내 입지를 걱정해야 한다는 어조의 발언을 남겼다. 그러면서 달리치 감독은 누구도 이름값으로는 대표팀에서 자리를 차지할 수 없다고 말했다. 달리치 감독은 안테 레비치Ante Rebić가 이반 페리시치와의 주전 경쟁에서 우위를 점했다는 예를 들기까지 했다. 왜 그는 이렇게 지나친 발언을 갑작스럽게 한 걸까? 크로아티아가 4일 전에 경험이 많은 선수들 위주로 팀을 꾸렸지만 페루에 패했고, 어린 선수들 위주로 치른 멕시코와의 평가전에서는 이겼기 때문이었다.

나는 페리시치의 이름까지 공개적으로 언급한 달리치 감독의 발언에 크게 놀랐다. 페리시치는 능력을 증명한 선수이자 수많은 전투를 경험한 베테랑이며 힘이 넘치는 측면 공격수다. 그는 소속팀뿐만 아니라 대표팀에서도 이를 증명했다. 선수의 경기력은 절대로 매번 똑같이 유지될 수 없다. 모든 선수에게는 상승세와 하락세가 존재한다. 그러나 페리시치(우리는 그를 페리야Perija라고 부른다)는 항상 크로아티아 대표팀에 대단한 가치를 가져다주는 선수였다. 나는 달리치 감독에게 그의 발언에 놀랐다고 솔직히 말했다. 그러자 달리치 감독은 자신의 발언이 잘못된 의도로 해석됐다고 말했다. 그는 월드컵을 앞두고 선수들에게 동기부여를 제공하는 게 자신의 의도였다고 설명했다. 나는 그에게 미국 원정에 대한 부정적인 분위기가 조성된 것은 이러한 기사를 쓴 기자들이 아니라고 말했다. 기자들은 그들의 직업에 충실했을 뿐이다. 그들에게는 우리에게 질문을 던질 권리가 있다. 진짜 문제는 우리가 팀으로서 대중의 비판을 유도했고, 그를 통해 팀 분위기에 해를 끼쳤다는 것이었다. 개인적인 경험을 고려할 때, 그와 같은 분위기가 이어지면 러시아 월드컵에서 좋은 성과를 거둘 수 없을 가능성이 크다고도 말했다. 이후 달리치 감독은 러시아 월드컵을 준비하기 위해 대표팀이 소집된 자리에서 선수들과 매우 중요한 팀 미팅을 가졌다.

당시 나는 개인적으로도 신경 쓰이는 문제가 있었다. 월드컵을 앞두고 모든 오해를 풀고 싶었다. 만주키치와의 관계에서 문제를 겪고 있었기 때문이다. 우리는 그가 디나모에 합류한 2007년부터 함께 뛰었다. 우리는 디나모에서 1년간 호흡을 맞췄고, 지난 11년간 크로아티아 대표팀에서 함께했다. 마리오는 특별한 친구다. 가끔 그는 화가 나 있는 것 같아 보이지만, 대부분 늘 기분이 좋은 사람이다. 마리오를 잘 모르는 사람은 그가 항상 화가 났다고 생각할 수 있지만, 나는 그가 마음이 넓은 훌륭한 사람이라는 것을 알고 있다. 나는 처음 만난 순간부터 그가 마음에 들었다. 그런데 대다수 사람들에게는 마리오의 진짜 모습을 이해하는 데 시간이 필요했다. 나와 그는 대표팀에서 우여곡절을 함께한 사이다.

우리가 2014 브라질 월드컵 유럽 예선 플레이오프에서 아이슬란드 원정을 떠났을 때, 나는 경기를 앞두고 호텔 엘리베이터에서 만주키치와 마주쳤다. 나는 그에게 "가자, 마리오. 오늘 모든 것을 다 쏟아줘"라고 말했다. 이는 선수들끼리 팀 훈련이나 경기를 앞두고 흔히 주고받는 말이다.

그러나 내게 돌아온 만주키치의 답은 의외였다. "날 좀 가만히 둬! 너나 잘하라고."

나는 어쩌면 그가 그날 기분이 좋지 않았을 수 있다고 생각했다. 그러나 그는 마치 내게 악감정을 품고 있는 것처럼 보였다. 상식적으로 그의 그런 반응이 잘 이해가 되지 않았다. 우리는 늘 좋은 관계를 맺고 있었고, 자주 연락을 주고받았다. 그러나 이후 그와 나 사이에는 침묵이 흘렀다. 우리 사이가 냉담해진 것이다.

당시 상황을 내가 처음부터 알았다면, 나 또한 그때처럼 바로 다음 대표팀 소집 기간부터 그에게 즉흥적으로 반응하지는 않았을 것이다. 그러나 나는 마리오의 그런 반응을 공격적인 것으로 받아들였다. 강한 개성을 가진 두 사람이 충돌하게 된 셈이다. 그래서 무슨 일이 있었냐고? 아주 잠깐 충돌이 있었다! 솔직히 말하면 그때부터 그에게 미안한 감정이 있었지만, 먼저 사과하고 싶지는 않았다. 마리오도 마찬가지였다. 우리는 동료로서는 아무런 문제가 없었다. 운동장 위에서는 아무것도 바뀌지 않았다. 심지어 운동장 밖에서도 우리는 팀 미팅 등에서는 평소대로 소통했다. 그는 내가 첫 번째 챔피언스리그 우승을 차지했을 때 축하의 말을 건네기도 했다. 마리오는 바로 1년 전 바이에른에서 챔피언스리그 우승을 경험한 덕분에 내가 얼마나 기뻐하고 있는지 잘 이해하고 있었다. 즉, 그와의 다툼이 큰 문제는 아니었다. 대표팀은 가끔씩 소집되기 때문에 선수들의 관계가 동료들끼리 매일매일 만나는 소속팀과는 다르다. 대표팀은 매번 선수 구성이 바뀌고, 각자 다른 소속팀과 환경에 있는 선수들이 만나는 곳이다. 대표팀에서는 선수들의 태도도 다르고, 세대 차이도 존재한다. 그래서 비슷한 나이대 선수들끼리 더 잘 어울리는 게 사실이다. 그러나 대표팀에서는 국가대표 유니폼을 입고 나라의 영광을 위해 책임감을 나눠 가져야 한다는 마음을 공유하며 선수들이 단

합하게 된다. 마리오와 나는 이를 잘 이해하고 있었다. 이전까지는 나도 마리오와 밀접하고, 친근한 관계를 맺고 있었다. 그러나 그 사건 이후 그와 나의 관계가 달라졌다. 그러면서도 서로 아무 일이 없었다는 듯 지내고 있다는 사실이 내게는 늘 신경 쓰였다.

더 운명적인 것은, 만주키치가 2014년 여름 바이에른을 떠나 아틀레티코로 이적했다는 사실이었다. 우리는 같은 도시에 살게 됐지만, 각자 지역 라이벌 관계에 있는 두 팀에서 활약했다. 마치 과거에 크로아티아에서 뛸 때 각자 자그레브와 디나모 소속이었던 것과 비슷했다. 나는 만주키치가 이적했다는 소식을 접한 후 바로 그에게 연락하고 싶었지만, 그의 전화번호가 없었다. 나는 마리오처럼 전화번호를 자주 바꾸는 선수를 본 적이 없다! 나는 그의 전화번호를 따로 알아내서 문자를 보냈다. 나는 그에게 축하한다는 말을 건네며 마드리드에서 아파트를 찾고 있거나 다른 도움이 필요하면 언제든 연락하라고 말했다. 그는 내게 고맙다고 답장했고, 우리의 연락은 거기서 끝났다. 만주키치는 마드리드에서 단 한 시즌밖에 뛰지 않았다. 그러나 당시 레알과 아틀레티코는 무려 여덟 번이나 맞대결을 펼쳤다. 우리는 라리가, 수페르코파, 코파 델 레이, 챔피언스리그에서 각각 두 차례씩 격돌했다. 나와 만주키치는 네 경기에서 동시에 출전했다. 내가 밀라노에서 치른 대표팀 경기 도중 부상을 당해 나머지 경기에는 출전할 수 없었기 때문이다. 마리오가 아틀레티코에서 활약한 1년간 우리가 인사를 나눈 것은 그때 열린 네 경기가 전부였다. 우리는 대표팀에서도 딱 그 정도의 관계를 유지했다.

그러나 러시아 월드컵을 앞두고는 마리오와의 불편한 관계를 풀고 싶었다. 나는 러시아 월드컵이 우리 둘이 함께 출전할 마지막 월드컵이라는 것을 알고 있었다. 게다가 러시아 월드컵은 우리가 크로 아티아를 위해 큰일을 해낼 기회였다. 마리오는 경기장 안팎에서 크로아티아 대표팀의 가장 중요한 선수 중 한 명이었다. 그 또한 우리 모두와 마찬가지로 실수를 저지르곤 하지만, 그는 늘 정직했다. 어떤 면에서 보면 그와 나는 닮은 점도 있다. 우리는 둘 다 성격이 조금 내성적이고, 감정을 잘 표현하지 않으며 고집이 세다. 그러나 마리오는 내가 전쟁에 나가야 한다면 언제든 믿고 따를 수 있는 동료다. 마리오는 결과와 관계없이 늘 온 힘을 다하는 선수다. 마리오는 함께 경기에 출전하면 언제든 나를 든든하게 지켜줬으며, 나를 외면하는 법이 없었다. 그는 경기력이 떨어질 때를 제외하면 늘 제 몫을 해내는 선수였다.

나는 마리오와 대화를 나눌 적기를 기다렸다. 마리오에게 여전히 그를 좋은 친구로 생각하고 있으며 그동안 더 가깝게 지내지 못해 아쉽다고 말하고 싶었다. 나는 왜 우리가 지난 3년 동안 예전처럼 친구 사이로 지내지 못했는지 이유를 알고 싶었다. 우리 둘 다 러시아 월드컵이 함께할 수 있는 마지막 기회라는 것을 알고 있었고, 그 시점에 힘을 합치는 게 얼마나 중요한지 이해하고 있었다. 나는 마리오에게 우리는 강한 팀이며 지금이 바로 우리의 순간이라고 말해줬다. 우리는 열린 마음으로 대화를 나눴고, 결국 그동안 그와 나 사이에 존재했던 차가운 기운이 녹아내렸다.

마리오는 내게 "나는 너한테 화난 게 아니었어. 네가 나한테 화난 줄 알았지"라고 말했다. 나 또한 그에게 똑같은 말을 해줬다.

여기서 우리가 얻어야 할 교훈은 분명했다. 대화를 하지 않으면 좋은 관계도 무너질 수 있다는 사실이다. 무언가 거슬리는 일이 있다면 즉시 그 문제의 본질과 직면하는 게 현명하다는 뜻이다. 특히 사람과의 관계에 대한 문제라면 더욱 그렇다. 이후 나와 마리오 사이는 매우 긍정적인 에너지로 가득 찼다. 어쩌면 내가 상황을 과장하는 것처럼 들릴 수도 있지만, 오히려 나와 마리오의 관계는 더 끈끈해졌다. 오랜 시간 함께 우여곡절을 겪은 그와 나는 훗날 늙어서도 함께 나눌 이야기가 참 많을 것 같다.

## 트레블을 향한 질주

마드리드의 봄은 들쑥날쑥했다. 우리는 라리가에서 남은 11경기를 최대한 잘 마무리하기 위해 노력하며 6승 4무 1패를 기록했다. 우리가 진 유일한 경기는 세비야전 2-3 패배였다. 우리는 발렌시아를 제치고 라리가 3위로 올라섰다.

그러나 아틀레티코는 우리보다 승점 3점이 앞서 있었고, 라리가 3위는 레알에게는 큰 의미가 없었다. 그렇지만 우리의 경기력이 상승세를 타고 있다는 것은 시즌 마지막 엘 클라시코에서 증명됐다. 이날 경기는 UEFA 챔피언스리그 결승전을 약 3주 앞두고 열렸다. 캄프 누에서 열린 더비는 순위 싸움이 걸린 승부가 아니었지만, 엘 클라시코답게 강도 높은 경기가 전개됐다. 긴장감을 몸으로도 느낄 수 있을 정도였다. 바르셀로나는 두 차례 리드를 잡았지만, 우리는 두 차례 동점골을 뽑아내며 승부를 원점으로 돌렸다. 시즌이 끝날 무렵이 다가오면서 우리의 자신감도 점점 오르고 있었다.

챔피언스리그에서 PSG를 탈락시킨 우리는 또 한 번 유럽 정상에 오를 수 있다고 자신하고 있었다. 우리는 8강에서 유벤투스와 만났고, 1차전 원정 경기를 압도했다. 우리는 크리스티아누 호날두의 두 골과 마르셀루의 추가골 덕분에 유벤투스 원정을 3-0 대승으로 장식했다. 우리는 그동안 수백 골을 기록한 선수가 가장 화려한 골을 넣는 장면을 볼 수 있었다. 그게 바로 호날두였다. 그가 다니 카르바할의 크로스를 오버헤드 골로 연결한 장면은 말 그대로 완벽했다. 그 순간, 유벤투스와 같은 팀을 상대로 그런 골을 넣었다는 사실이 그 상황을 더 완벽하게 만들었다. 호날두는 오랜 시간 오버헤드킥으로 골을 넣겠다는 욕심을 품고 있었고, 드디어 이를 해냈다. 더군다나 그는 역대 최고의 골키퍼 중 한 명인 지안루이지 부폰을 상대로 오버헤드킥을 구사하며 기념비적인 골을 터뜨렸다. 골보다 더 아름다웠던 것은 토리노의 관중이었다. 경기장을 가득 메운 모든 사람들이 자리에서 일어나 긴 시간 동안 호날두에게 박수를 보냈다. 지금 그때를 돌아보면, 나는 호날두가 3개월 후 유벤투스로 간 이유가 그날의 경험 때문이라고 생각한다.

우리는 토리노에서 워낙 훌륭한 경기력을 선보이며 대승을 거둔 탓에 자만에 빠졌고, 그 때문에 2차전에서 대참사가 일어날 뻔했다. 우리는 당시 홈에서 어려움을 겪긴 했지만, 유벤투스를 상대로 그런 일이 일어날지 상상도 하지 못했다. 그러나 우리가 경기를 하루 앞두고 열린 타 팀 경기에서 불가능이란 있을 수 없다는 사실이 증명됐다. 바르셀로나는 1차전에서 로마를 4-1로 꺾은 후 2차전 원정에 돌입했다. 그러나 로마는 스타디오 올림피코Stadio Olimpico에서 환상적이면서 투쟁력 있는 경기력으로 세 골을 넣고 무실점 승리를 거둬 바르셀로나를 탈락시켰다. 엄청난 결과였다. 우리는 그것을 보고도 아무것도 배우지 못했다. 유벤투스는 우리를 상대로 용감하게 맞섰고, 경기 시작 2분 만에 선제골을 넣었다.

그 순간 나는 우리의 경기력을 생각할 때 곧 큰 문제가 일어날 것 같다는 느낌을 받았다. 결국, 유벤투스가 37분에 두 번째 골을 터뜨리며 나의 우려를 현실로 만들었다! 두 골을 넣은 유벤투스 선수는 나의 친구인 만주키치였다. 그는 우리를 지옥 문턱으로 몰아넣었다! 그는 헤더 두 번으로 두 골을 넣었고, 유벤투스는 두 골만 더 넣으면 대이변을 일으킬 수 있었다. 마리오는 레알을 상대로 골을 넣는 데 특별한 능력을 가진 선수다. 그는 레알을 상대로 12경기에서 5골 1도움을 기록했다. 이어 블레이즈 마튀디Blaise Matuidi에게 세 번째 골을 실점한 우리는 진짜 위기에 직면했다. 우리는 꼭 골을 넣어야 했다. 한 골만 더 실점하면 챔피언스리그 탈락이 확정적이었기 때문이다. 우리는 가진 모든 것을 쏟아붓기 시작했고, 경기 종료를 단 몇 초 남겨두고 페널티킥을 얻어냈다. 유벤투스 선수들은 분노를 참지 못했다. 특히 그들 중 가장 경험이 풍부한 부폰은 화를 참지 못해 결국 퇴장을 당하고 말았다. 유벤투스 선수들이 그렇게 반응한 것은 충분히 이해할 수 있었다. 그들이 거의 이변을 일으킬 뻔했었기 때문이다. 그러나 그날 주심의 판정은 옳았다. 페널티킥이 선언된 상황의 파울은 명백했다. 페널티 키커로 나선 호날두는 실수하지 않았고, 우리는 4강에 진출했다.

바이에른과의 4강 1차전은 뮌헨에서 열렸다. '우리' 안첼로티 감독은 이제 바이에른 벤치에 없었다. 그가 시즌 초반 경질됐기 때문이다. 안첼로티 감독을 대체한 인물은 유프 하인케스Jupp Heynckes 감독이었다. 하인케스 감독 또한 1998년 레알을 챔피언스리그 우승으로 이끈 '우리' 사람 중 한 명이었다. 하인케스 감독은 예전부터 바이에른에 수많은 우승 트로피를 선사한 지도자다. 바이에른이 마지막으로 챔피언스리그 우승을 차지한 2012-13 시즌에 그들을 이끈 것은 하인케스 감독이었다. 홈팀 바이에른은 알리안츠 아레나에서 요슈아 킴미히Joshua Kimmich가 28분에 선제골을 기록하며 앞서갔다. 그러나 우리는 높은 경기력을 유지했고, 마르셀루가 44분에 동점골을 터뜨렸다. 우리는 후반전 시작과 함께 부상당한 이스코를 대신해 교체 투입된 아센시오가 57분에 득점하며 2-1로 승부를 뒤집었다. 결국, 경기는 2-1로 종료됐고, 우리는 2차전 홈경기를 앞두고 크게 유리한 고지를 점할 수 있었다. 예전에도 홈에서 바이에른을 상대로 고전한 우리는 이번만큼은 실수를 반복하지 않겠다면서 매우 진지한 자세로 경기를 준비했다. 그럼에도 바이에른은 2차전 경기 시작 3분 만에 킴미히가 또 득점에 성공하며 리드를 잡았다. 우리는 또다시 위기를 맞을 것 같았지만 벤제마가 11분에 동점골을 기록했다. 이어 후반전 시작 직후 바이에른 골키퍼가 치명적인 실수를 범한 틈을 타 벤제마가 다시 득점에 성공하며 2-1 리드를 잡았다. 그러나 이후에도 바이에른은 파상공격을 펼쳤고, 우리는 긴장을 늦출 수 없었다.

오히려 경기는 정반대 분위기로 흘러갔다. 우리는 갈수록 더 큰 어려움을 겪었다. 경험과 능력을 겸비한 우리에게 왜 그런 상황이 계속 반복되는지 이유를 알 수 없었다.

산티아고 베르나베우의 팬들은 계속 우리를 응원해줬다. 팬들은 제 몫을 해준 셈이다. 그러나 우리는 유리한 고지를 점한 이런 상황에서 무리하며 골을 넣으려 하기보다는 경기 강도를 한층 낮춰 상황을 통제했어야 했다. 결국 우리는 다시 실점했다. 우리 팀에서 뮌헨으로 임대된 하메스 로드리게스가 63분에 동점골을 터뜨렸다. 이후에도 바이에른은 하메스 등이 몇 차례 기회를 더 잡았다. 우리에게도 기회가 있었지만, 경기는 2-2 무승부로 끝났다. 우리는 벼랑 끝까지 몰렸지만 결국 5년 사이에 네 차례나 챔피언스리그 결승전에 오르는 데 성공했다.

훌륭한 성과였다! 우리는 그런 업적을 이룰 자격이 있는 팀이었다. 이날 경기에서 심판 판정에 대해 불만이 있었지만, 주심이 레알에 유리한 판정을 했을 때는 유독 비난의 강도가 더 거셌다. 그러나 우리에게도 불리했던 판정이 여러 차례 있었다. 그러나 수많은 사람들은 주심의 판정이 상대 팀에만 불리했다고 믿고 있었다.

어찌 됐든, 우리는 또 결승전에 진출했다! 나는 불과 7개월 전 크로아티아와 승리를 자축했던 키예프로 돌아가게 됐다. 다만, 이번에는 레알 마드리드와 함께 키예프로 가서 역사 깊은 구단인 리버풀을 만나야 했다. 리버풀은 환상적인 전통과 위대한 레전드들의 우승 경력을 보유한 팀이다. 그들은 유러피언 컵과 챔피언스리그를 통틀어 다섯 번이나 우승 트로피를 안필드Anfield로 가져간 구단이다. 위르겐 클롭 감독이 이끈 리버풀에는 나의 친구 데얀 로브렌이 주전 수비수로 활약 중이었다. 로브렌과 리버풀은 환상적인 시즌을 보내며 챔피언스리그 결승 무대에 섰다. 그날의 경기는 모든 면에서 특별했다.

나는 이미 챔피언스리그 결승전을 세 번이나 경험해본 만큼 키예프에서는 전보다 덜 긴장이 됐다. 당연히 큰 기대를 하고 있었지만, 과거 경험 덕분에 감정을 조절할 수 있었다. 몇몇 선수에게는 이날 경기가 첫 번째 챔피언스리그 결승전이었다. 지네딘 지단 감독이 선수들의 가족이 보내는 영상편지를 보여주자 모든 선수들이 감동한 모습이었다. 그중에서도 챔피언스리그 결승전을 처음 경험하는 선수들은 특히 더 감정이 북받친 모습이었다. 이를 미리 예상한 지단 감독은 선수들의 동기부여를 위해 한 가지 영상을 추가로 준비했다. 그는 NBA를 지배하며 수많은 우승을 차지한 LA 레이커스, 시카고 불스, 보스턴 셀틱스의 전성시대가 담긴 영상을 보여줬다. 나는 NBA의 열렬한 팬이다. 또한 나는 NBA만큼이나 NFL도 좋아한다. 나는 뉴잉글랜드 패트리어츠New England Patriots와 훌륭한 쿼터백 톰 브레이디Tom Brady를 특히 좋아한다.

내가 가장 좋아하는 농구팀은 불스다. 나는 마이클 조던 때문에 불스 팬이 됐다. 그는 왕이다! 이외에도 무하마드 알리, 로저 페더러, 타이거 우즈 등은 각자 종목에서 위대한 업적을 세운 전설이자 챔피언이다. 나는 앞선 봄 크로아티아 대표팀의 미국 원정 기간에 나의 우상 중 한 명이자 NBA 우승 3회에 빛나는 마이애미 히트의 가드 드웨인 웨이드Dwyane Wade를 만났다. 우리는 유니폼을 교환한 후 한동안 어울리며 대화를 나눴다.

나는 웨이드가 유럽 축구에 대해 생각보다 관심이 많아서 놀랐다. 많은 사람들은 미국인들은 축구에 관심이 없다고 생각한다. 그러나 나는 영화배우 줄리아 로버츠Julia Roberts를 만나며 그런 편견이 사실이 아니라는 것을 알았다. 줄리아 로버츠는 남편 대니와 아이들과 함께 산티아고 베르나베우를 방문했다. 그녀는 당연히 영화계의 레전드다. 레알 선수들은 모두 그녀와 사진을 찍고 싶어 했다. 그러나 그녀도 우리와 마찬가지로 우리를 만난 것이 즐거운 모습이었다. 특히 그녀는 자신의 아이들이 레알 선수들과 만나 사진을 찍으며 즐거운 시간을 보내는 모습을 보자 더 기뻐했다.

지단 감독은 챔피언스리그 결승전을 앞두고 분명한 메시지를 전달했다. 위대한 선수들은 언제든 또 다른 우승을 차지하기 위한 새로운 동기부여를 찾아낸다는 게 그의 메시지였다. 위대한 선수들이 위대할 수 있는 이유는 바로 그 때문이다. 그들은 아무리 많은 승리를 거둬도 언제나 환상적인 경기력을 선보인다. 그들은 순수하게 승리를 즐기는 사람들이기 때문이다.

지단 감독은 경기 직전 우리에게 "피치로 나가서 즐겨라. 축구에서 즐거움을 얻어야 한다"고 말했다.

지단 감독은 전술적인 부분에서는 늘 그렇듯 단도직입적이었다. 그는 우리가 최대한 빨리 공격 방향을 전환하며 리버풀의 강한 압박에 대응하기를 바랐다. 리버풀은 높은 강도의 리듬을 유지하는 팀이다. 그 때문에 우리에게는 공을 빨리 움직여 그들의 수비 앞 선을 뚫고 상대 진영에 진입하는 게 매우 중요했다. 모든 준비가 끝났다. 우리는 역사에 남을 또 하나의 경기를 앞두고 있었다. 우리에게 그 결승전은 새로운 역사를 세워 레알 마드리드의 황금세대를 장식한 레전드가 될 기회였다.

우리는 그렇게 경기장에 입장했다. 이날 챔피언스리그 주제가를 부른 가수는 크로아티아에서 온 2인조 그룹 2첼로스2Cellos였다. 관중석이 가득 찬 결승전의 경기장 분위기는 황홀했다.

리버풀은 초반부터 인상적인 경기를 펼쳤다. 그들은 우리가 예상한 대로 빠르고 기술적이었다. 그들은 거칠었지만, 우리는 이를 잘 버텨냈다. 호날두와 벤제마가 그들의 수비진을 위협했고, 30분경에 매우 결정적인 사건이 발생했다. 이후 리버풀은 불리함을 안고 싸워야 했다. 모하메드 살라Mohamed Salah가 부상을 당해 교체돼야 했기 때문이다. 그에게는 불운했던 순간이었다. 그는 세르히오 라모스와 엉켜 쓰러지는 상황에서 왼쪽 어깨 부상을 당했고, 통증이 심해져 더는 경기를 소화할 수 없었다. 당시 라모스의 태클을 두고 많은 말이 오갔다. 사람들은 그가 의도적으로 살라를 다치게 했다고 말했다. 말도 안 되는 소리다! 어떤 축구 선수라도 당시 상황이 사고였다는 것을 알 것이다.

나는 살라가 교체된 후 우리가 더 수월하게 경기를 풀어갈 수 있을 줄 알았다. 그러나 이는 내 착각이었다. 우리는 단 6분 뒤, 카르바할을 잃었다. 그는 우리 팀 전술에서 매우 중요한 역할을 맡는 선수였다. 그는 또다시 결승전 도중에 부상을 당하고 말았다. 다니에게는 참 운이 따르지 않는다.

경기 상황은 갈수록 매우 복잡해졌다. 뜨거운 공방전이 이어졌고, 우리와 리버풀은 서로 더 유리한 쪽으로 승부를 끌고 가기 위해 신경전을 이어 갔다. 양 팀 모두 전반전에 득점 기회를 잡았다. 후반전 초반에는 벤제마가 리버풀 골키퍼 로리스 카리우스Loris Karius를 압박하며 수비수에게 공을 던져주려는 그의 실수를 유발했다. 공을 빼앗은 벤제마는 이를 유유히 골대 안으로 밀어 넣으며 선제골을 넣었다. 벤제마는 여우 같은 선수다. 상황을 인지하는 그의 능력은 늘 나를 놀라게 한다. 그러나 단 4분 뒤, 승부는 원점으로 돌아갔다. 제임스 밀너James Milner가 코너킥을 올렸고, 로브렌이 높게 뛰어올라 골대를 향해 헤더로 연결한 공을 사디오 마네가 달려들어 득점하는 데 성공했다!

61분, 지단 감독은 이스코를 제외하고 가레스 베일을 투입했다. 이로부터 3분 뒤, 베일은 개인적으로도 가장 아름다운 골이자 정말 중요한 골을 터뜨렸다. 마르셀루가 오른발로 올린 크로스를 가레스가 약 13~14미터 거리에서 훌륭한 오버헤드킥으로 골문 오른쪽 상단을 꿰뚫었다. 상대 골키퍼 카리우스가 손도 쓸 수 없는 멋진 골이었다. 결승골을 합작한 두 선수는 추가골도 함께 만들어냈다. 베일이 30미터 거리에서 강력한 중거리슛을 시도했고, 카리우스가 손을 가져다 댔지만 공은 손가락 사이를 스쳐 골망을 갈랐다. 베일이 자신의 두 번째 골을 자축하는 사이, 카리우스는 트라우마에 빠졌다. 그게 바로 축구다. 축구에서는 희열과 좌절이 늘 공존한다. 나는 카리우스에게 미안함을 느꼈지만, 우리가 역사적인 업적을 달성한 것은 당연히 기뻐할 일이었다. 챔피언스리그 3연패! 챔피언스리그를 2년 연속 우승한 팀도 없지만, 우리는 3년 연속 우승을 차지했다! 누군가 우리가 세운 기록을 깨는 날이 온다고 할지라도 그것을 달성하는 데는 상당한 시간이 걸릴 것이다. 누구도 우리가 쓴 역사를 바꿀 수 없다. 우리는 며칠에 걸쳐 3연속 우승의 환상적인 성취감을 만끽할 수 있었다.

나는 로브렌에게 다가가 위로의 말을 건넸다. 그는 크게 상심한 상태였다. 그러나 이후 나는 승리를 자축했다. 이미 챔피언스리그 우승을 경험했지만, 3년 연속 정상에 오른 기분은 대단했다. 우리 아이들이 운동장으로 내려와 나와 함께했다. 다음 날 우리는 마드리드에서 팬들의 환상적인 환대를 받았다. 축하연이 연이어 열렸고, 산티아고 베르나베우에서의 파티가 뒤를 이었다. 나는 그날 밤 도저히 잠을 잘 수가 없었다. 너무 흥분됐고, 많은 감정들이 몰려왔다. 피곤했지만, 잠을 잘 수가 없었다.

그 시즌의 유일한 아쉬움은 호날두였다. 우리가 아직 경기장을 떠나기도 전에 그는 자신이 레알 마드리드를 떠날 수도 있다는 힌트를 남겼다! 나는 그런 일이 일어날 수 있으리라고는 상상조차 하지 못했다. 처음 이 얘기를 들었을 때는 우승의 기쁨을 만끽하느라 크게 신경 쓰지 않았다. 처음에는 단순히 지나가는 일일 수 있다고 생각했다. 호날두가 순간적으로 기분이 안 좋았기 때문일 수도 있다고 생각했다. 나는 당연히 모든 일들이 괜찮아질 줄 알았다. 그렇지만 챔피언스리그 우승을 자축하는 자리에서 그런 말이 나온 데는 분명한 이유가 있었을 것이다.

이후 호날두는 끝내 레알을 떠났다. 그리고 놀라운 일은 그게 다가 아니었다.

Chapter 9

# 러시아 월드컵

마드리드의 집에서 매일 아침 일어나면 마치 마법 같은 광경을 보고 있는 것만 같다. 내가 지내고 있는 라 모랄레하는 거의 매일 따뜻한 햇빛이 내리쬐고, 매우 조용하다. 앞마당에 앉아서 무럭무럭 자라는 식물을 바라보며 새소리를 들으면 기분이 좋아진다. 이바노와 에마는 집에 있을 때 날씨가 좋으면 자주 수영장 안으로 뛰어든다. 그럴 때면 조용하던 우리 집은 곧 웃음소리, 울음소리, 아이들이 떠드는 소리로 가득 찬다. 아이들이 걱정 없이 뛰노는 모습을 보는 것만큼 아름다운 풍경은 없다. 그래서 나는 집에서 보내는 시간이 정말 즐겁다.

어느 아침, 평소처럼 아침을 보내던 바냐와 나는 그동안 우리의 삶을 되돌아보며 미래에 대해 생각해봤다. 우리는 어떻게 지금 모습으로 살게 됐는지에 대해 자주 대화를 나누곤 한다.

나는 우리가 늘 서로 대화를 나눈다는 점이 훌륭한 관계를 유지하는 데 큰 도움이 된다고 생각한다. 우리도 항상 서로를 이해하는 것은 아니다. 서로 다른 생각을 할 때도 있고, 언성을 높이며 다투기도 한다. 이것은 결혼 생활의 일부다. 만약 그렇지 않고 늘 같은 생각만 한다면, 우리의 삶은 정말 지루할 정도로 단조로웠을 것이다! 바냐와의 대화는 내게 큰 의미가 있다. 그녀에게 내가 마음에 들지 않는 것을 털어놓을 때도 있고 좋은 이야기를 나눌 때도 있다. 가끔은 바냐가 하는 이야기를 듣기만 하는 것이 더 도움이 될 때도 있다. 그녀가 나보다 더 잘 아는 것에 대해 이야기할 때는 특히 더 그렇다.

가끔 내가 축구나 다른 일에 대해 불만을 털어놓을 때 바냐가 듣고만 있어도 큰 도움이 된다. 그러나 대부분 우리는 즐거운 주제에 대한 대화를 한다.

나는 UEFA 챔피언스리그 우승을 차지한 이틀 뒤에, 긴장을 풀고 지금까지 있었던 모든 일들을 돌아볼 기회를 가졌다. 한동안 흥분됐던 기분이 가라앉자 꼭 필요했던 잠을 푹 잘 수 있었다. 키예프에서 열린 챔피언스리그 결승전에 출전했던 그날, 크로아티아 대표팀은 러시아 월드컵을 준비하기 위해 자그레브에서 전지훈련을 시작했다. 챔피언스리그 결승전에 출전한 데얀 로브렌, 마테오 코바시치 그리고 나는 즐라트코 달리치 감독과 합의해 5월 31일 로빈Rovinj에서 대표팀에 합류하기로 했다. 우리에게는 시즌 마지막 경기인 챔피언스리그 경기를 치른 후 며칠간의 휴식이 필요했다. 솔직하게 말하면, 몸이 피곤했던 것은 아니다. 나는 시즌 도중이었던 지난 봄에 부상을 당해 약 한 달간 쉴 수 있었다. 그 덕분에 나는 체력 부담이 가장 극심한 시점에도 최고의 경기력을 유지할 수 있었다. 게다가 나는 네 번째 챔피언스리그 우승을 차지하면서 매우 긍정적인 에너지로 가득한 상태였다. 나는 과거 알프레도 디 스테파노가 활약한 시절의 레알 마드리드가 60년이 지난 후에도 회자되듯 나 또한 훗날 레알 마드리드 황금세대의 일원으로 여겨질 선수가 됐다는 것을 알고 있었다.

일부 스페인 언론과 레알 팬들은 우리가 챔피언스리그 우승을 차지하기 전부터 우리의 성공을 자신하며 현재 선수들이 황금세대라고 평가했다. 그런 평가를 듣는 것은 기분 좋은 일이었다. 레알은 2012년에 나를 영입한 후 12번째 우승 트로피이자 3년 연속 챔피언스리그 우승을 차지했고, 코칭스태프와 선수단의 능력을 증명하며 역사적인 업적을 세웠다. 그래서 키예프에서 결승전을 마친 후 내가 느낀 기분은 정말 특별했다. 앞으로 무슨 일이 생기더라도 내가 레알로 이적할 때 세운 목표를 다 이뤘다는 사실에는 변함이 없었기 때문이다.

나는 2012년 레알에 합류한 시점부터 레알과 함께 우승 트로피를 차지할 수 있다는 확신이 있었다.

레알은 그런 높은 목표를 지향할 수 있는 구단이다. 그러나 그 점을 감안하더라도 우리가 그렇게 많은 트로피를 차지하고, 내가 이렇게 큰 자부심을 느낄 것이라고 예상한 사람이 얼마나 있었을까. 내가 로스 블랑코스 유니폼을 입고 15번 이상 우승을 차지할 수 있다는 것을 꿈에서라도 예상한 사람이 있었을까? 레알에 처음 합류했을 때, 누군가 나에게 앞으로 이 정도로 많은 우승을 차지할 수 있다고 미리 말해줬더라도 나는 그 말을 믿지 않았을 것이다. 그러나 나는 그 모든 것을 해냈다. 그래서 이제는 내가 그 모든 것을 해낼 능력이 있는 선수라는 것을 알게 됐다.

그래서 바로 그날 아침, 나와 바냐는 엄청난 자부심과 즐거움을 만끽하며 마드리드의 우리 집 테라스에 앉아 그동안의 대단한 여정을 되돌아봤다. 그때 나는 순간적으로 바냐에게 "바냐, 지금 나는 몸 상태도 너무 좋고, 동기부여도 너무 확실해서 월드컵에서 누구든 다 꺾을 수 있을 거 같아!"라고 말했다.

그러자 바냐는 마치 "그런 자신감은 어디서 나오는 거야?"라고 묻는 듯한 호기심이 가득 찬 표정으로 나를 쳐다봤다. 그러나 그 질문에는 의미가 없었다. 나는 그때까지 내가 가진 모든 것을 다 쏟아서 여기까지 왔기 때문이다. 나는 "그냥 내 느낌이 그래. 꽤 오랜 시간 그렇게 생각했어. 나는 크로아티아가 어떤 대회에서라도 우승을 차지하길 바라거든. 지금까지 그렇게 하지 못해서 가슴속이 타들어 가는 것만 같았어. 예전에는 우리가 조별 리그만 통과해서 16강에만 오르면 만족할 수 있다고 생각했는데, 이번에는 월드컵을 우리의 대회로 만들 수 있을 것만 같아. 왜인지는 모르겠지만 그냥 그렇게 될 것 같아"라고 말했다.

만약 내가 나를 잘 알지 못하는 사람에게 이런 말을 했다면, 그 사람은 내가 챔피언스리그 우승 파티에서 마신 술 때문에 제정신이 아니라고 생각했을 수도 있다! 그러나 절대 이룰 수 없을 것만 같은 목표를 내가 어떻게 해서든 달성할 수 있다고 믿을 만한 단 한 사람이 있다면, 그게 바로 바냐였다. 그래서 내가 그 말을 했을 때도 바냐는 손을 가로젓거나, 망상에서 깨어나라는 말을 하지 않았다. 내가 크로아티아와 큰 대회를 앞두고 그 정도로 강한 의지를 보인 것은 바냐에게도 신선한 일이었을 것이다. 그러나 그녀는 늘 그랬듯 그저 나의 바람이 현실이 되기를 기원하고 있었다.

나는 마드리드에서 가족과 3일간 휴가를 보내며 에너지를 재충전했다. 이후 나는 최소 몇 주간 가족 곁을 떠나야 했다. 나는 이 몇 주가 우리의 월드컵 성적에 따라 한 달 이상이 될 수 있다고 생각했다. 가족과 떨어져 있는 것은 늘 쉽지 않은 일이지만, 나는 에너지와 기대감이 최고조에 달한 상태로 크로아티아가 캠프를 차린 로빈에 도착했다. 하루빨리 대표팀 동료들과 함께하고 싶었다. 로빈으로 가기 전 크로아티아 대표팀 동료들과 대화를 나눌 때마다 예전에는 경험해본 적 없는 에너지를 느낄 수 있었다.

그러나 크로아티아로 이동한 직후, 지네딘 지단 감독이 레알 마드리드를 떠난다는 소식을 접하고는 오직 러시아 월드컵에 고정됐던 생각이 흔들리기 시작했다! 충격을 받았다는 말로는 당시 내 심정을 다 설명할 수 없을 정도였다. 호날두가 떠나는 게 확정된 마당에 또 다른 충격적인 소식이 레알의 모든 사람들을 놀라게 만들었다. 전화기가 폭발할 지경이었다. 나는 세르히오 라모스, 마테오 코바시치, 1군 지원을 담당하는 하비에르 콜Javier Coll 등 많은 사람과 대화를 나눴다. 우리는 모두 충격에 빠져 있었다.

지단 감독과의 결별 소식은 월드컵을 앞둔 나의 기분을 망쳐버렸다. 나는 지단 감독이 떠나는 게 슬펐다. 우리는 처음 만났을 때부터 관계가 좋았고, 나는 그의 조언과 신뢰가 나를 더 좋은 선수로 만들었다고 확신한다. 게다가 그는 훌륭한 인품을 가진 사람이기도 하다. 나는 그를 단순히 감독이 아닌 롤모델로 바라봤고, 그에게 더 많은 것을 배울 수 있다고 생각했다. 그처럼 카리스마가 강한 감독과의 인연이 끝나는 것을 받아들이는 것은 어려운 일이었다. 다행히도, 우리와 지단 감독의 관계는 거기서 끝나지 않았다.

## 러시아 월드컵을 위한 준비

나는 5월 31일 로빈에서 크로아티아 대표팀에 합류했다. 내가 도착했을 때 동료들은 스타디온 발브루나Valbruna Stadion에서 훈련 중이었다. 우리는 운동장에서 인사를 나눈 후 곧바로 훈련을 시작했다. 팀 훈련 내용을 세세히 다 열거하지는 않겠다. 그러나 내가 확실하게 말할 수 있는 것은 러시아 월드컵을 준비하는 과정에서 우리의 전술, 체력, 기술 훈련은 최정상급에 도달한 상태였다는 것이다. 러시아 월드컵은 나의 여섯 번째 메이저 국제대회였다. 나는 2006년부터 크로아티아 대표팀에서 활약하며 세 차례의 유로, 두 차례의 월드컵을 경험한 상태였다. 그중 우리가 거둔 최고 성적은 오스트리아와 스위스가 공동개최한 유로 2008과 프랑스에서 열린 유로 2016 8강 진출이었다. 우리는 그 두 대회에서 조별 리그를 통과했다. 그러나 우리는 각각 터키, 포르투갈에 덜미를 잡히며 더 높은 곳으로 오르지 못했다. 크로아티아는 2006 독일 월드컵과 2014 브라질 월드컵에서는 조별 리그에서 탈락했고, 2010 월드컵에는 아예 본선 진출조차 하지 못하는 최악의 성적표를 받아들여야 했다.

즐라트코 달리치 감독도 여러 방면에서 데뷔를 앞두고 있었다. 그는 현역 시절 크로아티아 대표팀에서 활약하는 영광을 누리지 못한 감독이었다. 그에게는 감독이 된 후에도 하이두크나 디나모처럼 크로아티아의 빅클럽을 지도할 기회가 없었다. 그러나 그는 스스로에 대한 확신과 강한 자신감을 가지고 우리를 준비시켰다. 나는 달리치 감독이 크로아티아를 이끌게 됐다는 데서 느낀 그 자신의 즐거움과 그가 보여준 젊은 패기가 우리 팀에 큰 영감을 준 결정적인 요인이라고 생각한다. 물론, 선수들도 큰 대회를 앞두고는 늘 강한 의지와 열정을 보여줬지만, 이번에 느낀 분위기는 좀 더 특별했다. 예전의 우리는 공개적으로 좋은 성적을 낼 수 있다는 자신감을 내비쳤다. 그러나 우리는 이번만큼은 그 어느 때보다 자신감이 컸지만, 이를 특별히 말로 드러내지 않았다.

나는 그런 분위기가 조성된 데는 선수의 심리 상태를 잘 준비할 줄 아는 달리치 감독의 능력이 중요한 역할을 했다고 생각한다. 선수들은 전지훈련 초반부터 좋은 관계를 맺고 있었다. 많은 일들이 착착 맞아떨어졌고, 우리는 러시아 월드컵이 우리의 시간이라는 믿음을 가질 수 있게 됐다. 또 다른 결정적인 요인은 대중과 팬들의 응원이었다. 우리는 월드컵 유럽 예선 플레이오프에서 만난 그리스와 자그레브에서 경기를 치른 직후부터 마치 1998 프랑스 월드컵의 '동메달 세대'가 그랬듯이 엄청난 응원을 받으며 큰 힘을 얻을 수 있었다.

달리치 감독은 팀 분위기를 긍정적으로 유지하기 위해 많은 노력을 기울였다. 우리가 로빈, 오파티야Opatija에서 진행한 전지훈련 일정도 매우 잘 준비된 상태였다. 훈련과 휴식이 적절한 수준으로 분배됐다. 내게는 오파티야에 머물렀던 어느 밤이 유독 기억에 남는다. 우리는 저녁 식사를 위해 외출했고, 정말 완벽한 시간을 가질 수 있었다. 그날이 우리가 처음으로 외부에서 함께 저녁 식사를 한 날이었냐고? 당연히 아니었다. 무언가 특별한 행사가 진행됐느냐고? 그것도 당연히 아니었다. 그러나 우리는 그날 더 단단한 팀이 될 수 있었다. 우리는 그날 밤 모든 시간을 함께 보냈다. 누구도 자리를 떠나거나 잘 어울리는 몇몇 선수끼리 따로 시간을 보내거나 하지 않았다. 내 생각에 더 중요했던 것은 모두가 그 모임에 대해 형식적으로 대응하지 않고, 진심으로 모두 함께 시간을 보내기를 원했고 또 그렇게 하기 위해 노력했다는 사실이다.

월드컵을 앞둔 평가전에서 만난 상대 팀도 우리에게 훌륭한 도움이 됐다. 브라질과의 경기는 언제나 큰 기대가 된다. 이는 팀 전력이 어디까지 올라왔는지 가늠해보기 딱 좋은 기회이기도 하다. 우리는 약 60분간 높은 수준의 경기력을 보였다. 그러나 마지막 30분간 열세를 드러내며 브라질에 0-2로 패했다. 그러나 우리의 경기력은 충분히 월드컵에서 기대를 걸어볼 만한 수준이었다.

우리는 세네갈과의 평가전에서 아프리카 팀들은 좋은 경기를 펼칠 수 있게 내버려두면 매우 위협적인 상대가 될 수 있다는 것을 깨달았다. 월드컵 본선에서 아르헨티나, 나이지리아를 상대해야 하는 우리에게는 브라질과 세네갈을 상대로 평가전을 치른 경험이 대회를 준비하는 데 큰 도움이 됐다. 우리는 2-1로 승리한 세네갈전을 슬라보니아의 오시예크에서 치렀다. 그날 경기장을 찾은 팬들은 크로아티아의 모든 국민이 우리 뒤에서 선수들을 믿고 지지하고 있다는 것을 느끼게 해줄 정도로 훌륭한 응원 열기를 보여줬다. 그런 분위기는 러시아로 떠나는 우리에게 매우 긍정적인 자극제가 됐다.

월드컵 준비 기간 중 중요했던 또 하나의 순간은 달리치 감독이 오파티야에서 진행한 팀 미팅이었다. 그 미팅은 우리가 브라질과의 평가전을 치른 리버풀에서 돌아온 후에 진행됐다. 안필드에서 '니콜라 칼리니치 사건'이 시작됐기 때문이다. 사건의 발단은 이렇다. 칼리니치는 브라질전 선발 명단에서 제외된 사실을 알게 된 뒤, 자신이 등 부상을 당했다고 보고했다. 달리치 감독은 칼리니치가 브라질전에 출전하지 못해 자존심이 상해 부상을 핑계로 삼았다고 확신하고 있었다.

"팀이 먼저다. 크로아티아의 성공이 개인의 이익보다 우선이다. 너희들 모두가 이 사실을 이해해야 한다. 그것만이 우리가 성공할 수 있는 유일한 방법이다. 우리는 하나로 뭉치면 큰일을 해낼 수 있다. 이곳에 있고 싶지 않거나 주어진 시간이 단 1분, 5분, 10분이라도 팀을 도울 준비가 되지 않은 사람이 있다면 지금 당장 말해라. 우리에게 필요한 것은 긍정적인 힘이지 내부적인 신경전이 아니다."

달리치 감독은 이렇게 말하며 '규율을 어기는 행동'을 절대로 허용하지 않겠다는 뜻을 확실하게 전달했다.

나는 니콜라와 대화를 나눴고 우리는 함께 물리 치료를 받았다. 그는 자신의 팀 내 입지에 대해 불평했다. 그는 스스로 좋은 경기력을 유지하고 있는 만큼 팀 내 다른 공격수들과의 주전 경쟁에서 자신이 앞서야 한다고 믿고 있었다. 나는 그의 말을 다 들은 뒤, "팀을 위한 최선의 선수를 출전시키는 권한은 감독에게 있잖아. 만주키치는 괴물 같은 선수야. 유벤투스에서 좋은 경기력을 보여줬고, 90분 내내 논스톱으로 쉬지 않고 뛰니까. 만약 네가 지금 이 상태로 월드컵에서 뛸 준비가 되지 않았다면, 나는 네가 솔직하게 얘기하고 확실한 의사 표현을 해야 한다고 생각해"라고 말해줬다.

니콜라는 곧 긍정적인 답변을 내놓았다.

"쉽지 않은 상황이야. 내가 마리오와 경쟁해야 한다는 것은 알고 있어. 그가 주전 경쟁에서 앞서 있다는 사실도 알고 있고. 나도 인내심을 발휘할 거야. 이미 이곳에 왔으니까 최대한 팀에 도움이 되도록 노력할 거야."

나는 곧 그 문제가 해결될 수 있다고 믿었다. 당시 나는 우리의 준비 과정과 관련된 모든 상황에 대해 긍정적이었다. 당시 나와 함께 동료들로부터 '국회의원들'이라는 별명으로 불린 콜루카, 만주키치, 라키티치, 수바시치, 로브렌, 비다의 눈에서 불이 활활 타오르는 모습을 보았기 때문이다. 마치 우리는 서로에게 "친구들, 이번이 우리의 마지막 기회야. 이 기회마저 망치지 말자"라고 얘기하고 있는 듯했다. 그러나 누구도 그런 말을 직접 하지는 않았다. 오히려 나는 스스로의 역할에 집중했다. 나는 나 자신에게 "네가 모든 면에서 주장다운 역할을 해야 해. 동료들을 격려하고, 팀을 위한 본보기가 되고, 모두가 온 힘을 다할 수 있도록 동기부여를 제공하는 리더가 돼야 해. 누군가 불만이 있다면 얘기를 들어줘야 하지만, 팀에 부정적인 영향을 미치는 누군가가 있다면 당장 그런 행동을 멈추라고 말할 수 있는 주장이 돼야 해" 하고 다짐했다.

내가 그런 역할을 할 수 있었던 데는 달리치 감독의 영향이 매우 컸다. 우리는 우크라이나에서 만난 첫날부터 좋은 감독과 주장의 관계를 맺을 수 있었다. 우리는 많은 대화를 나눴다. 그는 모두가 자신의 지시에 순종하기 바라는 감독이 아니었다. 그는 경험 많은 선수들의 의견을 수렴해 자신이 최종 결정을 내리는 감독이다. 앞서 이야기했듯이, 나는 13년간 크로아티아 대표팀에서 활약하며 팀 사기를 끌어올리는 게 감독의 가장 중요한 역할이라는 생각을 하게 됐다. 시즌 중 진행되는 짧은 대표팀 차출 기간에 전술적인 해결책을 찾는 것은 어려운 일이다. 게다가 대표팀처럼 소집 기간이 짧은 환경에서 선수들에게 소속팀에서 요구되는 조직력을 주문하는 것은 가혹하다. 그렇게 해서는 짧은 시간 안에 원하는 효과를 낼 수 없기 때문이다. 대표팀에게 가장 필요한 것은 드레싱룸에서 선수들이 최적의 조화를 이룰 수 있게 해주고, 당장 치러야 할 경기에 가장 적합한 포메이션을 구성한 뒤, 긍정적인 접근 방식으로 선수들의 사기를 끌어올리는 것이다. 달리치 감독은 그런 역할을 해내는 데 성공했다. 우리는 우크라이나와의 월드컵 유럽 예선 경기에서 기사회생한 후 플레이오프에서 그리스를 대파한 순간부터 달리치 감독이 뿜어내는 긍정적인 힘을 느낄 수 있었다. 선수들이 그를 따르는 이유도 그 때문이었다.

달리치 감독이 결단력이 부족하다고 지적하는 사람들도 있었다. 그가 우리를 이해하려고 노력했다는 이유만으로 감독이 선수들의 요구사항에 지나치게 신경 쓴다는 지적도 있었다. 나는 그동안 우리가 과거 감독들이 마음에 들지 않았을 때 그들을 적대시하며 경질을 유도했다는 이야기를 수없이 많이 들어야 했다. 마치 모든 것을 다 알고 있는 것처럼 행동하는 사람들은 팀 내부에도 존재했다. 그들은 이런 일을 꾸미는 사람으로 나를 지목했다. 그 사람들은 이처럼 얄팍한 이야기를 꾸며내 퍼뜨리면 마치 그런 소문이 사실이 될 수 있다고 생각한 것 같다. 나는 오래 전부터 그런 거짓말과 터무니없는 이야기에 익숙해져서 아예 신경 쓰지 않는 방법을 터득했다. 나는 레알에서나 크로아티아 대표팀에서나 누군가가 의견을 구하면 늘 솔직하게 대답했다. 나는 아무것도 숨길 게 없는, 열린 대화를 좋아하는 사람이다.

달리치 감독도 그랬다. 그는 솔직하고 열린 사람이다. 그는 주장인 나에게 의견을 물었지만, 나뿐만 아니라 만주키치, 콜루카, 라키티치, 수바시치, 로브렌, 비다처럼 경험 많은 선수들도 똑같이 대했다. 그는 다른 선수들과도 개별적으로 대화를 나눴고, 팀 전원이 참석하는 미팅도 진행했다. 이후 그는 스스로 최선의 결정을 내렸다. 그는 우리의 아이디어를 받아들일 때도 있었지만, 그렇지 않을 때도 있었다. 가장 중요한 것은 늘 최종 결정을 내린 사람은 달리치 감독이었다는 점이다. 감독이 최종 결정권자가 되는 것이 당연했기 때문이다.

달리치 감독은 세네갈전을 마친 후 우리에게 며칠간 휴식을 부여했다. 나는 그 시간을 활용해 마드리드로 날아갔다. 한동안 가족을 만날 수 없다는 것을 알았기 때문이다. 나는 가족을 만날 수 없는 시간이 힘들 수밖에 없다는 것을 알면서도, 그들을 7월 중순까지 만날 수 없게 되기를 소망했다. 나는 내가 마드리드를 다시 떠나는 날 이바노의 생일 파티를 준비한 바나에게도 그렇게 얘기했다.

우리는 6월 10일 자그레브에서 소집됐다. 그날 밤, 나는 여섯 번째 올해의 선수상 시상식에 참석했다. 3일 전, 나는 부코바르Vukovar에서 열린 시상식에서 크로아티아 축구협회가 주관하는 올해의 선수상을 받았다. 이 상은 크로아티아 1부 리그 선수들과 감독의 투표로 선정됐다.

우리의 '러시아 상륙 작전' 준비는 다음 날 아침 막바지에 돌입했다. 우리는 공항에 모였고, 모두 한층 기대에 부푼 모습이었다. 이곳에 모인 우리는 모두 최대한 빨리 목적지에 도착해 더 편한 트레이닝복으로 갈아입고 싶어 했다. 우리는 최고급 재질의 단복을 입고 있었지만, 축구 선수들은 '일할 때 입는'옷을 입었을 때가 가장 편안하다. 그래서 우리는 달리치 감독에게 비행기 안에서는 단복이 아닌 트레이닝복을 입을 수 있게 해달라고 부탁했다.

크로아티아 축구협회는 상트페테르부르크Saint Petersburg에서 차로 약 30분 떨어진 일리체보Illychevo를 우리의 베이스캠프로 선정했다. 일리체보는 우리에게 필요한 편안함과 최적의 시설을 모두 갖춘 곳이었다. 우리가 묵은 장소의 이름은 '우드랜드 랩소디Woodland Rhapsody'였다. 그곳에는 우리에게 필요한 모든 것이 있었다. 감탄사가 절로 나오는 자연, 호수, 숲이 있었으며 평화로웠고 조용했다. 그곳의 기온도 우리에게 딱 좋았다. 숙소 시설을 관리하는 스태프도 매우 친절했고, 우리에게 필요한 모든 것을 제공해줬다. 그들은 우리를 따뜻하게 환영해주며 편안한 환경을 만들어줬다. 또한 진정한 축구 팬이기도 했다. 모든 선수와 마찬가지로 나 또한 독방을 썼다. (평소 대표팀 소집 기간에는 룸메이트가 배정됐고, 나는 늘 베드란 콜루카와 방을 나눠 썼다.) 우리의 훈련장은 호텔에서 약 15분 떨어진 로슈치노 Roshchino에 있었다. 훈련장과 숙소 환경은 간과하기 매우 쉬운 부분이다. 그러나 모든 팀은 평화롭고 조용한 분위기를 느끼는 게 매우 중요하다. 방해가 되거나 팀의 일과를 망가뜨리는 외부적 요인과 거리를 둘 필요가 있기 때문이다.

나는 과거 경험을 통해 모든 대회에서 첫 번째 경기가 얼마나 중요한지 깨달았다. 우리는 유로 2008에서 개최국 오스트리아, 유로 2016에서는 터키를 상대로 첫 경기를 승리로 장식하며 조별 리그를 통과하는 데 필요한 상승세를 탈 수 있었다. 우리는 지난 두 차례의 월드컵에서 독일, 브라질에 패하며 조별 리그 통과에 실패했다. 물론 폴란드와 우크라이나가 공동 개최한 유로 2012에서는 아일랜드와의 첫 경기를 승리로 마치고도 조별 리그를 통과하지 못했지만, 이는 당시 우리 조에 강력한 우승 후보였던 스페인과 이탈리아가 있었기 때문이었다. 크로아티아가 독립한 후 출전한 큰 대회의 흐름을 보면, 우리는 늘 첫 경기에서 승리했을 때 조별 리그를 통과할 수 있었다. 반대로 첫 경기에서 패했을 때, 크로아티아의 운명은 모두 조별 리그 탈락으로 끝났다.

우리는 '숫자'에 근거해서 더 큰 희망을 품기도 했다. 크로아티아는 큰 대회가 열리는 해의 마지막 수가 8이었을 때 늘 좋은 성적을 거뒀다. 크로아티아는 월드컵에 데뷔한 1998년 프랑스에서 동메달을 획득했다. 10년 뒤, 우리는 오스트리아와 스위스에서 열린 유로 2008에서 훌륭한 경기력을 선보이며 조별 리그 세 경기를 모두 승리로 장식하고 8강에 올랐다. 이제 우리는 2018 월드컵을 앞두고 있었다. 우리는 당연히 성공을 기대했다.

흥미로운 점은 크로아티아는 출전한 대회가 열린 해의 마지막 수가 0이었을 때는 좋은 성적을 거두지 못했다는 것이다. 우리는 네덜란드와 벨기에가 공동 개최한 유로 2000, 남아공에서 열린 2010 월드컵에는 본선 진출조차 하지 못했다.

그러나 다행히도 이후 우리는 유로 2020 예선에서 이 징크스가 말도 안 되는 것에 불과했다는 사실을 증명했다!

## 나이지리아

우리는 러시아 월드컵 첫 경기부터 실력을 증명해 크로아티아가 높은 기대치를 세울 자격이 있는 팀이라는 것을 증명하겠다는 의지를 불태웠다. 우리의 첫 상대는 까다로운 팀이었다. 나이지리아는 몇몇 훌륭한 선수를 보유하고 있었고, 조직력만 발휘한다면 어느 팀을 상대로도 위협적인 경기를 할 수 있었다. 그러나 우리는 첫 경기를 앞둔 며칠간 압박감을 느끼지는 않았다.

가장 중요한 것은 팀의 사기였다. 내가 앞서 이야기한 내용은 우리가 러시아에 도착한 후 더 중요해졌다. 시간이 지날수록 우리는 더 가까워졌고, 서로를 독려하며 동기부여할 수 있는 팀이 되어가고 있었다. 우리는 식사를 한 후에도 자리에 앉아 대화를 이어갔다. 이후 함께 산책을 하며 우드랜드 랩소디 주변의 아름다운 자연을 즐겼고, 운동이나 게임을 하기도 했다. 데얀 로브렌, 마르첼로 브로조비치, 마테오 코바시치 그리고 나는 치열한 탁구 경기를 펼치기도 했다.

다마고이 비다와 나는 코바시치와 브로조비치를 상대한 다트 경기에서 자주 졌다. 우리는 플레이스테이션으로 FIFA 축구 게임을 하거나 실제 경기를 보기도 했다. 내게 큰 의미가 있었던 것은 우리가 그렇게 함께 시간을 보내던 도중에 누구도 먼저 자기 방으로 가서 혼자 영화를 보거나 개인 시간을 갖지 않았다는 점이다. 우리가 성공을 거둘 수 있었던 이유는 이와 같은 단합심과 응집력이 있었기 때문이라고 생각한다.

즐라트코 달리치 감독은 훈련할 때 필요한 진지함과 휴식 시간에 필요한 긴장을 풀어주는 역할 사이에서 중심을 잘 잡아주는 지도자였다. 경기 날이 다가오면서 긴장감이 커졌지만, 그때 우리가 그 전까지 유지했던 이동 습관에 변화를 준 것은 긍정적인 효과를 가져왔다. 달리치 감독은 경기가 열리기 이틀 전에 우리가 결전 장소로 이동하기를 바랐다. 이는 영리한 결정이었다. 우드랜드 랩소디에서 공항까지 가는 데는 한 시간이 걸렸다. 이어 비행기에서 두어 시간을 더 보내야 목적지에 도착할 수 있었다. 달리치 감독은 우리가 경기를 앞두고 새로운 환경에 더 수월하게 적응해서 집중력을 높이기를 바랐다. 이후 우리는 경기를 마친 후에는 절대 해당 도시에 머무르지 않았다. 그 또한 영리한 결정이었다. 선수들은 경기를 마치면 몸은 피곤하지만, 아드레날린이 여전히 솟구치는 상태라서 잠을 제대로 잘 수 없다. 그래서 우리는 어차피 충분한 휴식을 취할 수 없는 그 시간을 차라리 비행기나 버스 안에서 이동하는 데 할애하는 게 낫다고 판단했다. 그 덕분에 우리는 스트레스가 쌓일 수도 있는 시간을 장거리 이동을 하는 데 활용할 수 있었고, 숙소에 도착한 후에는 바로 다음 날 충분한 휴식을 취하며 재충전할 수 있었다.

나는 칼리닌그라드Kaliningrad에 도착한 후, 월드컵이 훌륭하게 진행되고 있는 모습을 볼 수 있었다. 대회는 안전한 환경에서 진행되고 있었다. 우리는 베이스캠프와 경기장에서 세세한 부분까지 철저한 보안이 유지된 최고급 수준의 경호를 받을 수 있었다. 모든 게 높은 수준으로 진행됐다. 첫 경기가 열리기 전 관중석 분위기는 당연히 환상적이었다. 체크무늬 상의를 입은 우리 팬들이 경기장 주변을 맴도는 모습이 보였고, 그들은 관중석에서 대단한 응원을 보내고 있었다. 마치 우리가 크로아티아에서 경기를 하는 것 같은 기분이었다. 경기도 우리가 원하는 대로 흘러갔다. 우리는 촘촘한 진영을 유지하며 상대가 경기를 원하는 대로 풀어갈 수 없게 만들었다. 우리는 그들이 매우 민첩하다는 점을 의식하며 역습을 차단하는 데 집중했다. 달리치 감독은 우리에게 안정적으로 패스를 연결하면서 신속하게 공격 방향을 바꾸라고 주문했고, 공을 빼앗기면 즉시 상대를 다시 압박해 소유권을 되찾아와야 한다고 말했다. 우리는 첫 경기부터 탄탄한 전력을 자랑하며 2-0으로 승리했다. 첫 번째 경기부터 승리해 아르헨티나와의 두 번째 경기에 대한 부담감을 덜겠다는 목표를 달성했다.

그러나 경기가 끝난 뒤, 콜루카가 내게 다가와 "루카, 우리 문제가 생겼어"라고 말했다.

'니콜라 칼리니치 사건'이 새로운 국면을 맞이하고 있었다.

나는 그 소식에 대해 자세히 듣기 전부터 이미 유쾌하지 않은 결론이 기다리고 있다는 것을 직감했다. 달리치 감독은 리버풀에서 브라질을 상대했을 때부터 주저하지 않고 니콜라의 행동에 불만을 내비쳤다. 이번에는 또 무슨 일이 있었던 걸까? 찰리와 나는 달리치 감독과 대화를 나눴다. 달리치 감독은 경기 막판에 칼리니치를 교체 투입하려 했지만, 그가 이비차 올리치 수석코치를 통해 등이 아프다며 출전이 어렵다는 뜻을 전달했다고 말했다. 달리치 감독은 더는 이런 행동을 용납할 수 없다며 니콜라를 집으로 돌려보내겠다고 말했다. 우리는 그에게 오늘 밤은 휴식을 취한 뒤, 다음 날 아침에 최종 결정을 내리는 게 좋겠다고 말했다. 달리치 감독도 이에 동의했다. 우리에게는 승리의 기쁨을 만끽하며 팀에 긍정적인 힘을 불어넣는 게 더 중요했기 때문이다. 칼리닌그라드에서 팬들이 연출한 분위기는 정말 환상적이었다.

　나를 포함한 모든 선수들은 칼리니치가 다음 날 달리치 감독의 화를 풀어줄 만한 행동을 하기를 바랐다. 나는 달리치 감독도 칼리니치에게 그런 모습을 기대했을 거라고 생각한다. 그것만이 그가 합리적으로 이 사건에 대처할 수 있는 방법이었다. 달리치 감독은 그날 저녁까지 칼리니치를 기다렸다. 그러나 결국 아무 일도 일어나지 않았고, 달리치 감독은 올리치 코치를 보내 칼리니치에게 다음 날 아침 베이스캠프를 떠나 집으로 돌아가라고 지시했다. 밤 10시쯤에, 칼리니치는 전화를 걸어 나를 자기 방으로 불렀다. 그는 내게 올리치 감독이 전달한 내용을 알려줬다. 그 또한 상황이 이렇게 돼서 기분이 상했다는 게 느껴졌다. 그와 자주 어울렸던 이반 페리시치, 이반 스트리니치, 안테 레비치도 이미 그곳에 있었다. 그들도 이 상황을 안타까워했지만, 니콜라가 큰 실수를 저질렀다는 것을 알고 있었다. 니콜라는 훌륭한 선수이고 좋은 사람이지만, 그때가 돼서야 자신이 어떤 실수를 했는지 깨닫게 됐다. 그는 달리치 감독, 올리치 코치와 대화를 나눈 후 더는 상황을 수습할 수 없다는 것을 알게 됐다.

그 상황은 모두에게 매우 불편했다. 게다가 우리는 한 선수를 제외한 채 대회의 남은 경기를 치러야 했다. 그러나 그 사건이 팀 사기에는 지장을 주지 않았다. 오히려 선수들은 더 강하게 하나의 팀으로 뭉치며 응집력이 강해졌다. 우리가 나이지리아를 꺾으며 기뻐할 수 있었다는 게 큰 도움이 되기도 했다.

## 아르헨티나

다음 날부터 우리는 베이스캠프에서 모든 초점을 아르헨티나전에 맞췄다. 우리는 모두 흥분한 상태였다. 축구적으로 볼 때, 아르헨티나는 축구계의 '슈퍼파워'다. 그들에게는 메시가 있었고, 월드컵을 두 차례나 우승한 전통이 있었다. 아르헨티나는 내가 그때까지 개인 통산 월드컵 본선에서 출전한 여덟 경기를 통틀어 만난 상대 중 브라질 다음으로 가장 강한 팀이었다. 아르헨티나와의 맞대결은 특별한 추억이 있는 경기이기도 했다. 나는 2006년 3월 출전한 크로아티아 대표팀 데뷔전에서 아르헨티나와 만난 적이 있다. 당시 메시는 아르헨티나 대표팀 데뷔 후 자신의 첫 골을 터뜨렸다.

나를 포함한 모두가 하루빨리 아르헨티나와 격돌해서 우리가 그들을 상대로 어떤 경기를 할 수 있을지 확인해보고 싶었다. 우리는 월드컵에서 항상 우승 후보로 꼽히는 상대와의 맞대결을 앞두고 있었다. 이는 우리가 러시아에서 큰일을 해낼 가능성을 가늠해볼 수 있는 진정한 시험 무대였다.

우리는 아르헨티나가 아이슬란드를 상대한 경기를 분석했고, 우리가 그들과 대등한 경쟁을 할 수 있다는 자신감이 있었다. 메시가 천부적인 재능을 지닌 선수라는 사실을 논하는 데 시간을 낭비할 필요는 없었다. 그것은 누구나 당연히 다 아는 사실이다. 그러나 우리는 그가 막중한 책임감을 짊어지고 있다는 것을 알고 있었고, 그 때문에 아르헨티나는 월드컵에서 우승해야 한다는 엄청난 중압감에 시달렸다. 크로아티아 대표팀에서 나의 팀 내 입지를 고려할 때, 나 또한 메시가 어떤 기분이었을지 어느 정도 짐작해볼 수 있었다. 크로아티아 대표팀을 향한 기대치는 늘 나와도 깊이 연결되어 있었기 때문이다. 대표팀에서 나의 활약 여부를 놓고도 크로아티아에서는 온갖 이야기가 다방면에서 흘러나왔다. 몇몇 사람들은 내가 크로아티아 대표팀에는 별 관심이 없으며 레알 마드리드를 위해 뛰기 위해 힘을 아낀다고 말했다. 그런 사람들에게 내가 무슨 말을 할 수 있을까?

나는 선수 개개인을 중요하게 여기는 의견에는 절대 동의할 수 없었다. 나는 수많은 훌륭한 팀을 지켜봤고, 성공한 구단과 그들이 보유한 스타 선수들에 대한 글을 읽었다. 나는 특정 선수 혼자 힘으로 팀이 리그나 대회에서 우승하는 데 결정적인 역할을 할 수는 없다고 생각한다. 축구는 단체 스포츠다. 팀의 약점은 개인이 메울 수 있는 게 아니다. 아무리 재능이 특출 난 화려한 선수라도 팀 전체의 약점을 혼자 힘으로 보완할 수는 없다.

메시 혼자서는 감당할 수 없는 부담감이 그를 짓누르자 아르헨티나는 더 어려운 상황에 놓이게 됐다. 게다가 메시가 핵심 선수로 활약한 아르헨티나는 2014년 브라질에서 월드컵 우승에 매우 근접한 팀이었다. 메시가 디에고 마라도나보다 위대한 선수인지, 그렇지 않은지를 결정하는 것은 단순히 리우 데 자네이루에서 열린 당시 독일과의 월드컵 결승전에서 그가 골을 넣었느냐 안 넣었느냐로 판단할 수 있는 문제가 아니었다. 아무리 대단한 선수라도 혼자 힘으로는 팀을 승리로 이끌 수 없다. 팀 전체가 뛰어난 경기력을 선보여야 하며, 그래야만 우승이라는 업적을 이룰 수 있는 것이다. 가끔은 그 모든 계획이 맞아떨어져도 상황이 틀어질 수 있다.

\*\*\*

아르헨티나전이 열린 결전지는 니즈니 노브고로드Nizhny Novgorod였다. 칼리닌그라드처럼 많은 크로아티아 팬들이 모이진 않았지만, 이번에도 충분히 많은 팬들이 찾아와 환상적인 분위기를 만들어줬다. 당연히 우리는 이날 메시를 막을 만한 최선의 대응책을 준비했다. 나는 엘 클라시코에서 그를 여러 차례 상대해본 경험이 있었고, 코바시치도 마찬가지였다. 메시가 민첩한 방향 전환으로 단독 드리블을 시작하면 막을 수 없다. 만약 1 대 1로 그를 상대한다면, 그는 어느새 눈앞에서 사라진다. 그 때문에 우리는 한 지역을 지정해 그가 그곳에서 패스를 받지 못하게 한 뒤, 뒤로 물러서서 공을 잡게 했다. 그 지역에서는 왼쪽 측면에서 이반 스트리니치와 이반 페리시치가 그를 괴롭힌다는 게 우리의 작전이었다. 이 작전의 효과는 실로 대단했다. 그 표현 외에는 우리의 작전이 얼마나 효과적이었는지 말로 설명할 수 없을 정도다. 우리는 준비한 작전을 훌륭하게 수행하면서 믿을 수 없는 재능을 지닌 메시를 막아냈다.

경기의 흐름은 팽팽하게 흘러갔다. 아르헨티나가 점유율을 높게 가져갔고, 초반 30분간 두어 차례 우리 문전에서 위협적인 상황을 만들었다. 페리시치와 만주키치에게도 좋은 득점 기회가 있었다. 우리는 좋은 경기력을 선보였고, 나는 후반전을 앞두고 우리가 그보다 더 잘할 수 있다고 확신했다. 우리가 기회를 잡을 수 있다는 느낌이 오기 시작했다. 첫 골이 결정적이었다. 그 상황에서 아르헨티나 골키퍼 윌리 카바예로Willy Caballero가 실수를 저지르며 패스 미스를 범한 것은 사실이다. 그러나 그의 실수를 유발한 것은 안테 레비치의 저돌성과 시야였다. 레비치는 매우 결정적인 순간에 카바예로를 압박하며 실수를 유도했다. 레비치는 매우 개성이 강한 선수이며, 그런 점이 당시 그가 훌륭한 골을 넣은 이유이기도 했다. 그런 상황에서 대다수 선수들은 높이 뜬 공을 우선 컨트롤하려고 했을 것이다. 그러나 레비치는 달랐다. 그는 그대로 발리슛을 시도하며 선제골을 터뜨렸다! 그 시점부터 우리는 열광하는 팬들의 응원을 등에 업고 운동장 위를 말 그대로 날아다녔다. 우리는 후반전에 아르헨티나를 부숴버렸고, 3-0이라는 최종 결과가 두 팀의 격차를 증명했다.

우리에게는 그런 승리와 그런 경기력이 꼭 필요했다. 나는 우리에게 2-0 리드를 안긴 골을 직접 득점했다. 그 골은 2013년 레알이 올드 트래포드에서 맨체스터 유나이티드를 상대했을 때 내가 넣은 골과 거의 똑같았다. 당시에는 레알이 한 골을 더 넣어야 했던 탓에 골을 넣고도 크게 자축할 수 없었다. 그러나 이날은 골을 넣고 나서 폭발해버렸다. 공이 그물에 꽂히는 순간, 나는 어린아이처럼 기뻐했다. 월드컵에서 훌륭한 팀을 상대로 그처럼 중요한 골을 넣고, 관중석에서 열광하는 팬들을 향해 달려가면서 팀 동료, 코칭스태프와 자축하는 기분은 정말 환상적이었다.

경기를 마친 우리는 드레싱룸에서 파티를 시작했다. 우리는 두 경기 만에 최소 목표였던 16강 진출을 확정했다. 우리는 긴장을 풀고 맥주를 한두 잔 정도 마셨지만, 지나치게 자축을 하지는 않았다. 그보다 더 큰 파티를 하려면 해야 할 일이 남아 있었다. 아르헨티나를 꺾는 것은 경기장에서 겉으로 드러난 것처럼 쉽지만은 않았다. 우리는 그날 승리한 덕분에 더 강한 믿음을 가질 수 있게 됐다. 우리는 압도적이었다. 운동장에서 뛴 선수들은 물론 벤치에 앉아 있던 선수들도 제 몫을 해냈다. 그렇게 팀이 뭉치는 게 중요하다. 그렇지 않으면 상대 팀보다 유리한 고지를 점하는 것은 불가능하기 때문이다.

우리는 많은 것들이 걸려 있었던 중요한 경기에서 우승 후보를 꺾은 덕분에 성공을 이어갈 동력을 얻었다. 우리가 경기를 마친 후 공항으로 이동하는 버스 안에서 승리를 자축한 모습은 크로아티아 선수들이 성숙해졌다는 것을 보여주고 있었다. 우리는 버스에 올라탄 후 만주키치와 다마고이 비다가 DJ 역할을 하며 선택한 노래를 큰 소리로 따라 불렀지만, 곧 볼륨을 줄이고 앞으로 펼쳐질 월드컵에 대해 이야기하기 시작했다.

우드랜드 랩소디의 스태프는 숙소로 돌아온 우리를 따뜻하게 환영해줬다. 우리 모두의 전화기가 이곳저곳에서 날아드는 축하 메시지로 마치 불이라도 난 것만 같았고, 크로아티아에서 도착한 영상 메시지를 보며 우리 국민들이 열광하는 분위기를 조금은 느낄 수 있었다. 나는 어린 시절 1998 월드컵에 출전한 크로아티아 선수들이 길거리와 시내 광장에서 대표팀의 승리를 자축하는 모습을 보면서 어떤 기분을 느꼈을지 생각하곤 했다. 우리가 아르헨티나를 꺾은 뒤, 나는 그것이 어떤 기분인지 처음으로 직접 경험할 수 있었다. 나와 우리 선수들은 크로아티아에 있는 팬들과 전 세계 크로아티아인들을 하나로 뭉치게 만든 분위기를 모두 느끼기 시작했다. 나는 매 경기가 끝나면 바냐와 우리 아이들 그리고 부모님에게 전화를 걸었다. 그들이 행복해하는 모습이 내게도 큰 기쁨을 줬다. 이제 운동장에서 누구를 만나도 이길 수 있다는 자신감을 얻었다. 그 어느 때보다 흥분한 나는 운동장에서 내가 원하는 무엇이든 해낼 수 있다는 생각을 하게 됐다.

우리는 아르헨티나전을 마친 다음 날 하루를 베이스캠프에서 평화롭게 보냈다. 나는 데얀 로브렌, 시메 브르살리코와 호숫가에서 산책을 했다. 그러다가 한동안 앉아서 대화를 나눴다. 데얀과 시메는 매우 친한 사이다. 그들은 서로를 쳐다보기만 해도 웃음을 터뜨리곤 했다. 그들은 늘 즐겁게 시간을 보냈지만, 그때 우리의 대화만큼은 진지했다. 우리는 큰 대회에서 목표에 대해 얘기할 때마다 조별 리그를 통과한 뒤, 단판전으로 펼쳐지는 토너먼트 단계 첫 경기에서는 꼭 이겨야 한다는 결론에 도달했다.

인구가 약 400만 명에 불과한 크로아티아의 축구 선수는 약 12~13만 명에 불과하다. 그런 면에서 볼 때 우리가 독립 28주년을 맞은 시점을 기준으로 가장 최근 열린 메이저 국제대회 13회 중 10회나 본선에 진출했다는 것은 환상적인 업적이었다. 예를 들어, 이탈리아는 러시아 월드컵에 진출하지 못했다. 그들은 월드컵 우승을 여러 차례 경험한 축구 선진국인데도 말이다. 우리가 축구에 열광하는 이유는 이처럼 다윗이 골리앗을 이기는 게 가능하기 때문이다. 크로아티아는 국제대회에 출전할 때마다 큰 야망을 품는다. 우리는 그저 참가에 의미를 두고 월드컵에 진출하는 게 아니다. 크로아티아는 1998 월드컵에서 3위를 차지한 뒤, 늘 높은 기대치를 충족해야 했다. 그러나 크로아티아가 월드컵에 데뷔한 1998년을 제외한 나머지 대회에서는 그때까지 조별 리그를 통과한 적이 없었다. 그래서 우리는 조별 리그라는 첫 관문만 통과하면 끝까지 갈 수 있는 길이 열릴 수 있다고 생각했다. 나와 브르살리코, 로브렌은 서로 대화를 나누며 그 길을 가야 한다는 결론을 내렸다. 우리는 크로아티아에는 월드컵에서 메달을 따낼 수 있는 힘이 있다고 믿었다. 미끄러지거나 넘어진다는 생각은 하지 않았다. 과거 월드컵에서 성공하지 못한 경험이 우리에게 부담이 된다고 생각하지도 않았다.

조별 리그를 치르는 동안 우리에게 주어진 휴가는 단 하루였다. 상트페테르부르크는 아름다운 도시였고, 베이스캠프에서 단 30분 떨어진 곳이었다. 그러나 1일 휴가가 주어진 날에도 어느 누구도 긴장을 늦출 생각은 없었다. 우리는 모두 휴가가 주어진 날에도 개인 운동을 했다. 실내 체육관이 선수들로 가득 찼다. 내가 체크무늬 유니폼을 입은 14년간 선수들이 자발적으로 운동하는 모습을 본 것은 그때가 처음이었다. 우리는 앞으로 펼쳐질 경기에 완전히 집중하고 있었다.

## 아이슬란드

다음 상대는 아이슬란드였다. 우리는 여러 차례 아이슬란드를 만난 적이 있다. 당시를 기준으로 나는 5년간 아이슬란드를 다섯 번이나 만났다. 그들은 이 시기를 거치며 발전했다. 아이슬란드는 불과 1년 전 러시아 월드컵 유럽 예선에서 우리를 꺾은 팀이었다.

먼 섬나라 아이슬란드의 인구는 약 35만 명에 불과했다. 그들에게는 아이슬란드 대표팀을 자랑스러워할 충분한 자격이 있었다. 아이슬란드는 우리를 상대로 꼭 승리해야 했다. 만약 D조의 상황이 아이슬란드에 유리하게 흘러간다면, 그들은 우리에 이어 2위로 16강에 오를 수 있었다. 우리는 이미 16강 진출을 확정했지만, 단 한순간도 긴장을 늦출 생각은 없었다. 그렇게 하기에는 우리 팀의 사기가 워낙 높았고, 그 흐름에 방해가 될 만한 일은 용납할 수 없었다. 우리가 아이슬란드에 패했다고 하더라도 누구도 우리를 비난하지 않았을 것이다. 그러나 이런 경기에서도 잘못된 판단은 늘 부정적인 결과로 이어질 수 있었다.

즐라트코 달리치 감독은 16강을 위해 나를 아끼고 싶어 했다. 그래서 그는 내게 약 20분간의 출전 시간만 부여했다. 마치 그가 내 마음을 읽은 것 같았다. 나 또한 벤치에서 경기를 시작하며 숨을 한번 고르는 게 더 낫다고 생각했기 때문이다. 그러나 내가 소속팀과 대표팀에서 활약하며 한 가지 배운 게 있었다. 출전에 있어 지속성을 이어가지 않으면 꼭 다음 경기에서는 몸 상태에 미세한 이상이 생겼다. 예를 들면 감독이 부상 가능성을 우려해 내게 휴식을 부여하면 다음에 출전한 경기에서 흐름을 이어가기가 어려웠다. 유로 2008에서 조별 리그 최종전이었던 폴란드전에 뛰지 않고 8강에서 터키를 만났을 때도 그랬다. 나는 프랑스가 개최한 유로 2016에서도 세 번째 경기였던 스페인전에 출전하지 않았다. 이후 포르투갈과의 16강전에서 리듬을 유지하는 데 어려움을 겪었다. 그래서 나는 몸 상태 유지를 위해서라도 아예 결장하는 것보다는 조금이라도 뛰는 게 낫다고 생각했다. 달리치 감독은 경기를 이틀 앞두고 마음을 바꿨다.

그는 아이슬란드전에서 새로운 선수 아홉 명을 중용할 계획이라고 말했다. 그는 그동안 뛰지 못한 선수 중 훈련에서 좋은 활약을 펼치거나 대표팀에서 생활하며 모범적인 태도와 책임감을 선보인 선수들에게 출전 기회를 제공하겠다고 말했다. 그는 주장인 내게 이 경기에 선발 출전해 어린 선수들을 이끌어주는 게 좋겠다는 결론을 내렸다.

"그들은 네가 운동장에 있을 때 더 자신감 있게 뛸 수 있을 거야."

나는 바로 "알겠습니다"라고 대답했다. 나는 모든 사람들이 내게 휴식을 취하는 게 더 낫다고 말할 때도 늘 경기에 출전하고 싶다. 우리는 로스토프Rostov-on-Don에서 아이슬란드와 격돌했다. 날씨는 러시아답지 않게 매우 더웠다. 그러나 로스토프 아레나Rostov Arena의 분위기는 대단했다. 이번에도 관중석은 체크무늬 유니폼을 입은 팬들로 가득했다. 이번 경기에서 새로운 선수 아홉 명과 함께 선발 출전한 기존 선수는 나와 페리시치였다. 우리는 좋은 경기력을 선보였다. 모든 선수가 비좁은 공간이라도 주어지면 이를 능숙하게 활용하는 기술을 선보이며 역사에 이름을 남기겠다는 강한 의지를 보여줬다. 밀란 바델리가 환상적인 선제골을 터뜨리며 우리에게 리드를 안겼지만, 아이슬란드는 76분에 페널티킥으로 동점골을 넣었다. 그때 나는 세 번째로 투입된 필립 브라다리치Filip Bradarić와 교체된 상태였다. 그는 그 시점까지 우리 중 유일하게 출전하지 못한 필드 플레이어였다. 러시아 월드컵이 끝난 시점에 우리 팀에서 경기에 출전하지 못한 선수는 서드 골키퍼 도미닉 리바코비치Dominik Livaković가 유일했다. 그러나 원래 어린 골키퍼에게는 시간이 필요한 법이다. 아이슬란드는 역전골을 넣기 위해 부단히 노력을 기울였지만, 경기 종료 직전 득점에 성공한 팀은 우리였다. 페리시치가 역습을 이끌며 골망을 가르는 강력한 슛으로 결승골을 터뜨렸다! 우리는 크로아티아 대표팀 역사상 최초로 월드컵 조별 리그 세 경기에서 모두 승리하며 승점 9점을 획득했다! 앞선 두 경기에서 벤치를 지킨 선수들은 이날 경기에서 승리하는 보너스를 누릴 자격이 있었다. 그들은 이날 좋은 경기력을 선보였다는 사실만으로도 칭찬을 받아 마땅했다. 그들은 이 경기에서 승리까지 거두면서 더욱 큰 성취감을 느낄 수 있었다. 그들이 크로아티아의 연승 행진에 보탬이 됐기 때문이다. 나는 이에 대해 콜루카와 대화를 나눴다. 내가 콜루카와 대화를 나눈 것은 그가 이번 월드컵에서 맡은 역할이 교체 요원이라는 게 확실해진 후 처음이었다.

우리는 2006년 함께 크로아티아 대표팀에 처음으로 합류했다. 이후 우리는 러시아 월드컵까지 크로아티아 대표팀에 없어서는 안 될 선수로 자리매김했다. 그러나 콜루카는 월드컵이 열리기 1년 전 아킬레스건이 파열되는 부상을 당했다. 심각한 부상을 당한 그는 어려운 수술을 받아야 했고, 장기간 결장해야 했다. 그래서 그는 힘든 시간과의 싸움을 해야 했지만, 월드컵에 출전하겠다는 의지로 최대한 빨리 복귀할 수 있었다. 달리치 감독이 그를 명단에 포함할지는 확실하지 않았다. 콜루카는 자신이 부상에서 완전히 회복됐고, 경기 속도를 따라갈 수 있다는 것을 증명해야 했다. 그는 3월에 운동장으로 돌아왔다. 나는 러시아 월드컵에 출전하겠다는 콜루카의 의지를 잘 알고 있었던 만큼 그를 응원했다. 그는 로코모티브 모스크바 Lokomotiv Moscow에서 활약하며 러시아에서 큰 인기를 끈 선수다. 그는 로코모티브 모스크바의 주장으로 활약하며 월드컵을 앞두고 러시아 프리미어리그 우승을 차지하기도 했다. 그는 러시아 컵대회에서도 세 차례나 우승을 경험했다. 그는 러시아에서 8년간 활약하며 레전드의 반열에 오른 선수였다.

결국, 그는 부상에서 회복했다. 8~9개월 축구를 떠난 후 돌아와 3개월 만에 경기 감각을 회복하는 것은 쉽지 않다. 그러나 달리치 감독은 주전 중앙 수비수로 다마고이 비다와 데얀 로브렌을 선택했다. 콜루카는 이를 쉽게 받아들이지 못했지만, 긍정적인 태도를 유지했다. 그는 오랜 기간 크로아티아의 키플레이어로 맹활약했지만, 자신의 이득보다는 팀을 먼저 생각했다. 그는 팀 분위기에 조금의 나쁜 영향도 미치지 않았다. 그는 그렇게 자신의 성품과 인격을 증명했다. 과거 대회에서는 몇몇 선수들이 비슷한 상황에서 불만을 토로하며 팀 분위기를 망치기도 했다. 그러나 이번에는 니콜라 칼리니치를 제외하면 러시아에서 벌어진 모든 상황이 완벽했다. 그처럼 모든 선수가 긍정적인 태도, 열린 자세, 솔직함을 유지한 접근 방식은 우리가 러시아 월드컵에서 성공을 거두는 데 밑바탕이 됐다.

## 덴마크

우리는 덴마크를 상대로 16강 경기를 치르기 전까지 5일간 쉴 수 있었다. 나는 예전부터 유로나 월드컵에 출전해 유명한 팀을 만나거나, 관중석이 작은 경기장에서 경기를 하게 되면 수많은 주변 사람들이 티켓을 구할 수 있는지 묻는 데 이미 익숙해졌다. 그러나 덴마크전을 앞두고 러시아에서 벌어진 일은 내게도 첫 경험이었다. 완전히 난장판이었다! 아무리 꼼꼼하게 정리를 하고, 계획을 잘 짜더라도 마음이 들뜨면 어쩔 수 없는 것 같다. 나는 조별 리그에서는 매 경기 30~50장의 티켓을 예약했다. 만약 8강 이후 경기의 티켓도 미리 예약할 수 있었다면, 나는 그렇게 했을 것이다. 나는 많은 티켓을 사고도 한 장도 남기지 않고 이를 선물했다. 나는 러시아에서 티켓을 사는 데만 10만 유로(약 1억 3,000만 원 – 옮긴이)를 썼다. 그러나 그것을 절대로 후회하지 않는다. 이와 같은 경험을 다시 할 수만 있다면 그렇게 해달라고 신께 기도하고 싶다!

우리 부모님은 대회 시작부터 끝까지 비행기를 타고 이동하며 모든 경기를 다 보셨다. 그들이 월드컵을 즐길 수 있어 나 또한 기뻤다.

부모님은 은퇴를 하신 상태였다. 그들은 평생 일을 하며 세 아이를 키우셨고, 다른 가족을 돌보기도 하셨다. 내가 처음 디나모에서 돈을 벌었을 때, 나는 어머니에게 직장을 그만두고 가족을 돌보는 데 집중하면서 편하게 쉬셨으면 한다고 말씀드렸다. 그런데도 우리 어머니는 내 말을 들을 생각조차 하지 않으셨고, 아버지도 마찬가지였다. 내가 토트넘으로 이적해서 수입이 늘어난 뒤, 나는 드디어 어머니를 설득하는 데 성공했다. 아버지 또한 42년 이상 크로아티아 군대에서 일하신 후 은퇴하셨다. 아버지께서는 명예롭게 은퇴하실 자격이 있었다.

바냐와 나는 우리 가족이 이번 월드컵을 어떻게 준비해야 할지 의논해야 했다. 소피아는 아직 여행하기에는 너무 어렸고, 이바노와 에마는 학교에 가야 했다. 그래서 우리는 대응책을 만들었다. 나는 바냐에게 "16강에 오르면 당신이 이바노와 에마를 데리고 러시아로 오면 되겠네"라고 말했다. 바냐는 내가 이전부터 조별 리그를 통과한 후 16강에서도 이기겠다고 말했다는 것을 잘 알고 있던 터라 웃음을 터뜨렸다. 월드컵 조별 리그와 16강이 진행되는 동안, 나는 아내와 아이들이 보고 싶었다. 페이스타임(화상통화—옮긴이)이 있다는 게 참 다행이었다.

우리가 덴마크전을 준비하는 과정은 이전과 크게 다르지 않았다. 달리치 감독은 덴마크의 힘을 경계했고, 그들의 세트피스가 위협적이라고 지적했다. 우리는 수비 훈련을 하면서 덴마크전을 준비했다. 달리치 감독은 우리에게 미드필드 진영을 촘촘하게 메우며 덴마크 수비수들이 빌드업을 전개하도록 유도하라고 지시했다. 덴마크는 터프한 팀이었고, 많은 실점을 하지 않는 좋은 축구를 구사했다. 덴마크에는 개인 능력이 뛰어난 선수들도 있었다. 특히 크리스티안 에릭센Christian Eriksen은 팀의 공격을 이끄는 창의적인 선수였으며 크로스와 세트피스가 훌륭했다. 그러나 나는 덴마크의 이전 경기들을 보면서 우리가 그들을 이길 수 있다고 확신했다.

우리가 경기를 앞두고 보내야 했던 며칠의 시간은 천천히 흘러갔다. 긴장감과 기대감이 뒤섞이며 우리를 지치게 만들기도 했다. 우리는 크로아티아가 20년간 넘지 못한 걸림돌 앞에 서 있었다. 크로아티아는 열광하고 있었고, 우리는 조별 리그에서 훌륭한 축구를 선보였으나 덴마크전에서 한순간에 이 모든 스토리가 끝날 수도 있었다. 이전까지 크로아티아가 나선 일곱 차례의 국제대회가 끝날 때마다 그랬듯이, 이번에도 우리가 16강을 넘지 못했다면 어떤 반응이 나올지 뻔했다. 사람들은 우리를 "모드리치의 루저loser 세대"라고 불렀을 것이다.

나는 정신적으로도 러시아 월드컵을 철저히 준비했다. 물론, 그렇다고 내가 체력 훈련 등을 소홀히 했다는 뜻은 아니다. 나는 월드컵을 앞두고 시즌 도중 두어 차례 부상을 당했고, 4~5경기에 결장했으나 오히려 그 덕분에 시즌 막판에 신선한 몸 상태를 되찾을 수 있었다. 그때 나는 수년간 자그레브 대학의 운동학 교수 블라트코 부체티치Vlatko Vučetić와 개인 훈련을 했다. 그 덕분에 나는 몸이 더 강해졌다고 느꼈고, 러시아 월드컵 내내 훌륭한 리듬을 유지하며 좋은 몸 상태를 유지할 수 있었다.

덴마크전 초반은 악몽 같았다. 우리가 각자 포지션을 잡기도 전에 그들이 선제골을 넣었다! 경기 시작 단 1분 만에 덴마크 왼쪽 측면 수비수 요나스 크누드센Jonas Knudsen이 스로인 공격에 나섰다. 덴마크 수비수가 공을 잡은 후 시도한 슈팅이 여러 선수의 다리 사이를 통과한 후 다니엘 수바시치를 맞고 굴절돼 천천히 골대 안으로 들어갔다. 우리는 덴마크의 세트피스에 대처하기 위한 훈련을 했지만, 롱스로인에 대응할 준비는 되지 않은 상태였다. 평소에도 세트피스 수비는 우리의 가장 큰 약점이었다. 오히려 2018 월드컵을 본 팬들은 러시아 월드컵에서 우리의 세트피스 수비가 이전에 비하면 더 좋았다고 평가할지도 모른다.

우리는 그대로 주저앉을 수 없었다. 아마 덴마크전은 우리가 정신적으로 강한 팀이라는 것을 깨달은 첫 번째 경기였을 것이다. 우리는 실점한 후 곧바로 반격에 나섰고, 동점골을 뽑아냈다. 이번에는 운이 따른 게 사실이다. 우리의 동점골은 불과 몇 분 전 덴마크의 선제골 상황과 비슷했다. 공이 상대 수비수의 머리에 맞고 굴절됐고, 이를 마리오 만주키치가 카스퍼 슈마이켈Kasper Schmeichel이 손을 대기 전에 강력한 슛으로 연결해 동점골을 넣었다.

스코어는 경기 시작 4분 만에 1-1이 됐다. 이후 116분간 아무도 득점하지 못할 줄 알았던 사람이 얼마나 있었을까? 그 경기는 중립 팬들이 보기에 썩 좋은 경기는 아니었다. 두 팀 모두 그 경기의 중요성을 너무 잘 알고 있었다. 덴마크는 롱볼과 스로인으로 우리를 놀라게 했다. 그러나 이외에는 모든 게 예상한 대로였다. 그런데 심리적 압박에 짓눌린 우리의 경기력은 이전에 보여준 수준에 미치지 못했다. 걸려 있는 게 많은 경기라는 점이 우리에게 부담이 된 것도 사실이다.

또한, 이날 니즈니 노브고로드는 더웠다. 공기가 매우 습했던 탓에 우리는 더 많은 에너지를 쏟아야 했고, 집중력을 유지하기가 어려웠다. 개인적으로도 덴마크전은 러시아 월드컵에서 치른 가장 어려운 경기였다. 동료들도 나와 똑같은 말을 했다. 경험이 풍부한 전문가들은 팀이 결승에 진출하려면 중요한 한 경기를 넘어서야 한다고 말한다. 이는 상황이 맞아떨어졌을 때는 쉽게 할 수 있는 말이다. 그러나 120분간 경기에 출전한 뒤, 승부차기까지 소화하는 것은 정말 스트레스가 쌓일 수밖에 없는 경험이다. 이 상황에서 지면 드라마에서나 볼법한 재앙을 경험하게 된다. 마치 우리가 2008년 비엔나에서 그랬던 것처럼. 반대로 이기면, 열광의 도가니가 무엇인지 경험하게 된다.

크로아티아에서는 내가 레알 마드리드로 이적한 순간부터 나의 경기력을 두고 갈수록 많은 비판이 쏟아졌다. 사람들은 내가 레알처럼 유명한 구단에서 뛰고 있는 만큼 크로아티아 유니폼을 입었을 때는 마치 다른 세상에서 온 선수처럼 활약해주기를 기대했던 것 같다. 내가 레알의 축구에 적응하며 맨체스터에서 열린 경기에서 맹활약을 펼치자, 대다수 스페인 언론은 내게 찬사를 보냈다. 팬들도 나를 지지해줬고, 동료들과 코칭스태프도 꾸밈없이 나를 존중해줬다. 그러면서 나는 계속 좋은 경기력을 선보였다. 그러나 동시에 나는 크로아티아에서는 충분한 골을 넣지 못한다는 비판을 받았고, 어시스트 또한 지나치게 적은 데다 플레이가 소극적이라는 지적을 받았다. 스페인에서는 모두가 내가 하는 패스의 중요성과 수준 그리고 궁극적으로 골로 이어지는 나의 판단력을 칭찬했다. 아이러니하게도, 크로아티아에서는 내가 골이나 어시스트를 직접 기록하지 못하자 나의 패스에 '프리-어시스트pre-assist'라는 별명까지 붙였다. 몇몇 감독들마저 그런 여론을 부추겼다. 크로아티아 대표팀이 목표로 한 성적을 내지 못하면, 비판의 대부분은 나를 향했다. 나는 이런 현상을 '축구적 알리바이'라고 불렀다(직접 공격포인트를 많이 올리지 않는 것에 대한 비판을 의미한다-옮긴이).

크로아티아가 실패할 때마다, 우리는 '모드리치의 루저들'이라는 비아냥을 들어야 했다.

반면, 나는 이 시점을 기준으로 최근 7년 연속 크로아티아 선수들과 감독들이 투표로 선정한 올해의 선수로 뽑혔다. 또한 관중석을 찾은 팬들은 내게 늘 긍정적인 힘을 불어넣어주었다. 그런 분위기는 2017년 봄까지 계속됐다. 그러나 2017년 가을에 모든 게 변했다. 오시예크 법원에서 나의 증언이 있었던 다음부터 온갖 비난이 쏟아졌고, 나는 스스로의 위치에 대해 고민해야 했다. 지금 이런 고민을 한다면 결정하기가 더 어렵겠지만, 나는 큰 성공을 거두지 못한 채 대표팀을 떠나기에는 크로아티아를 위해 뛰는 것 자체를 너무 사랑했다. 나는 스스로 힘을 내며 "더는 고민하지 말자! 말이 아닌 행동으로! 지금이 아니면 할 수 없는 일이니까!"라고 말했다.

크로아티아는 2017년 가을에 열린 각종 대회에서 승점을 잃고 있었지만, 팬들은 오히려 나를 더 열렬하게 응원해줬다. 언론도 예전보다 나를 더 칭찬하고 있었다. 우리는 터키 원정에서 패한 데 이어 핀란드와 비겼지만, 그들은 내가 수준 높은 경기력을 유지하면서 크로아티아 대표팀의 나머지 선수들의 본보기가 되어야 한다고 말했다. 크로아티아에서 누군가가 나에 대해 이런 말을 한 것은 그때가 처음이었을 것이다. 그러자 오히려 나는 이상한 기분이 들었다. 내가 좋은 경기력을 보여준 것은 맞지만, 우리는 최대 승점 6점을 획득할 수 있었던 두 경기에서 5점이나 잃은 상태였다. 그런데 왜 유독 나를 두고 평가가 달라졌던 걸까? 지금 와서 이를 되돌아보면 아무래도 대중은 그때부터 나를 다른 시선으로 바라보기 시작했던 것 같다. 나는 수많은 일을 겪고도 크로아티아 대표팀의 리더가 되겠다는 의지를 보여주고 있었다. 나는 부정적인 분위기 속에서도 한 가지를 깨달았다. 내가 체크무늬 유니폼을 입고 뛰는 시간이 끝나기 전까지 크로아티아와 특별한 무언가를 반드시 이룰 수 있도록 모든 것을 다 쏟아야 한다는 사실을.

이후 나는 헌신적으로 온 힘을 다했다. 우리가 안테 차치치 감독 체제에서 치른 마지막 세 경기(코소보전, 터키전, 핀란드전)에서 나의 이런 태도가 잘 드러났다고 생각한다. 이어 대중은 내가 달리치 감독 부임 후 우크라이나와 그리스를 상대한 세 경기에서 선보인 활약에 강렬한 인상을 받았다는 반응을 보였다. 그때부터 모든 전문가와 대표팀과 밀접하게 연관된 사람들은 새로운 감독과 나를 '이 시대의 진정한 리더'라고 칭찬했다. 나는 그런 변화가 생기기 전까지 벌어진 모든 일들에 대해서도 내가 책임을 졌어야 한다는 점을 인정한다. 그 시절 나는 팀 안팎에서 리더로서 스스로 더 확고한 모습이나

설득력 있는 모습을 보여주지 못했다.

그러나 이제는 상황이 달랐다. 대중이 내가 가진 모든 것을 쏟기를 기대한다는 것을 잘 알고 있었다. 그러면서 팬들이 다시 우리 곁으로 돌아왔고, 긍정적인 분위기가 이어졌다. 더는 그들을 실망시킬 수 없었다. 그들은 이제 실망을 용납하지 않을 것이다. 내가 또 팬들을 실망시킨다면, 그들은 그것을 평생 잊지 않을 것이다.

*　*　*

덴마크전 승부차기를 기다리는 동안 모든 책임감과 심리적 압박감 그리고 위험 부담 등이 그 한순간에 걸려있다는 것을 느꼈다. 핏줄을 타고 아드레날린이 솟구쳤지만, 이는 내가 용기를 내기 위해 꼭 필요한 것이었다. 나는 연장전 도중 페널티킥을 실축했지만, 승부차기를 앞두고 달리치 감독이 내게 달려와 키커로 나서야 한다고 격려하기 전부터 이미 마음을 먹은 상태였다. 나는 나 자신과 동료들을 실망시킬 수 없었다. 내가 페널티킥을 두려워하며 키커로 나서지 않는다면, 동료들이 어떤 기분을 느끼게 됐을까? 어떤 리더가 커리어의 가장 중요한 순간을 앞둔 친구들을 피해 땅속으로 숨는단 말인가? 어떤 사람은 내가 그 순간에 마치 나 자신이 어디에 있는지 모르는 것 같은 표정을 짓고 있었다고 말했다. 그러나 나는 너무 잘 알고 있었다. 나는 내가 어디에 있는지 정확하게 알고 있었고, 내가 무엇을 원하는지, 어떤 위험 부담을 안고 있는지도 똑똑히 파악하고 있었다.

덴마크가 크로아티아를 탈락시킨다면, 우리는 또 '루저'라는 비아냥을 들어야 했을 것이다. 만약 우리가 진다면, 나는 죄책감을 느꼈을 것이다. 그리고 그들에게는 나를 비판할 자격이 있었다. 116분에 페널티킥을 실축한 선수가 바로 나였기 때문이다. 그러므로 만약 내가 키커로 나서지 않은 채 우리가 졌다면, 나는 크로아티아의 모든 국민과 나 자신을 실망시켰을 것이다. 게다가 만약 내가 승부차기에서 또 실축한다면, 나는 역대 최악의 루저가 됐을 것이다. 이미 법정에서 나의 증언에 대해 화가 난 많은 사람들이 있었다. 그래서 내가 다시 한번 실축한다면 아마 나는 크로아티아 역사상 가장 미움받는 사람이 됐을 것이며, 그것을 되돌릴 기회는 절대 주어지지 않았을 것이다.

나는 모든 상황을 잘 이해하고 있었지만, 그 순간에는 차분함을 유지하기 위해 노력했다. 동료들도 나를 응원하며 도와줬다. 나는 우리가 연장전에서 승부를 끝낼 수 있었던 만큼 동료들도 속으로는 힘들어 하고 있다는 것을 알고 있었다. 그들은 나를 동정하고 있었다. 나는 내가 그들에게 빚을 지고 있다고 생각했다. 그들뿐만 아니라 모두에게. 잠깐 내가 116분에 실축한 페널티킥에 대해 이야기해보자면 그것은 훌륭한 플레이에서 나온 페널티킥이었다. 중원에서 패스를 받은 나는 상대 페널티 지역 안으로 침투하는 안테 레비치를 포착했다. 나는 박스 안으로 침투하는 그에게 패스를 연결했다. 레비치는 슈마이켈을 제쳤다. 공이 골대 안으로 들어가야 했던 순간, 덴마크 수비수가 레비치를 넘어뜨렸다. 주심은 페널티킥을 선언했다. 나는 원래 경기를 앞두고 상대 팀 골키퍼를 분석하지 않는다. 그러나 이날 경기를 앞두고 우리 골키퍼 코치 마르얀 므르미치Marjan Mrmić는 우리에게 덴마크 선수들이 페널티킥을 차는 유형과 슈마이켈이 상대 슈팅에 어떻게 반응하는지를 보여줬다. 슈마이켈은 상대 선수가 슈팅을 하기 직전에 몸을 날리는 골키퍼였다. 나는 골대 정중앙으로 슈팅을 하면 한쪽으로 점프하는 슈마이켈이 이를 막지 못할 것이라고 생각했다. 나는 페널티 지점에 공을 올려놓았다. 크로아티아의 앞에 20년간 닫혀 있는 문을 열 열쇠를 쥐고 있는 사람이 바로 나였다. 경기 종료까지는 몇 분 남지 않았고, 여기서 내가 득점한다면 그들은 골을 넣을 수 없다고 생각했다. 어쩌면 우리가 역습을 통해 한 골을 더 넣을 수도 있었다. 나는 골키퍼를 쳐다보지도 않고 공을 향해 달렸다. 그런데 나는 1초가 채 되지 않는 순간 마음을 바꿔 정중앙이 아닌 옆쪽으로 슈팅했다.

전혀 예상하지 못한 상황이 이어졌다. 슈마이켈은 내 슛을 막아내며 공을 손으로 잡았다! 나는 이날 경기가 끝난 후 이 장면 영상을 수없이 봤다. 그는 내가 페널티킥을 차기 전에 움직였다. 늘 그래왔듯이. 반대로 나는 평소 페널티킥을 차는 것처럼 슈팅을 시도하지 않았다. 확실한 것은 한 가지다. 나는 이제 절대 경기를 앞두고 상대 골키퍼가 페널티킥을 막는 영상을 보지 않을 것이다.

슈마이켈은 내가 찬 페널티킥을 막은 후 손을 잡았고, 덴마크 선수들과 팬들은 그의 이름을 연호했다. 그의 아버지 피터 슈마이켈이 관중석 스위트룸 안을 뛰어다니며 좋아하던 그 순간, 나는 침통함에 잠겼다. 그 자리에서 사라져버리고 싶었다. 어떻게 이런 일이 있을 수 있지? 2008년의 비극이 다시 재현되는 걸까? 아니, 절대 그럴 수는 없었다. 나는 바로 마음을 고쳐먹었다. 과거의 나였다면 그 순간 주저앉았겠지만, 이제 더는 그런 상황을 용납할 수 없었다. 우리는 연장전 마지막 5분간 일방적인 경기를 펼쳤다. 그를 통해 우리의 투지를 보여줬다. 우리는 큰일을 해낼 준비가 된 팀이었으며, 나는 이를 뼛속까지 느끼고 있었다. 비엔나에서 터키에게 당한 그때와는 달리, 나는 우리가 성공할 수 있다고 믿는 동료들을 봤다. 그들의 눈에서 이를 확인할 수 있었다. 또 고문을 당하는 것만 같은 비극이 벌어질 수 있었지만, 이번만큼은 10년 전 상황을 재현할 수 없었다.

"루카를 위해 이기자! 루카가 우리를 이끌어줬잖아. 이번에는 우리가 루카를 위해 그렇게 해줘야 해."

라키티치가 센터 서클에 서서 선수들을 불러 모아놓고 이렇게 말했다. 우리는 서로를 격려한 뒤, 승부차기에 돌입했다. 수바시치가 덴마크의 선축을 막아냈다. 우리가 유리한 고지를 점했지만, 곧 슈마이켈이 밀란 바델리의 킥을 선방하며 승부는 원점으로 돌아갔다. 이어 그들이 득점했고, 우리도 안드레이 크라마리치가 킥을 성공시켰다. 그 다음 내가 실축하고, 그들이 또 득점하면 우리는 1-3으로 끌려가게 되는 상황이었다. 그렇게 된다면 승부를 뒤집는 것은 불가능했다. 이처럼 중요한 경기에서 페널티킥을 두 번이나 실축하는 것은 있을 수 없는 일이었다. 그렇게 된다면 나는 평생 악몽에 시달려야 했을 것이다. 나는 차분하게 페널티 지점에 공을 올려놓았다. 모든 게 이 킥에 달려 있었다. 죽기 아니면 살기였다. 나는 그 순간에 집중했다. 골을 넣을 수 있다고 확신했다. 나는 공을 향해 달려갔고, 슈팅을 하기 전 곁눈질로 슈마이켈이 오른쪽으로 움직이는 모습을 볼 수 있었다. 나는 정가운데로 공을 찼다. 골이었다! 내 발을 떠난 공은 그가 뻗은 발을 스치며 골망을 갈랐다! 안도할 수 있었다. 나는 센터서클을 향해 걸어가며 분노에 가득 찬 상태로 내 머리를 쳤다. 왜 116분에 이렇게 슛하지 못한 걸까?

이제 덴마크 선수가 페널티킥을 찰 차례였다. 그는 어깨에 모든 짐을 짊어지고 있었다. 수바시치가 두 번째 선방을 기록하며 자신이 쓴 전설적인 스토리의 영웅이 되는 듯했다. 그러나 우리는 요시프 비파리치가 다음 페널티킥을 실축하며 리드를 잡지 못했고, 이번에는 슈마이켈이 덴마크의 전설이 될 기회를 잡았다. 양 팀 모두 다섯 번째 키커만을 남겨두고 있었다. 덴마크 선수는 내가 찬 페널티킥과 비슷한 방식으로 슈팅을 시도했다. 수바시치는 나의 슈팅을 막지 못한 슈마이켈이 그랬듯이 먼저 움직였다. 그러나 수바시치는 슈마이켈보다 약 1인치 정도 더 긴 다리로 슈팅을 막아냈다. 1인치 차이가 역사를 바꾼 셈이다. 이제 모든 게 라키티치에게 달려 있었다.

라키티치는 자신이 직접 마지막 키커로 나서겠다고 자진한 상태였다. 그는 2008년 비엔나에서 나와 마찬가지로 페널티킥을 실축했었다. 운명이 그에게 빚을 지고 있었다. 모든 시선이 그에게 집중됐다. 그러나 라키티치는 마치 이미 득점한 선수 같아 보였다! 그는 마치 훈련장에서 페널티킥을 차는 것처럼 너무나도 쉽게 슈팅을 골망에 꽂아 넣은 뒤, 두 손으로 공을 집어 들고는 천천히 뒤를 돌아서며 아무 일 없었다는 듯이 우리를 쳐다봤다. 그는 정말 강심장이었다! 당연히 우리는 폭발할 듯이 기뻐했다. 우리는 라키티치를 향해, 수바시치를 향해, 우리 팬들을 향해 내달렸다. 우리는 서로가 서로에게 점프를 했고, 팔꿈치와 발로 서로를 짓눌렀다. 그런데도 전혀 아프지 않았다. 통증을 느낄 수 없는 상태였다. 우리는 하늘 위를 날고 있었다! 나는 모든 동료들을 안아주며 그들에게 뽀뽀를 해줬다. 너희가 나를 살렸어! 만약 우리가 졌다면, 나는 인생 마지막 날까지 죄책감에 시달렸을 거야. 우리는 운동장 위에서 승리를 자축하며 승부차기를 거치며 느낀 고통을 훌훌 털어냈다.

크로아티아에게는 덴마크전이 역사적으로 가장 중요한 경기였다. 우리는 북받치는 감정을 주체할 수 없었다. 드디어 우리가 월드컵 16강을 넘어선 것이다. 지금까지의 설움이 한순간에 사라졌다. 우리에게 축구 역사의 황금빛 페이지를 장식할 기회가 왔다. 팬들에게 손을 흔들 때는 소름이 끼쳤다. 그 순간 모두가 열광하고 있을 크로아티아의 상황을 상상해봤다. 모두가 지난 1998년 동메달을 따낸 그 순간이 재현된 것만 같은 기분을 느꼈을 것이다. 그리고 이제 운동장 위에는 내가 서 있었다. 나는 이제 그때처럼 TV 화면 앞에서 크로아티아의 승리에 취한 어른들이 펄쩍펄쩍 뛰며 바다 속으로 다이빙하던 모습을 보고 있던 어린아이가 아니었다. 어느덧 나는 직접 경기를 뛴 선수가 되어 승리에 취해 떨고 있었다. 나는 곧 수바시치를 끌어안았다. 그는 죽는 날까지 막을 슈팅을 이날 다 막아줬다. 그는 자신의 역할을 해냈고, 이미 전설이 됐다. 그는 감격에 겨워 눈물을 흘리고 있었고, 흐르보예 추스티치의 사진이 담긴 티셔츠를 입고 있었다. 그걸 보니 나도 목이 메었다. 나는 그를 향해 "고마워, 수바. 고마워!"라고 외쳤다. 그가 우리를 여기까지 이끌었다! 아직 덴마크 선수들에 대해 생각하기에는 지금 내가 느끼는 기쁨이 너무 컸다. 그들에게는 이 순간이 우리가 비엔나에서 겪은 경험과 비슷했을 것이다. 그들에게 이날 경기는 재앙이었고, 오랜 시간 동안 이날의 악몽이 그들을 괴롭힐 것이다. 축구는 그렇다. 축구는 극적이다. 누군가의 기쁨이, 다른 누군가에게는 고통이다. 가끔은 영웅과 패배자를 가르는 선은 매우 얇고, 희미하다. 그날 밤, 수바시치는 전설이 됐다. 슈마이켈은 아직 자신의 순간이 오기를 더 기다려야 했다.

우리 드레싱룸은 마치 불이 붙은 것처럼 폭발했다. 사상 처음으로 콜린다 그라바르-키타로비치 크로아티아 대통령이 우리와 함께 승리를 자축했다. 그녀는 선수 한 명, 한 명에게 축하를 건넸다. 그녀도 감격스러워하는 모습이 역력했다. 그라바르-키타로비치 대통령은 우리에게 지금 크로아티아가 폭발했다고 말해줬다. 사람들이 길거리로 달려 나왔고, 단 한 명도 빠짐없이 모두가 승리를 자축하고 있었다고 한다. 우리가 하나가 된 것이다! 우리는 그동안 '하나가 됐다'는 말을 늘 해왔지만, 러시아에서 그 순간 처음으로 우리가 이를 진정으로 해냈다. 정말 대단한 기분이었다!

덴마크전을 마친 뒤, 우리는 니즈니 노브고로드에서 하룻밤을 묵었다. 우리는 우드랜드 랩소디로 돌아가지 않는 대신 니즈니 노브고로드의 호텔에서 축하 '랩소디'를 불렀다. 모두가 노래를 불렀고, 행복해했다. 아침이 올 때까지 잠을 자는 사람도 없었다. 우리는 잠을 잘 수가 없었다. 핏줄을 통해 아드레날린이 솟구쳤다. 우리는 그동안 열리지 않던 무거운 문을 열고 앞서 지난 일곱 번의 유로와 월드컵에서 느낀 실망감을 날려버렸다. 우리는 월드컵 메달 획득을 코앞에 두고 있었고, 지금 이 순간이 평생 계속되기를 바라고 있었다.

나는 아침이 오기 전에 아주 잠시만이라도 눈을 감으려고 했다. 그러나 덴마크전의 상황이 계속 머릿속에 되살아났다. 내가 지금까지 바꿔야 했던 모든 것들이 기억났다. 우리 팀 모든 선수들이 자신감 있게 경기를 이어간 모습이 다시 떠올랐다. 달리치 감독이 생각났고, 그가 우리에게 얼마나 완벽한 사람인지 깨달았다. 만약 승부차기 끝에 우리가 졌다면 어떻게 됐을지 상상해봤다. 그런 모든 생각이 강렬하게 뇌리를 스쳐 지나갔다. 이래서는 잠을 잘 수 없다는 것을 알고 있었다. 나는 잠을 청하기 전, 우리가 덴마크전을 앞두고 서로를 안아준 순간을 다시 기억했다. 평소 우리는 경기 전 동그랗게 모이면 감독이 마지막으로 한마디를 한 뒤, 주장이 이를 이어받는다. 이 순간 주장이 "승리를 위해!"라고 외치면, 나머지 선수들이 "크로아티아!"라고 답한다.

그러나 나는 이번만큼은 다른 말을 해야겠다고 생각했다. 나는 "오늘 우리는 우리를 위해, 우리 가족을 위해, 우리 아이들을 위해, 그동안의 고통을 우리와 함께 해준 모든 사람들을 위해 싸우자. 이게 우리의 결승전이야! 내 말 잘 들어. 오늘 우리가 이기면, 다음 목적지는 월드컵 결승전이야!"

나는 스스로 내가 하는 말이 현실이 될 수 있다고 믿고 있었고, 우리 팀 모든 선수들도 이를 믿기를 바랐다. 그 순간을 다시 머릿속으로 떠올리며, 나는 겨우 잠에 들 수 있었다.

## 러시아

우리는 흑해와 접해 있는 소치에 도착해 30도의 날씨 속에서 러시아전을 기다렸다. 8강까지는 아직 6일이 남아 있었다. 우리는 기분이 너무 좋았던 나머지 더운 날씨에는 신경을 쓸 겨를조차 없었다. 우리는 다른 팀들의 경기를 보며 즐기고 있었다. 다음 라운드 진출을 확정해놓은 상태에서는 모든 게 더 쉽고, 재밌었다. 달리치 감독은 우리에게 다음 날 오후에 자유 시간을 부여했다. 그러나 우리는 마치 약속이라도 한 듯이 거의 모든 선수가 레스토랑에 모였다. 우리는 함께 저녁 식사를 하며 벨기에와 일본의 경기를 지켜봤다.

우리는 시간이 지날수록 러시아전에 집중하면서 그들의 경기력을 분석했다. 달리치 감독과 나는 우리 팀 전술에 대해 많은 대화를 나눴다. 그는 나를 자신의 오른팔처럼 여겼다. 나는 그가 제안한 아이디어가 좋지 않다고 판단되면, 거리낌 없이 그에게 솔직한 생각을 전달할 수 있었다. 달리치 감독은 모든 선수의 의견을 수렴했고, 절대 누군가가 의사 표현하는 것을 막으려 하지 않았다. 그는 독단적이지도, 선수의 의견을 무시하지도 않았다. 그는 크로아티아 선수들이 세계에서 가장 경쟁력 있는 리그에서 활약하고 있는 만큼 그들의 경험과 의견을 최대한 활용하는 게 더 큰 도움이 된다고 판단했다. 나도 그의 생각에 동의했다. 이런 점이 우리의 가장 큰 장점이었다. 선수들은 우리 팀과 다음 상대에 대해 자신의 경험과 의견을 공유할 필요가 있었다. 이를 바탕으로 월드컵에서는 이반 라키티치가 리오넬 메시에 대한 정보를 공유했고, 베드란 콜루카가 러시아에 대해 아는 모든 것을 우리에게 알려주는 분위기가 조성됐다.

예선에서 우크라이나를 만났을 때는 다리오 스르나의 통찰력과 조언이 매우 큰 도움이 됐다. 달리치 감독은 그의 말을 경청하며 모든 것을 받아들였고, 깊은 고민 끝에 스스로 최종 결정을 내렸다. 그는 우리의 아이디어를 그대로 수용한 적도 있지만, 그렇게 하지 않을 때도 있었다. 최종 결정은 그의 몫이었다. 당연히 그렇게 하는 것이 옳았다. 그래야 팀이 긍정적인 조직력을 다질 수 있다. 우리는 러시아전을 하루 앞둔 날까지 42일간 동고동락했다.

전술적으로 무언가 특별히 준비할 필요는 없었다. 우리는 이미 감독이 우리에게 무엇을 기대하고 있는지 알고 있었다. 바뀐 것은 작은 세부사항뿐이었다. 우리는 러시아에 대해 의논하며 그들의 전력을 분석했고, 세트피스 훈련을 진행했다. 특히 우리는 세트피스 수비에 더 신경을 썼다. 우리는 4-3-2 형태로 블록을 만들어 지역 방어를 펼치며 상대의 크로스를 차단하는 데 집중했다. 이는 좋은 효과를 낳을 만한 전략이었지만, 그렇게 하려면 모든 선수가 작전을 잘 이해해야 했다. 우리는 팀 훈련에서는 이를 그럭저럭 괜찮게 수행했지만, 정작 실전에서는 함께 연습한 부분을 제대로 구현하는 데 실패하곤 했다.

달리치 감독은 초반부터 경기를 어떻게 풀어가야 할지 설명했다. 그는 안드레이 크라마리치, 마리오 만주키치를 최전방 공격수로 배치하고, 이반 페리시치와 안테 레비치를 양 측면에 세운 후 라키티치와 내게 중원을 맡겼다. 달리치 감독은 러시아는 수비적인 성향이 더 강한 팀이라면서 그들에게는 역습으로 우리를 위협할 만한 주력이나 민첩성을 지닌 선수가 없다고 지적했다. 그는 우리에게 러시아 공격수 아르템 주바Artem Dzyuba가 공을 잡게 놔두라고 지시했다. 주바를 상대로는 그의 최대 장점인 볼 경합을 하지 말라는 게 달리치 감독의 지시 사항이었다. 알렉산드르 골로빈Aleksandr Golovin은 늘 그의 뒤에서 라인을 깰 준비를 하는 선수였다. 우리는 공격적인 포메이션으로 러시아에 맞섰고, 달리치 감독은 높은 지점에서 압박을 하며 상대 골키퍼 이고르 아킨페예프의 주변에 덫을 치라고 주문했다. 이날 소치의 올림픽 경기장을 찾은 관중은 약 4만 5,000명이었다.

당연히 관중석을 메운 대다수는 러시아 팬들이었다. 그들은 자국 대표팀이 8강까지 오른 데 매우 흥분한 상태였다. 특히 러시아가 16강에서 스페인을 탈락시킨 후 이런 분위기는 더 고조됐다. 개최국 러시아는 이번 월드컵에 강렬한 인상을 남겼고, 러시아인들은 전반적으로 매우 친근한 사람들이었다. 우리가 우드랜드 랩소디에 도착한 첫날부터, 그들의 대우는 환상적이었다. 그들은 경기에서 이긴 우리와 늘 함께 기뻐했다.

어쩌면 러시아는 2007년부터 우리에게 빚을 지고 있다고 생각했는지도 모르겠다. 당시 우리가 유로 2008 예선에서 잉글랜드를 꺾은 덕분에 러시아가 본선 진출에 성공했기 때문이다. 그 때문인지 러시아인들은 매 순간 우리를 존중해줬고, 모든 경기에서 우리에게 응원을 보내줬다. 그렇지만 당연히 우리가 러시아를 만났을 때는 상황이 달라졌다. 나는 대다수 러시아인들이 그 전까지, 그리고 이후 모든 경기에서 우리를 응원해줬다고 생각한다. 우리가 러시아전에서 승리한 후 유독 기억에 남은 일화가 하나 있다.

소치에서 열린 그날의 경기는 껄끄러웠다. 우리는 전반전 경기력이 기대에 미치지 못했고, 러시아의 공격적인 전술에 놀란 상태였다. 그들은 강도 높은 압박을 가하며 우리가 최후방에서부터 경기를 풀어가지 못하게 만들었다. 그리고 내가 레알에서부터 알고 있던 선수 한 명이 예상치 못한 활약을 펼쳤다. 우리는 꽤 오랜 시간 레알에서 함께 활약하며 좋은 관계를 맺고 있었다. 데니스 체리셰프Denis Cheryshev는 겸손하고, 조용하면서도 훌륭한 재능을 보유한 선수였다. 그가 내 앞에서 공을 잡았다. 나는 미처 공을 빼앗지 못했고, 그는 약 18미터 거리에서 멋진 슈팅으로 골문 오른쪽 상단을 뚫는 골을 터뜨렸다. 러시아가 열광하는 동안, 내 머릿속을 채운 생각은 단 하나뿐이었다.

"또 이런 일이! 이번에도 우리가 끌려가야 하는 건가?"

하지만 8분 뒤, 만주키치가 왼쪽 측면에서 환상적인 크로스를 올렸다. 크라마리치가 이를 기술적으로 헤더로 연결해 동점골을 뽑아냈다! 우리는 또 적절한 시점에 상대의 선제골에 대응했다. 후반전 들어 달리치 감독은 훌륭한 결정을 내렸다. 그는 63분 페리시치를 대신해 마르첼로 브로조비치를 교체 투입했다. 우리에게는 중원에 체력이 충분히 남아 있는 선수가 배치된 만큼 더 중심이 잡힌 경기력을 선보일 수 있었다. 우리는 이후 경기를 지배했고, 점유율을 높게 가져가며 득점 기회를 만들었다. 우리는 러시아를 상대한 후반전에 이번 월드컵 최고의 경기력을 보여줬다. 내가 늘 하는 말이 있다. 양 팀이 팽팽히 맞선 경기에서 승리하려면 선수들을 성공적으로 이끄는 결정을 내릴 줄 아는 감독이 필요하다. 이런 관점에서 달리치 감독은 적절한 시기에 변화를 주는 훌륭한 지도자였다.

승부는 연장전으로 돌입했다. 우리는 일주일도 채 지나지 않아 두 경기 연속으로 각각 전후반 30분을 더 소화해야 했다. 경기 내내 쉬지 않고 달린 우리의 두 측면 공격수 시메 브르살리코와 이반 스트리니치는 체력적으로 어려움을 느끼기 시작했다. 먼저 교체된 것은 스트리니치였다. 그는 더는 뛸 수 있는 상태가 아니었다. 브르살리코는 대회 내내 무릎 통증을 안고 있었다. 나는 그가 아픈 무릎으로 그렇게 뛴 모습에 경의를 표한다. 그 또한 연장전이 시작된 후 단 몇 분 만에 교체돼야 했다. 콜루카가 다마고이 비다의 중앙 수비수 자리에 투입됐다. 대신 비다는 교체된 브르살리코의 자리를 메웠다. 결국, 콜루카와 비다는 101분 우리의 두 번째 골 장면을 합작한 영웅이 됐다. 내가 코너킥을 올리자 만주키치가 상대를 유인했고, 비다가 페널티 스팟 부근에서 높이 뛰어올라 골대를 향해 헤더를 연결했다. 골대 바로 앞에 서 있던 콜루카가 이를 가로막고 있었지만 그는 영리하게 자리에서 움직였고, 공은 그대로 골망을 흔들었다! 우리는 마치 불멸의 승자가 된 것처럼, 4강 진출을 확정하는 골을 넣은 것처럼 기뻐했다. 그러나 곧 재앙이 이어졌다. 스트리니치를 대신해 투입된 요시프 피바리치가 핸드볼 반칙으로 페널티 지역 부근 오른쪽에서 러시아에 프리킥을 헌납했다. 이때 우리에게 위험 지역에서 프리킥을 내주는 것은 최악의 상황이나 다름없었다. 결국, 우려가 현실이 됐다. 크로스가 올라왔고, 마리오 페르난데스Mário Fernandes가 높이 뛰어올라 헤더로 골망을 갈랐다. 2-2! 승부는 다시 원점으로 돌아갔다. 이제는 러시아가 미친 듯이 기뻐하고 있었다. 나는 이 상황을 도무지 이해할 수 없었다. 또 이런 일이 발생하다니. 나는 킥오프를 하기 위해 센터서클 안으로 들어갔고, 이를 패스로 연결하는 대신 온 힘을 다해 터치라인 방향으로 차버렸다. 나는 정말 화가 난 상태였다. 우리가 또 무슨 짓을 한 거지?!

결국, 우리는 승부차기에 돌입했다! 또! 나는 이번에도 키커로 나섰고, 예전과 마찬가지로 세 번째 키커를 맡았다. 그러나 나는 우리가 좋은 집중력을 유지하며 차분하게 대응하고 있다고 생각했다. 러시아는 온 나라의 모든 기대를 짊어지고 있었다. 그들은 첫 번째 페널티킥부터 실축했다. 정확히 말하면, 또 수바시치의 선방이었다. 브로조비치는 페널티킥을 성공시켰다. 이후 그들도 득점했고, 아킨페예프는 마테오 코바시치의 페널티킥을 막았다. 승부는 그렇게 또 다시 원점으로 돌아갔다. 그러나 연장전에 동점골을 넣은 페르난데스가 유효슈팅조차 하지 못하며 실축했다. 이제 내가 페널티킥을 찰 차례였다. 덴마크전 승부차기에 나섰을 때보다는 상황이 더 수월했다. 러시아가 실축하며 우리에게 여유가 생겼기 때문이었다. 나는 골문 왼쪽 하단으로 슈팅을 연결했다. 아킨페예프는 빠르게 점프했고, 손으로 공을 건드렸다. 이후 공이 골포스트를 때리며 밖으로 튕겨나갈 것처럼 보였다. 나는 순간적으로 겁에 질린 상태로 그 자리에서 굳어버렸다. 그러나 페널티 지역 옆 골라인 위에 서서 대기 중이던 수바시치가 두 팔을 높게 드는 모습이 보였다. 나 또한 공이 골망을 향하는 것을 확인한 후 두 팔을 하늘 위로 번쩍 들었다. 우리가 다시 리드를 잡았다. 이후 누구도 실축하지 않았다. 비다도 환상적인 페널티킥으로 득점했다. 라키티치는?!

라키티치에 대해서는 더는 할 말이 없다. 승부차기가 곧 그의 순간이었다. 그는 늘 그랬듯이 이번에도 승부처에서 페널티킥을 골망에 꽂아 넣었고, 우리는 또 한 번 파티를 시작했다. 크로아티아가 4강에 진출한 것이다!

호텔에서 일하는 러시아인들도 경기를 마친 후 숙소에서 우리를 환영해줬다. 그들은 러시아 대표팀이 4강에 진출할 기회를 놓치며 탈락한 사실을 슬퍼하면서도 마치 경기장 관중석에 있던 팬들처럼 우리에게 박수를 보냈다. 정말 훌륭한 사람들이었다!

파티는 계속됐다. 우리는 노래를 불렀고, 춤을 추며 주체할 수 없는 기쁨을 누렸다. 희열 그 자체였다. 이곳저곳에서 연락이 오면서 우리의 전화기가 쉬지 않고 울렸다. 영상 메시지는 아예 볼 필요도 없었다. 우리는 크로아티아가 불타오르고 있다는 것을 이미 알고 있었다. 모두가 길거리로 뛰어나와 있었을 것이다. 우리는 너무 기뻐 곧 눈물을 쏟아낼 것만 같았다. 그러나 우리는 계속 노래를 이어가며 승리를 자축했다.

나는 유로 2008 당시 비엔나의 프라터슈타디온Praterstadion에서 느낀 슬픔을 절대 잊을 수 없다. 당시 120분에 헌납한 실점과 승부차기도 당연히 잊지 못한다. 그 경기는 내 커리어에 남은 가장 큰 상처였다. 그때나 지금이나 나는 우리가 우승을 위해 싸워야 하는 팀이라고 확신했다. 그러나 만약 그때 그런 말을 했다면 누가 내 말을 들어줬을까?

아무도 내 말을 믿지 않았을 것이다. 그러나 그로부터 10년 뒤, 나는 아무 말도 할 필요가 없었다. 크로아티아는 월드컵 4강에 진출했다. 1998년에 그랬던 것처럼! 그 모든 게 현실이며 꿈이 아니라는 것을 깨닫는 데까지는 적지 않은 시간이 필요했다.

## 잉글랜드

이제 우리는 모스크바로 갔다. 우리는 러시아가 8강 상대로 확정되기 전부터 만약 4강에 오른다면 잉글랜드를 만나야 한다는 것을 알고 있었다. 그들은 이번 월드컵에서 주목받는 팀이었다. 그들은 예전과는 다른, 젊고 활기가 넘치는 팀이었다. 이번에도 티켓을 원하는 사람이 정말 많았다. 다행히 바냐가 이번에도 모든 것을 관리해줬다. 바냐는 리스트를 작성해 이동 경로와 일정 등 모든 계획을 짰고, 나는 모두에게 티켓을 전달하는 역할을 맡았다. 내게는 100장 이상의 티켓이 필요했지만, 50장을 구하는 것도 기적에 가까웠다. 우리 가족과 가장 친한 친구들이 나를 지켜보게 됐다. 그것은 나에게 의미가 컸다. 바냐는 이바노, 에마와 함께 왔다. 드디어 우리가 만난 것이다. 나는 마드리드에서 짐을 싸서 떠난 후 아이들과 전혀 시간을 보내지 못한 상태였다.

우리에게는 많은 시간이 주어지지 않았다. 잉글랜드전까지는 3일이 남아 있었다. 우리는 저녁 식사 후 각자 두어 시간 정도 가족과 시간을 보낼 수 있었다. 이후 우리 팀은 호텔 건물에서 격리된 조용한 층으로 이동해야 했다. 우리는 지쳐 있었지만, 몸 상태를 회복할 충분한 시간은 주어지지 않았다. 덴마크전을 앞뒀을 때와는 달리, 이번에는 긴장되지는 않았다. 우리는 이미 4강에 올라 있었고, 이제는 메달 획득을 위해 싸워야 했다. 우리는 다음 경기에서 어떤 결과가 나와도 이미 기대치를 넘어선 팀이었다. 그 덕분에 우리는 침착하게 어떤 경기를 해야 할지 머릿속으로 구상할 수 있었다. 우리의 목표는 이기는 것이었다!

우리는 단 3주 사이에 다섯 경기를 치른 상태였고, 그중 두 경기는 연장전까지 돌입했다. 두 차례의 연장전을 합친 60분은 90분 경기의 3분의 2에 달하는 시간이다. 게다가 우리는 심리적 압박감이 어마어마한 승부차기도 두 차례나 경험했다. 4강에 진출한 팀 중 이처럼 많은 체력 소모를 겪은 팀은 우리뿐이었다. 우리는 그에 대한 대가를 치르며 잉글랜드전에 돌입했다. 수바시치, 로브렌, 페리시치 그리고 브르살리코는 부상을 이유로 훈련도 하지 못했다.

만주키치는 의료진의 소견을 무시하고 훈련을 강행했다. 라키티치는 4강전을 하루 앞둔 날 밤 열감기에 시달렸다. 더 안 좋은 소식이 이어졌다. 잉글랜드전이 열리는 날 아침이 되자 레비치는 목에 통증이 있다며 출전할 수 없다는 의사를 밝혔다.

의료진과 물리치료사들도 제 몫을 해줬다. 선수들의 몸을 관리해주는 게 그들 나름의 경기였다. 그들은 이 경기에서 훌륭한 퍼포먼스를 선보였다. 그들은 잉글랜드전에 우리 팀 모든 선수가 경기에 출전할 수 있게 준비시키는 기적을 연출했다. 몸 상태가 최악이었던 선수는 브르살리코였다. 그는 오랜 기간 무릎 통증을 안고 있었고,

대회가 진행될수록 고통을 참을 수 없는 지경에 이르렀다. 다행히 그는 누구보다 강인했다. 자다르에서 자란 그에게 포기란 없었다. 나는 그에게 "누가 총을 쏜다고 해도 총알을 씹어 먹겠다는 각오로 버텨야 해. 수단과 방법을 가려서는 안 돼. 살면서 딱 한 번밖에 안 오는 기회잖아!"라고 말했다. 그 또한 이를 잘 이해하고 있었다. 결국, 그는 월드컵이 끝날 때까지 버틸 수 있었다.

달리치 감독은 곧 잉글랜드전 전술을 공개했다. 그는 다이아몬드형 미드필드 대형을 중심으로 한 4-4-2 포메이션을 꺼내 들었다. 즉, 러시아전에 선발 출전한 스트라이커 한 명이 빠지는 대신 미드필더 한 명이 추가된 전술이었다. 선수들은 그 결정에 의문을 품고 있었다. 달리치 감독은 코바시치를 선발로 중용하고, 페리시치를 벤치에 앉히겠다고 말했다. 우리가 중원을 더 강력하게 구축해 점유율을 더 높게 가져가야 한다는 게 그의 생각이었다.

나는 달리치 감독에게 우리가 미드필더 세 명만 세워도 중원을 장악할 수 있다고 말했다. 잉글랜드는 3-5-2 포메이션을 가동하며 두 측면 미드필더를 높게 배치하는 팀이었다. 그들이 측면으로 공격하면서 압박 강도를 높이면, 우리에게는 이에 대응할 방법이 없었다.

그러나 잉글랜드의 포메이션은 측면 수비에 약점이 있었다. 우리에게는 이를 활용할 빠른 측면 공격수 두 명이 필요했다. 특히 잉글랜드의 오른쪽 측면을 맡은 애쉴리 영Ashley Young을 공략하는 게 중요했다. 33세가 된 영은 경기 속도를 따라가는 데 어려움을 겪고 있었다. 페리시치와 레비치는 우리 팀 공격의 열쇠를 쥔 선수들이다. 결국, 달리치 감독은 나의 제안을 받아들였다. 페리시치의 경기력이 평소와 비교해 떨어진 상태였지만, 모든 선수들이 그를 신뢰하고 있다는 점을 존중했다. 페리시치는 괴물 같은 선수다. 가끔씩 경기 도중에 영향력을 잃을 때도 있지만, 한번 흐름을 타면 절대 멈출 수 없는 선수였다. 우리는 그가 자신의 페이스를 찾을 때를 기다려야 했다. 그 외에는 대안이 없었기 때문이다. 현역 시절 페리시치와 같은 측면 공격수였던 올리치 코치도 우리와 생각이 비슷했다.

우리는 월드컵 4강에 올랐다는 사실만으로도 흥분한 상태였다. 잉글랜드 전문가들과 해설위원들의 말은 우리에게 자극제가 됐다. 그들은 공개적으로 우리를 저평가했다. 존중이 결여된 그들의 모습은 우리에게 동기부여가 됐다. 반면 잉글랜드 대표팀과 가레스 사우스게이트Gareth Southgate 감독은 존중심이 강했고, 진정한 스포츠맨십이 무엇인지 보여줬다. 우리도 그들을 똑같이 대했다. 잉글랜드는 러시아 월드컵에서 훌륭한 경기력을 보여줬다. 라힘 스털링Raheem Sterling, 해리 케인Harry Kane, 마커스 래쉬포드Marcus Rashford를 앞세운 그들의 공격진은 빨랐고, 젊은 데다 에너지가 넘쳤다. 그들은 미드필드와 수비진도 강했다. 그러나 나는 우리 팀이 더 강하다고 확신했다. 잉글랜드는 훌륭한 나라이며 훌륭한 국가대표팀을 보유하고 있다. 그들은 감독이 선수 선발을 잘한 덕분에 훌륭하게 조화된 선수단을 자랑했다. 모처럼 잉글랜드도 큰일을 해낼 만한 전력을 구축한 것이다. 그들에게는 그렇게 할 시간도 충분히 있었다. 그러나 이 경기에서만큼은 우리가 그들을 이길 수 있다는 자신감이 있었다.

우리는 루즈니키 스타디움Luzhniki Stadium으로 향하는 버스에 올라탔다. 기대와 흥분이 피부로 느껴졌다. 우리는 버스 안에서 모두 자기만의 시간을 보냈다. 우리는 각자 헤드폰을 쓰고 음악을 들었다. 경기장에 도착한 뒤, 우리의 드레싱룸 분위기는 긍정적이었다. 우리는 집중력을 유지하며 서로를 격려했다. 스피커를 통해 크로아티아 음악이 흘러나왔다. 워밍업에 나선 뒤, 나는 다른 동료들과 마찬가지로 관중석 어딘가에 앉아 있는 우리 가족을 찾았다. 우리는 이미 그들이 어느 좌석에 앉아 있는지 알고 있었고, 먼 곳에서 인사를 보냈다. 나와 동료들이 모두 각자의 가족을 향해 손을 흔들었다. 가족이 직접 왔다는 것은 내게 더 큰 에너지가 됐다. 크로아티아에서 많은 팬들이 왔다는 점도 우리에게 힘이 됐다. 이미 우리는 지금까지 겪은 모든 문제와 부상, 감기, 피로 등을 잊은 상태였다. 우리는 결승전에 진출하기 위해 싸울 준비를 마쳤다.

경기는 초반부터 우리에게 불리하게 흘러갔다. 경기 시작 5분경, 나는 우리 블록을 뚫고 가려는 델레 알리Dele Alli를 막아섰다. 주심은 위험 지역에서 프리킥을 선언했다. 키에런 트리피어Kieran Trippier의 감아 차기 프리킥은 우리 수비벽을 넘어 골대 오른쪽 상단 사각지대를 그대로 꿰뚫었다.

잉글랜드는 선제골을 자축했다. 그들에게는 환상적인 출발이었다. 우리는 잠시 흔들렸지만, 다시 달리기 시작했다. 그러나 다음 득점 기회를 만든 팀도 잉글랜드였다. 케인이 수바시치와 1 대 1 상황을 맞았다. 그가 여기서 골을 넣으면 잉글랜드는 2-0으로 앞설 수 있었다. 다행히 그는 득점에 실패했다. 이번에도 운명은 우리에게 쉽게 승리를 허락하지 않았다. 우리가 추가 실점을 했다면 승부를 뒤집는 것은 거의 불가능했을 것이다. 그러나 시간이 지나면서 우리의 경기력이 향상됐다. 볼을 소유하는 게 매우 중요해지면서 우리의 패스 연결이 좋아졌고, 체력을 아낄 수 있었다. 우리는 후반전 경기를 한층 더 지배하면서 동점골을 넣을 순간이 다가오고 있다는 것을 느졌다. 그러던 와중에 68분, 시메 브르살리코가 깊숙한 진영에서 크로스를 올렸다. 페리시치가 마치 날개를 펼치고 날아오르는 듯 트리피어의 뒤에서 발을 뻗었고, 공이 골대 안으로 들어갔다!

그 골은 승부를 원점으로 돌렸고, 잉글랜드를 흔들었다. 경기의 흐름이 뒤집혔다.

그때부터는 우리가 경기 속도를 조절했다. 누구도 우리가 잉글랜드보다 체력 소모가 더 큰 팀이라는 것을 알 수 없을 정도였다. 그때부터 우리가 월드컵을 준비하며 진행한 전지훈련은 물론 소속팀에서 소화한 운동량이 빛을 발휘했다. 우리는 준비된 팀이었다. 부상 중인 선수들은 통증을 잊고 뛰었다. 경기는 연장전으로 이어졌다. 우리는 세 경기 연속으로 연장전에 돌입했다. 우리는 월드컵 4강에 오른 다른 팀보다 한 경기를 더 치르는 셈이었다. 우리는 잉글랜드를 압도했다. 우리는 연장 전반전에도 지배력을 발휘했다. 109분에 갑자기 만주키치를 향해 공이 날아갔다. 만주키치는 실수하지 않고 왼발 슛으로 골문을 열어젖혔다! 우리는 그대로 열광했다. 서로 엉킨 우리는 골대 뒤에 있던 멕시코 출신 사진기자를 덮쳤다. 사람들이 그를 일으켜주는 사이, 우리 선수들은 그를 끌어안으며 뽀뽀까지 해줬다. 그는 우리의 행운의 상징이었다!

연장 후반전에 돌입한 우리는 완전히 지친 상태였다. 달리치 감독은 115분에 만주키치를 교체해줬다. 나는 '탱크' 만주키치가 운동장에서 내려가는 모습을 지켜봤다. 그는 너무 지친 나머지 제대로 걷지도 못하고 있었다. 이틀간 잠시도 쉬지 않고 논스톱으로 뛸 수 있는 체력을 자랑하는 이 친구가 이처럼 망가진 상태라면, 나머지 선수들이 얼마나 큰 체력 부담을 겪고 있을지 굳이 생각조차 할 필요가 없었다. 잉글랜드는 계속 우리 페널티 지역 안으로 크로스를 올렸지만, 시간은 흐르고 있었다.

달리치 감독은 콜루카를 투입했다. 그는 체력적으로 부담이 없었던 데다 경험이 풍부한 선수였으며 우리에게 높이를 제공해줬다. 이어 119분에는 내가 교체됐다. 나 역시 체력이 바닥 난 상태였다. 밀란 바델리가 투입됐다. 이런 경기의 마지막 순간은 오히려 벤치에서 지켜보기가 더 어려운 게 사실이다. 안드레이 크라마리치가 상대 페널티 지역 안으로 침투했을 때, 우리는 2 대 1 상황을 만들었다. 잉글랜드 수비수 두 명이 그를 추격하고 있었고, 페리시치가 골대 앞에 혼자 서 있었다. 크라마리치는 공을 페리시치에게 밀어주기만 해도 되는 상황이었다. 그러나 그는 슈팅 각도가 잘 나오지 않는 상황에서 득점을 노렸고, 결국 기회를 놓치고 말았다! 페리시치는 이성을 잃고 화를 냈다. 이대로 경기를 끝낼 수 있었다는 것을 알고 있었던 우리도 화가 났다. 우리는 긴장을 늦출 수 없었다. 경기가 끝난 뒤, 우리가 승리한 덕분에 모두 기뻐하고 있었던 것은 크라마리치에게 행운이었다. 우리는 그에게 "만약 우리가 골을 먹었다면 너를 죽였을 거야!"라고 말해줬다.

그날 주심은 연장전 막판에 추가 시간 4분을 선언했다. 나는 대기심에게 추가시간이 지나치게 길다며 불평했다. 그러자 그는 우리에게 침착하라고 말했다. 이 상황에서 어떻게 침착할 수 있단 말인가? 우리는 한걸음만 더 가면 영광을 누릴 수 있었다. 4분간 이어진 추가 시간을 견디는 것은 정말 고통스러웠다! 이 순간 마르첼로 브로조비치가 공을 잡은 뒤, 잉글랜드 골문을 향해 달리기 시작하자 종료 휘슬이 울렸다! 경기가 끝났다! 역사상 처음으로, 크로아티아가 월드컵 결승에 진출했다!

## 결승전

종료 휘슬이 울린 뒤, 나는 운동장에 남아 관중석 풍경을 최대한 오래 바라봤다. 크로아티아 유니폼을 입기 시작한 후 12년째가 돼서야 이 장면을 보게 됐다. 나는 13세 소년에 불과했을 때, 세계 3위를 차지한 크로아티아 대표팀 선배들을 보며 이 순간을 꿈꿨다. 드디어 나의 커리어, 나의 스토리가 결론에 도달했다. 이제 그 스토리가 어떤 결말을 맺게 되는지는 중요하지 않다. 내가 평생 꾼 꿈이 이미 현실이 됐기 때문이다.

이게 현실일까? 꿈을 꾸는 게 아닐까? 이런 일이 진짜로 일어났단 말인가? 나는 얼굴을 감싸고 주변에서 기뻐하는 사람들을 바라봤다. 세계에서 가장 중요한 축구 경기가 열리는 일요일에 운동장에 나서는 주인공은 우리였다! 이 모든 것을 실감하려면 아직 시간이 더 필요했다.

잉글랜드 선수들은 좌절한 상태였지만, 나는 그들에게 축하 인사를 건넸다. 그런 경기에서 패한 순간에는 나머지 사람들과 떨어져 혼자 있고 싶은 마음이 커진다. 그런데도 가레스 사우스게이트 감독은 진정한 신사였다. 그는 다가와서 내게 승리를 축하한다며 인사를 건넸다.

나는 대니 로즈Danny Rose, 카일 워커Kyle Walker와 악수를 나눈 후 유니폼을 교환했다. 우리는 매 경기 세트로 유니폼을 여러 개씩 받았다. 나는 러시아 월드컵에서 매 경기마다 받은 유니폼을 최소 하나씩 기념품으로 남겨뒀다. 나는 지금까지 만난 거의 모든 상대 팀 선수들로부터 유니폼을 받아 간직하고 있다. 나는 그런 기념품을 정말 좋아한다. 내가 상대 선수로부터 받은 모든 유니폼은 각각의 스토리를 담고 있고, 그 유니폼을 받는 것은 오래 기억에 남을 추억을 만드는 것과 다름없다.

내가 상대와 교환하고 싶지 않은 유일한 유니폼 세트는 결승전 유니폼이었다. 월드컵 결승전을 위해 주어진 유니폼에는 특별한 스토리가 담겨 있기 때문이다. 크로아티아의 밝은 색 체크무늬 유니폼은 내게 매우 특별하다. 그러나 나는 개인적으로 우리의 어두운 색 유니폼을 더 좋아한다. 이유는 알 수 없지만, 우리는 어두운 색 유니폼을 입었을 때 더 좋은 성적을 거뒀기 때문이다.

나는 조금씩 긴장하기 시작했다. 바냐와 아이들을 찾으려 했지만, 그들은 보이지 않았다. 지금이 내 커리어의 가장 위대한 순간이었고, 나는 바냐와 아이들이 내 옆에 있기를 바랐다. 곧 우리는 드레싱룸으로 돌아왔다. 모두가 미친 듯이 기뻐하고 있었다. 그곳에서 바냐에게 전화를 걸었지만, 그녀는 받지 않았다. 조금씩 걱정이 되기 시작했지만, 곧 바냐에게서 전화가 왔다. 바냐는 경기가 끝난 후 자그레브행 비행기를 타야 했는데, 교통 체증이 워낙 심해서 종료 휘슬이 울리기 전에 경기장을 떠나야 했다고 말했다. 가족이 떠났다는 말을 들은 나는 화가 났고, 슬펐다. 동시에 우리 가족이 운동장에서 나와 기쁨을 함께할 수 없게 된 것에 미안한 마음이 들었다.

그러나 바냐는 우리 가족과 친구들을 책임져야 했다. 이후 그녀는 두 아이를 데리고 모스크바를 경유한 후 자그레브로 가야 했다. 바냐도 상황이 이렇게 돼서 슬퍼했지만, 그녀에게는 별다른 방법이 없었다.

드레싱룸에서는 모두가 웃는 얼굴이었다. 수많은 사람들이 내려와 우리를 축하해줬다. 당시 FIFA 관계자였던 즈보니미르 보반도 그곳에 있었고, 나와 그는 서로의 품에 안겼다. 그는 20년 전 프랑스에서 월드컵 동메달을 목에 건 크로아티아의 주장이었고, 나는 최소 은메달을 확보한 크로아티아의 현재 주장이었다.

호텔에 도착한 후에는 새로운 파티가 시작됐다. 어쩌면 당연한 일일지도 모른다. 사방에 사람들이 꽉 들어찼다. 마치 크로아티아에 있는 기분이었다. 선수들의 가족과 여자 친구들, 친구들 그리고 관계자들이 모두 그곳에 있었다.

모두 노래를 부르며 춤을 췄다. 열광의 도가니 그 자체였다! 누구도 오늘 밤에는 잠을 잘 생각이 없었다. 나는 아침이 오기 전 눈을 감으려고 했지만, 도저히 그럴 수가 없었다. 4강 경기 장면이 계속 머릿속으로 반복되며 나를 잠들지 못하게 했다. 그러나 그 모든 것은 기분 좋은 일이었다. 그렇게 찾아온 다음 날도 특별했다. 나는 두어 시간 정도 겨우 잠을 잤을 뿐이지만, 어제 일어난 모든 일이 현실이라는 것을 깨닫자 더 즐거웠다. 놀랍게도 전혀 피곤하지 않았다. 기분이 너무 좋아서 몸이 아픈 것 같으면서도 통증이 느껴지지 않았다.

결승전까지는 3일이 남아 있었다. 결승전 상대인 프랑스는 연이은 연장전을 치른 우리보다 한 경기를 덜 소화한 것이나 마찬가지였다. 게다가 그들은 우리보다 하루 더 휴식을 취한 후 결승전에 나설 수 있었다. 운이 따르는 팀에는 그처럼 모든 게 맞아떨어질 때가 있다. 전화기를 확인해 보니 수많은 메시지가 와 있었다. 답장은커녕 다 읽을 수도 없는 상태였다. 메시지를 보낸 사람들이 나를 이해해주기를 바랄 수밖에 없었다. 우리의 마음은 이미 결승전이 열리는 루즈니키 스타디움에 있었다. 나는 세계 챔피언이 되는 순간이 눈앞으로 다가왔다는 것을 실감하기 시작했다. 나와 동료들이 월드컵 트로피를 하늘 높이 드는 순간을 상상해봤다! 그게 현실이 될 수만 있다면 우리와 크로아티아는 물론 우리를 응원하는 전 세계 모든 사람들에게 얼마나 대단한 순간이 될지 굳이 설명할 필요도 없었다. 수많은 사람들이 우리를 응원하고 있었다. 축구를 좋아하는 대다수 중립 팬들이 우리를 응원하는 분위기를 느낄 수 있었다. 전 세계 수많은 연예인과 유명한 사람들이 SNS를 통해 마음속으로 크로아티아를 응원하게 됐다는 메시지를 올렸다. 우리는 작은 나라다. 사람들은 크고, 막강한 팀을 상대로 물러서지 않고 맞서는 '언더독'을 더 애틋하게 여기곤 한다. 월드컵이 열리는 결승전 날 하루만큼은 우리가 전 세계를 대표하게 됐다.

팀 훈련은 사실상 뭉친 근육을 풀어주는 시간으로 활용됐다. 우리는 지난 25일간 경쟁력이 최고조에 달한 여섯 경기를 소화했고, 50일간 함께하면서 결승전에 진출했다. 더는 훈련할 게 뭐가 있단 말인가? 즐라트코 달리치 감독은 원래 하던 대로 연습 경기를 진행했다. 어린 선수들이 베테랑을 상대하는 훈련이었다. 나이지리아와의 첫 경기를 앞두고는 어린 선수들이 우리를 이겼다. 이후 우리가 나이지리아에 승리한 만큼, 우리는 실전을 앞둔 모든 연습 경기에서 그들이 이기게 해줬다!

이제 와서 그걸 바꿀 필요는 없었다. 솔직히, 나는 미신을 믿는 사람이 아니다. 게다가 훈련에서는 자신의 능력을 증명하고 싶어 하는 어린 선수들이 더 많은 에너지를 쏟는 게 사실이다. 우리가 그들을 여유 있게 상대해준 부분도 없지 않아 있었지만, 지나칠 정도는 아니었다. 첫 번째 연습 경기를 앞두고는 신경전이 일어나기도 했다. 이날 훈련은 계획대로 진행되지 않았다. 선수들이 느슨해졌기 때문이다. 우리는 3 대 3으로 볼을 소유하는 훈련을 했다. 레비치가 경합 상황에서 강도 높은 동작을 취하지 못했고, 공을 빼앗겼다. 나는 바로 언성을 높였다. "그게 뭐하는 거야?!" 레비치는 이에 긍정적으로 반응했고, 더 진지하게 훈련에 임했다. 나는 늘 그런 식으로 훈련한다. 무언가 잘못됐다고 느끼면, 내 생각을 바로 알린다. 마드리드에서도 누군가 팀 훈련에서 최선을 다하지 않는 모습이 보이면, 나는 이를 꼭 지적했다.

유로 2016에서 터키와의 첫 경기를 앞둔 시점에는 밀란 바델리와 다리오 스르나가 다퉜다. 바델리가 공을 잡고 잔재주를 부리자, 스르나가 "단순하게 해"라며 이를 지적했다. 그러자 바델리는 대꾸를 하려 했고, 나는 그에게 "왜 계속 말을 하는 거야? 스르나가 하라는 대로 해!"라고 소리쳤다. 이 모습을 제3자가 지켜봤다면, 문제가 일어났다고 생각했을 수도 있겠지만 중요한 경기를 앞두고 선수들끼리 서로 이런 반응을 보이는 것은 사실 긍정적이다. 이런 분위기는 선수들이 집중하고 긍정적인 긴장감이 감돌기 시작할 때 조성되기 때문이다. 러시아에서도 이와 비슷한 신경전이 있었다. 덴마크전을 앞둔 연습 경기에서 어린 선수들로 구성된 팀이 우리를 상대로 이기고 있었다. 나는 우리가 지고 있다는 게 화가 났고, 결국 순간적으로 이성을 잃었다. 나는 안드레이 크라마리치를 강하게 태클했고, 그는 나와 심하게 충돌하며 바닥에 나뒹굴었다. 그렇게까지 태클을 할 필요는 없었다. 나는 바로 크라마리치에게 사과했다. 그러나 오히려 나는 크라마리치로부터 더 긍정적인 부분을 발견했다. 그는 불평하지 않았다. 그의 반응은 훌륭했다. 그는 나의 태클에 당하고도 아무 말도 하지 않고, 운동장에서 실력으로 겨루는 데 집중했다.

팀 내부에서 이런 사건이 생기는 것은 지극히 정상적인 일이다. 이런 분위기는 팀이 살아 숨 쉬고 있다는 증거이자 팀에 에너지가 넘친다는 뜻이다. 결승전을 하루 앞둔 전날 밤, 우리는 아드레날린 이 솟구치는 상태였다.

나는 프랑스가 두렵지 않았다. 나는 그들이 우리보다 신체적으로 는 우월하다고 생각했지만, 기술적으로는 우리가 한 수 위라고 생각 했다. 그들은 끊임없이 뛰는, 힘이 넘치는 팀이었다. 킬리안 음바페 를 앞세운 그들의 역습은 살인적이었다. 나는 그들의 효과적인 세트 피스가 걱정됐다. 게다가 세트피스 수비는 우리의 약점이었다. 그런 데도, 나는 우리가 그들을 이길 수 있다고 생각했다.

달리치 감독은 우리에게 단단한 블록을 형성해서 볼을 소유하고, 세트피스 상황에서도 집중력을 발휘해야 한다는 점을 강조했다. 그 는 여러 차례에 걸쳐 "우리가 공을 가지고 있을 때는 늘 조심해야 해. 그때가 그들이 가장 위협적인 순간이니까. 그들은 우리에게 공을 빼 앗을 때만 노리다가 패스 한두 번으로 엄청 빠른 역습을 할 수 있어" 하고 말했다.

나는 결승전을 앞두고 잠도 잘 잤다. 아침 일찍, 약 여덟 시쯤에 일 어났다. 나는 잠이 많은 사람이 아니다. 나는 평소에도 6~7시간만 자도 생활하는 데 지장이 없었다. 그러나 그날은 긴장이 된 게 사실 이다. 나는 아침 식사 후 혼자 방에서 시간을 보내고 싶었다. 나는 스 스로 만든 원칙에 따라 경기가 열리는 날에는 바냐를 제외하면 누구 와도 대화하는 것을 좋아하지 않는다. 바냐는 내게 전화를 걸어 모든 게 괜찮다며 아이들도 잘 있다고 말해줬다. 나는 가족과 한동안 대화를 나눴다. 그러자 힘이 생겼다. 전화기로는 계속 메시지가 오고 있었다.

모스크바에서의 일요일은 시간이 정말 천천히 흘렀다. 이날 경기 킥오프는 오후 다섯 시로 잡혀 있었다. 우리의 이전 경기는 더 늦은 저녁에 열렸다. 점심 식사는 한 시로 예정됐다. 우리는 100% 결승전에 집중했다. 이미 무엇을 어떻게 해야 하는지 알고 있었고, 더는 대화를 나눌 필요도 없었다. 나는 점심 식사 후 의무적 휴식이 주어진 시간에도 낮잠을 잘 수 없었다. 잠을 자는 것이 도저히 불가능했다. 나는 시간을 보내기 위해 읽을거리를 찾았다. 동료들과 만나기 30분전, 평소처럼 개인 워밍업을 시작했다. 트레이닝 밴드를 이용해 근육을 풀어줬다. 우리는 호텔 홀에서 경기를 두 시간 앞두고 만났다. 루즈니키 스타디움으로 버스를 타고 가는 길은 장관이었다. 몇몇 사람들은 이 광경은 태어나서 단 한 번밖에 볼 수 없는 것이라고 말했다. 그러나 대다수 선수들은 단 한 번도 이런 경험을 하지 못할 것이다. 그래서 나는 매 순간을 최대한 음미했다. 오토바이를 탄 경찰부대가 우리를 경호하며 경기장까지 이끌었다. 마치 우리가 지구에서 가장 중요한 사람들이 된 기분이 들었다. 그 순간부터 이미 우리가 곧 나서게 될 경기를 지켜보기 위해 전 세계 인구의 절반가량이 하던 일을 멈추고 있을 거라는 생각이 들자 정말 황홀한 기분이었다.

커리어에서 가장 중요한 경기를 치르게 될 곳으로 향하는 버스 안에는 선수들의 사기를 북돋는 음악이 울려 퍼지고 있었다. 우리는 각자 스스로 익숙한 방식으로 경기를 준비했다. 우리는 정오가 되기 전 선발 라인업과 이날 전술과 관련된 팀 미팅을 가진 상태였다. 크로아티아 사람들의 응원 메시지가 담긴 영상 편지도 봤다. 우리는 동기부여와 에너지로 가득 찬 상태였다.

다른 생각을 할 겨를이 없었다. 우리는 경기장에 도착한 후 평소 습관대로 운동장으로 들어섰다. 그 순간에는 늘 무언가 특별함이 있다. 그날 경기의 분위기를 느낄 수 있기 때문이다. 팬들은 이미 관중석을 메우고 있었다. 그들은 곧바로 응원전을 시작했다. 그들의 응원은 우리에게 모든 것을 의미했다. 팬들의 응원을 온몸으로 느낄 수 있었다. 우리는 오늘이 역사에 남으리라는 것을 알고 있었다. 나는 센터 서클에서 로브렌, 비다, 코바시치와 대화를 나눴다. 그들은 나의 친구이자 동료이며 함께 전쟁에 나설 전우였다. 그 순간, 우리는 축구 선수로서 우리나라를 위해 위대한 일을 해냈다는 사실을 깨달았다. 그날 크로아티아의 풍경만 봐도 이를 실감할 수 있었다. 크로아티아의 모든 사람들에게 우리의 월드컵 결승 진출은 축구 그 이상의 것이었다.

우리의 선발 라인업은 예상대로였다. 스트리니치의 출전 여부가 끝까지 불투명했지만, 그는 결국 선발로 나서게 됐다. 우리는 월드컵 결승전을 앞두고 있었다. 그것만으로도 통증 정도는 충분히 잊을 수 있었다. 경기를 앞두고 나 또한 의료진으로부터 또 한 번 주사를 맞았다.

나는 덴마크, 러시아를 상대한 후 허리에 통증을 느꼈다. 등밑 부분 신경 부근에서 통증이 발생했다. 잉글랜드와의 4강에서는 전반전을 마친 후 주사를 맞았다. 그 진통제는 마치 기적의 주사 같았다. 맞는 순간 통증이 싹 사라졌다. 드레싱룸 분위기는 이번에도 똑같았다. 우리는 집중력을 끌어올리며 서로를 격려했다. 바뀐 것은 단 한 가지였지만, 이 차이는 큰 변화를 만들었다. 그것은 우리가 월드컵 결승전을 준비 중이라는 사실이었다! 경기 전부터 대형 화면이 이곳저곳에서 켜졌다. 카메라가 움직이면서 경기 전부터 관중석 분위기를 담아냈다. 그 중에 에마가 화면에 잡혔다! 에마는 먼 곳을 바라보며 샌드위치를 먹고 있었다. 에마에게서는 오로지 어린아이만이 내뿜을 수 있는 걱정 하나 없는 편안함이 느껴졌다. 에마를 보니 감정이 북받쳤다. 빨리 우리 가족에게 달려가 에마, 이바노, 소피아를 끌어안고 싶었다. 빨리 바냐의 품으로 돌아가 우리 인생에서 가장 중요한 사람들과 함께 시간을 보내고 싶었다.

결국, 우리의 순간이 왔다. 우리는 월드컵 결승전을 위해 운동장 위로 올라갔다! 그렇게 흥분을 해본 것은 이때가 처음이었다. 나는 꽉 들어찬 관중석을 지켜보며 전율을 느꼈다. 그 훌륭한 분위기를 온몸으로 흡수했다. 나는 모든 세세한 사항들을 다 기억하고 싶었다. 훗날 나이가 들어서도 바로 이 순간을 다시 떠올릴 수 있도록. 곧 크로아티아 국가가 울려 퍼지자 주체할 수 없는 자부심이 온몸에 감돌았다. 우리의 국가는 언제 들어도 특별하다. 그러나 이번에는 전 세계가 크로아티아의 국가를 들으며 우리를 지켜보고 있었다. 시간이 지난 뒤, 나는 이날 결승전을 전 세계 13억 명이 생중계로 지켜봤다는 소식을 들었다. 월드컵 전체 시청자는 35억 명에 달했다. 이는 말 그대로 전 세계 인구의 절반이다. 믿을 수가 없었다!

나는 국가 연주가 끝난 순간부터 바로 경기에 집중했다. 우리는 초반부터 좋은 경기력을 보이며 주도권을 잡았다. 우리가 볼을 소유했고, 능숙하게 패스를 연결했다. 경기의 중심은 균형이 잡혀 있었다. 프랑스는 좀처럼 기회를 만들지 못했다. 그러나 갑자기 악몽 같은 일이 터졌다. 마르첼로 브로조비치와 앙트완 그리즈만 사이에는 아무런 접촉이 일어나지 않았지만, 네스토르 피타나<sub>Néstor Pitana</sub> 주심은 프랑스의 프리킥을 선언했다. 프랑스 선수가 다이빙을 했고, 주심이 이에 속아 넘어갔다. 최악의 상황이 이어졌다. 그리즈만이 올린 프리킥은 페널티 지역에서 만주키치의 머리를 맞고 굴절되면서 우리 골대 상단 모서리를 꿰뚫어 득점으로 연결됐다! 18분 만에 이런 공포스러운 일이 발생했다. 우리는 덴마크, 러시아, 잉글랜드와의 경기에 이어 이번에도 선제골을 헌납하며 끌려갔다. 나는 우리가 흐름을 뒤집을 만한 힘을 발휘할 수 있기를 바라고 있었다. 나의 희망은 10분 만에 현실이 됐다. 프랑스의 페널티 지역으로 날아간 공을 비다가 이반 페리시치에게 내줬다. 페리시치는 이를 기술적으로 강력한 왼발 슛으로 연결해 골문을 열어젖혔다! 우리는 그렇게 승부를 다시 원점으로 돌렸고, 상대를 압도하기 시작했다. 그러나 우리는 10분 만에 다시 갑작스러운 실점을 하고 말았다.

위고 요리스의 롱볼은 비다가 쉽게 처리할 수 있었지만, 그는 판단을 잘못하며 약 30야드 거리에서 머리로 공을 걷어내며 코너킥을 허용했다. 그리즈만이 올린 코너킥을 니어포스트에 서 있던 블레이즈 마튀디가 놓치면서 슈팅으로 연결하지 못했다. 공은 그대로 마튀디의 뒤에 있던 페레시치의 손에 맞았다. 주심은 페널티킥을 선언하지 않았다. 페리시치가 의도적으로 공을 만진 게 아닌 만큼 이는 상식적인 판정이었다. 게다가 당시 공 주변에는 우리 선수들밖에 없었다. 프랑스는 득점 기회를 잡을 수 있는 상황이 아니었다.

그러나 프랑스 선수들은 주심을 에워싸며 페널티킥을 요구했다. 어쩌면 내가 주관적인 것일 수도 있겠지만, 내가 주심이었다면 월드컵 결승전에서 이와 같은 석연치 않은 판정을 하지는 않았을 것이다. 우리는 억장이 무너졌다. 이번 월드컵에서 수많은 어려움을 견뎌야 했던 우리가 결승전에서 그처럼 강한 팀을 상대로 두 번이나 리드를 내주고도 승부를 뒤집는 것은 불가능에 가까웠다. 우리가 두 차례나 실질적인 위기 상황을 맞지도 않았는데 실점을 했다는 것은 가슴의 상처로 남을 만한 일이었다.

전반전을 마친 뒤, 우리는 가장 어려운 도전에 직면했다는 것을 인지하고 있었다. 이제는 뒤를 돌아볼 수도 없었다. 프랑스는 리드를 잡았을 때 가장 위협적인 팀이다. 그들은 음바페와 그리즈만을 앞세운 환상적인 역습을 할 수 있었고, 올리비에 지루Olivier Giroud는 전방에서 볼을 지키며 동료들을 공격 작업에 참여시키는 데 일가견이 있는 선수였다. 프랑스 대표팀에서 지루가 차지하는 비중은 저평가된 게 사실이다. 어쩌면 이는 이해가 되는 대목이기도 하다. 음바페와 그리즈만이 워낙 빠르고 직선적인 치명타를 보유한 공격 조합이기 때문이다.

디디에 데샹 프랑스 감독이 이런 스타일의 축구를 구사하는 것은 충분히 이해할 만했다. 그들은 이기기 위한 경기를 했고, 남들의 눈에 인상적인 경기력을 선보이는 데는 관심이 없었다. 그들은 2년 전, 홈에서 열린 유로 2016 결승전에서 패한 상처가 여전히 남아 있었다. 당시 프랑스는 더 매력적인 축구를 구사했다. 그러나 러시아 월드컵에서의 프랑스는 더 실용적인 축구를 했다. 그들은 수비 라인 앞에 단단한 블록을 형성하고 빠른 역습을 구사하며 냉소적으로 상대의 숨통을 조였다.

어쩌면 우리에게는 플랜B가 필요했을 수도 있다. 우리가 동점골을 넣은 뒤, 그들에게 주도권을 넘겨준 채 단단한 블록을 형성하며 역습 위주의 경기를 하는 게 더 좋은 방법이었을 수도 있다. 그러나 우리는 페리시치가 득점한 후에도 계속 공격을 이어갔다. 우리는 이처럼 경기를 지배하는 게 성공을 가져다줄 수 있다고 생각했다. 물론, 경기가 끝난 후에는 늘 무언가 다르게 했으면 결과가 달라졌을 것이라 단순하게 생각하기 쉬운 것도 사실이다.

우리는 드레싱룸에서 서로를 격려했다. 달리치 감독은 우리가 좋은 경기를 하고 있으니 하던 대로 하라고 지시했다. 그러나 59분에 터진 프랑스의 세 번째 골은 우리의 희망을 산산조각 냈다. 이번에도 역습이었다. 폴 포그바Paul Pogba가 음바페에게 환상적인 침투 패스를 연결했다. 음바페는 마치 앞선 우리의 동점골 상황과 비슷하게 이를 다시 중앙 지역으로 내줬다. 이 공을 그리즈만이 받아 연결한 패스를 포그바가 시도한 첫 번째 슈팅은 막혔다. 그러나 공은 그대로 다시 포그바에게 흘러갔고, 그는 왼발 슛으로 골망을 갈랐다! 우리가 그로부터 회복하기도 전에 월드컵에서 신성으로 떠오른 음바페가 25야드 거리에서 강력한 슛으로 추가 득점에 성공하며 스코어는 1-4가 됐다. 두 팀이 선보인 경기력을 고려할 때, 이는 우리에게 가혹한 결과였다. 그러나 축구가 이렇다. 우리는 포기하지 않았고, 만주키치가 요리스의 실수를 유도하며 만회골을 터뜨려 2-4로 따라붙었다. 그러나 더는 우리에게 남은 힘이 없었다.

프랑스가 우리보다 강했다. 그들에게는 프랑스 역사상 두 번째로 세계 챔피언이 될 자격이 있었다. 우리의 운명은 묘하게 엮여 있었다. 크로아티아가 월드컵에서 동메달을 획득한 1998년, 당시 4강에서 우리를 꺾은 팀이 프랑스였다. 이후 그들은 자국에서 첫 월드컵 우승을 차지했다. 20년 뒤, 우리는 결승에 올랐으나 이번에도 그들이 우리를 멈춰 세웠다. 우리는 가장 아름다운 꿈을 현실로 만들기까지 단 한 걸음을 남겨두고 있었다.

종료 휘슬이 울리는 순간, 우리는 지쳐 쓰러졌다. 나를 포함한 대다수 우리 선수들은 무릎을 꿇으며 주저앉았다. 우리는 우리가 가진 모든 것을 쏟아부었다. 정말 실망스러웠지만, 1분 1초가 흐를수록 우리가 자부심을 느껴야 하며 이번 월드컵에서 세운 업적을 자랑스러워해야 한다는 사실을 깨달았다. 우리는 러시아에서 전 세계를 놀라게 했고, 역사를 새롭게 썼다.

Chapter 10

# 세계 최고의 축구 선수

루즈니키 스타디움으로 쏟아진 거센 비가 우리의 슬픔을 씻어내는 것만 같았다. 그렇게 씻겨 내려간 슬픔 위에 다시 즐거움을 채워 넣을 수 있을 것 같았다. 선수 입장 터널을 통과하던 중 크로아티아 대표팀 전문 TV 리포터가 나를 불러 세웠다. 카메라를 향해 몇 마디를 건네자 다시 목이 메여왔다. 내가 어떤 마음이었는지 이해한 리포터는 나를 그냥 보내줬다.

드레싱룸에 들어온 뒤, 나는 우리가 큰일을 해냈으며 슬픔이 아닌 기쁨을 누려야 한다는 사실을 깨달았다. 블라디미르 푸틴 러시아 대통령이 들어와 우리를 격려해줬다. 우리는 드레싱룸으로 찾아온 많은 사람들과 함께 기념사진을 찍었다. 우리는 메달을 목에 걸고 사진을 찍었다. 곧 웃음소리와 음악이 드레싱룸에서 울려 퍼지기 시작했다.

그 후 우리는 호텔로 돌아왔다. 그곳에서는 선수들의 가족이 기다리고 있었고, 우리는 가족들과 함께 저녁 식사를 했다. 점점 행복감이 마음속을 채우기 시작했다. '파티의 제왕'이자 크로아티아의 유명 가수인 믈라덴 그르도비치Mladen Grdović가 분위기를 띄웠다. 파티는 새벽 다섯 시까지 이어졌다. 우리는 누구도 먼저 떠나지 않고 자리를 지켰다.

이후 우리는 각자 한 명씩 방으로 돌아갔다. 나는 크로아티아로 돌아가기 전 두어 시간 눈을 붙이려 했다. 그러나 잠이 오지 않았다. 크로아티아의 열기를 다시 영상으로 지켜봤다. 행복해하는 사람들의 얼굴이 보였다. 우리는 패했지만, 팬들은 몇 시간이 지난 후에도 크로아티아의 성공적인 월드컵을 자축하고 있었다.

그 덕분에 우리 또한 금방 기운을 낼 수 있었다. 크로아티아의 가장 위대한 업적이 달성된 순간에 우리가 슬퍼할 필요는 없었다. 우리는 조용히 결승전에서 당한 패배를 받아들여야 했지만, 어느 때보다 더 행복할 수 있었다.

35일 만에 크로아티아로 돌아가는 비행기 안의 분위기는 활기가 넘쳤다. 우리는 노래를 부르며 포즈를 취하고 사진을 찍었고, 주변 사람들의 사인 요청에 응했다. 선수들, 코칭스태프, 의료진, 물리치료사, 기술위원단, 다보르 수케르 크로아티아 축구협회 회장 등이 모두 함께했다. 나는 소란스러운 분위기 속에서도 한 시간 정도 잠을 잘 수 있었다. 지금까지 지쳐 있던 몸의 긴장이 풀렸기 때문이다. 그러나 우리가 크로아티아 상공에 진입할 무렵 잠에서 깨어났다. 엄청난 광경이 눈앞에 펼쳐지고 있었다. 우리가 탄 비행기 주변을 MiG 제트기 몇 대가 에워싸며 우리를 환영해주고 있었다.

그 모습을 보기 전까지, 우리는 크로아티아에 도착하면 어떤 풍경을 보게 될지 머릿속으로 상상만 할 수 있었다. 그러나 우리는 곧 마치 세계 챔피언이 된 듯한 환대를 받게 됐다. 공항에서부터 느껴지는 분위기는 매우 인상적이었고, 비행기에서 내린 우리는 최대한 빨리 시내 광장으로 가고 싶었다. 그곳에서는 크로아티아 전체가 우리를 기다리고 있었다. 팬들이 그곳으로 우리를 직접 마중 나오거나

TV로 지켜보고 있었던 것이다. 우리는 오픈탑 버스를 타고 퍼레이드를 시작한 뒤, 무언가 대단한 일이 벌어지고 있다는 것을 알게 됐다. 공항부터 시내 광장까지의 거리는 약16킬로미터 정도였는데 수많은 인파가 몰려서 우리를 환영해주고 있었다! 그 모습을 지켜보며 우리는 충격에 빠졌다. 우리는 시내 광장이 꽉 찰 수 있다는 예상은 했지만, 공항에서 그곳까지 가는 길마저 행복해하는 사람들로 붐빌 줄은 상상조차 하지 못했다. 우리 버스를 경호한 경찰관들은 공항에서 시내 광장까지 이어지는 거리를 메운 인원이 무려 20만 명 이상이라고 말했다. 시내 광장 주변 거리에 몰린 인원은 25만 명에 달했고, 광장에는 11만 명이 더 들어찬 상태였다! 그것은 주어진 공간을 메울 수 있는 최대한의 인원이었다!

우리는 눈을 의심했다. 땡볕 더위 속에서 총 50만 명이 넘는 사람들이 우리를 기다리고 있었다. 나이와 관계없이 아이들과 그들의 부모들, 할머니와 할아버지들까지 손을 흔들고 응원 구호를 외치며 우리를 반겨주는 모습을 보니 계속 눈물이 나왔다. 비행기가 착륙한 순간부터 우리가 옐라치치Jelačić Square 광장에 마련된 무대에 오르기까지 무려 다섯 시간 반이 걸렸다! 우리를 태운 오픈탑 버스는 대규모 인파 속에서 슬금슬금 움직이며 광장으로 향했다. 우리는 마치 최면에 빠진 것만 같았다.

무대 위에 오른 우리는 거리에서 우리를 반겨준 팬들을 포함한 모두에게 감사의 뜻을 전했다. 우리는 정말 대단한 환대를 받았다. 사람들은 햇볕이 내리쬐는 와중에도 우리를 보게 될 잠깐의 순간을 위해 하루 종일 기다렸다. 그들은 우리 덕분에 행복하다는 것을 직접 보여주고 있었다. 살면서 같은 민족으로부터 받을 수 있는 행복보다 더 큰 행복이 있을까? 아니, 없다! 달리치 감독과 우리 선수들이 각자 한마디씩 했고, 우리는 팬들에게 고맙다고 말했다. 그러나 이는 우리가 팬들로부터 놀라울 정도로 크게 긍정적인 힘을 받은 데 대한 고마움을 표현하기에는 터무니없이 짧은 말에 불과했다. 우리는 꿈에서도 상상할 수 없는 환대를 받았다. 크로아티아는 마치 우리가 세계 챔피언이 된 것처럼 자축하고 있었다.

우리는 러시아에서 그랬듯이 대표팀에서 함께 부른 노래를 다시 한번 합창했다. '너무 아름다운 당신Lijepa li si', '나의 조국Moja domovina', '돈으로는 마음을 채울 수 없어Nije u šoldima sve'라는 제목의 이 세 곡은 우리에게 영감을 주고, 동기부여를 줬다. 그래서 우리는 마르코 페르코비치 톰슨Marko Perković Thompson, 블라덴 그르도비치, 크로아티아 해군 합창단Croatian Navy Choir을 무대 위로 초대했다. 10만 명이 넘는 팬들이 같은 노래를 따라 불렀다. 그들은 크로아티아를 대표해 우리와 함께 노래했다.

그날 느낀 감동이 워낙 강렬해서 2년이 지난 오늘도 그 순간을 기억하면 소름이 돋는다. 무대 바로 앞에 자리한 사람들은 계속 내게 손을 흔들며 소리를 질렀고, 그중 가장 기억에 남는 사람은 나이가 어린 나의 친구 페타르Petar였다. 다운증후군을 앓고 있는 페타르는 햇볕이 내리쬐는 가운데 몇 시간이나 우리를 기다렸다. 그는 특히 나를 좋아했고, 내게 인사를 하고 싶어 했다. 나는 페타르를 무대 위로 불렀고, 우리는 함께 노래를 불렀다. 나는 그 순간 페타르가 전하는 행복과 사랑을 그대로 이어받았다. 페타르는 내가 평생 고마워해야 할 친구다. 나는 어린아이들이 우리 팀을 얼마나 사랑하는지 알고 있다. 어린아이들은 우리를 늘 뜨겁게 응원해주고, 믿어준다. 그래서 우리는 그들과 만날 기회가 생기면 늘 고맙다는 말을 해야만 한다. 우리가 환상적인 환대를 받은 날, 내가 페타르와 만난 것은 자부심으로 충만한 크로아티아 국민들이 준 많은 선물 중 하나였다.

우리는 모든 일정을 마친 후 밤 12시가 지나서 레스토랑에 모였다. 저녁 식사를 한 뒤, 밴드가 음악을 연주하는 분위기 속에서 새벽 2~3시까지 함께 시간을 보냈다. 이후 나는 집에 도착해 깊은 잠에 들었다.

다음 날, 나와 바냐는 아이들과 함께 운전을 해서 자다르로 갔다. 자다르 출신인 나와 수바시치, 리바코비치, 브르살리코는 고향 사람들로부터 또 한 번의 엄청난 환대를 받았다. 자다르는 그렇게 그들이 배출한 월드컵 은메달리스트들을 축하해줬다. 우리는 보트를 타고 부두 주변을 돌았고, 자다르의 모든 사람들의 환대를 받았다. 태어나서 그 정도로 열기가 뜨거운 파티를 본 것은 그때가 처음이었던 것 같다.

우리 넷은 자다르의 환대에 진정한 감동을 받았다. 고향 사람들로부터 그런 환영을 받으니 가슴에 행복감이 차올랐다. 세상에서 가장 어려운 것은 자기 사람들에게 인정받는 것이다. 그들의 인정을 받았을 때 느끼는 감정이 진정한 자부심이다.

3일 뒤, 나는 이스트리아Istria에서 열린 콜루카의 결혼식에 참석했다. 우리가 자축해야 할 이유가 하나 더 생긴 셈이다. 이후 나는 가족과 일주일간 시간을 보낸 뒤, 아드리아 해변으로 크루즈 여행을 떠났다. 드디어 차분하게 긴장을 풀 수 있었다. 그러나 내게 주어진 휴식 기간은 너무 짧았다. 나는 2018년 8월 초에 다시 레알 마드리드로 복귀해야 했다. 이후 나는 두어 차례 팀 훈련을 소화한 뒤, 에스토니아에서 열리는 라이벌 아틀레티코 마드리드와의 UEFA 슈퍼컵 출전을 앞두고 있었다.

나는 벤치에서 경기를 시작했으나 57분에 교체 투입됐다. 우리는 카림 벤제마, 세르히오 라모스가 득점하며 2-2 동점으로 90분을 마쳤다. 우리는 연장전에 돌입했고, 결국 2-4로 패했다. 레알에서 나의 여덟 번째 시즌은 그렇게 시작됐다. 첫 경기와 마찬가지로 시즌 내내 불안정한 흐름이 이어졌다. 우리는 패배를 거듭했고, 팀을 둘러싼 분위기는 좋지 않았다.

나는 정신적, 육체적으로 지쳐 있었다. 그것은 어쩌면 환상적인 월드컵을 치른 대가였다. 그러나 충분히 가치 있는 대가였다. 그 모든 것을 경험한 일은 분명히 가치가 있었다.

플로렌티노 페레스 회장은 늘 나를 공정하게 대해줬다. 레알은 나와의 약속을 반드시 지켰고, 계약을 맺을 때 합의한 조건을 모두 충족해줬다. 페레스 회장은 나를 대단히 존중해줬고, 우리는 여전히 훌륭한 관계를 맺고 있다. 나는 그가 뛰어난 회장이라고 생각한다. 그는 재능 있는 팀을 꾸리는 능력, 구단의 마케팅, 전지훈련 계획, 그리고 가장 최근에 진행한 산티아고 베르나베우 리모델링 작업 등 모든 면에서 레알의 기준을 높인 인물이다. 레알이 페레스 회장 체제에서 획득한 우승 트로피들이 이를 증명한다. 러시아 월드컵이 끝난 2018년 여름, 내가 레알을 떠날 수 있다는 소식이 언론을 통해 흘러나오자 페레스 회장은 확고하게 말했다.

"너의 자리는 레알이야. 그리고 너는 레알에 남을 거야."

러시아 월드컵의 여운이 아직 채 가시지 않은 시점에 나는 심사숙고 끝에 중대한 결정을 내렸다. 나의 친구 수바시치, 콜루카, 만주키치는 크로아티아 대표팀 유니폼을 벗기로 했다. 그들은 이제 대표팀을 떠날 적기라고 판단했다. 나 또한 그들이 영웅이 됐을 때 떠날 자격이 있다고 생각했다. 그러나 나의 결정은 달랐다. 많은 사람들은 내가 가장 큰 성공을 거둔 그때가 대표팀을 떠날 적기라고 말했다. 그러나 나의 가슴은 내게 크로아티아 대표팀에 남으라고 말하고 있었다. 국가대표로 뛰는 것은 축구 선수가 경험할 수 있는 가장 큰 성취감이다. 나는 계속해서 내가 크로아티아 대표라는 것을 느끼고 싶었다. 나는 여전히 몸 상태가 좋은 데다 동기부여도 확실하다. 내가 러시아 월드컵에서 은메달을 목에 건 모습으로 크로아티아 대표팀과 작별하는 게 가장 강렬한 인상을 남기는 방법이라는 것에는 동의한다. 그러나 나는 누군가를 위한 인상을 남기는 데 관심이 없다. 어차피 우리가 월드컵 준우승을 했다는 사실은 절대 변하지 않을 사실이다. 그러므로 누구도 우리가 그것을 달성하기 위해 걸은 여정을 부정할 수는 없다. 그래서 나는 앞으로도 감독이 나를 필요로 하는 한 크로아티아 대표팀을 위해 뛰겠다고 결심했다. 적어도 내가 더는 크로아티아 대표팀 유니폼을 입을 자격이 없다고 느낄 때까지는 계속 국가대표로 뛰고 싶다.

나는 대표팀에 남아서 어린 선수들이 성장하며 더 중요한 역할을 맡는 데 도움을 줄 수 있다고 확신한다. 나는 우리가 본선 진출에 성공한 유로 2020에서 우승을 차지하고 싶다. 이 대회를 마친 뒤, 나는 크로아티아 대표팀 커리어를 마감할 것이다. 만약 우리가 정말 우승을 차지한다고 하더라도, 대표팀 은퇴는 내 커리어에서 가장 힘든 순간이 될 것이다.

## 올해의 수상자는…

러시아 월드컵을 마친 나는 완전히 다른 축구 인생을 시작했다. 예전과 같은 것은 아무것도 없었다. 수년간 레알에서 거둔 성공이 크로아티아와 월드컵 결승전에 진출하는 새로운 역사로 방점을 찍었다. 나는 33번째 생일을 앞두고 평온함을 느끼고 있었다. 이제야 비로소 내가 꾼 꿈을 현실로 만들었다고 말할 수 있었다.

나는 내가 축구 선수로 꾼 모든 꿈을 이뤄냈다. 내가 크로아티아와 함께한 2018년은 커리어를 시작한 후 가장 빛나는 시간이었다.

그러나 인생이 그렇듯이, 가끔은 한 번의 성공이 여러 번의 성공으로 이어질 때가 있다. 나는 마드리드의 우리 집 거실에 월드컵 골든볼 트로피를 장식할 공간을 마련해야 했다. 골든볼은 월드컵 최고의 선수에게 주어지는 상이다. 최고의 대회에서 최고의 선수에게 주어지는 이 상은 내게도 매우 특별했다.

솔직히 말하면, 나는 이제 개인상에 대한 욕심이 없다. 이미 나는 충분한 영예를 누렸고, 이후 어떤 상을 받게 될지에 대해서는 굳이 신경 쓰지 않았다. 나는 2018년 레알과 챔피언스리그 우승을 차지했고, 크로아티아와 월드컵 준우승을 경험했다. 월드컵 최고의 선수에게 주어지는 상까지 받았다. 그런데 더 필요한 것이 있을까?

나는 나바스, 라모스와 함께 UEFA 올해의 선수가 발표될 시상식이 열리는 모나코로 날아갔다. 케일러는 올해의 골키퍼, 세르히오는 최고의 수비수 그리고 나는 최고의 미드필더로 선정됐다. 시상식에 참석해 레드카펫 위를 걷는 기분이 좋았다. 나는 시상식에서 데이비드 베컴과 그의 아내 빅토리아를 만났다. 우리는 몇 마디를 나누며 함께 웃었다. 베컴은 언제나 멋진 사람이다. 그는 늘 열린 마음으로 솔직하게 대화한다. 나는 홀에서 리버풀의 살라와 만났다. 우리는 가까운 자리에 앉아 있었다. 나는 곧 호날두가 시상식에 참석하지 않았다는 사실을 알게 됐다. 그는 살라 그리고 나와 함께 최고의 선수 후보로 선정됐으며 최고의 공격수상을 받은 만큼 시상식에 참석했어야 했다. 이어 최고의 선수 발표에 나선 알렉산데르 체페린Aleksander Čeferin 유럽축구연맹 회장은 내 이름을 호명했고, 나는 흥분을 감출 수 없었다. 나는 침착한 상태로 시상식에 참석했지만, 유럽 최고의 선수로 선정되자 다시 몸이 떨리기 시작했다. 나는 가까스로 무대 위로 올라갔다. 무릎이 고정된 것처럼 경직된 상태였다. 나는 이렇게 주인공이 되는 분위기에 익숙하지 않다. 곧 수상 소감을 밝혀야 했다. 그러나 그런 자리에서 연설을 하는 것은 나에게 어울리는 역할이 아니다. 게다가 축구계 유명 인사가 모인 모나코에서 모두의 앞에 나가 연설을 하는 모습은 더더욱 나와 어울리지 않는다. 관객 중에는 페레스 회장과 레전드 에밀리오 부트라게뇨Emilio Butragueño, 호베르투 카를로스Roberto Carlos 등으로 구성된 레알 관계자들도 있었다.

레알 마드리드는 그런 순간이 오면 늘 선수들을 챙겨준다. 그날 행사에 참석하지 않은 호날두를 두고 언론에서는 비판이 쏟아졌다. 호날두가 참석하지 않은 사실이 나를 화나게 하지는 않았다. 그러나 나는 그가 최고의 공격수상을 받기 위해 시상식에 참석했어야 한다고 생각한다. 다음 날, 호날두는 최고의 선수상을 받은 내게 축하 메시지를 보내왔다. 우리는 시상식을 마친 후 마드리드로 돌아갔다. 이틀 후 라리가 경기가 있었기 때문이다.

이후 언론은 즉시 발롱도르 후보로 나를 거론했다. 발롱도르는 축구 선수에게 주어질 수 있는 최고 권위의 상이다. 나는 솔직히 말해서 발롱도르를 받을 수 있다는 생각을 해본 적이 없다. 오히려 나는 월드컵 우승을 차지한 프랑스 선수가 발롱도르를 받을 가능성이 크다고 생각했다. 다만, FIFA 올해의 남자 선수상이 내게 주어질 수는 있다고 생각했다. 나는 언론이 지난 10년간 이어진 호날두와 메시의 양강 구도를 깰 발롱도르 수상 후보로 나를 지목하는 와중에도 결과가 어떻게 될지 아무도 모른다고 생각했다. 나는 언론의 이런 이야기에는 크게 신경 쓰지 않았다. 내 성격이 원래 그렇다. 내가 축구를 하는 이유는 축구를 사랑하기 때문이다. 나는 팀의 일부일 뿐이다. 내가 팀을 위해 보탬이 되고 그에 대한 인정을 받는다면, 이는 좋은 일이다. 그러나 내게 가장 중요한 것은 팀의 성공이다.

이후 FIFA 관계자들로부터 내가 올해의 남자 선수상 최종 3인 후보 중 한 명으로 선정됐다는 소식을 전달받았다. 그들은 FIFA와 FIFPro가 선정한 올해의 팀에도 내가 포함됐다고 말해줬다. 나는 런던에서 열릴 시상식이 기대됐다. 바냐와 우리 아이들은 나와 함께 런던으로 갔다.

런던은 우리의 도시이며 우리의 훌륭한 추억이 남아 있는 곳이다. 이번에는 그곳에서 세계 축구사를 빛낸 과거와 현재의 사람들을 만나는 영광을 누리게 됐다. 나는 레알을 떠난 지단 감독을 그때 처음으로 다시 만났다. 그와 조금이라도 대화를 나눌 수 있어 좋았다. 지단과 같은 의심의 여지가 없는 레전드가 내가 월드컵에서 이룬 업적을 자랑스러워한다는 것은 내게도 의미 있는 일이었다.

시상식장에서 내 자리를 찾아 앉으려던 순간, 나는 호날두의 자리가 비어 있는 것을 확인했다. 그는 시상식에 오지 않았다. 메시도 마찬가지였다. 두 선수 모두 올해의 팀에 선정되며 이날 상을 받아야 했다. 시상식이 열리기 전부터 이 둘의 참석 여부는 관심의 대상이었다. 솔직히 말하면, 나는 스스로 2018년 최고의 선수로 선정됐다는 게 너무 기뻤던 나머지 호날두와 메시가 왜 시상식에 참석하지 않았는지 생각해볼 겨를조차 없었다. 나는 이번에도 무대 위로 올라가 대단한 자부심을 느끼며 지아니 인판티노 FIFA 회장으로부터 트로피를 건네받았다. 나는 수상 가능성을 의식해서 일찌감치 소감으로 밝힐 몇 마디를 준비한 상태였다. 그러나 나는 정작 무대에 오르자 준비한 내용과는 전혀 다른 즉흥적인 수상 소감을 밝혔다. 그 때문에 이날 나의 연설이 평소보다 더 좋았다고 생각한다. 심지어 나는 즈보니미르 보반을 울게 만들었다! 나는 흥분을 감출 수 없었고, 그와 같은 영광을 누리게 된 만큼 모두에게 감사를 전하기 위해 다양한 언어로 인사말을 건넸다. 나는 전 세계의 언어로 "모두 고맙습니다!"라고 외치고 싶었다. 나는 영어, 스페인어, 크로아티아어로 인사를 전했다. 이후 내가 가장 좋아하는 선수 중 한 명인 '엘 페노메노' 호나우두를 비롯해 호나우지뉴, 디디에 드로그바 등 축구계 레전드가 내게 축하 인사를 건네는 영광스러운 순간을 만끽할 수 있었다. 플로렌티노 페레스 회장을 비롯한 레알 구단 관계자들도 나와 함께했고, 그들이 옆에 있어 더 큰 자부심을 느꼈다. 내가 위대한 선수 반열에 올랐다는 느낌이 들었고, 지난 10년간 메시와 호날두가 어떤 기분이었을지 실감할 수 있었다.

모든 행사가 끝난 뒤, 나는 그들이 시상식에 참석해 내가 이와 같은 특권을 부여받는 순간을 함께할 수 없었다는 사실이 아쉬웠다. 나는 그들이 비록 수상자로 선정되지는 못했더라도 시상식에 참석해 자리를 빛내주는 게 더 품격 있는 모습이 될 수 있었다고 생각한다. 그들이 시상식에 참석하는 게 그동안 자신들을 수상자로 선정해준 투표자들과 축구계 전체를 존중하는 방식이라고 생각한다. 그들은 전 세계 축구 선수들을 이끄는 리더이기 때문이다. 호날두와 메시는 정말 특별한 존재들이다. 그들은 특유의 재능을 유감없이 발휘하며 축구를 더 화려하게 만들었다. 이후 나는 메시가 올해의 선수로 나에게 투표했다는 사실을 알게 됐다. 나는 그의 투표를 내가 훌륭한 한 해를 보낸 것에 대한 인정으로 여겼다.

2018년을 마감하며 열린 모든 파티와 환상적인 시상식 일정을 다 마쳤다고 생각했지만, 아직 금상첨화나 다름없는 마무리가 기다리고 있었다! '프랑스 풋볼France Football' 관계자들이 내게 전화를 걸어왔다. 그들은 내가 발롱도르 후보 최종 3인 중 한 명으로 선정됐다고 말했다! 또 그들은 시상식을 일주일 앞두고 수상 여부 등이 포함된 행사 진행 일정과 방식을 알려주겠다고 말했다.

내가 "진짜 발롱도르를 받을 수 있는 걸까?!"라는 생각을 처음 한 시점도 이때였다. 생각만 해도 소름이 돋는 일이었다. 그러나 월드컵 우승을 차지한 프랑스 선수들을 제치고 어떻게 내가 발롱도르를 수상할 수 있단 말인가? 게다가 나는 미드필더 아닌가? 그동안 안드레스 이니에스타, 사비, 안드레아 피를로, 프란체스코 토티 등 환상적인 미드필더들도 발롱도르를 받지 못하지 않았나? 게다가 즐라탄 이브라히모비치처럼 환상적인 선수들도 유독 발롱도르와는 인연을 맺지 못했다는 것을 기억할 필요가 있었다.

그리고 2018년 11월 19일, 내가 막 잠에서 깬 순간이었다.

나는 잉글랜드와의 UEFA 네이션스리그 경기를 마친 후 바냐와 런던에 머무르고 있었다. 내게 1일 휴가가 주어졌다. 여전히 침대에서 나뒹굴던 순간 오늘이 '프랑스 풋볼'로부터 전화가 와야 하는 날이라는 사실이 떠올랐다. 그러나 전화가 오지 않을 수도 있었다. 나는 세수를 한 뒤, 옷을 입고 아침 식사 할 준비를 하고 있었다. 갑자기 전화기가 울렸다. 내가 기억하고 있는 전화번호였다. '프랑스 풋볼' 편집장으로부터 걸려온 전화였다. 그 순간, 나는 얼어붙었다. 내가 발롱도르를 수상했다는 직감이 들었기 때문이다. 혹시 그가 실수로 전화를 잘못 건 게 아니었을까? 어쩌면 다른 선수가 발롱도르를 받게 돼 내게 유감을 표명하려고 한 것은 아닐까? 나는 전화를 받지 않기로 했다. 1초라도 더 내가 발롱도르를 받을 수 있다는 희망을 품고 있고 싶었다. 그 순간이 오기 전까지 내가 UEFA와 FIFA의 올해의 선수상을 받고도 이렇게 흥분하게 되리라고는 상상도 하지 못했다. 발롱도르는 그만큼 마법 같은, 특별한 상이었다. 발롱도르는 긴 역사와 전통을 자랑하는, 지금까지 이 상을 받은 모든 레전드들을 대표하는 최고의 트로피다.

나는 샤워 중이던 바냐를 불렀다. 나는 그녀에게 "그들이 전화를 했어. 프랑스 풋볼한테 전화가 왔어"라고 말했다.

바냐는 흥분한 눈빛을 보내며 "그래서, 뭐래?"라고 물었다.

"전화를 안 받았어." 당연히 그녀는 내가 미쳤다고 생각했을 것이다.

"왜?! 다시 전화해 봐." 바냐는 늘 그렇듯이 침착하게 말했다.

"잠깐, 조금만 기다려 봐. 진정부터 해야겠어."

나는 반쯤 이성을 잃은 상태였지만, 결국 5~6분 후 다시 전화를 걸었다. '프랑스 풋볼'의 편집장 파스칼 페레Pascal Ferré가 전화를 받았다.

"축하해요, 루카. 당신이 2018년 발롱도르 수상자입니다! 제가 다

기쁘네요. 당신 같은 선수가 발롱도르를 받게 돼 행복합니다. 당신이 보여준 경기력과 성품이면 충분히 이 상을 받을 자격이 있다고 생각합니다!"

나는 그의 말을 들으면서도 이 모든 게 실감이 나지 않았다.

"투표 결과 당신이 큰 차이로 1위를 차지했습니다. 누구도 당신에게 근접하지 못했어요. 다시 한번 축하합니다. 곧 만나게 될 날이 기대되네요."

천국에 오른 것 같은 기분이었다. 나는 파스칼이 해준 말을 그대로 바냐에게 전했다. 우리의 눈에는 눈물이 고이기 시작했다. 2018년의 마무리는 완벽했다. 발롱도르는 2018년을 완벽하게 해주는 상이었다. 우리는 오랜 시간 서로를 끌어안았다. 우리는 함께 이 순간에 도달했다. 그것은 기적이었다. 파스칼은 내게 아무한테도 발롱도르 수상 사실을 알리지 말라고 했지만, 나는 부모님에게 전화를 해야만 했다. 특히 이 순간을 아버지와 나누고 싶었다. 아버지는 마치 내가 발롱도르를 받을 줄 알고 계셨던 것 같았다.

"아들아, 너는 발롱도르를 받을 자격이 있어. 다른 누군가에게 발롱도르를 줬다면 그것은 부당한 결과였을 거야!" 아버지는 더는 말을 잇지 못하며 울음을 터뜨리셨다.

플로렌티노 페레스 회장도 내게 전화를 걸어 "축하해, 루카. 너는 발롱도르를 받을 자격이 있어!"라고 말해줬다.

그때 나와 바냐는 런던에서 마테오 코바시치와 그의 아내 이자벨과 함께 있었다. 우리는 자주 함께 시간을 보냈다. 나는 마테오를 내 친동생처럼 사랑한다. 우리는 레알에서 3년 반 동안 함께하면서 매우 가까워졌다. 그는 훌륭한 친구이자 환상적인 선수다. 그러나 나는 그날 코바시치에게 내가 발롱도르를 수상했다는 사실을 숨기는 매우 어려운 미션을 달성해내는 데 간신히 성공했다. 가족 외에는 누구에게도 내가 발롱도르를 받았다는 소식을 전하지 않는 것은 어려운 일이었다. 너무 흥분돼 하루 종일 내가 어디서 무엇을 하고 있는지조차 파악이 안 됐다.

시상식은 파리에서 열렸다. 그랑 팔레 홀Grand Palais Hall에서 열린 시상식은 아름다웠다. 토트넘 레전드이자 시상식 진행자인 다비드 지놀라David Ginola는 매우 친절했다.

"축하합니다, 루카. 당신이 자랑스럽네요! 당신은 발롱도르를 받을 자격이 충분합니다!"

훌륭한 감독이자 진정한 신사인 디디에 데샹Didier Deschamps도 내게 다가와 축하 인사를 건넸다. 그는 솔직하면서도 친절하게 나를 축하해줬다. 많은 사람들이 내게 축하를 건넸고, 나는 모든 순간을 최대한 만끽했다. 우리 가족과 나와 가장 친한 친구들도 이날 객석에서 자리를 빛냈다. 당연히 모든 레알 마드리드 관계자들도 그곳에 있었다. 우리는 공식 파티를 마친 뒤, 저녁 식사를 함께했다.

다음 날 아침, 우리는 비행기를 타고 마드리드로 돌아갔다. 평소대로라면 내가 도착한 시간에 우리 팀은 훈련을 하고 있었어야 했다. 그러나 산티아고 솔라리Santiago Solari 감독은 나를 위해 팀 훈련 시간을 늦춰줬다.

나는 발롱도르 트로피를 들고 레알의 구단 훈련 시설인 발데베바스에 도착했다. 내가 드레싱룸으로 들어가자 약 10명 정도의 선수들이 물리치료사들로부터 치료를 받고 있었다. 그들은 나를 보자마자 미친 듯이 뛰어오르며 기립박수를 보냈다. 그들은 1분 이상 박수를 치며 내게 축하를 건넸다. 대단하다는 생각이 들면서도 감동적이었다. 솔직히 말하면, 나는 그런 반응을 예상하지 못했다. 오히려 조금 민망할 정도였다. 얼굴이 빨개지기도 한 것 같다. 팀 동료들은 진심으로 나를 축하해줬다. 그보다 더 큰 영광이 있을까? 우리는 다 같이 내가 받은 발롱도르 트로피를 들고 기념사진을 찍었다. 나는 레알 마드리드와 크로아티아 대표팀의 동료들이 아니었다면, 절대로 2018년을 완벽하게 장식할 수 없었을 것이다. 우리는 2018년을 또 한 번의 FIFA 클럽 월드컵 우승으로 마무리했다. 지난 365일은 정말 대단한 시간이었다. 이는 내 커리어의 가장 빛나는 시간이었다.

나는 이 책을 통해 이 모든 일들이 어떻게 일어나게 됐는지를 설명하기 위해 노력했다. 내가 나의 이야기를 얼마나 잘 풀어냈는지는 모르겠다. 어쩌면 가장 중요한 것은 내가 수많은 어려움을 겪고도 끈질긴 인내와 자신감으로 그것 모두를 이겨낸 것일지도 모른다. 우리에게는 각자 가야 할 길이 있다. 우리는 선수로서, 그리고 인간으로서 각자 다른 스토리를 가지고 있다. 그러나 모든 성공은 누군가가 "그렇게까지 할 필요는 없어"라고 말할 때, 스스로에 대한 믿음을 갖는 데서부터 시작된다. "그렇게까지 해야 할 필요"는 언제나 있다. 그 사실에 대해서만큼은 나의 말을 믿어도 좋다. 나는 33세가 된 지금 세계 최고의 선수가 됐고, 세계 최고의 구단에서 뛰면서 국가대표로는 세계 2위를 차지했다. 하지만 몇몇 사람들은 내가 예전 기량을 다시 선보일 수 없을 거라고 말한다. 나는 그런 부정적인 견해가 편견에 불과하다는 것을 증명하겠다는 의지를 불태우고 있다. 나는 인생을 살면서, 또 커리어를 쌓으며 늘 편견과 싸워야 했다. 그러나 나의 가장 큰 동기부여이자 축구 훈련을 시작한 첫날부터 내게 가장 중요했던 것은 축구를 향한 순수한, 조건 없는 사랑이었다. 나는 축구에 대한 사랑 때문에 내 발이 달릴 수 있을 때까지, 공이 내 말을 들을 때까지 계속 뛸 것이다. 그리고 나는 축구를 위해 내 모든 것을 바칠 것이다.

물론 그것은 쉬운 일이 아니다. 나는 커리어를 통해 늘 어려운 길을 걸었지만, 결국 정상에 올랐다. 정상에 머무는 것은 어렵지만, 나는 이미 경험을 통해 한 가지를 확실하게 배웠다. 인생을 살면서 경험할 수 있는 최고의 것은 절대 쉽게 가질 수 없다는 것을.

## 감사의 말

2018년은 나의 커리어에서 가장 아름답고, 감동적인 시간이었다. 나는 레알 마드리드, 크로아티아 대표팀의 동료들과 어릴 적부터 꿈 모든 꿈을 현실로 만들 수 있었다. 우리는 꿈 그 이상을 이뤄냈다. 나는 레알과 네 번째 UEFA 챔피언스리그 우승을 차지한 직후 크로아티아와 러시아 월드컵에서 은메달을 획득했다. 팀의 이와 같은 훌륭한 성공 덕분에 세계와 유럽을 대표하는 최고의 선수라는 개인상도 받을 수 있었다. 그 모든 순간이 내게 강렬한 인상을 남겼고, 그 속에서 나는 자부심과 행복을 누릴 수 있었다. 내가 책을 통해 그 모든 성공을 이루기 전에 있었던 일들에 대해 얘기해야 한다는 필요성을 느낀 이유도 이 때문이다. 나는 이 여정을 걷는 동안 행복, 어려움, 슬픔, 고통, 즐거움을 모두 경험했다. 모든 사람들이 그렇듯이 나 또한 다양한 경험을 해야 했다. 그래서 오늘의 내가 될 수 있었고, 지금 나는 그런 사람이자 선수가 됐다. 우리는 각자 꿈을 꿀 자격이 있다. 우리에게는 꿈을 현실로 만들고 싶은 희망을 품을 자격도 있다. 나의 스토리를 여러분과 나눈 만큼, 여러분 또한 앞으로 어떤 어려움을 겪더라도 믿음을 잃지 않고 꿈을 이루기 위해 절대 포기하지 않았으면 한다. 나 역시 그런 마음가짐 덕분에 가장 아름다운 꿈을 현실로 만들 수 있었기 때문이다.

이 책에는 나의 스토리가 담겨 있다. 나의 스토리를 풀어내기 위

LUKA **MODRIĆ**

해 도와준 사람들이 많다. 가장 먼저 나는 아내 바냐와 우리 아이들에게 고맙다는 말을 하고 싶다. 그들은 내게 행복을 주는 존재일 뿐만이 아니라 내가 이 책에 담긴 스토리를 쓰는 일을 더 쉽게 만들어 줬다. 바냐의 훌륭한 기억력이 내가 이 책을 쓰는 데 큰 보탬이 됐다. 우리 부모님에게 감사 인사를 전한다. 우리 부모님은 이번에도 나를 도와주셨다. 특히 나의 어린 시절, 10대 시절에 대한 이야기를 떠올리는 데는 부모님의 도움이 매우 컸다. 사랑하는 나의 두 여동생과 친구들에게도 고맙다고 말하고 싶다.

알렉스 퍼거슨 감독과 즈보니미르 보반이 이 책의 서문을 써준 것은 내게 영광스러운 일이다. 그들의 글은 내게 감동 그 자체였다.

드라고 소프타Drago Sopta와 크로아티아 축구협회도 이 책이 만들어지는 데 특별한 도움을 줬다. 크로아티아 축구협회는 내게 사진 자료를 제공해줬다. 크로아티아 축구협회와 마찬가지로 내게 사진과 영상 자료를 쓸 수 있게 허락해준 레알 마드리드에도 감사함을 느낀다. 책 표지 사진을 촬영해준 안토니오 비얄바 칼데론Antonio Villalba Calderon과 3학년 시절 나의 학교 숙제와 기념사진 등을 간직해두고 계셨던 마야 그르비치Maja Grbić 선생님에게도 감사 인사를 전한다.

이 책을 쓰는 동안 내 옆을 지켜준 두 사람에게도 특별한 감사 인사를 전하고 싶다. 나의 에이전트이자 출판인 디아나 마툴리치Diana Matulić는 풍부한 경험과 지식으로 나를 도와줬다.

마지막으로 내가 나눈 스토리와 감정을 글로 옮겨준 로베르트 마테오니Robert Matteoni에게 고맙다고 말하고 싶다. 이 모든 사람들이 내 스토리의 일부다.

## 역자의 말

　2015년에 출간된 안드레아 피를로 자서전《나는 생각한다, 고로 플레이한다》를 시작으로 5년 새에 20여 권의 책을 저술하거나 번역했다. 수많은 축구 선수의 책을 번역한 경험을 돌아보니 위대한 축구 레전드의 삶에는 비슷한 패턴이 존재한다는 것을 알 수 있었다. 각각의 선수에 따라 정도의 차이는 있겠지만, '일대기'의 패턴은 대체로 유사하다. 대부분 어려운 환경에서 자라났고, 어린 시절부터 축구를 꿈으로 삼아 각고의 노력을 했으며, 선수가 되기 전이나 선수가 된 이후에 큰 위기를 겪었지만 이를 현명하게 극복해 세계의 축구 팬들로부터 사랑과 존경을 받는 선수가 되었다는 것이다.

　그러나 이번에 한국에 출간되는 이 책의 주인공 모드리치는 아주 어린 시절부터 인간에게 가장 절대적인 공포라 할 수 있는 '전쟁'과 '죽음'을 직접 눈앞에서 겪으면서 성장했다는 점에서 다른 선수들과 비교하기 힘든 부분이 있다. 이러한 고난을 이겨내고 '발롱도르'를 수상하며 세계 최고 선수의 반열에 올랐다는 점에서 다른 선수들과 축구 팬들의 귀감이 될 만하다. 특히 그가 사랑했던 할아버지를 잃은 과정에 대한 담담한 소회는 이 책을 옮긴 역자뿐만 아니라 독자들 역시 숙연해질 수밖에 없는 대목이라는 생각이 든다.

'조용한 천재' 혹은 '겸손한 천재'라는 별명이 잘 어울리는 모드리치는 유럽 축구의 중심지에서 성장하거나 유명 클럽에서 시작한 선수가 아니었지만 클럽과 대표팀에서 한 명의 축구 선수가 도달할 수 있는 최고의 경지까지 오직 '실력' 하나로 도달한 선수다. 특히 자신이 태어나고 자란 크로아티아 대표팀을 위해 헌신하는 모습과 그의 생각은, 대한민국 대표팀을 사랑하고 지지하는 한국 축구팬들에게도 큰 울림이 있을 것이라고 믿어 의심치 않는다.

이 책을 번역하는 과정에서 크로아티아 매체 'CroatianSports. com'의 Denis Svirčić 기자로부터 많은 도움을 받았다. 함께 번역 작업을 해준 골닷컴의 한만성 기자와 축구 펜에게 도움이 되는 양질의 축구 서적을 계속해서 발간하고 있는 한스미디어에도 감사의 인사를 전한다.

2020. 7. 7.

이성모

**이성모**
숭실대학교에서 경영학과 영어영문학을 복수 전공했다. 2013년부터 축구기자 겸 칼럼니스트로 활동을 시작했고 그 후로 서울신문, 스포츠서울을 거쳐 현재 〈골닷컴〉 기자로 EPL을 포함한 유럽 축구 현장을 취재 중이다. 네이버 스포츠(전), 다음 스포츠(현)와 주한영국문화원에 칼럼을 기고 중이다. 저서로 《누구보다 첼시 전문가가 되고 싶다》, 《누구보다 맨유 전문가가 되고 싶다》, 《누구보다 아스널 전문가가 되고 싶다》, 역서에 《조널 마킹》, 《더 믹서》, 《메수트 외질-마이 라이프》, 《포체티노 인사이드 스토리》, 《위르겐 클롭》, 《안드레아 피를로 자서전-나는 생각한다 고로 플레이한다》, 《디디에 드록바 자서전-헌신》, 《아르센 벵거-아스널 인사이드 스토리》, 《마이클 캐릭 자서전》 등이 있다.
페이스북 : https://www.facebook.com/yo235 ┆ 인스타그램 : https://www.instagram.com/sungmolee

**한만성**
캘리포니아주립대 롱비치Long Beach State University에서 저널리즘을 전공했다. 학업을 마친 후에 LA에서 월간잡지 〈코리앰 저널〉 인터뷰 전문기자로 일했고, 〈골닷컴〉 기자로도 활동했으며, 2015년 코리앰 저널에서 퇴사 후 줄곧 축구기자로 활동하고 있다. 올해로 4년째 〈골닷컴〉을 통해 '한만성의 축구멘터리' 칼럼을 연재 중이다. 〈골닷컴〉 한국판뿐 아니라 인터내셔널, 미국판에도 글을 기고했다. 이외에 영국 런던에 본사를 둔 축구경기 분석 전문업체 스마트오즈 분석가, 미주중앙일보 영문판 번역가로도 활동했다. 역서로 《조널 마킹》, 《메수트 외질-마이 라이프》, 《더 믹서》, 《마이클 캐릭 자서전》이 있다.
페이스북:http://facebook.com/steve.m.han ┆ 트위터:http://twitter.com/realstevescores

## LUKA **MODRIĆ**
### 루카 모드리치 자서전

1판 1쇄 발행 ┆ 2020년 7월 21일
1판 2쇄 발행 ┆ 2024년 5월 15일

지은이 루카 모드리치, 로베르트 마테오니
옮긴이 이성모, 한만성
펴낸이 김기옥

실용본부장 박재성
마케터 서지운
지원 고광현, 김형식

인쇄·제본 민언프린텍

펴낸곳 한스미디어(한즈미디어(주))
주소 121-839 서울시 마포구 양화로 11길 13(서교동, 강원빌딩 5층)
전화 02-707-0337 ┆ 팩스 02-707-0198 ┆ 홈페이지 www.hansmedia.com
출판신고번호 제 313-2003-227호 ┆ 신고일자 2003년 6월 25일

ISBN 979-11-6007-506-9 03690

책값은 뒤표지에 있습니다.
잘못 만들어진 책은 구입하신 서점에서 교환해 드립니다.